普通高等院校经济学
"十四五"规划重点教材

国际贸易学（第二版）

毕玉江／主编

图书在版编目(CIP)数据

国际贸易学 / 毕玉江主编. -- 2 版. -- 上海：立信会计出版社，2024.5
ISBN 978-7-5429-7620-8

Ⅰ. ①国… Ⅱ. ①毕… Ⅲ. ①国际贸易－高等学校－教材 Ⅳ. ①F74

中国国家版本馆 CIP 数据核字(2024)第 084570 号

策划编辑	赵新民
责任编辑	孙 勇
助理编辑	战小雨
美术编辑	吴博闻

国际贸易学(第二版)
GUOJI MAOYIXUE

出版发行	立信会计出版社	
地　　址	上海市中山西路 2230 号	邮政编码　200235
电　　话	(021)64411389	传　真　(021)64411325
网　　址	www.lixinaph.com	电子邮箱　lixinaph2019@126.com
网上书店	http://lixin.jd.com	http://lxkjcbs.tmall.com
经　　销	各地新华书店	
印　　刷	常熟市人民印刷有限公司	
开　　本	787 毫米×1092 毫米　　1/16	
印　　张	17.75	
字　　数	400 千字	
版　　次	2024 年 5 月第 2 版	
印　　次	2024 年 5 月第 1 次	
书　　号	ISBN 978-7-5429-7620-8/F	
定　　价	49.00 元	

如有印订差错，请与本社联系调换

第二版前言

  国际贸易活动是一国宏观经济的重要组成部分,也是最具活力、最具挑战性、最能体现一国发展潜力的经济活动之一,经济发展的创新成果往往最先进入国际贸易活动。虽然当前的国际经贸发展早已突破了传统国际贸易学研究的环境与限制,但是国际贸易的传统理论、分析仍然具有较强的生命力与解释力。互联网技术大大降低了当今贸易成本,简化了贸易流程,但是,指导、支持一国外贸竞争的基本理论仍然没有根本性的变化。数字经济、数字贸易的蓬勃发展极大地丰富了国际贸易的内涵与外延,同时也为传统国际经贸理论的研究提供了新内容与新思路。

  作为修订的再版教材,本版教材对国际贸易经典理论相关的基本内容予以保留,重点对第一版中一些不恰当之处进行了修订,删减了一些比较陈旧的观点,同时,对大多数章节中的案例和专栏进行了更新。为了将中国对外贸易发展的前沿知识融入教学,本版教材介绍了数字贸易的内涵,更新了中国自贸试验区建设的内容,以及"一带一路"倡议的提出背景与主要内容。

  本教材在修订过程中,仍然保持了体系简洁、突出理论主线的特色,同时注重课程思政建设,在专栏素材、案例分析等内容中融入课程思政有关内容,在传授专业知识的同时注重发挥教材内容的育人功能。

  在教材修订过程中,上海立信会计金融学院国际经贸学院的杨勐老师、潘辉老师、孙蕾老师、赵大平老师提供了更新后的相关案例及部分教材内容,在此表示感谢。全书由毕玉江负责统稿。

  本教材在编写及修订过程中广泛参考了已出版的同类优秀教材,以及新近出版或发表的学术研究成果,其中主要参考文献已列于书后,书中引用的内容基本上注明了出处,对于这些参考资料的创作者在此一并致谢。由于编者水平有限,书中可能会有错误或遗漏,敬请读者批评指正。

本教材可作为高等院校国际经济与贸易专业的教学用书,也可作为高等院校经济与管理类专业的国际贸易相关课程教学用书,还可以作为对国际贸易感兴趣的经济商务人士的自学教材或相关课程的培训教材。感谢多年来一直使用本教材的院校,也特别感谢对教材修订提出宝贵意见和建议的老师。

本教材的出版得到了立信会计出版社的大力支持,特别是得到了编辑部老师的关心、指点和帮助,编者在此表示衷心的感谢,联系邮箱:956266211@qq.com。

编　者

2024 年 5 月

第一版前言

　　国家之间的贸易往来是宏观经济运行中的重要组成部分,也是经济社会中最具活力与挑战、最能体现国家间生产力差异的经济活动。随着科学技术不断进步,特别是在现代信息技术的作用下,当前的贸易模式、贸易业态发展已经突破了传统国际贸易学研究的环境与限制。但是国际贸易的传统理论、分析方法、主要观点仍然具有很强的生命力与解释力。

　　从我国的外贸发展进程来看,2001年中国正式加入世界贸易组织。2013年9月,中国(上海)自由贸易试验区正式成立,中国开始了新一轮改革开放的创新试验。几乎在同一时段,由"丝绸之路经济带"和"21世纪海上丝绸之路"构成的"一带一路"倡议也成为中国深化改革开放的重要规划。我国经济发展逐步融入世界经贸体系,更加需要在掌握传统贸易理论的基础上,结合我国外贸发展实践,深化对国际贸易新现象、新规律的理解与分析。

　　目前,国际贸易领域的优秀教材很多,这使得本教材的编写可以在博采众家之长的基础上加以完善。现代信息技术的发展也对本教材的编写提供了创新空间。在内容组织上,本教材力图突出如下特色:一是体系简洁,重点突出。应该或主要应该由其他相关课程教材详细叙述的内容,基本不列入本教材的编写范围。二是强调理论的系统性。国际贸易理论是国际贸易学教材的核心内容,而强化系统性基础学科理论修养应该是大学阶段课堂教学的主要目标。三是注重对新知识、新内容的引入。在写作过程中,尽可能多地将国际贸易理论的新发展、贸易模式的新成就包含进来。四是采用较新的案例与数据资料。为更好地体现国际贸易发展的时代特点,本教材在编写过程中尽量采用了较新的案例及数据资料。

本教材第一章、第十章由毕玉江老师编写，第二章、第三章由杨勋老师编写，第四章、第五章由潘辉老师编写，第六章、第七章由孙蕾老师编写，第八章、第九章由赵大平老师编写。

本教材在编写过程中广泛参考了已出版的同类教材，以及新近出版或发表的学术研究成果，其中主要参考文献皆列于书后，书中引用的文字基本上注明了出处，对于这些参考资料的创作者在此一并致谢。由于编者水平有限，书中难免会出现错误或遗漏，敬请使用者批评指正。

本教材的出版得到了立信会计出版社的大力支持，特别是得到了郑忠老师的关心、指点和帮助，作者在此表示衷心的感谢。

编　者

2018 年 1 月

目　录

第一章　导论 1

　　本章主要介绍国际贸易学的研究对象与内容，将国际贸易与国内贸易进行比较；简要介绍国际分工与国际贸易的产生与发展过程，给出了国际贸易的基本概念及分类；探讨了国际贸易研究中的贸易引力模型。

　　第一节　国际贸易学的研究对象与内容 2
　　第二节　国际分工与国际贸易的产生与发展 6
　　第三节　国际贸易的分类与基本概念 14
　　第四节　国际贸易的对象及其影响因素 23
　　本章小结 28
　　关键术语 29
　　练习题 29

第二章　古典贸易理论 31

　　本章重点介绍了古典贸易理论中的绝对优势理论、比较优势理论和相互需求理论。

　　第一节　绝对优势理论 32
　　第二节　比较优势理论 36
　　第三节　相互需求理论 41
　　本章小结 50
　　关键术语 50
　　练习题 51

第三章　新古典贸易理论 52

　　本章重点介绍了要素禀赋理论、里昂惕夫之谜及其解释以及各种新要素理论。

　　第一节　要素禀赋理论 54

第二节　里昂惕夫之谜及其解释 ………………………………………… 63
　　第三节　新要素理论 …………………………………………………… 65
　　本章小结 ………………………………………………………………… 71
　　关键术语 ………………………………………………………………… 71
　　练习题 …………………………………………………………………… 71

第四章　保护贸易理论 …………………………………………………… 73

> 本章重点介绍了重商主义的贸易思想及理论学说、幼稚产业保护理论、超保护贸易理论、中心-外围理论以及战略性贸易政策理论。

　　第一节　重商主义 ……………………………………………………… 74
　　第二节　幼稚产业保护理论 …………………………………………… 78
　　第三节　超保护贸易理论 ……………………………………………… 84
　　第四节　中心-外围理论 ………………………………………………… 89
　　第五节　战略性贸易政策理论 ………………………………………… 92
　　本章小结 ………………………………………………………………… 97
　　案例 ……………………………………………………………………… 97
　　关键术语 ………………………………………………………………… 99
　　练习题 …………………………………………………………………… 99

第五章　新国际贸易理论 ………………………………………………… 101

> 本章重点介绍了产业内贸易理论、规模经济理论、动态贸易理论、国家竞争优势理论以及新新贸易理论等。

　　第一节　产业内贸易理论 ……………………………………………… 103
　　第二节　规模经济理论 ………………………………………………… 107
　　第三节　动态贸易理论 ………………………………………………… 111
　　第四节　国家竞争优势理论 …………………………………………… 115
　　第五节　新新贸易理论 ………………………………………………… 117
　　本章小结 ………………………………………………………………… 123
　　案例 ……………………………………………………………………… 124
　　关键术语 ………………………………………………………………… 125
　　练习题 …………………………………………………………………… 125

第六章　国际贸易政策措施 ……………………………………………… 126

> 本章重点介绍了国际贸易政策的措施，包括关税措施、非关税措施、出口鼓励与出口管制的政策措施，以及新型国际贸易政策措施。

第一节　国际贸易政策概述 ·· 127
第二节　关税措施 ·· 129
第三节　非关税措施 ··· 138
第四节　出口鼓励与管制的政策措施 ······································· 141
第五节　新型国际贸易政策措施 ··· 147
本章小结 ··· 151
案例 ·· 151
关键术语 ··· 152
练习题 ·· 152

第七章　国际贸易政策理论 ··· 156

本章介绍关税的经济效应、进口配额的经济效应和出口补贴的经济效应，同时分析了反倾销措施的经济效应，探讨了国际贸易政策中的政治经济学。

第一节　关税的经济效应 ·· 157
第二节　进口配额的经济效应 ·· 163
第三节　出口补贴的经济效应 ·· 165
第四节　反倾销措施的经济效应 ··· 168
第五节　国际贸易政策中的政治经济学 ···································· 171
本章小结 ··· 175
关键术语 ··· 175
练习题 ·· 175

第八章　国际贸易体制 ·· 179

本章重点介绍了区域经济一体化的具体形式与主要区域经济一体化组织以及世界贸易组织的基本原则与国际贸易体制的新变化。

第一节　国际贸易条约与协定 ·· 180
第二节　区域经济一体化及其组织 ·· 182
第三节　世界贸易组织与国际贸易体制的演进 ···························· 201
本章小结 ··· 208
关键术语 ··· 209
练习题 ·· 209

第九章　国际贸易与国际资本流动 ······ 211

本章重点介绍了外国直接投资的概念、国际贸易与国际资本流动的替代与互补关系、跨国公司内部贸易对国际贸易的影响。

第一节　国际资本流动的类型及其特点 ······ 212
第二节　国际贸易的发展与国际直接投资 ······ 220
第三节　跨国公司与国际贸易 ······ 225
本章小结 ······ 231
关键术语 ······ 232
练习题 ······ 232

第十章　国际贸易与经济发展 ······ 234

本章首先系统阐述国际贸易与经济发展的相互关系,其次对国际贸易战略与发展中国家的经济发展问题进行了探讨,最后介绍中国对外贸易战略的演变与调整。

第一节　国际贸易与经济发展的相互关系 ······ 235
第二节　国际贸易战略与发展中国家的经济发展 ······ 244
第三节　中国对外贸易战略的演变与调整 ······ 249
本章小结 ······ 266
关键术语 ······ 266
练习题 ······ 266

参考文献 ······ 268

第一章 导论

学习目的与要求

本章主要介绍国际贸易学的研究对象与研究内容,将国际贸易与国内贸易进行比较;简要介绍了国际分工与国际贸易的产生与发展过程,给出了国际贸易的基本概念及分类;探讨了国际贸易研究中的贸易引力模型。

通过学习本章,学生应掌握国际贸易学的研究对象与研究内容,以及国际贸易与国内贸易之间的区别;了解国际贸易的历史演变过程以及新的发展趋势,了解国际分工与国际贸易之间的关系;重点掌握国际贸易的基本概念。

导 读

国际贸易的增长是世界经济发展的风向标,各国之间的相互贸易往来及其发展变动情况更是宏观经济政策制定时的重要参考内容。《中华人民共和国2022年国民经济和社会发展统计公报》显示,2022年中国全年货物进出口总额为420 678亿元,较2021年增长7.7%。其中,出口总额为239 654亿元,增长10.5%;进口总额为181 024亿元,增长4.3%。货物进出口顺差为58 630亿元,较2021年增加15 330亿元。对"一带一路"沿线国家进出口总额为138 339亿元,较2021年增长19.4%。对《区域全面经济伙伴关系协定》(Regional Comprehensive Economic Partnership,RCEP)其他成员进出口额为129 499亿元,较2021年增长7.5%。全年服务进出口总额为59 802亿元,较2021年增长12.9%。其中,服务出口28 522亿元,增长12.1%;服务进口31 279亿元,增长13.5%。服务进出口逆差为2 757亿元。

2022年全年外商直接投资新设立企业38 497家,较2021年下降19.2%。实际使用外商直接投资金额为12 327亿元,增长6.3%,折1 891亿美元,增长8.0%。其中,"一带一路"沿线国家对华直接投资(包括通过部分自由港对华投资)新设立企业4 519家,下降15.3%;对华直接投资金额为891亿元,增长17.2%,折137亿美元,增长18.6%。全年高技术产业实际使用外资金额为4 449亿元,增长28.3%,折683亿美元,增长30.9%。

第一节 国际贸易学的研究对象与内容

国际贸易(international trade)是指世界各国(或地区)之间的商品和劳务的交换活动。国际贸易学是经济学中最古老的学科之一。对外贸易问题历来是经济学研究的重要内容,从重商主义、古典经济学派到现代西方经济学,几乎都把对外贸易作为经济学理论的一个重要组成部分。

一、国际贸易与国内贸易的区别

(一)两者的基础不同

国内贸易的基础是国内分工。在正常条件下,市场机制能调节一国国内生产资源在各地区和各部门之间的配置。例如,资金、技术、劳动力等生产要素在国内可以自由流动,从而使资源得到有效利用。而国际贸易的基础是国家与国家(或地区)之间的国际分工。生产要素在国家与国家(或地区)之间的转移会受到或多或少的限制,这就会造成各国的生产成本和商品价格出现很大的差异,从而影响国际分工与生产的格局。

关注数字贸易重要价值与作用

第二次世界大战之后,资本、技术、劳动力的国际流动程度具有明显的增长趋势。20世纪90年代以来,世界贸易组织(World Trade Organization,WTO)的正式成立和运作使要素的全球流动性大大增强。然而,由于民族利益和其他方面的原因,各国市场相对分割的局面难以彻底消除。

(二)两者所面临的环境不同

国际贸易和国内贸易所面临的货币制度、经济政策、法律环境和文化背景等有很大区别。

1. 各国货币制度不同

各国政府都有自己法定的货币,通常不能在国界之外自由流通。因此,参与国际贸易的各方必须采用双方都能接受的货币或国际通用的货币进行结算,这就涉及货币兑换的汇率问题。国际贸易中汇率是经常变动的,这对进出口双方的成本和利润有直接的影响。另外,一国货币汇率的高低又与该国贸易收支密切相关。因此,国际贸易在商品的流通过程、企业经营的核算等问题上,要比国内贸易复杂得多。

2. 各国经济政策不同

各国政府制定政策时通常都是从本国利益出发,其政策会对国际贸易产生一定的影响。对外贸易政策是一国国内经济政策的一种延伸。如关税、配额的规定,既会限制本国的进口,同时也会影响他国的出口。通常国际贸易受到的来自政府方面的干预要比国内贸易多得多。

3. 各国法律环境不同

在国内贸易的场合,贸易双方适用同样的法律。而各国的民事法典,尤其是经济立法有很大的差别,使国际贸易在缔结协定和执行合同方面要比国内贸易复杂得多。

4. 各国文化背景不同

各个国家和民族在历史发展中都形成了自己独特的文化传统,这对国际贸易有深刻的影响。文化方面的差异会影响到广告策略、贸易磋商、商品销售等国际贸易的各个环节。各种文化都包含自身的特殊价值观念,贸易各方如不深入观察和研究,轻则可能丧失市场,重则可能引致国家关系紧张。而国内贸易通常是在同一文化或关系较密切的不同文化中进行,其面对的文化差异比之国际贸易要小得多。

(三)国际贸易比国内贸易复杂

由于国际贸易一般要跨越国界进行,经历的环节众多,所以它比国内贸易要复杂得多,风险程度也更大。国际贸易面临的风险主要有以下三种。

1. 信用风险

在国内贸易中,交易双方比较容易了解彼此的信用情况。而在国际贸易中,交易伙伴的资信调查相对困难。

2. 商业风险

与国内贸易相比,国际贸易交货期长、市场行情变化迅速,这往往会使合同不能顺利履行,给交易一方带来经济损失。

3. 汇率风险

国际市场上的汇率会经常由于各种因素发生变化,从而直接影响进出口商的成本和利润。

二、国际贸易学的研究对象

国际贸易学的研究对象是不同国家或地区之间的商品和服务的交换活动。国际贸易学通过研究这些商品和服务交换的产生环境与条件、发展过程，以及贸易利益的产生和分配，揭示这种交换活动的特点和规律性。

国际贸易学主要是从宏观角度出发，重点研究与国际分工相关的理论知识，国际贸易政策措施及其理论分析，以及国际贸易体制等内容。国际贸易学研究的范围不仅包括商品和服务的国际流动，也包括生产要素的国际流动。国际贸易研究商品、服务和生产要素国际流动的原因和方向，也研究流动的结果，这些结果包括对各国经济增长、结构调整的影响，也包括对生产者、消费者等不同利益主体的影响。国际贸易学的研究还包括经济增长、技术变动对贸易的影响，即从动态上分析国际贸易变动的原因与结果。因而，国际贸易学是一门理论性、政策性、社会实践性很强的课程。

三、国际贸易学的研究内容

国际贸易学的研究内容大体分以下几个方面。

1. 国际分工与国际贸易的发展历史与现状

在人类出现初期，并不存在国家，也无所谓国际贸易。随着人类生产力的发展，社会分工开始出现，在生产满足人们最基本的需要之后，剩余产品开始出现，不同部落之间出现了这种剩余产品的交换。与此同时，人类原始社会末期产生了私有制，并且导致了国家的产生。最初的国家是奴隶制的，在这些奴隶制国家之间的商品交换便是早期的国际贸易。到了资本主义时期，人类生产力的发展要求突破自然经济的限制，国内生产的物品在一定程度上依赖国际市场的销售，而原材料又要依赖国际市场购买，商品生产和交换渐渐成为人类生产力存在和发展的必要条件。而人类科学知识的进步，也使人们对地球和世界有了更加全面的认识，并最终促成了人类发现"新大陆"，为人类在全球范围内开展贸易活动提供了可能性。在这种背景下，国际贸易获得了前所未有的大发展，逐渐成为现代生产力存在和发展的基础。

在一个相当长的时期内，从全球范围来看，发达国家与发展中国家之间的贸易占据了主要部分。但在第二次世界大战之后，这种局面有了改变。当今世界的国际分工已从以垂直分工为主逐步过渡到以水平分工为主，即国际贸易从以发达国家与发展中国家之间的贸易为主，过渡到以发达国家之间的贸易为主。国际分工已经发展到这样的阶段：不同国家或地区不只是存在着生产原材料与制成品之间的分工，还存在不同制造业之间的分工，也存在着同一个产业内部的不同产品之间的分工。一些跨国公司把产品的设计、生产、销售的整个价值增值链条分为不同的部分，然后在全球范围内寻找最有利的地区去完成各个部分，从而使整个产品的生产成本降低，使跨国公司的总利润最大化。

2. 国际贸易理论及其发展

对国际贸易现状的研究促进了国际贸易理论的发展。从资本主义生产方式开始萌芽、资产阶级在国际贸易中所起的作用不断增大的时候起，就有了资产阶级最初的国际贸易理论——重商主义。然而,这种国际贸易理论并没有揭示国际贸易的本质和意义。随着资本主义生产方式的发展,资产阶级对国际贸易的认识不断加深。以亚当·斯密(Adam Smith)和大卫·李嘉图(David Ricardo)为代表的英国古典经济学家对国际贸易产生的原因和意义作出了比较科学的解释。他们先后提出了绝对优势理论和比较优势理论,认为劳动生产率不同的国家,可以发展自己的绝对优势或相对优势,进行国际分工,专门生产自己具有绝对优势或相对优势的产品,通过国际贸易,各国都能从中获利。在此基础上,其他经济学家对国际贸易中的交换比价问题、国际贸易利益分配问题等展开了深入研究。瑞典的伊·菲·赫克歇尔(Eli F Heckscher)和戈特哈德·贝蒂·俄林(Bertil Gottard Ohlin)在亚当·斯密和大卫·李嘉图理论的基础上,于20世纪初进一步提出生产要素禀赋理论,认为各国生产要素禀赋的差异引起的产品成本差异是产生国际贸易的原因。他们和亚当·斯密及大卫·李嘉图的理论都强调自由贸易能给国际贸易参加国带来好处,因而形成了自由贸易理论。

但是,在国际经济贸易关系的研究中,也有人提出与自由贸易理论相对立的保护贸易理论。美国的亚历山大·汉密尔顿(Alexander Hamilton)提出保护幼稚工业的论点,认为任何一个国家要发展自己的民族工业,都必须用关税对本国的幼稚工业进行保护。德国的弗里德里希·李斯特(Friedrich List)则更加系统地提出保护贸易理论,认为后进国家要发展本国的生产力,使自己跻身于发达国家行列的唯一途径,便是对本国有战略意义的工业部门进行保护,只有等到本国的工业部门成长起来后,才可以和发达国家平等地在市场上竞争。这种保护贸易理论不同于主张闭关锁国的自然经济理论,它强调保护本国产业的目的以后参与世界市场竞争,而且这种理论也为许多后进国家成为世界先进国家的事实所证实,因而对后进国家的现代化战略有深刻的影响。

3. 国际贸易的政策措施与国际贸易体制

以不同的国际贸易理论指导对外贸易的实践,便会产生各种具体的贸易政策措施和体制。自由贸易理论认为应当尽量避免妨碍贸易发展的各种措施,削减关税和非关税壁垒,通过自由贸易使本国经济发展得更快。而保护贸易理论认为,一国应当追求长远的经济利益,培育起在世界市场有竞争力的强大生产力和产业结构,根据本国产业发展的需要采取关税和其他非关税措施,限制某些产品的进口,鼓励某些产品的进口。但是,如果各国在制定贸易政策时,都奉行"奖出限入"的信条,以便于自己从国际贸易中获得更多的利益,则必然会引起国家间的贸易纠纷,最终阻碍世界经济的平稳发展。针对这种可能的状况,就有必要加强国际的磋商与协调,在双边以及多边合作框架内签订贸易条约和贸易协定,制定各国都能遵守的国际贸易准则,以减少和解决各种贸易纠纷,这涉及国际贸易的体制问题。1995年成立的WTO及其前身——关税及贸易总协定(General Agreement on Tariffs and Trade,GATT)就是适应这种需要而产生的。

4. 与国际贸易有关的各种理论与现实问题

国际贸易是适应世界经济的发展变化而不断发展变化的,因此国际贸易理论及其引发的一系列现实问题也是不断发展变化的。比如,新型国际贸易壁垒措施的不断出现,国际贸易在经济发展中的作用分析等。此外,由于人类的大规模生产活动已对地球环境造成了巨大的影响,近年来,人们发觉地球大气平均温度的上升使灾害性气象事件增多,这些环境污染问题由于生产的日益国际化应当在全球范围内解决。人们试图协调各国的政策,共同减少二氧化碳气体的排放量,以减少因大气层二氧化碳含量增加而造成的温室效应。这些问题事关全人类的利益,但解决这些问题时必然涉及各国自身的发展利益,需要世界各国协商。现存的世界环境问题很大程度上是现有发达国家在其工业化过程中大量排放有害废气造成的,而且这些发达国家有能力提供资金和相应技术。因此,在治理世界环境问题的过程中,发达国家理应承担更大的责任。这些责任如何在世界各国分配,并确保各国切实承担起相应责任,已成为当今国际贸易环境问题的一部分。因此,这些问题也是国际贸易学所需要研究的。

第二节 国际分工与国际贸易的产生与发展

国际分工(international division of labor)是指各国在从事商品生产时,相互间实行的劳动分工和产品分工,这是社会分工向国际范围扩展的结果。国际分工是国际贸易和世界市场的基础,各国参与国际分工的形式和格局决定了该国对外贸易的结构、对外贸易地理方向和贸易利益。

一、国际分工的形成和发展

国际分工属于历史范畴,是社会分工发展到一定阶段的产物。在人类发展史上,分工是人们在进行生产、改造自然的过程中形成的,是生产力进步的源泉和标志。

(一)国际分工的萌芽阶段

在资本主义以前的各个社会经济形态中,由于自然经济占主导地位,生产力水平低,商品经济不发达,只存在着低层次的社会分工和地域分工。随着生产力的不断发展,11世纪欧洲城市兴起,手工业与农业逐步分离,商品经济有了较快发展。特别是15世纪末到16世纪上半叶的"地理大发现",不仅促进了西欧国家的个体手工业向工场手工业过渡,而且为近代国际分工的形成提供了地理条件,在一定程度上推动了世界市场的形成与发展。从此,资本主义进入了原始积累时期。西欧的殖民主义者以暴力和其他超经济的手段在美洲、亚洲和非洲进行掠夺,为本国提供生产原料,同时扩大本国工业品的生产和出口,出现了宗主国和殖民地之间最初的分工形式。但是,此时的国际分工仍主要建立在自然条件差异的基础上,具有明显的地域局限性。因此,它还只是近代国际分工的萌芽阶段。

(二)国际分工的发展阶段

从18世纪60年代到19世纪中叶,英国、法国、德国、美国等主要资本主义国家完成了产业革命,以机器大工业取代手工劳动,极大地推动了社会生产力的发展。为了适应大工业发展的要求,行业之间的分工日趋发达,区域之间的分工日益明显,社会分工最终超出了国家和民族的范围,形成了以世界市场为纽带的国际分工。

机器大工业使生产的规模不断扩大,生产能力不断提高。源源不断制造出来的商品不仅需要国内市场,而且需要日益扩大的国外市场。同时,生产扩大引起了资本主义国家对原料需求的急剧增长,开辟廉价的海外原料基地成为必要。与此同时,机器大工业还带来了交通运输工具的变革,运输条件的改善以及通信技术的改进,都便利了国际贸易的扩展,促进了国际分工发展。

(三) 国际分工的形成阶段

从19世纪70年代开始,主要资本主义国家发生了第二次产业革命。与此同时,资本主义从自由竞争向垄断过渡,通过资本输出,进一步加深和扩大了国际分工。资本输出把资本主义的生产方式移植到殖民地和半殖民地国家,生产国际化和资本国际化的趋势日益增长,真正意义上的国际分工得以最终形成。

国际分工在这一时期的特征是形成了门类比较齐全的国际分工体系。一方面,工业国与农业国之间的分工继续发展;另一方面,主要资本主义国家之间的分工也得到深化。例如,19世纪后期,英国首先发明和采用转炉炼钢技术,因而在钢铁生产中居领先地位,而德国则侧重于发展化学工业。

(四) 国际分工的深化阶段

二、当代国际分工的特点

第二次世界大战以来,由于第三次科技革命和信息技术发展的影响,世界生产力获得了空前的发展;20世纪90年代初,冷战的结束使东西方市场的对立消失,各国之间开展国际经济技术合作的制度障碍大为减少。这使当代国际分工日益深化,并呈现出不同于以往的许多新特点。

(一) 国际分工的形成机制发生变化,跨国公司在国际分工中的地位上升

第二次世界大战以前的国际分工格局主要是由市场自发力量即成本、价格决定的,表现为经济发达国家和经济落后国家因为生产成本的差异而在工业制成品和初级产品领域进行分工。而第二次世界大战以后,随着跨国公司的迅猛发展,跨国公司在国际分工中的地位上升,逐渐成为国际分工的主导者。当代的国际分工主要包括跨国公司企业内国际分工、跨国公司之间的国际分工以及由地区经贸集团组织的分工。跨国公司的迅速发展是国际分工机制发生变化的重要推动力。

(二) 发达国家之间的工业分工得到迅猛发展,产业内部分工逐步增强

由于科学技术日新月异的发展,发达国家在先进工业生产方面需要大量的智力和各种新技术,这促使发达国家之间实现分工合作。第二次世界大战后,随着科学技术的进步和社会分工的深化,原来的生产部门逐步划分为更多更细的部门。在越来越多的生产领域中,以国内市场为界限的生产已经不符合规模经济的要求。因此,在一国国内产业部门之间的分工向部门内部分工发展的同时,产业内部分工也越来越多地跨越国界,形成了国际工业部门内部的分工。例如,不同型号、规格产品的专业化分工,零、配件和部件生产的专业化分工,工艺过程的专业化分工等。

(三) 发达国家和发展中国家传统的垂直型分工向水平型分工发展

垂直型国际分工是指经济发展水平不同的国家之间的纵向分工,主要指发达国家

与发展中国家之间制造业与农业、原料工业的分工。水平型国际分工是指经济发展水平相近的国家之间的横向分工,主要指建立在工业部门层面上的分工。第二次世界大战以后,亚非拉国家纷纷走上政治独立、发展民族经济的道路,这在一定程度上冲击了原来的工业国与农业国传统的垂直型国际分工。20世纪80年代以来,随着新兴市场经济体国家的兴起,其加工制造能力不断增强,发达国家跨国公司越来越多地将普通资本密集、技术已经标准化的产品和环节转移到这些国家,促进了发达国家和发展中国家的分工深化和经济融合。目前,水平型国际分工已占主导地位。

(四)国际分工的界限发生改变,国际服务分工逐步形成

产业部门之间的国际分工日益转变为产业内部的国际分工,以产品为界限的国际分工逐步转变为以生产要素为界限的国际分工。国际分工逐渐由产业间分工向产业内分工和产品内分工转化。此外,20世纪80年代以后,国际分工从有形商品领域向服务业领域扩展,并出现了相互结合、相互渗透的趋势。服务业的国际分工出现了两个特点:第一,发达国家居于国际服务业分工的主导地位;第二,在服务业的国际分工中,发达国家以高新技术、金融、信息和资本密集型的服务参与服务业国际分工,而一些发展中国家以建筑工程承包、劳务输出等劳动密集型服务参与服务业国际分工。

三、国际贸易的历史发展

(一) 古代的国际贸易

国际贸易统计里的商品分类

国际贸易是在一定历史条件下产生和发展起来的,它必须同时具备两个基本条件:一是生产力发展到一定水平,有可用于交换的剩余产品;二是社会分工的扩大以及国家的产生。其中,社会分工的扩大和社会生产力的发展是国际贸易产生和发展的基础。

早在公元前3500年前后,人类文明就开始在中东产生,农业、城市、贸易也在中东出现。到公元100年前后,最初的国际贸易,即地区间贸易产生,主要贸易品有罗马的亚麻布、金、银、铜、锡、玻璃,印度的香料、宝石和中国的丝绸等。欧亚大陆之间主要的通道是"丝绸之路"。对国际贸易的第一次大推动是中世纪后期西欧的势力扩张,从公元11世纪到13世纪,十字军东征使地中海再一次成为欧亚大陆贸易的海上通道。十字军东征对世界贸易的推动不仅在于打通了地中海通道,而且是将西欧融入了世界。由于地理和资源的限制,无法自给自足的西欧人急切地需要寻找新的资源和产品,从而大大推动了欧洲以及欧亚大陆的贸易发展。

到了14世纪,以一些中心城市为主,一些地理上邻近的国家间形成了若干个贸易区。整个欧洲形成了几个主要的贸易区,包括以威尼斯、热那亚和比萨等城市为中心的地中海贸易区,以布鲁日等城市为中心的北海和波罗的海贸易区,由基辅、诺甫哥罗得、车尔尼哥夫、彼列雅斯拉夫尔等城市组成的东欧罗斯贸易区,还有德意志北部和北欧斯堪的纳维亚地区的汉萨贸易区,以及不列颠贸易区。这些贸易区不仅有大量的区内交易,相互之间的贸易往来也很密切。与此同时,亚洲也形成了几个比较重要的贸易区,包括以中国、日本为主的东亚贸易区,由占婆(今越南南部)和扶南(今柬埔寨)等组成的东南亚贸易区,以及以印度为主的南亚贸易区。

13—14世纪,东西方之间的陆路贸易和海上贸易也得到了进一步发展。陆上通道主要是原来的"丝绸之路"。此时正值中国元朝时期,元朝三次西征,疆界扩至黑海南北两岸和波斯湾地区,打通了从中国至欧洲的通道。海上通道则主要从地中海,经红海和印度洋到印度,或从波斯湾经阿拉伯海到印度。欧洲从东方进口的商品主要有中国的丝绸、瓷器、茶叶,印度的珠宝、蓝靛、药材、地毯,以及东南亚的香料。这些商品在欧洲人的消费中占据了越来越重要的地位。但欧洲能向东方出口的产品却不多,欧洲除了出口羊毛、呢绒和金属制品,不得不支付大量的黄金与白银。

在15世纪前,整个国际贸易是建立在自然经济的分工基础上的,贸易在自给自足的自然经济中处于次要地位。因此,当时各国之间、各洲之间的贸易还处于时断时续的不稳定状态。

(二) 地理大发现后的国际贸易

1431年,葡萄牙航海家维尔和(Velho)开始了最早的远洋探险,成功地到达了大西洋东北部的亚速尔群岛并返回了葡萄牙。此后,通过一系列的远洋探险,意大利人哥伦布率领的西班牙船队于1492年发现了美洲新大陆。瓦斯科·达·迦马(Vasco Da Gama)率领的葡萄牙船队于1497年绕过好望角,到达南亚西海岸,打通了欧洲通往印度的新航路。费迪南德·麦哲伦(Ferdinand Magellan)率领的西班牙船队在1519年经过大西洋,经南美海峡进入太平洋到达亚洲的菲律宾群岛。随后,欧洲国家又陆续开辟了一系列通往各方的新航道,发现了大片前所未有的新土地。15世纪前的贸易主要局限于各洲之内和欧亚大陆之间,而地理大发现及由此催生的欧洲各国的殖民扩张大大发展了各洲之间的贸易,从而产生了真正意义上的国际贸易。

地理大发现对欧洲经济进而对国际贸易发展的影响主要包括以下两个方面:第一,地理大发现使欧洲经济出现了商业革命,商业性质、经商技术以及商业组织等发生了巨大变化。各国地理与资源上的差距使国际贸易的商品种类与数量大大增加,咖啡、烟草、可可等贸易品成为欧洲人喜爱的商品。欧洲建立起专门在全世界从事贸易活动的新型合股公司。例如,荷兰、英国的东印度公司和荷兰、法国的西印度公司。至此,国际贸易成为一个以牟利为目的的巨大产业。第二,地理大发现引发了长达两个世纪的殖民扩张和殖民贸易,推动了洲际贸易,初步形成了一个以西欧为中心的世界市场。葡萄牙、西班牙、荷兰、英国和法国分别从15世纪中期相继开始了大规模的殖民扩张。葡萄牙占领了非洲的南端和整个东海岸,西班牙占领了除巴西和圭亚那之外的整个中南美洲,荷兰占领了原来葡萄牙的殖民地。到18世纪中期,英国先后战胜了葡萄牙、西班牙、荷兰以及法国,占领了北美、西印度群岛、亚洲和非洲的大片土地,成为世界上最大的殖民帝国。当时基本的贸易流向是:①欧洲向美洲出口纺织品、金属制品、家具、家庭用具和其他消费品等制造品;②从非洲输往美洲的主要是奴隶;③从美洲流向欧洲的商品主要是在殖民地开采的黄金和白银以及烟草、棉花、粮食、海洋产品和糖等;④欧洲从亚洲进口的主要产品仍然是香料、丝织品、茶、咖啡等。17世纪后,远东的纺织品成为欧洲大量进口的商品之一。

16—18世纪,无论是否奉行重商主义原则,国家都是欧洲向外扩张的主体决策者。

促进贸易发展的关键并不在于商人的贸易拓展能力和贸易技巧在世界贸易中的作用，而是民族国家作为群体力量的构筑者，以集体的形式向外扩张对贸易产生的重要作用。这一阶段的发展使国家在对外贸易中占据了更为重要的地位，民族利益成为国际贸易的主体利益。[①]

（三）工业革命后的国际贸易

从18世纪60年代开始，欧美国家逐渐形成了资本主义的生产关系，并相继发生了工业革命。工业革命可以分为两个阶段：第一阶段始于1770年，终于1870年，主要发生于当时世界最大的殖民帝国英国。英国与其殖民地之间的贸易大大促进了英国工业的发展，推动了工具、动力和材料的技术革命，纺织、冶金、煤炭成为英国工业革命的三大支柱产业。第二阶段则发生在1870年至20世纪初，主要发生在德国和美国，也包括其他欧洲国家。在这一阶段，批量生产的技术得到了改进和应用，欧美发达国家的生产力大幅提高，经济体制和结构发生了巨大的变化。到1914年第一次世界大战爆发时，欧洲、北美、日本和澳大利亚都先后完成了工业化过程。

工业革命推动了国际贸易以前所未有的速度发展。第一，工业革命大大提高了欧洲各国的劳动生产率，使欧洲除了满足本国本地区的消费需求，还有大量的剩余产品可以用来与别国交换，最终改变了在与亚洲贸易中长期处于逆差的局面。从1870年到第一次世界大战前的1913年，尽管除英国以外的主要欧美国家开始实行贸易保护主义政策并先后出现了几次经济衰退，欧美国家出口总额仍然从51.3亿美元增加到184亿美元，增长了近2.6倍，年平均增长率达6%。第二，工业革命大大促进了交通运输的发展。铁路、轮船、汽车以及电报电话的应用将整个世界连接成一体，国际贸易变得更加便捷。第三，工业革命使欧洲各国的经济结构发生了很大变化，农业在国民经济中的比重迅速下降，工业比重大大增加。工业的发展不仅需要寻找市场销售大量的制成品，也需进口更多本国没有或不足的原料，如棉花、橡胶、石油、各种矿产资源等。因此，国际贸易越来越成为欧美工业国家经济中不可缺少的重要组成部分。第四，工业革命使国际贸易的商品结构和流向都发生了重大变化。机器设备和金属制成品在国际贸易中的地位迅速上升，机器纺织品特别是棉纺织品取代了印度、中国等国的手工纺织品，成为欧洲最重要的大宗出口产品。大宗工业原材料成为殖民地和半殖民地国家的主要出口产品。工业革命使欧洲各国农产品的相对成本和价格大大提高，美国、加拿大和澳大利亚的大规模农业生产又大大降低了成本，从而促进了农产品特别是谷物贸易大大增加。

经过工业革命，整个世界形成了一个以西欧、北美国家生产和出口制成品，其余国家生产和出口初级产品并进口欧美制成品的国际分工和贸易格局。国际贸易的基础已不仅是各国的天然资源，而且还包括各国因生产技术不同而产生的成本差异，它成为决定贸易模式的重要因素。

（四）第二次世界大战后国际贸易的迅猛发展

第二次世界大战后，世界经济形势发生了深刻的变化。第一，世界经济格局发生巨

---

① 王晓明：《世界贸易史》，北京：中国人民大学出版社，2009年，第817页。

大变化。美国的经济地位逐渐削弱,欧洲和日本迅速崛起,亚非拉地区大批殖民地、半殖民地国家相继独立。第二,第三次科技革命后出现了一系列新兴工业部门,世界工农业生产有了较大幅度的增长。交通运输工业的发展更为迅速,现代化交通运输和通信工具的广泛采用,使世界各地的距离在时间上大大缩短。第三,资本输出迅速扩大,跨国公司迅猛发展。第四,以布雷顿森林协定为基础的国际货币体系相对稳定,在GATT框架下降低关税的谈判以及1995年WTO的成立不仅大大降低了各国之间的贸易壁垒,还建立了解决多边贸易争端的机制。这些举措为国际贸易提供了一个相对稳定、公正和自由的环境。这一切都推动了国际贸易的迅速增长,其速度和规模都远远超过19世纪工业革命以后的增长速度。

在1950—2010年的60年中,世界商品出口总值从约610亿美元增加到约13.3万亿美元,增长了近218倍,远远超过了历史上任何一个时期的国际贸易增长速度。而且,国际贸易实际价值的增长速度(年平均增长6%左右)超过了同期世界实际GDP增长的速度(年平均增长3.8%左右)。这意味着国际贸易在各国的GDP中的比重不断上升,国际分工和国际贸易作为经济增长因素的重要性大大增加了。

与工业革命后的国际贸易相比,第二次世界大战以后国际贸易主要发生了以下四个方面的变化。

1. 商品结构日趋优化

第二次世界大战前,工业制成品贸易占全球贸易的比重只有40%左右,第二次世界大战以后,工业制成品贸易的增长速度超过了初级产品,工业制成品贸易比重上升,初级产品贸易比重下降,工业制成品所占比重从1953年开始超过初级产品所占比重。1990年,制成品贸易的比重上升至70%,1995年后保持在80%以上。

当代国际贸易商品结构(composition of international trade)的变化,不仅表现为制成品和初级产品在国际贸易中所占比重的变化,而且表现为它们内部结构的变化。在工业制成品贸易中,劳动密集型轻纺产品的比重下降,资本货物、高技术产品以及化工产品、机器和运输设备所占比重上升。随着知识经济时代的到来,世界范围内产业结构趋于智能化、高级化,智能的物化产品将成为世界商品市场的主体。在未来的国际商品贸易中,技术密集型产品尤其是高附加值的成套设备和高科技产品将成为出口增长最快、贸易规模最大和发展后劲最足的支柱商品,高技术密集型产品所占比重将越来越大。在初级产品贸易中,石油贸易增长迅速,农产品贸易增长缓慢。

2. 服务贸易迅速发展,成为国际贸易中的重要组成部分

第二次世界大战后,随着人们收入水平的不断提高,人们在主要耐用消费品需求得到满足后,对服务的需求越来越大,服务业在各国经济中的比重越来越大。同时,资本国际化、国际分工的扩大和深化,以及国际经济技术合作的多样化,推动了服务业在各国经济中的比重不断增加。许多国家采取各种政策措施,鼓励和扶持本国的服务业的发展,如建立服务业自由贸易区、鼓励外国在服务业投资、支持和鼓励国际和区域内部服务部门的合作与一体化等,大大推动了服务贸易的发展。从20世纪70年代开始,服务贸易日益成为国际贸易的重要组成部分。1970年,全球服务业出口总值为800多亿美元,2000年为1.6万亿美元,2005年又升至2.4万亿美元。联合国贸易和发展会议(UNCTAD)发布的《全球贸易更新》报告统计,2022年全球服务贸易总额预计将达到7万亿美元。服务贸易已上升到与货物贸易同等重要的地位,《服务贸易总协定》也成为WTO的三个主要协议之一。制造服务化导致货物贸易也呈现出服务化趋势。货物生产过程中,服务增值的占比呈越来越高的态势。随着产品的不断升级,技术研发、创新、设计的占比会越来越高;在产品流通过程中,其品牌的价值、服务的价值也会越来越高。[①]

3. 发达国家之间的相互贸易成为世界贸易的主要组成部分

从地理大发现开始到工业革命以后的很长一段时间里,世界贸易模式主要是发达国家出口工业制成品,发展中国家出口矿产和原料等初级产品,即所谓的"南北贸易"。第二次世界大战后国际贸易的地理分布越来越多样化,越来越多的国家参与国际贸易,各类型国家的对外贸易都有不同程度的增长。而增长最快的是工业发达国家之间的贸易,发达国家与发展中国家贸易关系则相对缩减。在国际贸易中,发达国家继续占据支配地位,其出口和进口在世界出口和进口中均占2/3以上的份额。在发展中国家中,新兴工业化国家贸易处于领先地位。

4. 区域性自由贸易组织的数量迅速增加

第二次世界大战后,国际竞争日趋激烈,世界主要贸易国为保持其在全球市场上的竞争力,不断寻求与其他国家联合,通过优惠贸易安排、自由贸易区、关税同盟、共同市场等不同方式,组建区域贸易集团,实现区域内贸易自由化。截至2022年年底,WTO共计收到583个关于区域贸易协定的通报,其中355个已经付诸实施。不仅在地理邻近、经济发展水平相似的国家间形成了很多自由贸易协定(free trade agreement,FTA),还出现了经济发展水平不同的国家间的FTA(如美国、加拿大、墨西哥组成的北美自由贸易区,North American Free Trade Area,NAFTA)、跨越不同地域的FTA(如欧盟与远在拉美的墨西哥、智利结成的自由贸易区),还有在经济、社会、文化等领域建立广泛合作关系的FTA(如1999年10月签订的"欧盟—南非框架协议"、2002年初签订"新时代日本—新加坡经济联合协定"等)。日益增多、日趋活跃的地区或双边FTA与全球性多边贸易机制相辅相成、相互补充,对推动世界各国经贸关系发展发挥了重要作用。

近年来,新技术革命为国际贸易发展带来深刻变化,大国博弈不断加剧,全球经济格局发生深刻变化,全球经济治理体系也在加速演变,国际贸易领域呈现很多新特点。第一,国际贸易的数字化趋势。信息技术的进步已经深刻地改变了我们的生产、生活方式,也对国际贸易产生深刻影响,国际贸易的内容、方式、规则等都呈现出显著的数字化趋势。第二,国际贸易的绿色化趋势。可持续发展理念深入人心,全球绿色低碳转型快速推进,已经成为全球共同趋势。在实现"双碳"目标的过程中,我们将看到绿色发展理念对国际贸易的影响越来越大,无论是产品还是服务,从它的设计、生产开始就渗透着

---

① 隆国强. 顺应国际贸易新趋势,进一步提高开放水平[J]. 中国发展观察,2021(Z3):7-8+30.

绿色发展的理念。绿色低碳转型对国际贸易格局已经产生了影响,过去几十年,发达经济体将一些高能耗高污染的项目转移到发展中国家,从高碳产品的出口国转身为高碳产品的进口国,国际贸易的流向受到影响。未来,不同国家的绿色低碳转型中的表现差异,将继续影响到国际贸易格局的演变。第三,国际贸易的韧性化趋势。国际贸易的安全性挑战,无论是来自自然灾害、政策冲突,还是来自其他突发事件的冲击,各国政府和企业将更加重视增强产业链供应链的韧性和安全性,多方采取措施应对,如采购的多元化、产业布局的集群化。

总之,从第二次世界大战结束到21世纪初的60年中,世界经济发生了天翻地覆的变化。科技革命、制度变迁和经济发展使世界各国的经济日益融为一体,经济全球化成为20世纪以来的主要趋势。作为经济全球化的基础,国际贸易与投资的自由化在20世纪末得到了很大的发展,并将继续成为21世纪世界经济发展的主要方向。

四、国际分工与国际贸易的相互关系

从最一般的意义上来说,国际分工和国际贸易的关系是分工与交换的相互关系。没有分工,就没有交换,也就没有市场。

(一)国际分工对国际贸易的影响

国际分工是国际贸易和世界市场的基础,国际分工的发展变化必然对各国对外经济贸易的发展产生重大影响,国际分工的深化推动了国际贸易的发展。

1. 国际分工极大地影响着国际贸易的地区分布、地理方向

国际分工发展的历史表明,在国际分工中处于中心地位的国家,在国际贸易地区分布中也必然处于中心地位。从18世纪初至18世纪末,英国始终处于国际分工的中心地位,其在国际贸易中也处于中心地位,在资本主义直接对外贸易总额中一直独占鳌头。例如,第二次世界大战后,国际分工从垂直型向水平型、混合型过渡和发展,相应地,国际贸易地理方向(direction of international trade)也发生了变化,发达国家间及发达国家与发展中国家之间的工业制成品贸易居国际贸易的主导地位,特别是发达国家之间的双向贸易发展迅速,而发达国家与发展中国家之间的贸易则居于次要地位。

2. 国际分工对国际贸易的结构产生重要影响

由于国际分工的发展变化,国际贸易结构及各国的进出口货物结构均发生了较大变化。其主要表现在:第一,国际货物贸易规模扩大,国际服务贸易发展速度加快。货物贸易在世界贸易中的比重下降,服务贸易比重相对上升。第二,在国际货物贸易中,工业制成品贸易比重上升,初级产品贸易比重下降,工业制成品在国际贸易中的比重超过初级产品。这些都与国际资本流动,特别是大量的直接投资资本集中于制造业有密切的关系。第三,伴随着国际分工向要素分工深化,在工业制成品贸易中,中间产品比重持续增长。

3. 国际分工影响国际贸易利益分配,对国际贸易政策产生影响

当前的国际分工是在资本主义生产方式的产生和发展过程中形成和发展的,体

现了资本主义社会的生产关系。第二次世界大战之后,随着民族解放运动的兴起,许多发展中国家在政治上获得了独立,经济的自主性增强,因此在国际分工中的地位有了较大提高,贸易利益随之增多。尽管如此,发展中国家在世界贸易中的地位仍然较低,贸易利益也只是相对提升,仍处于国际分工价值链条的末端。国际分工状况是各国制定对外贸易政策的依据。发展中国家要根据本国的具体情况,制定合适的对外经济贸易发展政策,发挥优势,改变不合理的国际分工格局,为自己争取更多的贸易利益。

(二) 国际贸易对国际分工的影响

1. 国际贸易作为国际分工的纽带,引导国际分工的发展方向

国际商品交换作为国际经济有机体的联结系统,不断地推动自己存在的基础即国际分工的深化和发展。国际市场的需求是通过世界市场上价格的变动反映出来的。价格信息通过商品交换传递到各国生产领域,各国生产者据此作出生产决策,从而影响国际分工格局的发展变化。

2. 国际贸易制约着国际分工功能的实现

国际分工的功能包括提高各国的劳动生产率,降低劳动成本,摆脱各国资源的局限性,促进社会生产力的发展。这些功能的发挥,需要通过国际分工来实现。但实现的程度与合理性会受到国际贸易机制的制约。

3. 国际贸易的规模和速度制约着国际分工的发展

国际商品交换规模影响着国际分工的发展变化。如果国际商品交换渠道通畅,贸易发展迅速,则会扩大国际分工规模,将会吸引各国更加深入地参与国际分工。同时,国际商品交换速度影响着参与国际分工的企业发展速度,会进一步影响国际分工的程度。

第三节 国际贸易的分类与基本概念

一、国际贸易的分类

(一) 货物贸易与服务贸易

国际贸易按商品形态不同,分为货物贸易和服务贸易。货物贸易又称有形贸易(visible trade)或商品贸易,是指国家(地区)间物质商品的交换或流动。因为物质商品是看得见、摸得着的,所以货物贸易常被称为有形贸易。世界市场上的物质商品种类很多,为了统计和其他业务的需要,联合国曾于1950年编制了《国际贸易商品标准分类》(Standard International Trade Classification,SITC),并于1960年和1972年先后两次修订。它将国际贸易的商品分为10个大类,分别是:食品及主要供食用的活动物(0);饮料及烟草类(1);燃料以外的非食用粗原料(2);矿物燃料、润滑油及有关原料(3);动植物油脂及油脂(4);化学品及有关产品(5);主要按原料分类的制成品(6);机械及运输设备(7);杂项制品(8);其他未分类商品(9)。通常0~4类商品又称为初级产品,5~8

类商品被称为工业制成品。根据这一标准,国际货物贸易中的商品被细分为10大类,63章,233组,786个分组和1 924个基本项目。在国际贸易统计中,每一种商品都有一个由5位数字组成的编号。第1位数表示类,第2位数表示章,第3位数表示组,第4位数表示分组,第5位数表示项目。例如,001.22代表活山羊。其含义是:0类,食品及主要供食用的活动物;0章,主要供食用的活动物;1组,主要供食用的活动物;2分组,活绵羊及山羊;2项目,活山羊。目前使用最广泛的是海关合作理事会编制的《协调制度》,我国也采用这一分类标准。

国际服务贸易是不同国家之间进行的服务交换活动。按照《服务贸易总协定》的定义,国际服务贸易是指服务贸易提供者从一国境内通过商业现场或自然人流动向服务消费者提供服务,并获取外汇收入的过程。根据WTO的解释,国际服务贸易包括以下四种方式提供的服务:①跨境交付,即服务提供者和消费者都不跨越国境,如利用网络进行的国际医疗、远程教育的服务方式;②境外消费,指服务消费者到服务提供者国内接受服务,如国际旅游、出国留学等服务方式;③商业存在,指服务企业到国外开办服务机构提供服务,如专业事务所的国外分支机构提供的服务方式;④自然人流动,即一国的自然人到服务消费者所在国或第三国提供服务,如出国讲学、出国行医等服务方式。服务贸易多为无形、不可储存的,服务提供与消费同时进行,其贸易额在各国国际收支表中只得到部分反映,在各国海关统计中也查询不到。

《服务贸易总协定》规定的服务行业包括以下部门:商业、通讯、建筑、销售、教育、环境、金融、健康与社会服务、旅游及相关的服务、文化娱乐与体育服务、交通及其他。它主要涉及以下20个领域,即:①国际运输,包括卫星发射服务;②金融服务;③国际保险与再保险;④国际信息处理和传递;⑤国际咨询服务;⑥海外工程承包和劳务输出;⑦国际电讯服务;⑧跨国广告和设计;⑨国际租赁;⑩售后维修、保养和技术指导等;⑪国际视听服务;⑫国际会计师、律师的法律服务;⑬文教卫生的国际交往服务;⑭国际旅游;⑮跨国商业批发和零售服务;⑯专门技术和技能的跨国培训;⑰长期和临时性国际展览与国际会议会务服务;⑱国际仓储和包装服务;⑲跨国房地产建筑销售和物业管理服务;⑳其他官方或民间提供的服务,如新闻、广播、影视等。

(二) 一般贸易与加工贸易

一般贸易是指单边输入关境或单边输出关境的进出口贸易方式,其交易的标的是正常贸易的进出口货物。一般贸易进出口货物必须接受海关监管。《中华人民共和国海关法》规定,货物或运输工具进出境时,其收发货人或其代理人必须向进出境口岸海关请求申报,交验规定的证件和单据,接受海关人员对其所报货物和运输工具的查验,依法缴纳海关关税和其他由海关代征的税款,然后才能由海关批准货物和运输工具的放行。

加工贸易是指经营企业进口全部或部分原辅材料、零部件、元器件、包装物料,经加工或装配后,将制成品复出口的经营活动,包括来料加工、进料加工和来件装配等形式。

专栏1-1　企业集团加工贸易监管改革释放红利　助推产业链供应链循环畅通

2022年11月，在南京海关辖下的昆山海关监管下，2 008万个品名为"集成电路"的保税料件通过企业集团加工贸易方式，从立臻精密智造（昆山）有限公司转运至立臻科技（昆山）有限公司进行加工生产，这两家公司同属立讯精密集团。

"自从开始实施集团保税业务以来，保税料件在集团内各公司之间可以自由流通，无需缴纳税金，有效解决了公司面临的紧急缺件的问题。我们集团目前有14家成员企业，2022年1—10月共开展了74笔集团保税料件流转业务，这不仅保障了生产进度，还节约了物流报关等费用，能够满足集团内资源调配最大化的需求。"立讯精密集团中央关务总监莫荣英表示。

立讯精密集团专注于手机及数字音频编码设备等电子信息产品的制造及维修业务。为了帮助企业最大化实现集团内料件统筹使用，缓解料件供应紧张的难题，昆山海关及时了解企业诉求，开展业务辅导，制定企业集团加工贸易监管模式下的区内外联动实施方案，以帮助企业实现综保区内外的集团企业无感互通。目前，该集团可以充分利用综保区保税研发、保税维修等政策优势，从而实现企业"研产销服"一体化的顺畅进行。

"企业集团加工贸易监管模式"是指海关以"企业集团"为单元，以信息化系统为载体，以集团的实际经营需求为导向，对集团所属企业实施整体监管的加工贸易监管模式。"在该模式下，成员企业的保税料件、设备、产品能够自由流转、自主存放，使集团企业间的仓储物流更加高效，各种资源要素能够集中流向需求迫切的生产环节。"南京海关自贸区和特殊区域发展处处长胡文杰介绍道。

为了让更多有需要的企业享受政策优惠，南京海关积极开展政策宣讲活动，通过多个平台推送政策解读和案例推介，深入调研，以掌握企业新情况、产业发展新动态，以扩大改革覆盖面。正是由于这些努力，越来越多的企业集团选择利用这种模式开展加工贸易。

据统计，截至2022年11月，南京关区已有20个集团78家企业参加改革试点。2022年1—10月，省内企业集团累计开展加工贸易进出口总值为2 577.49亿元，为江苏省加工贸易企业在生产管理、物流优化、仓储调配、成本控制等方面提供了有力支持。

资料来源：王璇，谢后卫. 企业集团加工贸易监管改革释放红利 助推产业链供应链循环畅通[EB/OL].(2022-11-29)[2023-01-08]. http://www.customs.gov.cn/customs/xwfb34/302425/4705588/index.html.

二、国际贸易的基本概念

（一）国际贸易与对外贸易

对外贸易（foreign trade）亦称进出口贸易，是指一国（地区）同别国（地区）进行的货物和服务交换活动。从单个国家（地区）的视角来看，这种交换活动被称为对外贸易；从国际范围来看,这种交换活动被称为国际贸易,它是世界各国或地区对外贸易的总和,反映了世界各国或地区之间的相互依赖关系。包括货物与服务在内的对外贸易可称为广义的对外贸易或国际贸易;不包括服务在内的对外贸易或国际贸易称为狭义的对外贸易或国际贸易。本教材主要涵盖狭义的国际贸易。

(二) 贸易差额

贸易差额(balance of trade)是指一定时期内一国(地区)出口总额与进口总额之间的差额。贸易差额包括货物贸易差额与服务贸易差额,用以反映一国(地区)对外贸易的收支状况。

当出口总额大于进口总额时,其差额称为贸易顺差(trade surplus),或称贸易黑字,我国也常称之为出超。

当出口总额小于进口总额时,其差额称为贸易逆差(trade deficit),或称贸易赤字,我国也常称之为入超。

如果出口总额与进口总额相等,则称为贸易平衡,进出口贸易总会出现差额,不可能绝对平衡。

(三) 总贸易与专门贸易

海关是设在关境上的国家行政管理机构,它是贯彻执行本国有关进出口政策、法令和规章制度的重要工具。征收关税是海关的重要任务之一。为了征收关税,海关会规定一个地域界限作为进出口的标志,货物进入这个地域界限便是进口,离开地域界限便是出口,这个地域界限称为关境。关境是海关所管辖和执行各项海关法令和规章,征收关税的领域,也称为关税领域。一般说来关境与国境是一致的,但也存在一些例外情况。例如,自由港、出口加工区、保税区等经济特区在国境内,但在关境外。因此,设有经济特区的国家,关境的范围就要小于国境。而参加关税同盟或区域经济一体化的国家的领土合并成为一个统一的关境,这时关境大于国境。

总贸易体系与专门贸易体系是两种不同的国际货物贸易统计方法。总贸易(general trade)以国境作为统计对外贸易的标准。凡进入国境的商品一律列为进口,即总进口(general import)。凡离开国境的商品一律列入出口,即总出口(general export)。总出口额与总进口额之和为总贸易额。专门贸易(special trade)以关境作为统计对外贸易的标准。从外国进入关境和从保税仓库提出进入关境的商品,称专门进口(special import)。离开关境的商品称专门出口(special export)。但从关境外国境内出口到其他国家的商品,则不被统计为出口。专门出口额与专门进口额之和,即专门贸易额。进入海关保税仓库或自由区的货物,如果并未结关和完税,不作进口记录;当货物从保税仓库提出向海关结关进入本国市场时,才记录为进口;如货物复运出口,则不作进出口记录。

目前采用总贸易体系的约有90多个国家(地区),美国、日本、英国、加拿大、澳大利亚、独联体国家、东欧国家等采用这个划分标准。采用专门贸易这种划分方法的国家(地区)约有83个,主要包括德国、意大利、瑞士等。我国采用的是总贸易体系。联合国发布的各国对外贸易额资料,一般都注明是按何种贸易体系编制的。

(四)国际贸易值与国际贸易量

1. 国际贸易值

以某种货币金额表示的一国(地区)的对外贸易总额,称对外贸易值(value of foreign trade)。一定时期内一国(地区)从国外进口货物的全部价值,称为进口贸易总额或进口总额;一定时期内一国(地区)向国外出口货物的全部价值称为出口贸易总额或出口总额。两者相加为进出口贸易总额或进出口总额,这是反映一国(地区)对外货物贸易规模的重要指标之一。贸易额一般以本国货币表示,也可以用国际上的通用货币表示。联合国通常以美元为货币单位编制和发布世界各国对外贸易额的资料。

国际贸易值又称国际贸易额(value of international trade),是指以货币表示并以现行世界市场价格计算的各国(地区)进口总额或出口总额之和,它能够反映某一时期内的贸易规模。由于一国(地区)的出口就是另一国的进口,因此,从世界范围来看,所有国家(地区)进口的合计理应等于所有国家出口的合计。但是,由于各国(地区)一般都是按离岸价(即启运港船上交货价,其中不包括保险费和运费)计算出口额,按到岸价格(即成本、保险费加运费)计算进口额,世界出口货物总额总是小于世界进口货物总额。与一个国家(地区)的进出口总额不同,世界进出口总额没有任何独立的经济意义,因为它经过了重复计算。所以,通常所说的国际货物贸易额是单指世界出口货物总额。

2. 国际贸易量

以货币表示的对外贸易额经常受到价格变动的影响,因而不能确切地反映一国(地区)对外贸易的实际规模,不同时期的对外贸易额是不能直接比较的,所以,在实际工作中,往往采用国际贸易量(quantum of international trade)来进行衡量。国际贸易量是指以某时期为基数的不变价格为标准计算的各个时期的国际贸易额,即用以固定年份为基期计算的进口或出口价格指数去除特定时期的进口额或出口额的办法,得出按不变价格计算的进口额或出口额。其计算公式为:

$$国际贸易量 = 国际贸易额 \div 价格指数$$

通过这种方法计算出来的对外贸易额已经剔除了价格变动的影响,单纯反映对外贸易的量。国际贸易量指标不仅可以比较确切地反映出对外贸易的规模,便于人们把不同时期的对外贸易额进行比较,而且还便于人们计算各个时期的物量指数。

由于国际服务贸易的统计标准尚未一致,加之服务贸易本身的特点,服务贸易只公布贸易额,而不公布贸易量。

(五)国际贸易商品结构与国际贸易地理方向

国际贸易商品结构是指一定时期内各类商品在整个国际贸易中所占的比重或地位,即各类商品贸易额与整个世界贸易额相比的结果。它通常以比重表示,可以反映整个世界的经济发展水平、产业结构状况和科技发展水平。为便于分析比较,世界各国均依据《国际贸易商品标准分类》公布国际贸易和对外贸易商品结构。

国际贸易地理方向又称国际贸易地区分布(international trade by regions),用以表明世界各国或各个国家集团在国际贸易中所处的地位。通常用它们的对外贸易额占世界出口总额或世界进口总额的比重来表示。国际贸易地理方向相对于某一个国家或地区来说,就是对外贸易地理方向,它表明一个国家或地区进口商品的来源和出口商品的去向,从而反映该国与其他国家或地区之间的经济贸易联系程度。

(六)直接贸易、间接贸易、转口贸易与过境贸易

直接贸易(direct trade)是指贸易品由生产国(地区)与消费国(地区)之间不通过第三方直接进行的贸易活动。当商品从生产国(地区)输出到消费国(地区)时,对生产国(地区)来说,是直接出口;对消费国(地区)来说,是直接进口。

间接贸易(indirect trade)是直接贸易的对称,是指通过第三方或其他中间环节,把商品从生产国(地区)运销到消费国(地区)的贸易活动。对生产国(地区)来说是间接出口,对消费国来说是间接进口。

转口贸易(entrepot trade),也称中转贸易(intermediary trade),是指一国(地区)通过第三国(地区)转口商分别同生产国与消费国签订进口或出口合同所进行的贸易。转口商通常是以营利为目的,有一个正常的商业加价。对生产国(地区)和消费国(地区)而言是间接贸易,对第三国(地区)而言,是转口贸易。转口贸易属于复出口,是国际贸易的一部分。从事转口贸易的大多是地理位置优越、交通便利、结算方便、贸易限制较少的国家或地区。例如,荷兰鹿特丹、新加坡、中国香港地区等。

过境贸易(transit trade),又称通过贸易,是指贸易货物通过一国(地区)国境,不经加工地运往另一国(地区)的贸易活动。过境贸易分为直接过境贸易和间接过境贸易。直接过境贸易是指过境贸易货物不在过境国的海关保税仓库存放,直接转运到消费国的过境贸易。间接过境贸易是指因商品需要分类包装、暂时的转运困难、购销当事人的意愿中途变更等,货物先存放在过境国的海关仓库,尔后经分工、分类、包装转运出境的过境贸易。

(七)知识产权与国际技术贸易

在全球经济一体化的今天,技术进口与出口已经成为当今国际经济活动的不可缺少的组成部分,在国际经济关系中占有重要地位,科技进步对经济增长的重要作用使许多发展中国家把它作为促进经济发展、追赶发达国家的重要手段。国际技术贸易涉及的重要内容是知识产权保护。

知识产权是无形财产的私有权,是自然人或法人对其在生产活动、科学研究、文学艺术等领域中从事智力创造性劳动而获得的成果依法享有的专有权利。WTO 在《与贸易有关的知识产权协定》中规定知识产权的范围包括:①版权及有关权利(即邻接权);②商标权;③地理标识权;④工业品外观设计权;⑤专利权;⑥集成电路布图设计权(即拓扑图权);⑦未披露信息专有权(即商业秘密权)。知识产权实际上是一种智力的成果权。

国际技术贸易是指不同国家的当事人之间按一般商业条件进行的技术跨越国境的转让或许可行为,是国际技术转让的重要组成部分。

(八)外贸依存度

外贸依存度(ratio of dependence on foreign trade),又称外贸系数、外贸贡献度和经济开放度等,是指一国(地区)在一定时期内(通常为一年)进出口贸易总额在其经济总量(通常以国内生产总值或国民生产总值表示)中所占的比重。它反映了一国(地区)国民经济对外的依赖程度。如果以国内生产总值(GDP)衡量经济总量,则其通常的计算公式为:

$$T = [(X + M) \div GDP] \times 100\% \qquad (1-1)$$

式(1-1)中：T 表示外贸依存度；X 表示一国(地区)的出口总额；M 表示一国(地区)的进口总额。

外贸依存度可以分解为出口依存度和进口依存度两个指标。

出口依存度(ratio of dependence on export，用 T_x 表示)，是指一国(地区)在一定时期内(通常为一年)的出口总额在其经济总量(通常以国内生产总值或国民生产总值表示)中所占的比重。它反映了一国(地区)产出中对世界市场的依赖程度。如果以国内生产总值(GDP)衡量经济总量，则其计算公式为：

$$T_x = [X \div GDP] \times 100\% \qquad (1-2)$$

进口依存度(ratio of dependence on import，用 T_m 表示)，是指一国(地区)在一定时期内(通常为一年)的进口总额在其经济总量(通常以国内生产总值或国民生产总值表示)中所占的比重。它表示该国国内市场对进口商品的依赖程度，也可以看作是一国(地区)在经济建设中利用国外资源的程度。如果以国内生产总值(GDP)衡量经济总量，则其计算公式为：

$$T_m = [M \div GDP] \times 100\% \qquad (1-3)$$

外贸依存度的高低与一国(地区)的经济发展水平、经济发展模式、经济发展战略、经济规模、人口规模等诸多因素密切相关，它可以反映出一国(地区)对外贸易在国民经济中的地位、该国(地区)同世界经济联系的密切程度以及该国(地区)参与国际分工与世界市场的广度和深度。从横向比较看，一国(地区)的外贸依存度越高，对外贸易在国民经济中的作用越大，与外部的经济联系越多，经济开放度也越高；从纵向比较看，如果一国(地区)的外贸依存度提高，则表明其外贸增长率高于国内生产总值(国民生产总值)的增长率，对外贸易对经济增长的作用加大，经济开放度提高。在实践中，通常用外贸依存度来衡量国际贸易对经济增长的影响。在实际测算中，为了保持国际可比性，常常要将一国(地区)的国内生产总值(国民生产总值)按一定的汇率折算成美元，以用同种货币计量进出口总额和国内生产总值(国民生产总值)。

专栏1-2 数字贸易的内涵与类型

目前，全球尚无统一标准来界定数字贸易。不同组织、机构和国家界定"数字产品""电子商务""数字贸易"等相关概念的视角、内涵、外延存在一定差异。

(一) 数字产品

世界知识产权组织(WIPO)官员萨夏·武恩西奇-文森特(Sacha Wunsch-Vincent)指出，随着信息通信技术的发展，以网络形式传输的数字内容逐渐增多。这些通过网络进行传输和交付的内容产品被称为"数字产品"(digital product)或"数字传输内容"(digital content product)，包括以下四类：①电影和图片；②声音和音乐；③软件；④视频、计算机及娱乐节目。在WTO的谈判中虽未给出明确的

"数字产品"定义,但是也通过列举方式做出了相似的分类。由此看出,WTO范畴内的"数字产品"应具备两个基本特征:第一,数字产品仅限于上述四类内容产品;第二,数字产品需通过电子方式进行传输和交付。在双边和区域层面,"数字产品"一词最早出现于2003年达成的《美国—智利自由贸易协定》。该协定明确指出,"数字产品"是指"以数字形式编码且可采用电子方式传输的计算机程序、文本、视频、图像、录音或其他产品",美国对"数字产品"的这一定义一直沿用至今。

(二) 电子商务

1998年,WTO设立了"电子商务工作项目"(e-commerce work program),以"检查所有与全球电子商务相关的贸易议题"。该工作项目明确界定了"电子商务"是指"通过电信网络进行生产、配送、营销、销售或交付的货物或服务"。该项目的执行由服务贸易委员会、货物贸易委员会、知识产权委员会以及贸易与发展委员会共同负责。2011年,经济合作与发展组织(Organization for Economic Cooperation and Development, OECD)提出了类似的定义,将电子商务定义为"通过计算机网络进行的专门用于接收或下订单货物和服务的销售或采购"。多边框架下的"电子商务"作为一种新型贸易模式,涉及一系列交叉议题。其交易标的物的边界与美国对"数字产品"的定义相近,包括有形和无形产品及服务。然而,成员方并未明确依托有形载体以物理方式运送的数字内容应属于货物贸易范畴还是服务贸易范畴。

(三) 狭义的数字贸易

美国是最早正式界定数字贸易的国家。2013年7月,美国国际贸易委员会(United States International Trade Commission, ITC)首次提出,数字贸易是指"通过互联网传输货物或服务的商业活动",主要包括数字内容、社交媒介、搜索引擎、其他产品和服务等四大类。同时,他们指出,数字贸易作为极具挑战的新议题,其内涵与外延仍处于不断演变之中。2017年8月,ITC对"数字贸易"做出了最新界定,将其定义为"通过互联网、智能手机、网络连接传感器等相关设备交付的产品和服务",涉及互联网基础设施及网络、云计算服务、数字内容、电子商务、工业应用及通信服务等六种类型的数字产品和服务。与2013年版本的定义相比,新定义回应了数字技术的最新发展,印证了数字贸易边界的动态变化。特别值得注意的是,该定义属于"狭义"的数字贸易定义,强调贸易的交付模式应为"数字交付",因此剔除了大多数实物商品贸易,如在线订购的实物商品以及通过CD或DVD出售的书籍、软件、音乐、电影等数字化的实物商品。

总体而言,当前阶段的跨境电子商务处于数字贸易的初级阶段,而数字贸易则是跨境电子商务未来发展的高级形态。数字贸易在简单的货物和服务交易活动的基础上,进一步强调了大数据、云计算等新型数字技术与传统产业的融合发展,不断拓展跨境电子商务的业务内涵,致力于提高跨境电子商务的运营能力和运营效率,并将传统产业的数字化、智能化升级作为最终目标。

(四) 广义的数字贸易

OECD 从贸易的属性("如何")、交易的对象("什么")和涉及的参与者("谁")三个维度对数字贸易进行了拆解,得到了广义的数字贸易内涵。

根据交易方式的差异,广义的数字贸易可分为数字订购型(digitally ordered)、平台支持型(platform enabled)、数字交付型(digitally delivered)。其中,数字订购型数字贸易指直接通过专门用于接收或下订单的计算机网络进行的商品或服务交易,其支付环节及货物或服务的交付可以通过线上或线下完成。该模式不包括以电话、传真等形式达成的交易,仅覆盖通过网页、外部网、电子数据交换达成的交易。平台支持型数字贸易指间接通过中介平台进行的商业交易,中介平台为供应商提供设施和服务,但不直接销售商品,如阿里巴巴、亚马逊、淘宝、京东商城等。数字交付型数字贸易指直接通过信息及通信技术网络远程提供的服务产品,包括可下载的软件、电子书、电子游戏、流媒体视频、数据服务等,但不包括有形货物的交付。广义与狭义的数字贸易的最主要区别在于前者包括了通过信息和通信技术(以下简称 ICT 技术)和数字方式交易的实体货物或商品,而后者不包括。

数字贸易的交易对象包括货物、服务和信息。根据交易属性的差异,可以进一步细分为数字订购的产品、数字订购的服务、数字交付的服务以及数字交付的信息四种类型。特别值得注意的是,数据或信息是数字贸易引入的第三种国际贸易标的物。数字交付的信息指数字贸易平台(例如社交网站"Facebook"和搜索引擎"百度")通过免费向消费者提供服务以换取用户信息,并通过广告投入实现盈利。用户信息的数据流是数字贸易平台获得广告收入资金流的标的物。

数字贸易的行为主体包括企业(B)、消费者(C)和政府(G)。传统的国际贸易发生于企业之间(简称 B2B),或企业与政府之间(简称 B2G)。然而,数字技术的广泛应用大大降低了贸易门槛,为中小企业和个人消费者提供了通过互联网平台直接购买或提供商品和服务的可能。因此,中小企业和个人消费者成为数字贸易的主体,消费者之间直接进行的贸易(简称 C2C)和企业与消费者之间发生的贸易(简称 B2C)成为数字贸易时代的重要商业模式。

根据订购方式、平台支持方式和交付方式的差异,以及交易对象和参与者的不同,数字贸易的提供方式存在显著不同。经济合作与发展组织(OECD)和国际货币基金组织(International Monetary Fund, IMF)列举了 16 种数字贸易的不同类型。从数字贸易的属性来看,大部分数字贸易为通过互联网中介平台(9种)或以数字方式订购(14种)发生的国际贸易;从数字贸易的标的来看,以服务为载体(11种)发生的数字贸易多于以货物为载体(5种)发生的数字贸易,尽管信息流未作为数字贸易发生的直接标的物,但却是支撑并贯穿 16 种数字贸易发生的重要元素。从数字贸易的参与者来看,B2B 贸易和 B2C 贸易(均为 7 种)为数字贸易的主要商业模式。除此以外,C2C 贸易(2 种)成为国际贸易的新型商业模式。

资料来源:盛斌,高疆. 超越传统贸易:数字贸易的内涵、特征与影响[J]. 国外社会科学,2020(4):18-32.

第四节　国际贸易的对象及其影响因素

国际贸易的重要内容是与谁贸易的问题，也就是说，在当前世界贸易中谁与谁在做贸易，也就是一国主要贸易伙伴的构成问题。本节基于国际贸易引力模型，分析影响一国贸易伙伴选择的重要因素。

一、影响国际贸易的因素

我们先来看一下美国2008年主要的贸易伙伴统计情况，见图1-1。

美国较大的贸易伙伴包括加拿大与墨西哥，且排名都在前三。这主要是因为这两个国家与美国相邻，贸易的运输成本较低；另外，美国与这两个国家签署了《北美自由贸易协定》，它们之间的贸易限制措施相对较少。中国、日本、德国、英国与美国的贸易额也比较高，主要是因为这些国家经济规模比较大，对美国的商品供给量与商品需求量都比较大。韩国、法国与美国的贸易额也处于排名靠前的位置，这是由于它们与美国存在特殊的同盟关系，促进了双边贸易的发展。美国的对外贸易总额相对还是比较集中的。2008年，美国与图1-1中15个经济体的贸易额占据了美国对外贸易总额的69%。

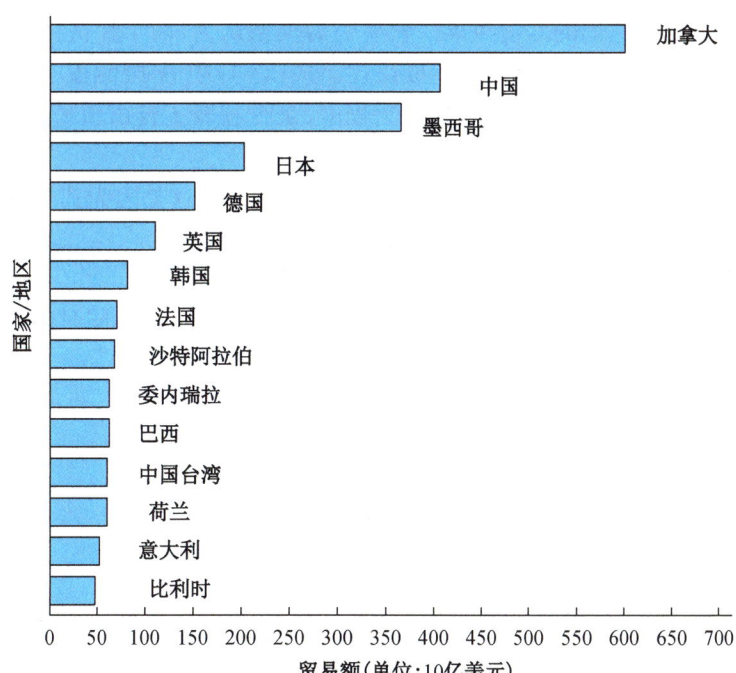

图1-1　2008年美国主要贸易伙伴

资料来源：Krugman et al.，2016，Figure 2-1。

通常来说,影响两个经济体双边贸易规模的因素包括以下几个方面。

第一,经济体规模的大小。经济体规模越大,它们的产品供给与需求量也越大,双边贸易量越大。简而言之,两个经济体的双边贸易量与其经济规模是成正比的。

第二,经济体之间的距离。距离越近,则国际贸易过程中的运输成本也就越低,双边贸易规模越大。因而,两个经济体的双边贸易量与其距离成反比。

第三,经济体相互之间的贸易限制程度。经济体相互之间的贸易限制性越强,则双边贸易量越低。相反地,如果它们签署了降低贸易限制程度的协定(如 FTA),则有助于双边贸易规模的扩大。也就是说,两个经济体双边贸易量与它们之间的贸易限制程度成反比,但与签署 FTA 成正比。

其他影响因素还包括两个经济体是否具有历史联系、共同语言、共同文化传统等,这些也是影响双边贸易规模的重要因素。

二、贸易引力模型

国际经济学家根据影响双边贸易规模的因素,总结出国际贸易学中的一个基础模型——贸易引力模型。其表达式如下:

$$T_{ij} = A \times \frac{Y_i \times Y_j}{D_{ij}} \tag{1-4}$$

式(1-4)中:T_{ij} 表示经济体 i 和 j 之间的双边贸易量;Y_i、Y_j 分别表示经济体 i 和 j 的经济规模;D_{ij} 是它们的双边距离。贸易引力模型认为,两个经济体双边贸易量与其经济规模成正比,与它们之间的距离成反比。式(1-4)中 A 则涵盖了其他影响双边贸易规模的因素,比如前面提到的贸易限制程度、是否签署了自由贸易协定、是否使用共同语言等。

上述分析贸易量影响因素的模型称为贸易引力模型。这是因为其与物理学中的牛顿万有引力公式:$F_{ij} = G \times \frac{M_i \times M_j}{D_{ij}^2}$ 非常相似。物体 i 与物体 j 之间的万有引力 F_{ij},与两物体的质量 M_i 与 M_j 成正比,与它们之间的距离 D_{ij} 成反比,同时还与引力常量 G 有关。

贸易引力模型可以从双边贸易影响因素的基本事实总结出来,也可以通过经济学推导过程得出。

我们可以将经济体 i 从经济体 j 的进口量 M_{ij} 表示为:

$$M_{ij} = s_{ij} \times Y_i \tag{1-5}$$

式(1-5)中:Y_i 表示经济体 i 的国民收入,即其经济规模指标(经常用 GDP 衡量);s_{ij} 表示经济体 i 的国民收入中用于购买经济体 j 的产品的比例。类似地,经济体 j 从经济体 i 的进口量 $M_{ji} = s_{ji} \times Y_j$。

这样,经济体 i 与经济体 j 之间的双边贸易量 T_{ij} 可表示为:

$$T_{ij} = M_{ij} + M_{ji} = s_{ij} \times Y_i + s_{ji} \times Y_j \tag{1-6}$$

另外，可以认为一个国家的国民收入来自其对全世界（包括自己）的商品销售，因此：

$$Y_i = s_{wi} \times Y_w \tag{1-7}$$

$$Y_j = s_{wj} \times Y_w \tag{1-8}$$

式(1-7)和式(1-8)中：Y_w 为全世界国民收入；s_{wi} 与 s_{wj} 分别为全世界收入中用于购买经济体 i 与经济体 j 的商品的比例（包括它们自己的收入中用于购买本国商品的部分）。

将这两个表达式代入双边贸易量表示式，并进行相应简化，可得：

$$T_{ij} = \left(\frac{s_{ij}}{s_{wj}} + \frac{s_{ji}}{s_{wi}}\right) \times \frac{Y_i \times Y_j}{Y_w} \tag{1-9}$$

式(1-9)中：s_{ij}/s_{wj} 表示经济体 j 对经济体 i 的出口占其对全世界出口的比重；而 s_{ji}/s_{wi} 可看作经济体 i 对经济体 j 的出口占其对全世界出口的比重。因而，我们可以将括号中的 $s_{ij}/s_{wj} + s_{ji}/s_{wi}$ 看作两个经济体之间的双边贸易占它们与全世界的贸易额的比重。我们可以假定这一比重与两个经济体之间的距离成反比。进而，可将式(1-9)重新表示为：

$$T_{ij} = \frac{Z}{D_{ij}} \times \frac{Y_i \times Y_j}{Y_w} = A \times \frac{Y_i \times Y_j}{D_{ij}} \tag{1-10}$$

式(1-10)中：Z 与 A 均为常数，且 $A = Z/Y_w$。这样就得到了贸易引力模型的表达式。

三、贸易引力模型的实证检验

现实中贸易引力模型的解释力还是比较强的，我们以一些实际数据来进行说明。

（一）经济规模对双边贸易的影响

图1-2 显示了对贸易引力模型的验证结果。图中展示的是2008年欧盟15国各自与美国的双边贸易和各自经济规模之间的关系。图的横轴表示每个国家GDP占这15个国家GDP总和的比重，纵坐标表示每个国家与美国双边贸易占所有15个国家与美国双边贸易总额的比重。

从图1-2 中可以看到，这15个国家比较均匀地分布在对角线两侧，表明这些国家与美国的双边贸易与这些国家的经济规模成正比。即，经济规模越大，与美国双边贸易额越大。例如，德国的GDP大约占这15国GDP总和的21%，其与美国的双边贸易额约占所有15国与美国双边贸易总额的19.9%。而瑞典是个小国，其GDP约占15国总和的2.7%，相应地，其与美国双边贸易额约占所有15国与美国双边贸易总额的3%。

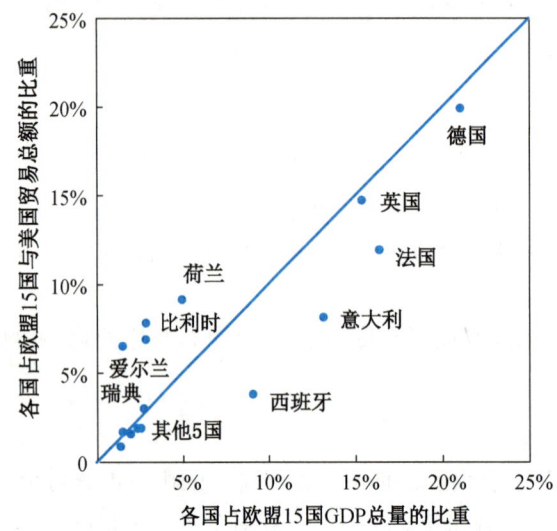

图 1-2　2008 年欧盟 15 国贸易额、经济规模与美国双边贸易的关系
资料来源:Krugman et al.,2016,Figure 2-2。

(二) 距离与贸易限制程度对双边贸易的影响

图 1-2 加上另外两个美国的贸易伙伴加拿大和墨西哥,就变成了图 1-3 的形式。

加拿大和墨西哥与美国的距离显然比欧盟各国要近得多,因而,其与美国双边贸易的密切程度要远高于欧盟各国。一个直观的反映是,加拿大和墨西哥在图上对应的点远高于欧盟各国。

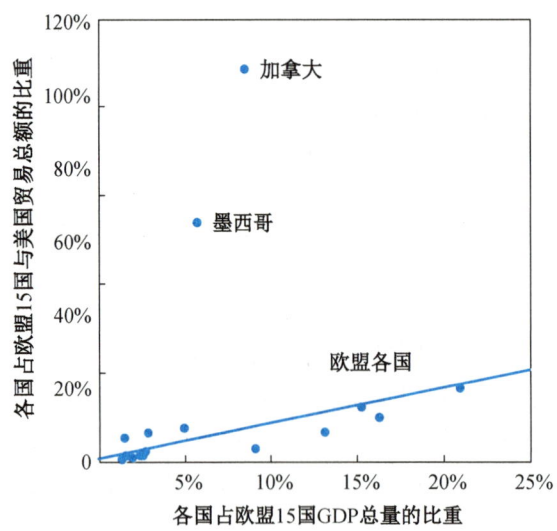

图 1-3　2008 年加拿大、墨西哥、欧盟 15 国贸易额、经济规模与美国双边贸易的关系
资料来源:Krugman et al.,2016,Figure 2-3。

事实上,从经济规模来看,加拿大大体与西班牙相当,但其与美国的双边贸易额却略多于欧盟15国与美国的贸易额(其在图1-3上对应的纵轴位置超过100%)。

为什么加拿大、墨西哥与美国的双边贸易额要远高于同等规模的欧盟国家呢?原因之一在于,加拿大与墨西哥距离美国比欧盟各国要近得多。贸易经济学家的实证研究表明,两个经济体之间的距离增加1%,可能会导致其双边贸易量下降0.7%~1%。美国与加拿大、墨西哥双边贸易额较高的另一个重要原因,是它们签署了《北美自由贸易协定》。该协定大大降低了它们之间的关税及其他贸易限制措施,促进了双边贸易的发展。

上述事例就验证了贸易引力模型中双边贸易量与经济体之间的距离成反比、与经济体之间的贸易限制程度成反比的结论。

(三) 国界的特殊影响

下面我们探讨国界对于国际贸易的特殊影响及其与引力模型的关系。虽然自由贸易协定往往会消除成员之间的正规贸易壁垒,但是却很难消除国界对贸易的限制作用。甚至当穿越国界运输的商品不用支付关税或应对各种法规限制时,国内各地区之间的贸易量也比距离相同的不同国家的地区之间的贸易量要高。这方面具有说服力的例子是美国和加拿大交界地区之间的贸易量。

虽然美国和加拿大签署了《北美自由贸易协定》,许多加拿大人也讲英语,两国居民在边界地区只需要很少的手续就可以自由往来,但是现实数据却表明,加拿大各省之间的贸易量要超过这些省与相同距离的美国各州之间的贸易量。

在关于贸易引力模型的一项经典研究中,经济学家先选择加拿大最西部的省——不列颠哥伦比亚省,然后分别选取加拿大自西向东、与该省距离越来越远的其他6个省(分别是阿尔伯塔、萨斯喀彻温、曼尼托巴、安大略、魁北克、新不伦瑞克)[①],再选取美国境内、距离不列颠哥伦比亚省与上面6省分别相当的6个州(华盛顿、蒙大拿、加利福尼亚、俄亥俄、纽约、缅因)[②]。

按照各省及各州之间的距离关系,华盛顿州与不列颠哥伦比亚省的距离和阿尔伯塔与不列颠哥伦比亚省的距离相当,蒙大拿州与不列颠哥伦比亚省的距离和萨斯喀彻温省与不列颠哥伦比亚省的距离相当,并以此类推。

考察所选取的加拿大6省份与美国6州各自与不列颠哥伦比亚省在1996年的双边贸易。表1-1的第一列自上向下列出了加拿大的6个省份,第二列是这6个省各自与不列颠哥伦比亚省的双边贸易占其各自GDP的比重,最后一列从上向下列出了相对应的美国的6个州,第三列是这6个州各自与不列颠哥伦比亚省的双边贸易占其各自GDP的比重。

如果分别看第二列和第三列数字,则可以发现,这两列数字从上向下呈递减趋势(最后两行除外),即这6个省、6个州与不列颠哥伦比亚省的双边贸易占各自GDP的比例呈下降趋势。这是因为它们与不列颠哥伦比亚省的距离越来越远所致。这也验证了贸易引力模型中双边贸易与距离成反比的结论。

---

① Alberta, Saskatchewan, Manitoba, Ontario, Quebec, New Brunswick.
② Washington, Montana, California, Ohio, New York, Maine.

表 1-1　1996 年相应省、州与不列颠哥伦比亚省的双边贸易占 GDP 比重

加拿大各省	6 省与不列颠哥伦比亚省贸易占各自 GDP 比重	6 州与不列颠哥伦比亚省贸易占各自 GDP 比重	美国各州
阿尔伯塔	6.9%	2.6%	华盛顿
萨斯喀彻温	2.4%	1.0%	蒙大拿
曼尼托巴	2.0%	0.3%	加利福尼亚
安大略	1.9%	0.2%	俄亥俄
魁北克	1.4%	0.1%	纽约
新不伦瑞克	2.3%	0.2%	缅因

资料来源：Krugman et al., 2016, Figure 2-3。

比这一发现更有意义的是，如果将这两列数字进行横向比较，我们会发现，第二列的各个数字比它们各自对应的第三列同行的各个数字高出很多。这一差距显然与距离没多大关系，这是因为每行当中的加拿大各省与不列颠哥伦比亚省的距离和同行中的美国各州与不列颠哥伦比亚省的距离是相近的。这一差距与各经济体的规模大小也没关系，而是因为表中的各个数字并非加拿大各省、美国各州与不列颠哥伦比亚省的双边贸易的绝对量，而是这些双边贸易量占各自 GDP 的比重，它已经将各经济体的规模考虑在内了。另外，这一差距与我们通常考虑的贸易限制也没多大关系，这是因为 1996 年时《北美自由贸易协定》已经生效了，美国各州与不列颠哥伦比亚省的双边贸易，与加拿大各省与不列颠哥伦比亚省的双边贸易一样，不存在关税障碍。

因而，能够对上述现象进行解释的就是两国之间的国界线。虽然美国和加拿大之间的国界是世界上最为开放的边界之一，但是它也对贸易产生了阻碍作用。国界对贸易的阻碍作用可能有很多来源，比如，两个经济体的产品质量标准不同，导致一个国家的某种商品在一个国家内部市场销售顺利，但是却可能由于达不到外国质量标准而不能越过国界向其他国家销售。又如，即使不存在关税或其他贸易壁垒，产品从一个国家越过国界出口到另一个国家时，也必须履行必要的通关手续，这需要耗费一定的时间与资金成本，也会在一定程度上阻碍跨国贸易的发展，而这些成本在国内贸易中并不存在。有经济学家使用与表 1-1 中类似的数据，并结合贸易引力模型对距离效应的估计，得出结论认为，美国和加拿大之间的边界对双边贸易产生的阻碍作用大致相当于 2 400～4 000 千米的地理距离产生的阻碍作用。

微课：谁的贸易开放度高？

本章小结

本章重点介绍国际贸易的历史发展进程以及国际贸易与国际分工之间的关系。国际贸易是随着人类社会生产能力的提升与技术的不断进步而发展的。国际贸易学主要研究国际分工与国际贸易的发展历史与现状、国际贸易理论及其发展、国际贸易的政策措施与国际贸易体制以及与国际贸易有关的各种理论与现实问题。正确理解国际贸易的发展，需要首先掌握基本的国际贸易概念，特别是对国际贸易进行统计的总贸易体系

与专门贸易体系、衡量经济对外依赖程度的外贸依存度等概念。

  对外贸易 服务贸易 一般贸易 加工贸易 贸易顺差 贸易逆差 总贸易
专门贸易 国际贸易的商品结构 国际技术贸易 外贸依存度 贸易引力模型

一、案例分析

  阅读下列材料,思考如下问题:我国是如何成功融入国际市场、参与国际分工的? 我国参与国际分工的模式存在的问题是什么? 如何对我国参与国际分工的模式进行改进与提升?

  开放是国家繁荣发展的必由之路。改革开放以来,我国深入把握经济全球化的发展趋势,立足自身实际扩大对外经贸交流合作,积极融入世界经济,开放发展呈现鲜明的时代特征、清晰的发展方向和独特的体制优势。

  第二次世界大战结束后,随着经济全球化深入发展,生产要素跨国流动日益频繁。技术、品牌、专利、管理等高级生产要素以资本为载体从发达国家流向发展中国家,并与发展中国家的劳动力、土地等资源要素相结合,跨国生产一体化不断发展。

  我国在改革开放之初大力发展出口贸易,顺应了经济全球化的潮流。当时,尽管我国拥有大量廉价劳动力,但生产的产品质量和档次较低,难以打开国际市场。为了突破这一瓶颈、开拓国际市场,我国开始大力引进外资。外资的流入带来了技术、品牌等高级生产要素,推动我国加工贸易快速发展,进而带动出口高速增长。这是一种反映当时的时代特征、适应我国发展阶段的"要素合作型"发展模式,利用了经济全球化条件下生产要素跨国流动加快的有利条件。与此同时,市场取向的经济体制改革打破了计划经济体制下生产要素难以流动、闲置浪费或低效使用的局面,创造了新的体制优势。于是,劳动力源源不断地从农村流向城市、从中西部地区流向东部地区,其他资源要素也从生产率低的行业流向生产率高的行业。正是这种以开放引进先进要素、以改革动员存量要素的双重战略促进了要素集聚,推动了我国经济持续快速增长。

  值得指出的是,我国的体制优势从两个方面强化了这种要素集聚型增长。一是从兴办经济特区开始,我国建立了一大批开发区、保税区、出口加工区、高新技术园区等,与之相关的产业配套、政策优惠等措施为内外资企业投资经营创造了良好条件。二是在改革的推动下,各地政府根据本地实际制定规划、优化政策、引进项目、服务企业,营造了有利的营商环境。

  一个国家的开放发展水平需要随着经济发展阶段的提升而提升。"要素合作型"发展模式推动我国经济加入了国际分工,但因处于产业链和价值链的中低端,只能获得较低收益。随着我国成为世界第二大经济体、第一大货物贸易国和第二大对外直接投资国,我国迫切需要发展更高水平的开放型经济,并形成支撑高水平开放和大规模"走出去"的体制机制。为适应新的时代要求,我国大力实施创新驱动发展战略,着力优化要素结构,提升在全球产业链和价值链中的地位;推进自由贸易试验区建设,开启新一轮以开放促改革进程,努力在新的发展水平上增创参与经济全球化的新优势。

今天,我国从引进外资开始的对外开放走到了"引进来"与"走出去"并重的发展阶段,参与经济全球化的主动权更大、空间更广阔。对外并购有利于我国企业利用国际高级生产要素,加快中国制造与国外品牌、营销网络的结合,推动制造业升级,带动国内产品出口。"一带一路"是我国在开放发展新阶段为促进世界合作共赢、共享发展机会而提出的倡议,是我国全面提升开放型经济发展水平的重要标志。在"一带一路"建设中,我国各类企业在政策沟通、设施联通、贸易畅通、资金融通、民心相通中"走出去",同沿线国家企业共同提升发展能力,进而实现我国与沿线国家共同发展、合作共赢。"一带一路"建设不是中国一家的独奏,而是沿线各国的合唱。这一全新的合作方式和要素流动模式,将对经济全球化进程产生深远影响,为世界经济发展注入强大正能量。

和平、发展、合作、共赢的时代潮流滚滚向前。我国开放发展之所以能取得举世瞩目的成绩,就是由于顺应了时代潮流、反映了时代特征。今天,顺应和平、发展、合作、共赢的时代潮流,我国将在更高水平上融入经济全球化,拓展发展新空间。

二、思考题

1. 什么是国际贸易?它与国内贸易有什么区别?
2. 什么是国际分工?它与国际贸易之间是什么关系?
3. 第二次世界大战后的国际贸易发生了哪些变化?
4. 当代国际分工有哪些特点?
5. 国际贸易学的研究内容有哪些?
6. 如何正确看待外贸依存度的高低?
7. 查找资料数据,分析我国的主要贸易商品、主要贸易伙伴的构成情况。
8. 计算近10年我国的外贸依存度、出口依存度与进口依存度,并分析其发展变化趋势。
9. 在贸易引力模型中,对双边贸易具有影响作用的主要因素有哪些?

第二章 古典贸易理论

◎ 学习目的与要求

本章重点介绍了古典贸易理论中的绝对优势理论、比较优势理论和相互需求理论。

通过学习本章，学生要重点理解并掌握绝对优势理论的基本观点及其评价，比较优势理论的基本观点及其评价，相互需求理论的基本观点及其评价。

导 读

"法国蜡烛工人请愿"
——巴斯夏的反驳

重商主义曾经在欧洲极为盛行,保护主义随之蔓延,这激怒了法国经济学家巴斯夏(Frederic Bastiat)。他在1845年虚构了"法国蜡烛工人请愿"的故事,通过"以子之矛,攻子之盾"的方法打击了保护主义者。现摘录如下。

我们正在面临着难以忍受的外来竞争,他看来有一个比我们优越得多的生产条件来生产光线,因此,可以用荒谬的低价位占领我们整个国内市场。我们的顾客全都涌向了他,当他出现时,我们的贸易不再与我们有关,许多有无数分支机构的国内工业一下子停滞不前了。这个竞争对手不是别人,就是太阳。

我们所请求的是,请你们通过一条法令,命令大家关上所有窗户、天窗、屋顶窗、帘子、百叶窗和船上的舷窗。一句话,所有使光线进入房屋的开口、边沿、裂缝和缝隙,都应为了受损害的工厂而封闭。这些值得称赞的工厂使我们以为已使我们的国家满意了,作为感激,我们的国家不应将我们置于一个如此不平等的竞争之中,仅仅因为进口的煤、钢铁、奶酪和外国制成品的价格接近于零,你们对这些商品的进口就设置了很多限制,但为什么,当太阳光的价格整天都处于零时,你们却不加任何限制,任其蔓延?如果你们尽可能减少自然光,从而创造对人造光的需求,哪个法国制造商会不欢欣鼓舞?如果我们制造更多的蜡烛,那就需要更多的动物脂,这样就会有更多的牛羊,相应地,我们会见到更多人造草场,肉、毛、皮和作为植物生产基础的肥料。

经济学奠基人——亚当·斯密

第一节 绝对优势理论

一、经济自由主义的产生

18世纪中后期,资本主义工场手工业在西欧各国获得了空前的发展,随之而来的是产业革命的到来。机械生产逐渐取代了手工业劳动,工业生产效率大大提高,生产规模迅速扩大,从而使工业资本家取代了商业资本家成为社会经济生活中的主要力量。

产业资产阶级为了扩大海外市场,并从国外进口廉价的工业原料,迫切需要摆脱重商主义国际贸易理论的束缚,反对政府对国际贸易的干预,反对金银外流的禁令。他们对金银货币本身已经不太感兴趣,而是对具体的物质财富(生产资料和消费资料)更加重视。顺应产业资产阶级的历史需要,以亚当·斯密为代表的经济自由主义思潮开始盛行。

1776 年,亚当·斯密出版了《国民财富的性质和原因的研究》(*An Inquiry into the Nature and Causes of Wealth of Nations*,简称《国富论》)一书,批评重商主义,反对政府对经济的过度干预,创立了自由放任的自由主义经济理论。亚当·斯密在该书中用了大量篇幅批判了重商主义,首次提出绝对优势理论,有力地论证了自由贸易的合理性与可行性,他是世人公认的自由贸易理论先驱。由于亚当·斯密在该书中首次全面而系统地论述了市场机制的基本机理,故被人们称为现代经济学的奠基人,《国富论》也被世人誉为经济学的"圣经"。在国际贸易方面,他强调国际专业化分工的好处,强调自由贸易的必要性,强调国际贸易的双方互利性,从而提出了自己的国际贸易理论,即绝对成本说(The Theory of Absolute Cost),也被称为绝对优势理论(The Theory of Absolute Advantage)。绝对优势理论是顺应历史时代的需要,代表产业资产阶级的利益提出的一种国际贸易理论。

二、绝对优势理论

绝对优势理论的基本含义是由于拥有不同的自然优势或获得性优势,两国在同一产品的生产成本上存在绝对差异,这样各国都选择对其绝对有利的生产条件,去进行专业化生产,然后进行交换,从而提高两国的国民福利水平。

自然优势指的是自然地理、气候条件等方面的优越性,普通人力无法控制。例如,美国、法国、波兰等地的大平原,土壤条件好,粮食生产效率高,单位粮食产品所消耗的绝对劳动时间就少,其小麦生产就具有绝对成本优势。相反,非洲的情况则不同。

获得性优势指某国掌握的特殊商品的生产技术和技能。技术熟练、技术水平高,生产效率就高,单位产品生产的绝对劳动时间消耗就少。例如,英国工业革命形成的先进的纺织技术和冶炼技术就是一种获得性优势。

在其理论的论述中,亚当·斯密认为分工可以提高劳动生产率,其原因是:①分工能提高劳动的熟练程度;②分工使每个人专门从事某项作业,可能节省与生产没有直接关系的时间;③分工有利于发明创造和改进工具。亚当·斯密还以制针业中手工工场的例子来说明分工可以提高劳动生产率。他认为根据当时的情况,在没有分工的情况下,一个粗工每天甚至连一根针也制造不出来;而在分工的情况下,每天能生产 4 800 根针,每个工人的劳动生产率提高了几千倍。至于如何分工,他指出,正如在每个私人家庭处事中的精明行为,在一个大国里这样处事也不会是愚蠢的。如果外国供应的商品比我们自己生产这些商品要便宜一些,那么我们最好用自己具有优势的产业生产的部分产品去换取外国产品。也就是说,每一个国家生产自己本国具有绝对优势的产品,然后用这种产品换取本国的劣势产品,从中获利。这就是所谓的绝对优势理论。

(一) 基本假设

亚当·斯密的绝对优势理论是建立在以下一些前提假定基础之上的,这些前提假定包括:

(1) 世界上只有两个国家,各自只能生产两种产品,劳动是构成生产成本的唯一要素,即 2×2×1 模型。

(2) 生产要素在两国之间不能流动,但在一国范围内可以流动,即资源可以从国内一个部门转移到另一个部门。

(3) 两国资源都已得到了充分利用,一国某个部门资源的增加就意味着另一个部门资源的减少。

(4) 当资源从一个部门转移到另一个部门时,机会成本不变。

(5) 没有运输或其他贸易成本,产品可以在两国间自由流动。

(6) 进出口贸易值相等,即贸易是平衡的。

(7) 生产和交换在完全竞争的条件下进行。

(二) 绝对优势理论的主要内容

亚当·斯密认为两国间生产同样商品只存在成本差异,这是建立在一个国家所拥有的自然优势或获得性优势的基础上的。他主张如果外国产品比本国国内生产的便宜,那么最好是输出本国在有利条件下生产的产品去交换外国产品,而不是自己生产。他举例说,在苏格兰,人们可以利用温室种植葡萄,并酿造出同法国一样好的葡萄酒,但是由于苏格兰缺乏葡萄酒原料生长的优良自然条件,其成本是法国的 30 倍。如果苏格兰人真这么做,那将是十分愚蠢的行为。

1. 绝对优势理论分析

为了说明这一理论,亚当·斯密做出了进一步分析。

假定世界上只有英国、葡萄牙两个国家,它们都只生产葡萄酒和毛呢两种产品,并且都只使用劳动这一种要素,即所谓的 2×2×1 模型。亚当·斯密认为在这种情况下可以进行国际分工和国际交换,其结果对两国都有利。

(1) 封闭经济的成本比较如表 2-1 所示。

表 2-1 封闭经济的成本比较

产品	英国	比较	葡萄牙
1 单位酒	120 人/年	>	80 人/年
1 单位毛呢	70 人/年	<	110 人/年

(2) 封闭经济的价格格局如表 2-2 所示。

表 2-2 封闭经济的价格比较

产品价格	英国	比较	葡萄牙
酒的国内价格	120	>	80
毛呢国内价格	70	<	110

(3) 贸易格局的产生。由于两个国家封闭经济中的同种产品价格(绝对劳动成本)存在差别,聪明的商人可能会发现这一点,并试图通过从事贸易而套取利润。

第一个聪明的英国人会从英国运出 1 单位毛呢到葡萄牙,而第一个聪明的葡萄牙人会从葡萄牙运出 1 单位葡萄酒到英国……

(4) 专业化的分工格局。由于英国单位毛呢的绝对劳动成本低于葡萄牙,所以英国完全专业化生产毛呢,把所有劳动要素资源都配置到毛呢生产中去,不生产葡萄酒。与此相反,葡萄牙不生产毛呢。

英国和葡萄牙分工后(实现专业化生产,总产量已增加)的总产量,如表 2-3 所示。

表 2-3　英国和葡萄牙分工后的总产量

国　别	毛　呢	酒
英国	(120+70)÷70=2.7	0
葡萄牙	0	(110+80)÷80=2.375

(5) 价格变化与结构调整。由于贸易的开展会提高英国毛呢的价格,英国人会把越来越多的劳动投入毛呢生产中去,因为生产毛呢并且出口可以获得更大利益。葡萄牙也如此。(根据亚当·斯密的理论,产业结构调整、相对价格调整一次到位,即完全专业化分工以后,英国与葡萄牙直接按照国际市场的均衡价格进行交易。)

(6) 贸易条件与收益分配。依照亚当·斯密的分工原则,英、葡两国进行分工,如果双方按照 1∶1 进行交换,结果两国所拥有的产品产量都比分工前提高了(其中英国增加了 0.7 单位,葡萄牙增加了 0.375 单位)。通过国际贸易,两国人民的消费和福利水平都获得了相应的提高,英国与葡萄牙的绝对成本差异如表 2-4 所示。

表 2-4　英国和葡萄牙的绝对成本差异

分工及交换	国家	酒产量(单位)	所需劳动投入(人/年)	毛呢产量(单位)	所需劳动投入(人/年)
分工前	英国	1	120	1	70
	葡萄牙	1	80	1	110
分工后	英国			2.7	190
	葡萄牙	2.375	190		
国际交换	英国	1		1.7	
	葡萄牙	1.375		1	

国际贸易条件即国际市场均衡价格只要处于两国贸易开放前的国内市场价格之间,就可以保证贸易双方都可以获得利益,因此贸易双方互惠互利。

2. 理论结论

通过以上实例可以看出,绝对优势理论可以说明:①专业化分工可以提高生产效率并节约社会劳动;②自由贸易完全有可能是双方互惠互利的;③互惠的贸易条件必须处于两国封闭经济中的国内相对价格之间。

绝对优势理论无法说明:①具体的国际均衡价格如何决定;②专业化分工的起点如何决定;③贸易收益的分配是否一定对等。

3. 绝对优势的衡量办法

绝对优势有两种衡量办法。

（1）劳动生产率，即用单位要素投入的产出率来衡量。一国如果在某种产品上具有比别国高的劳动生产率，该国在这一产品上就具有绝对优势。

（2）生产成本，即用生产一单位产品所需的要素投入数量来衡量。如果在某种产品的生产中，某国单位产量所需的要素投入低于另一国，该国在这一产品上就具有绝对优势。基于这种衡量方式，绝对优势理论也被称为绝对成本理论。

三、绝对优势理论的评价

（一）绝对优势理论的哲学观主要包括世界观、财富观、分配观三个组成部分

（1）世界观采用约翰·洛克（John Locke）的"和谐世界论"，认为和平、稳定、秩序是自然常态，存在一种自然秩序，任何干预和管制都可能打破自然秩序、破坏平衡。

（2）财富观认为，金银是财富的代表；出口商品是为了获得进口商品，而不是单纯为了金银；财富是劳动创造的，可以增值，总量不是固定不变的。

（3）分配观上，相对于重商主义认为只要政府有钱，国家就繁荣强大，亚当·斯密更加关注国民利益，认为人民富裕，消费水平高，商品种类多数量大才是国家繁荣强大的关键。

（二）绝对优势理论的积极意义

（1）首次运用劳动价值论说明国际贸易的利益和基础，奠定了互惠互利的国际贸易理论基础。

（2）作为反对重商主义的锐利武器，促进了近代工业的迅速发展。

（3）最大贡献在于强调了国际贸易并非"零和游戏"，而是一个双赢的结果。

（三）绝对优势理论的不足之处

（1）不考虑需求因素，无法说明均衡价格如何确定，因而难以解释国际贸易的收益分配问题，即谁获利多少的问题。

（2）理论逻辑与现实不相符，产业结构和价格调整不可能一步到位，与现实的缓慢调整过程不一致。

（3）适用范围有限。必须满足每个国家必须拥有一种绝对劳动成本低于其他国家同类产品的条件才能参与国际分工和贸易。

（4）单一的成本优势只是影响国际贸易格局的众多因素之一。

第二节 比较优势理论

一、比较优势理论的产生

亚当·斯密的绝对优势理论暗含一个假定前提，即贸易双方至少有一种绝对低成本的商品，假如一国连一种生产成本绝对低的产品也没有，它还能不能参加国际分工和贸易呢？即使存在国际贸易，贸易双方是否仍能分享贸易利益？这是绝对优势理论未能解决的问题,而后来大卫·李嘉图对这一问题做出了回答。

19世纪初期,英国古典政治经济学集大成者大卫·李嘉图在亚当·斯密的绝对优势理论基础上提出了比较优势理论。大卫·李嘉图生活在英国工业革命蓬勃发展的时期,他所处的时代与亚当·斯密所处的时代没有本质区别,资本主义社会化大生产方式远没有稳固确立。英国工业革命迅速发展,英国成了"世界工厂"。但地主贵族阶级在政治生活中仍起着重要作用。1815年,英国政府为维护地主贵族阶级利益修订了《谷物法》,导致英国粮价上涨,地租猛增,地主贵族获利颇丰,工业资产阶级的利益却严重受损。粮价上涨迫使工人工资提高,商品成本提高,利润减少,削弱了工业品的竞争力。《谷物法》的实施还招致外国以高关税阻止英国工业品的进口。为了发展资本,提高利润,英国工业资产阶级迫切要求废除《谷物法》,与地主贵族阶级展开了激烈的斗争。

工业资产阶级迫切希望找到鼓励自由贸易的理论依据。大卫·李嘉图适时而应,主张英国不仅要从国外进口粮食,而且要大量进口,因为英国在纺织品生产上所占的优势比在粮食生产上的优势大。因此,他建议英国应该放弃粮食生产,专门发展纺织品生产。为此,他于1817年出版了《政治经济学及赋税原理》(Principles of Political Economy and Taxation)。在该书中,他首先以比较优势原理(The Theory of Comparative Cost)补充和发展了亚当·斯密的自由贸易学说。这种更为普适的国际贸易理论,将自由贸易置于更加坚实的理论基础之上,奠定了西方国际贸易理论的核心基础。故人们将他同亚当·斯密并称为古典贸易理论的奠基人。

专栏2-1 大卫·李嘉图

大卫·李嘉图(1772—1823)于1772年4月18日出生在伦敦城。他是犹太人,有学者称,他之所以在后来的著作中喜欢抽象的演绎推理,可能与其犹太血统有关。

大卫·李嘉图的父亲是个富裕的证券经纪人,这使得大卫·李嘉图得以接受私人教育。12岁时,他曾被父亲送到荷兰留学,那时的荷兰是全球商业最发达的地区之一。两年后,大卫·李嘉图回到英国,开始跟随父亲从事证券金融业务,20多岁时,他成了伦敦证券交易所和房地产市场上备受瞩目的投资家。如果是这样一路下去,英国不过又多了个天才的证券经纪人而已。然而,大卫·李嘉图因爱上了一个与自己家族宗教信仰不同的姑娘而与父亲产生矛盾。21岁那年,父亲将大卫·李嘉图革出家门。

大卫·李嘉图只好开始独立经营。凭借在证券交易界的经验和朋友的帮助,他的事业很快就上了正轨。短短几年时间,他便发财致富。他去世时,他的资产约为70万英镑(相当于数亿美元),每年还有2.8万英镑的收入。他的一个成功案例是在滑铁卢战役前4天成功买进大量政府债券,最终赚得了可观的一笔利润。然而,仅仅追求财富不能满足大卫·李嘉图对生活的追求。因此,他开始探索知识领域,寻求更深层次的意义。

27岁那年,大卫·李嘉图在某温泉胜地养病期间,偶然翻阅了《国富论》,对政治经济学产生了兴趣。不过,与其说是他选择了政治经济学,不如说是政治经济学选择了他。因为,两年前,英国宣布脱离金本位制,英镑正在经历剧烈波动,年轻的金融家大卫·李嘉图不能不思考货币问题。因此,大卫·李嘉图最初的经济学研究几乎完全集中在货币问题上,他的第一篇文章就是发表于1809年的《黄金的价格》。

从27岁到37岁,是大卫·李嘉图学习研究政治经济学的时期。他经常阅读英国当时著名学者、功利主义的创始人詹姆斯·穆勒主编的主张自由贸易的《爱丁堡评论报》。1808年,詹姆斯·穆勒出版了阐述自由贸易主张的《商业保护论》,大卫·李嘉图对此大为赞许。此时,詹姆斯·穆勒已经是一位有影响的历史学家和逻辑学家。"大卫·李嘉图对詹姆斯·穆勒深为敬佩,特别对詹姆斯·穆勒受到他自己所缺少的正规的教育很是羡慕",大卫·李嘉图主动与之结识并成为知交。此后,大卫·李嘉图与詹姆斯·穆勒经常就当时的热点问题座谈和通信讨论,大卫·李嘉图的知识素养和研究能力得到培养和提高。虽然大卫·李嘉图是天才,但他意识到要成为一名经济学家还得学会研究问题,尤其得学会写文章。对于没有受过正规教育的大卫·李嘉图来说,这方面的训练是痛苦的,但又是绝对必要的,否则,我们也不会看到他那11大卷著述了。

事实上,大卫·李嘉图不是一个安于坐在书斋里搞学问的人,相反,他是个活跃的社会活动家,是个活跃的议员,整天为经济政策和政治问题忙碌着。在穆勒的再三催促下,大卫·李嘉图开始竞选国会议员,并于1819年2月当选。也是在詹姆斯·穆勒的帮助下,他完成了自己的名著《政治经济学及赋税原理》,这本书于1817年4月出版。大卫·李嘉图认为自己的观点与当时权威的亚当·斯密及马尔萨斯不同,能理解他书中观点的人在英国不会超过25个。但不管人们是否理解,他都因此成为当时最著名的经济学家。

与另一位大经济学家马尔萨斯的论战,也是大卫·李嘉图学术上迅速成熟的一个助推器。他们两人几乎在每个问题上都有争执,讨论不休,直至大卫·李嘉图去世。大卫·李嘉图在给马尔萨斯的最后一封信里写道:"像别的争论者一样,经过多次讨论之后,我们依然各持己见,相持不下,但这并没有影响我们的友谊;即使您赞同我的观点,我对您的敬爱也不会比今天更进一步。"

大卫·李嘉图是1823年9月11日去世的,年仅51岁。小小一只耳朵的感染就夺去了这位天才的生命。

二、比较优势理论的内容

亚当·斯密认为由于自然禀赋和后天有利条件不同,各国均有一种产品因生产成本低于他国而具有绝对优势,因此,按绝对优势原则进行分工和交换,各国均可获益。大卫·李嘉图发展了亚当·斯密的观点,认为决定两国能否进行专业化分工和自由贸易的基础不是绝对劳动成本的差异,而是相对劳动成本的差异。在2×2×1的国际环境中,即使一个国家在两种产品生产上都处于绝对劳动成本劣势,另一个国家在两种产品生产上都处于绝对劳动成本优势,两国照样可以进行国际专业化分工和自由贸易。只要双方各自选择自己比较成本低的产品进行专业化分工并尽力扩大生产、加强出口贸易,就可以保证贸易双方的互惠互利。

当一个人在生产每一种物品上都较为擅长时,贸易的好处就不太明显了。如果其中一人两种物品的生产都擅长和优于另一人,还有理由贸易吗?大卫·李嘉图在"论对外贸易"一章中举了一个通俗的例子:"如果两个人都能制造鞋和帽,其中一个人在两种职业上都比另外一个人强一些,不过制帽时只强1/5,制鞋时则强1/3,那么这个较强的人专门制鞋,较差的人专门制帽,岂不是对双方都有利吗?"

他将这一理论推及到国家层面,认为国家间也应按"两优取其重,两劣取其轻"的比较优势原则进行分工。如果一个国家在两种产品的生产上都处于绝对有利的地位,但有利的地位程度不同,而另一个国家在两种产品生产上都处于绝对不利的地位,但不利的程度也不同。那么前者应专门生产更有利的产品,后者应专门生产不利程度最小的产品。通过对外贸易,双方都能取得比自己以等量劳动所能生产的更多的产品,从而实现社会劳动的节约,给贸易双方都带来利益。

(一) 基本假设

大卫·李嘉图在阐述比较优势理论时,为了凸显比较优势的差别,对复杂的经济情况进行了简化,这些简化构成了该理论的基本假设。

(1) 只考虑两个国家、两种产品的模型。
(2) 以英国、葡萄牙两国的真实劳动成本的差异为基础,并假定所有劳动都是同质的。
(3) 单位产品生产成本不随产量变化,即规模报酬不变。
(4) 运输费用为零。
(5) 包括劳动在内的生产要素在国内完全流动,但在国家之间不能流动。
(6) 生产要素能自由地进出任何市场,产品市场也是完全竞争的市场。
(7) 收入分配不因分工和自由贸易而发生变化。
(8) 贸易按物物交换的方式进行,而不是以货币作为媒介进行。
(9) 不存在技术进步,国际经济是静态的。

为了简化理论,这是一个非常理想化的抽象模型。

(二) 主要内容

在作出了上述假定后,大卫·李嘉图提出了其比较优势理论,比较优势理论是在亚当·斯密的绝对优势理论的基础上发展起来的。根据亚当·斯密的观点,国际分工应按地域、自然条件及绝对的成本差异进行,即一个国家输出的商品一定是生产上具有绝对优势、生产成本绝对低于他国的商品。而大卫·李嘉图认为,即使某国在各种产品的生产上都没有绝对优势,但只要各国间的价格有所不同,就会存在比较优势。也就是说,在各种产品的生产上都占有绝对优势的国家,应集中资源生产优势相对更大的产品,而在各种产品的生产上都居绝对劣势的国家,应集中资源生产劣势更小的产品,并通过国际贸易实现最大化的利益。即"两利相权取其重,两害相权取其轻"。

为了说明这一理论,大卫·李嘉图引用了亚当·斯密采用的例子,但对其中的条件做了一些变化,如表 2-5 所示。

表 2-5 比较优势理论分析表

项目	国家	酒产量（单位）	所需劳动投入（人/年）	毛呢产量（单位）	所需劳动投入（人/年）
分工前	英国	1	120	1	100
	葡萄牙	1	80	1	90
分工后	英国			2.2	220
	葡萄牙	2.125	170		
国际交换	英国	1		1.2	
	葡萄牙	1.125		1	

从表中可以看出,葡萄牙生产酒和毛呢,所需劳动人数均少于英国,使得英国在这两种产品的生产上都处于不利地位。根据亚当·斯密的绝对优势理论,两国之间不会进行国际分工。而大卫·李嘉图认为,葡萄牙生产酒所需劳动人数比英国少 40 人,而生产毛呢只少 10 人,即分别少 1/3 和 1/10。显然,葡萄牙在酒的生产上优势更大一些;英国在两种产品生产上都处于劣势,但在毛呢生产上劣势较小一些,即葡萄牙人应取有利较大的酒生产,英国应取不利较小的毛呢生产。因此,按这种原则进行国际分工,在两国投入的劳动人数没有发生变化的条件下,然后进行国际贸易,两国都会受益。

大卫·李嘉图认为,在生产要素在国际不能自由流动的情况下,按照比较优势理论的原则进行国际分工,可以使劳动配置更合理,增加生产总额,对贸易各国均有利。但其前提必须是完全的自由贸易。

三、对比较优势理论的评价

（一）比较优势理论的主要贡献

（1）该理论继承了绝对优势理论的科学成分,如劳动价值论、专业化分工、自由贸易等,更为重要的是用比较成本观念代替了绝对成本的概念,使自由贸易政策有了更加坚实的理论基础。

（2）该理论的突出贡献在于克服了绝对优势理论的缺陷,阐明了国际贸易的互利性和普遍适用性:无论参加贸易的双方国家各自处在什么发展阶段,无论经济技术力量强弱,都能找到自己的比较优势,并通过专业化分工和自由贸易分享到各自的经济利益,从而大大扩展了国际贸易理论的适用范围。

（3）该理论为当时自由贸易政策取得最后胜利起到了重大作用,从而奠定了自由贸易的理论基础,促进了生产力发展。

（二）比较优势理论存在的不足之处

（1）该理论的分析方法属于静态分析方法。大卫·李嘉图提出了九个假设作为其论述的前提条件,将把多变的经济状况抽象为静态的、凝固的状态。这些假设前提过于苛刻,不符合国际贸易的实际情况。以至于后来的一些经济学家批评比较成本说是为发达国家设计的,认为发展中国家生产工业化产品不符合比较优势理论的理论逻辑。

(2) 需要一系列假设,如贸易双方存在于 2×2×1 模型所限定的世界;产品的价值由劳动决定;所有劳动都是同质的;生产成本不变,不计运输费用;生产要素在国内完全流动,在国际完全不能流动;市场是完全竞争的;收入分配没有变化;不存在技术进步和新产品开发,贸易是按物物交换方式进行的。这些条件在现实中很难满足,如果不能满足这些条件,该理论就会受到严重限制,无法解释现实中的许多贸易现象。

(3) 比较优势理论只提出国际分工和相互贸易的一个依据,未能揭示出国际分工形成和发展的主要原因。虽然成本、自然条件等因素对国际分工的形成有一定的影响,但它们不是唯一和根本的因素。实际上,生产力、科学技术、社会条件等也对国际分工有重要的影响。同时,由于未考虑需求因素,该理论也无法说明国际均衡价格的决定和贸易利益的分配问题。

(4) 比较优势理论未能揭示出国际商品交换的规律,即价值规律在国际贸易中的应用。由于未能理解劳动力的两重性和当时世界市场发展状况的限制,大卫·李嘉图把支配一国商品交换的价值规律运用到国际商品交换中,得出了"支配一个国家的商品价值的规则不能支配两个或更多国家间互相交换的商品的相对价值"的结论。他认为,资本在国际间流动不易,各国之间利润率无法趋于一致,这就是一个国家包含少量劳动的商品之所以能够和另一个国家包含多量劳动的商品相交换的原因。那么,如何确定外国商品的价值呢?大卫·李嘉图认为,所有外国商品的价值是"由用来和他们交换的本国土地和劳动产品的数量来衡量的,所以,即使由于新市场的发现导致本国商品的外国交换量增加一倍,其所得的价值也不会更高。"这一观点将国际贸易中价值决定的问题转换为交换价值的决定问题,以交换价值来取代价值正是大卫·李嘉图的劳动价值论不完善的具体表现。

第三节　相互需求理论

一、相互需求理论的提出

大卫·李嘉图的比较优势理论仅从供给方面论证了互利性贸易的基础以及贸易利益之所在。大卫·李嘉图比较优势理论的核心是比较优势原则。这一原则告诉我们,任何一个国家,不论它的经济力量是强还是弱,都能根据比较优势原则,确定自己具有相对优势的产品,安排生产,进行贸易,使贸易双方都可以用同样的劳动耗费得到比分工前所能得到的更多的产品。

比较优势与竞争优势：新结构经济学的视角

英国经济学家约翰·斯图亚特·穆勒(John Stuart Mill)于1848年在比较优势理论的基础上提出了相互需求理论,着重从需求方面分析,探讨国际交换比例的现实决定问题。约翰·斯图亚特·穆勒认为,两国进行交换,其交换比率取决于双方对各项商品需求的大小,并稳定在输出货物恰好能抵偿输入货物的水平上。例如,以同一劳动量,英国可生产呢绒10码或亚麻布15码,德国可生产呢绒10码或亚麻布20码。在此情况下,英国可专门生产呢绒,德国可专门生产亚麻布,然后相互进行贸易,英国以10码呢绒换取德国的17码亚麻布,这对两国都有利。但若英国对亚麻布的需求减少或德国对呢绒的需求增加,交换比率变为 10 码呢绒对 18 码亚麻布时,贸易条件对英国较有利;若交换比率变为 10 码呢绒对 16 码亚麻布时,贸易条件对德国较有利。这两种情况下,贸易都不易展开。只有当两国相互需求的商品价值相等时,贸易才能实现稳定的均衡。相互需求理论是对比较成本说的补充,只适用于经济规模相当、双方需求对市场价格有显著影响的两个国家。

相互需求理论是对比较优势理论的重要补充,虽然比较优势理论揭示了分工和交换能为分工国带来利益,但是却未解决两个问题:一是贸易给各国带来的利益有多大;二是这个范围内双方各占的比例是多少。而相互需求理论正好对这两个问题做出了补充,从而使得比较优势理论更完善。

专栏 2-2 约翰·斯图亚特·穆勒

约翰·斯图亚特·穆勒(1806—1873),也译作约翰·斯图亚特·密尔,是 19 世纪英国著名经济学家和哲学家詹姆斯·穆勒(James Mill,1773—1836 年)的长子。

约翰·斯图亚特·穆勒是大卫·李嘉图学说体系的追随者,他对大卫·李嘉图学说的接受始自年少之时,这完全归功于他的父亲詹姆斯·穆勒的教导。这位父亲本人就是大卫·李嘉图的密友和经济学上的学生,并对大卫·李嘉图学说的传播和最终的解体起到了重要作用。在父亲的教育下,约翰·斯图亚特·穆勒 3 岁开始学希腊文,8 岁开始学拉丁文,并开始接触几何与代数,9 岁开始阅读古希腊文学与历史作品,10 岁读完古希腊哲学家柏拉图和德摩斯提尼的原著,12 岁开始学习逻辑,熟读亚里士多德的逻辑学著作。尤其值得注意的是,13 岁时,在父亲的指导下,他开始阅读大卫·李嘉图的《政治经济学及赋税原理》,接着又阅读了亚当·斯密的《国富论》。他还有幸得到了大卫·李嘉图的直接教诲,这当然也是由于其父亲和大卫·李嘉图之间的非凡的交情。自学过程中,他经常同父亲在散步时就政治经济学的各种问题进行交谈,他将这些学习和谈话的内容写成笔记,据他说,他父亲的《政治经济学原理》(1825 年)即是根据他的笔记和其他资料整理而成的。父亲的教导成为约翰·斯图亚特·穆勒接触当时最先进经济学的最初来源。

14~15 岁时,约翰·斯图亚特·穆勒曾同英国大哲学家边沁(Bentham)之弟同游法国,其间除学习法文外,他还听了有关化学、植物学和高等数学等方面的课程;他还有机会在萨伊家中住过一段时间,法国日益高涨的民主自由气氛,萨伊的自由主义经济学,对年轻的约翰·斯图亚特·穆勒的经济思想的形成无疑都会产生了一定影响。

边沁的功利主义对约翰·斯图亚特·穆勒思想的影响也是不容忽视的一个重要方面。边沁同穆勒之父是知交,约翰·斯图亚特·穆勒从小就常常拜访边沁,还阅读介绍边沁学说的书籍,逐渐接受了边沁的功利主义学说,这对约翰·斯图亚特·穆勒的经济思想的形成和发展产生了深远影响。在约翰·斯图亚特·穆勒看来,边沁功利主义关于"最大多数人的最大利益"的原则尤其具有重要意义,因为它既表明了人类道德行为的动力不是个人的自私利益,而是最大多数人的最大幸福;也表明道德伦理的是非标准应是效果,而不是动机,这效果就是最大多数人的最大利益。功利主义的这些原则成为了约翰·斯图亚特·穆勒观察问题的根本观念和哲学思想。

1825年,时年19岁的约翰·斯图亚特·穆勒开始发表有关商业政策与货币政策的论文。同年,他与边沁合编《司法证据的理论基础》,并发起组织了"思辨学会",这是一个业余的读书会和哲学研究会,经济学和人口论等成为了这些学会讨论的中心话题。约翰·斯图亚特·穆勒表示,大卫·李嘉图的经济学、马尔萨斯的人口论和边沁的功利主义是他们这些志同道合者的旗帜和统一的基础。1836年,约翰·斯图亚特·穆勒被任命为激进派刊物《伦敦和威斯敏斯特评论报》的主编。

约翰·斯图亚特·穆勒的政治信仰在他中年以后发生了很大变化,在空想社会主义和民主主义的影响下,他逐渐接受了社会改良主义思想。约翰·斯图亚特·穆勒早年游历法国时,曾有幸见到过圣西门,并通过阅读圣西门的著作对他有了进一步的了解。到了1840年,他深入研究了圣西门学派的思想和著作,在很大程度上接受了他们的下述观点:人类社会的发展阶段和组织都是相对的而不是绝对的,私有制和自由竞争是造成当时社会种种弊端的根源;他甚至认为对社会进行改革是必要的。但他明确指出,他只是一个民主主义者,而不是社会主义者。他主张通过普及教育、启发民众觉悟来改革社会弊端。他不认为圣西门主义的学说和立场应该被肯定,也不希望把他们提出的改革方案立即加以实施,只是希望将空想社会主义学说灌输到民众中,使统治阶级认识到,未受教育的民众比受过教育的民众更可怕。在接受民主主义思想方面,他的妻子对他有明显的影响。约翰·斯图亚特·穆勒与哈里特·哈迪(原为泰勒夫人)相识20年后结婚,当时约翰·斯图亚特·穆勒45岁。七年后哈迪在法国的阿维尼翁去世,此后(除了任议员期间)约翰·斯图亚特·穆勒基本上生活在阿维尼翁附近的别墅,直到1873年5月8日逝世。

1844年,约翰·斯图亚特·穆勒发表了他的第一部经济学论文集《经济学上若干未决问题》,该书讨论的主要问题包括:国际贸易、消费对生产的影响、生产性和非生产性劳动、利润和工资的关系等。全书的论述完全继承了大卫·李嘉图和他的父亲的学说,只在某些方面对前人的学说有所引申或更明确的表述。1848年首次出版、后来多次再版的《政治经济学原理》则是他的最重要的经济学著作。

实际上,约翰·斯图亚特·穆勒毕生致力于社会科学的理论研究,并积极参与了当时英国社会的民主改革运动。他对人类的科学、文化和进步事业做出了贡献,因此不应该简单地将他归为"资产阶级自由主义思想家""资产阶级辩护士",而应该承认他的应有贡献。

二、相互需求理论的主要内容

(一)比较成本确定互惠贸易的范围

相互需求理论认为,交易双方在各自国内市场有各自的交换比例,而在世界市场上,两国商品的交换形成一个国际交换比例(即贸易条件),这一比例只有介于两国的国内交换比例之间,才对贸易双方均有利。

举例来说,中美两国按比较优势原则生产和交换大米、小麦,假定中国和美国投入一定量的劳动来生产大米和小麦,具体数据如表 2-6 所示。

表 2-6　中国和美国分工后的单位劳动产量

国别	大米(吨)	小麦(吨)	国内交换比例
中国	10	15	1∶1.5
美国	10	20	1∶2

(1)中国的大米便宜:在中国国内市场上,15 吨小麦可以换取 10 吨大米,而在美国国内市场要 20 吨小麦才能换取 10 吨大米。

(2)美国的小麦便宜:在美国国内市场上,10 吨大米可以换取 20 吨小麦,而在中国国内市场只能换取 15 吨小麦。

(3)按比较优势原则:中国应该出口大米,进口小麦;而美国应该出口小麦,进口大米。那么,两国应该以怎样的比例进行交换呢?

对中国来说,出口 10 吨大米至少要换回 15 吨以上的小麦;

对美国来说,出口 20 吨小麦至少应该换回 10 吨以上的大米。

因此,两国间大米和小麦的交换比例(也就是两国互惠贸易的范围)必须为 10 吨大米/20 吨小麦之间(1∶2)＜大米和小麦的交换比例＜10 吨大米/15 吨小麦(1∶1.5)。任何达到或超过任何一国国内交换比例上下限的国际交换比例,都意味着一方获得全部贸易利益而另一方损失了利益,因而不可能成为现实的交换比例。

(二)贸易条件影响贸易利益的分配

贸易利益的大小取决于两国国内交换比例之间范围的大小,而贸易利益的分配,则取决于具体的国际交换比例。

(1)国际商品交换比例越接近于本国国内的交换比例,对本国越不利,本国分得的贸易利益越少。

(2)国际商品交换比例越接近于对方国家的国内交换比例,对本国越有利,分得的贸易利益就越多。

仍旧以中、美两国间大米和小麦贸易的交换比例为例。

见图 2-1:其中,射线斜率 P 表示两种商品的价格比率,即贸易条件。不考虑需求因素,这一贸易条件无法确定。

交换比率越靠近哪一个国家的交换比率,则该国获得的贸易利益就越少。实际交换比率将处于由两国国内交换比率界定的两国交

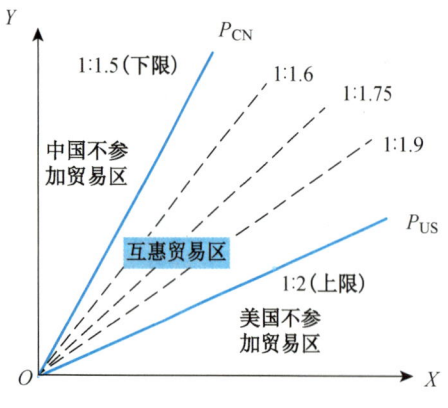

图 2-1　中国和美国的贸易条件

换区内,超出该区域必然有一个国家会退出交易。

若为 10 吨大米交换 16 吨小麦,则中国比分工前的国内交换多获 1 吨小麦,美国比分工前国内交换节约 4 吨小麦;

若为 10 吨大米交换 17.5 吨小麦,则中国多获得 2.5 吨大米,美国节约 2.5 吨小麦;

若为 10 吨大米交换 19 吨小麦,则中国多获得 4 吨大米,美国节约 1 吨小麦。

(三)相互需求法则:国际需求方程式

约翰·斯图亚特·穆勒将需求因素导入国际贸易理论中,提出国际需求方程式,即相互需求状况决定具体的贸易条件,以说明贸易条件的确定和变动。

我们先通过一个例子来引出讨论:假定中国小麦的进口需求为 17 000 吨(1 000×17),愿意提供大米 10 000 吨(1 000×10)作偿付;美国大米的进口需求为 10 000 吨(1 000×10),愿意提供小麦 17 000 吨(1 000×17)作偿付。这时,双方的相互需求达到均衡,于是国际交换比例可在 10∶17 的国际需求方程中确定下来。

如果相互需求不均衡,那双方就需要或者调整进口需求量,或者调整交换比例以达到均衡。

当美国对中国产品需求强时,例如中国对美国小麦的进口需求降低到 13 600 吨(800×17)时,且 10∶17 的国际交换比例保持不变,那么只需提供 8 000 吨(800×10)大米作偿付。

再假定美国对大米的进口需求仍为 10 000 吨(1 000×10),并愿意提供 17 000 吨(1 000×17)小麦作偿付。那么这时候国际市场上小麦将供过于求,而大米将供不应求。从而导致小麦的价格下跌,于是中国进口小麦的需求增加,假设增加到 16 200 吨(900×18);大米的价格上涨,导致美国进口大米的需求下降,假设下降到 9 000 吨(900×10)。这时,就有了新的国际交换比例 10∶18=9 000∶16 200。

由此可见,在此例子里,美国对中国产品需求强,于是,交换比例就将在 10∶17 以上,也就是例子里的 10∶18。同理,如果发生中国的进口需求不变而美国进口需求下降的情况,那么说明中国对美国产品需求强,交换比例就将在 10∶17 以下。

综上所述,国际需求方程式的主要内容可以概括为以下五点。

(1) 所有贸易都是商品的交换,一方出售商品便是购买对方商品的手段,即一方的供给便是对对方商品的需求,所以供给和需求也就是相互需求。

(2) 在互惠贸易的范围内,两国间商品交换比例(贸易条件)是由两国相互需求对方产品的强度决定的。

(3) 当两国间商品交换的比例与相互需求对方产品总量之比相等时,两国的贸易达到均衡。

(4) 如果两国的需求强度发生变化,则贸易条件或两国间的交换比例必然发生变动。

(5) 一国对另一国出口商品的需求愈强,则贸易条件对该国愈不利,该国的贸易利得愈小;反之,则贸易条件对该国愈有利,该国的贸易利得愈大。

总而言之,两种商品的贸易条件即均衡交换比例必须等于双方相互需求对方产品的总量之比,这样才使两国贸易达到均衡。这就是相互需求方程。约翰·斯图亚特·

穆勒称其为"国际需求方程式"或"国际价值法则"。国际贸易条件是两国贸易的动因，国际贸易条件就是出口品交换进口品的比率，可用同种货币表示的商品价格比表示。现实中国际贸易涉及的商品很多，需要用贸易条件指数表示：

$$TT = 出口价格指数 \div 进口价格指数 \times 100$$

只要两国的相对价格比不同，就存在双方均可获益的贸易基础，在双方都有收获的时候，才会发生国际贸易。国际贸易条件的变化在两个极限规定的范围内变动，这两个极限就是各国的国内贸易条件。

（四）提供曲线

1. 提供曲线的概念

在约翰·斯图亚特·穆勒的基础上，阿尔弗雷德·马歇尔（Alfred Marshall）提出了国际经济学最重要的分析工具——提供曲线。阿尔弗雷德·马歇尔是现代微观经济学体系的奠基人，剑桥学派和新古典学派的创始人，19世纪末20世纪初，英国乃至世界最著名的经济学家。他认为，约翰·斯图亚特·穆勒的国内需求比例变化引起国际交换变动的论断不符合事实，只侧重了对需求的考察，而忽略了供给要素，应从供给与需求两方面说明贸易条件或比例。

两国孤立均衡的相对商品价格差异是两国各自比较优势的体现，也是两国的贸易前提。采用局部均衡分析方法研究两国的相互需求，可以给出确定的贸易均衡相对商品价格。供求分析是局部均衡分析方法，假设其他市场情况不变，只研究某一个市场的情况。

在没有贸易时，各国商品价格不同。同样商品在拥有比较优势的国家价格较低，在没有比较优势的国家价格较高。举例来说，如果1单位小麦在中国换2单位布，在美国换0.66单位布。如果两国发生贸易，中国将从美国进口小麦。但至少要按1单位小麦等于0.66单位布的比价交换，美国才会出口小麦。只要不超过中国国内的2单位布比价，中国就愿意从美国进口。美国希望尽量抬高价格以使出口更有利；中国则希望尽量压低价格，使进口更有利。假设没有运输成本和贸易障碍，小麦的国际价格则由国际市场的供求均衡来决定，见图2-2。

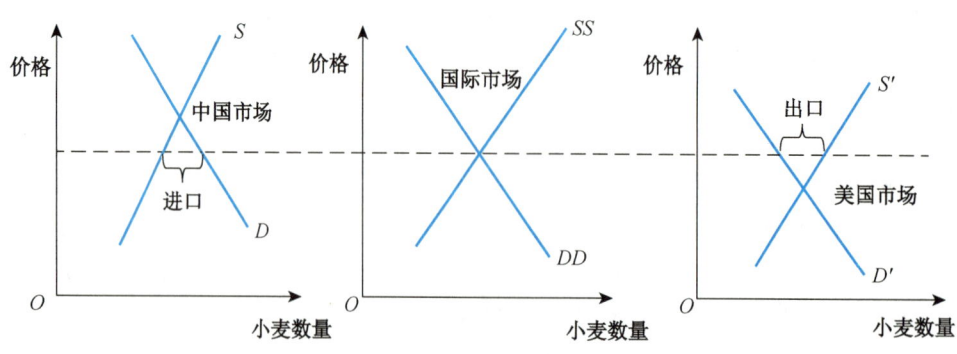

图2-2 国际贸易均衡

美国是小麦的出口国,只要价格高于0.66单位布就愿意出口,国际市场的供给曲线是美国的出口曲线。出口量随价格上升而增加。当小麦价格等于0.66单位布时,美国国内供给量等于需求量,出口量为零。中国是小麦的进口国,只要小麦价格低于2单位布就愿意进口,价格越低,进口量越多。国际市场上的需求曲线就是中国的进口曲线。当小麦价格为2单位布时,中国国内市场上供求达到均衡,无需进口。只有在小麦价格低于2单位布时,中国国内市场才出现短缺,需要通过进口来弥补。

在国际小麦市场上,如果美国的出口量小于中国的进口量,导致供不应求,市场价格会上升,反之则下跌。当进口量等于出口量时,国际市场形成均衡价格,如1单位小麦等于1单位布。国际价格波动的范围可以表示为:无贸易时出口国国内市场均衡价格＜国际市场价格＜无贸易时进口国国内市场均衡价格。贸易对参与双方而言是相互需求和相互供给,提供曲线就包含了供给与需求两方面的因素。提供曲线(offer curves)也称为相互需求曲线(reciprocal demand curves),它反映了一国为进口其需要的某一数量的商品而愿意出口的商品数量。曲线是在不同相对价格(贸易条件)下,一国愿意实现进口和出口组合点的轨迹,在提供曲线上的任何一点的小麦和布的贸易条件是以从原点O引出过该点的射线的斜率表示。

2. 提供曲线的推导

图2-3和图2-4分别表示如何得到中美两国的提供曲线。表2-7和表2-8则分别代表了不同贸易条件下中美两国的生产、消费和贸易的情况。综合图2-3和图2-4可以得到图2-5。

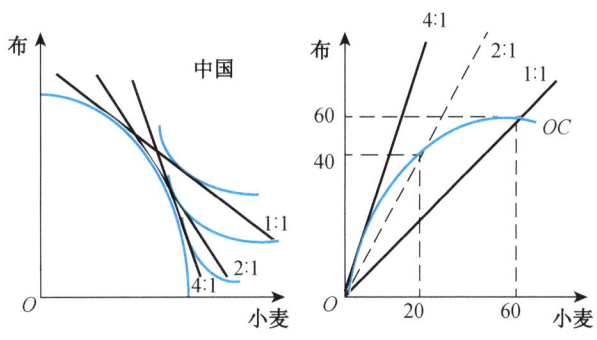

图2-3 中国的提供曲线

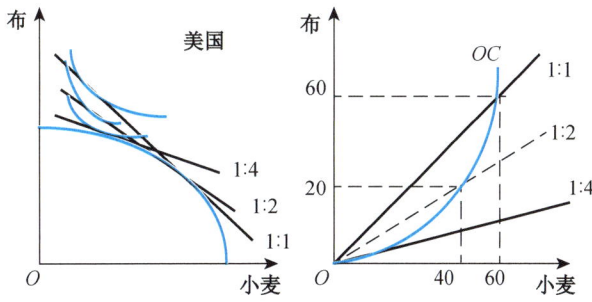

图2-4 美国的提供曲线

表 2-7 中国的贸易条件

中国的贸易条件	生产		交换		消费	
	布	小麦	布(出口)	麦(进口)	布	小麦
4∶1	40	80	0	0	40	80
2∶1	85	65	−40	+20	45	85
1∶1	120	40	−60	+60	60	100

表 2-8 美国的贸易条件

美国的贸易条件	生产		交换		消费	
	布	小麦	布(进口)	麦(出口)	布	小麦
1∶4	60	50	0	0	60	50
1∶2	45	95	+20	−40	65	55
1∶1	20	130	+60	−60	80	70

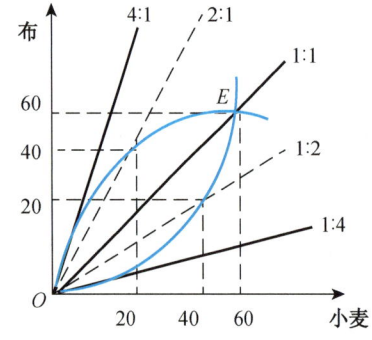

图 2-5 用提供曲线来分析国际贸易均衡

（1）将两国的提供曲线合并到一个图中，便得到图 2-5。通过它们交点的贸易条件线 OE 表明了实际的贸易条件或均衡的交换比率。在 E 点，即贸易条件为 1∶1 时，两国愿意出口本国出口产品的数量都恰好等于另一国愿意进口的数量，因而 1∶1 就是本例两国均衡的贸易条件①，E 点表示国际市场的一般均衡状态。

（2）提供曲线在原点的斜率分别为 4∶1 和 1∶4，说明如果世界市场的产品相对价格等于各国封闭经济条件时产品的相对价格，则该国不会参与国际贸易。

（3）各国的提供曲线分别凸向布轴和小麦轴，表明该轴代表的商品是其比较优势所在。

（4）两国的提供曲线都呈递增。中国提供曲线的递增速度大于美国提供曲线的递增速度，所以两条曲线只有一个交点，确定均衡的商品相对价格，使得所有市场同时达到均衡。

（5）生产面临边际成本递增：出口增加——产量增加——成本上升；消费面临边际效用递减：进口增加——消费增加——效用降低。

（6）除 1∶1 贸易条件外的其他贸易条件都不能实现贸易均衡：贸易条件太低，出口国只愿意出口少量产品，而进口国的需求强烈，导致价格上升；贸易条件太高：进口国只愿意进口少量产品，而出口国的供给强烈，导致价格下降。

---

① 均衡点的贸易条件并非一定等于 1∶1，只是本例中恰好如此。

专栏 2-3　阿尔弗雷德·马歇尔

阿尔弗雷德·马歇尔(1842—1924)是英国经济学家。1842年,阿尔弗雷德·马歇尔出生于伦敦郊区的一个工人家庭,虽然家境一般,却受到了很好的教育。尽管父亲期望他能成为一个牧师,但阿尔弗雷德·马歇尔违背了父亲的意愿。青年的阿尔弗雷德·马歇尔进入剑桥大学圣约翰学院学习数学、哲学和政治经济学,尽管他对哲学饶有兴趣,但最后还是选定经济学为专业。做出这个决定的重要原因是阿尔弗雷德·马歇尔曾走访英国的贫民区,无法忘却他所见到的贫穷和饥饿的场面。毕业后,阿尔弗雷德·马歇尔被选为圣约翰学院教学研究员,在剑桥大学任教9年,然后到了牛津大学,1885年,他回到剑桥大学任教直到1905年退休。1880年,他担任英国协会第六小组的主席,领导了创建英国(后改为皇家)经济学会的运动。

阿尔弗雷德·马歇尔是局部均衡分析的创始者,他研究单个市场的行为而不考虑市场与市场之间的影响。他运用上升供给曲线和下降需求曲线分析收入和成本的变化对价格的影响。阿尔弗雷德·马歇尔最重要的贡献之一是建立了弹性的概念和计算弹性的公式。他分析了需求的价格弹性和供给的价格弹性,发现短时期内需求的增加会带动价格产量的小幅度增加,但更多地会导致价格的上升。在长时期内,产量较容易扩张或收缩,企业可以进入或退出,这使得长期的供给曲线相对平坦。因此,阿尔弗雷德·马歇尔得出结论:在短期内,需求是影响价格的决定性因素;而在长期内,供给或生产成本是影响价格的决定因素。

阿尔弗雷德·马歇尔的最主要著作是1890年出版的《经济学原理》。该书在西方经济学界被公认为划时代的著作,也是继《国富论》之后最伟大的经济学著作之一,被看作是与亚当·斯密《国富论》、大卫·李嘉图的《赋税原理》齐名的划时代的经济学著作。在盎格鲁—撒克逊世界(英语国家),阿尔弗雷德·马歇尔的著作取代了古典经济学体系,尤其是其供给与需求的概念,以及对个人效用观念的强调,奠定了现代经济学的基础。该书所阐述的经济学说被看作是英国古典政治经济学的继续和发展。以阿尔弗雷德·马歇尔为核心而形成的新古典学派在长达40年的时间里在西方经济学中一直占据着主导地位。阿尔弗雷德·马歇尔经济学说的核心是均衡价格论,而《经济学原理》正是对均衡价格论的论证和引申。他认为,市场价格取决于供需双方的力量均衡,就像剪刀的两个刀刃一样,它们同时起作用。《经济学原理》一书的主要成就就在于建立了静态经济学。作为最杰出的数学家之一,阿尔弗雷德·马歇尔在他的著作中力求用最简洁的语言表达思想,把数学的定量材料仅作为附录和脚注。他独创了边际效用理论,尽管在将该理论完全纳入他的体系之前并未公开这一创见。

在阿尔弗雷德·马歇尔的《经济学原理》中,他认为,政治经济学和经济学是通用的。因此,不能把"政治经济学"理解为既研究政治又研究经济的学科。"政治经济学"也可简称为"经济学"。阿尔弗雷德·马歇尔的经济学说集是19世纪上半叶至19世纪末经济学之大成,并形成了自己独特的理论体系和方法,对现代西方经济学的发展产生了深远的影响。

这本书在阿尔弗雷德·马歇尔在世时就出版了8次之多,成为当时最有影响力的专著,多年来一直被奉为英国经济学的圣经。而他本人也被认为是英国古典经济学的继承和发展者,同时也是英国正统经济学界无可争辩的领袖。他的理论及其追随者被称为新古典理论和新古典学派。同时由于他及其学生,如凯恩斯、尼科尔森、庇古、麦格雷戈等先后长期在剑桥大学任教,因此也被称为剑桥学派。

三、对相互需求理论的评价

(一) 相互需求理论的主要贡献

约翰·斯图亚特·穆勒的相互需求理论在大卫·李嘉图的比较优势原理的基础上又前进了一步。

（1）明确提出贸易条件和贸易利益这两个重要概念。

（2）明确提出相互需求法则。

（3）明确说明贸易条件的决定和贸易利益大小的决定。

(二) 相互需求理论存在的局限性

（1）该理论以两国贸易平衡作为贸易条件决定的前提,但两国贸易平衡并不容易实现。

（2）该理论只能应用于经济规模相当、双方需求对国际市场价格有显著影响的两个国家。

微课:从量税从价税以及混合税的计算

本章小结

亚当·斯密的绝对优势理论否定了重商主义通过流通领域来增加财富的思想,认为一国生产并出口具有绝对优势的产品,进口具有绝对劣势的产品,这样两国都可以从国际分工与国际贸易中获益。

大卫·李嘉图在亚当·斯密的绝对优势理论的基础上,提出了比较优势理论,认为一个国家可以生产并出口其比较优势产品,同时进口比较劣势产品,则贸易双方都可以从分工和交换中获益。比较优势理论后来成为各国开展国际贸易的理论基石。

约翰·斯图亚特·穆勒从需求角度补充了大卫·李嘉图的比较优势理论,提出在自由贸易条件下,国际交换价格即贸易条件取决于两国各自的生产能力及其对于另一国产品的"需求强度",并最终取决于两国"相互需求"的均衡。

关键术语

绝对优势　比较优势　大卫·李嘉图模型　机会成本　相互需求理论　局部均衡分析　贸易条件　相互需求曲线　提供曲线

一、案例分析

明星应该自己做家务吗？请根据比较优势理论分析这个问题。

明星作为社会稀缺资源，具有较高的票房和广告号召力，因此，在从事此类相关工作时能够获得远高于社会平均收入水平的收入，不妨设为日薪 1 万元；而当明星从事家务活动时，即便其家务技能非常熟练，但若仅用于满足自身生活需要，其报酬应相当于雇佣一个熟练家政工作者的报酬，假设其报酬为社会平均收入，不妨设为日薪 600 元。

假设明星自行处理家务一天，因此不能去拍电视广告，而拍摄广告一天可赚取 1 万元，也就是说明星做家务的机会成本为 1 万元。若请一个家政服务人员来处理家务，则需支付 600 元报酬。当然家政服务人员也可以去片场跑龙套，可获得一顿饭和 100 元的报酬，共计价值约 120 元，其机会成本为做家务的 600 元。由此看出，明星在拍电视广告方面有着明显的比较优势，而家政服务人员在处理家务方面有一定的比较优势。明星拍广告的市场价值高，所以，他自己处理家务的机会成本也相应很高，因此，从比较优势角度出发，明星不应该自己做家务，而应该去拍戏或拍广告，让家政服务人员来处理家务，这样双方都可以获得最大的利益。

二、思考题

1. 有人认为，我国用千万件衬衣换取一架美国的波音飞机，证明我国在对美国的贸易中处于非常不利的地位。请对此说法进行评论。

2. 请运用比较优势理论来分析经济全球化背景下我国参与国际分工问题。

3. 表 2-9 表明了不同情况下 A、B 两国生产 X 和 Y 商品需要劳动投入量，在 I、II 两种情况下，指出 A、B 两国具有绝对优势或比较优势的商品。

表 2-9　A、B 两国生产 X 和 Y 商品需要劳动投入量

项目	I 情况		II 情况	
国家	A 国	B 国	A 国	B 国
X 商品/人工小时	4	2	1	2
Y 商品/人工小时	6	1	2	1

4. 就第 3 题的表 2-9 中"I 情况"数据，并假定劳动是唯一生产要素而且是同质的。

(1) 用劳动测度，A、B 两国生产 X 与 Y 商品的成本是多少？

(2) 如果工资率是 6，则计算 A 国 X 商品和 Y 商品价格。

(3) 画出 A、B 两国生产可能性曲线。

(4) A、B 两国生产 X 商品的相对价格是多少？

(5) A、B 两国生产 Y 商品的相对价格是多少？

第三章 新古典贸易理论

学习目的与要求

本章重点介绍了要素禀赋理论、里昂惕夫之谜以及各种新要素理论。

通过学习本章,学生要重点理解并掌握要素禀赋理论的基本含义,及由要素禀赋理论推论而来的要素价格均等化定理和对要素禀赋理论的实证分析——里昂惕夫之谜,并理解和掌握对要素禀赋理论做出修正的各种新要素理论。

导 读

全球流动：世界互联互通的纽带

我们身处一个相互依赖的世界，各国通过商品、服务、资本、人员、数据和创意的全球化流动彼此相连。在这些流动基础上建立起的全球价值链，为世界带来了日益繁荣的局面。然而，面对新型冠状病毒感染、俄乌冲突和近年来日渐紧张的中美关系，有观点认为世界正在经历去全球化的趋势。然而，麦肯锡全球研究院（MGI）的分析表明，这种观点存在以偏概全之嫌。实际上，全球联系依然十分紧密。在近期的动荡局势中，全球流动展现出惊人的韧性，且没有一个区域能做到自给自足。因此，当前的挑战在于，如何在管控相互依赖的潜在风险与弊端（尤其针对货品产地高度集中的领域）的同时，充分发挥全球互联的优势。

全球贸易已发展到一个新阶段，但知识和技能的相关流动仍在推动全球互联。目前，全球流动的增长主要受益于无形资产、服务和人才的推动。商品贸易在经历了30年的高速增长后，到2008年前后基本稳定，将增长的接力棒交到了新兴产业手中。2010—2019年，服务、留学生和知识产权流动的增速达到商品流动增速的两倍，数据流动更是年增长近50%。大多数流动在近年的波动中表现出相当的韧性。尽管仍受到新型冠状病毒感染的影响，2021年的商品流动却创下历史新高；2019—2021年的资本流动年增幅也超过50%。

没有任何一个区域能做到完全自给自足。每个区域至少有一种重要资源或产成品，其25%的需求需要通过进口满足，实际数据往往更高。拉丁美洲、撒哈拉以南的非洲、东欧和中亚都是产成品的净进口地区，50%以上的电子产品依赖进口。欧盟和亚太地区的能源进口比重分别超过50%和25%。北美虽然高度依赖进口的领域较少，但仍需进口大量的资源（尤其是矿产）和产成品。

各区域和行业都有产地高度集中的产品，其中电子和矿产行业尤为突出。集中化是一把双刃剑。集中贸易通常意味着专业化和高效率，但当贸易流动遭遇中断时，其后果也更为严重，尤其产品短期内难以找到替代方案时，影响更加严重。在电子和纺织行业，集中度最高的产品有60%以上产自中国。在高集中度的矿产资源出口中，亚太地区也贡献了极高的比例；锂、稀土和石墨等资源的集中度尤其高，主要提炼国不超过3个，而其中大部分在中国进行提炼。拉美和北美则在高度集中的农产品中占据绝大多数品类，其中大豆尤为突出。大多数高度集中的医疗和制药产品来自欧洲。

全球价值链过去一直在逐步演变，未来10年或因新生力量的影响而加速变化。全球价值链一直处于动态变化之中，但其构成却是逐步形成的。过去，单个国家/地区每年出口份额的涨跌不超过2%,整个价值链每10年内累计转移的比例也不过10%～20%。1995—2008年,随着贸易自由化和技术进步,真正的全球价值链催生出来,变化的方向几乎一致转向了降低集中度和增加区域间贸易。大约在2008年之后,贸易流动模式出现了分化。包括能源、电子设备和制药行业在内的占全球价值链40%的部分发生了逆转,朝着集中化的方向发展。其余的价值链要么稳定下来,要么继续向着低集中度、高区域化的方向发展,包括专业服务在内的多个服务业价值链便是如此。新生力量的出现或将塑造并加速某些价值链的下一轮变化。政策制定者正在积极采取措施,重构具有战略意义的价值链。与此同时,打造韧性、满足各国经济发展的优先事项,正在与科技、需求和要素成本相协调,成为企业布局全球化的关键驱动因素。

在全球互联的环境中,跨国公司是利用全球流动实现增长和提升韧性的关键力量。全球流动对于规模各异的经济体和企业而言,都是不可或缺的。贡献全球约2/3出口的跨国公司在其中扮演着关键角色。他们面临着竞争日益激烈的全球秩序,在某一市场的运营可能会给其他市场带来重大风险。跨国公司可以考虑采取以下几种行动方案:第一,通过深入参与服务和无形资产等日益重要的全球流动,寻求增长机遇;第二,通过业务多元化、建立更牢靠的供应商关系以及本地化运营等手段,增强自身韧性;第三,利用自身在全球流动中的核心地位,寻找机会以塑造系统性韧性,通过"抱团取暖"实现多方共赢。

资料来源:成政珉,WHITE O,华强森,等. 全球流动:世界互联互通的纽带[R].[S. l.]:麦肯锡研究院,2023,1.

第一节 要素禀赋理论

无论是亚当·斯密的绝对优势理论还是大卫·李嘉图的比较优势理论,古典学派在解释国际贸易基础、揭示决定生产和贸易模式的因素,以及衡量国际贸易对本国经济的影响和贸易所得等方面都做出了极其重要的贡献。当今的许多重要理论与政策仍然得益于古典贸易理论的启示。

但是,古典贸易理论的基础是古典经济学。作为整个古典经济学理论的一个重要组成部分,古典贸易理论也是建立在"劳动价值论"的基础之上的,即认为劳动是创造价值和造成生产成本差异的唯一要素。因此,在他们的分析中,假设生产技术是不变的,只有一种要素(劳动)投入。而在有两种或两种以上要素投入的情况下,许多分析过程和结论不再有效。然而,随着资本主义生产关系的出现以及工业革命的发生,资本越来越成为一种重要的生产要素,产品生产不再由单一要素决定,研究投入产出关系的有关经济学理论也随之发展。19世纪末20世纪初,以瓦尔拉斯、阿尔弗雷德·马歇尔为代表的新古典经济学逐渐形成,在新古典经济学框架下对国际贸易进行分析的新古典贸易理论也随之产生。

以戈特哈德·贝蒂·俄林为代表的新古典贸易理论则假定各国在生产商品时所使用的生产技术是一样的,即生产函数相同,从而排除了各国劳动生产率的差异。他认为国际贸易的内在动因是国与国之间要素生产率的差异,而国与国之间要素生产率的差异又主要源于各国的不同生产要素存量的相对差异,以及在生产各种商品时利用各种生产要素强度的差异。这些不同要素的供给会影响到特定商品的生产成本,这一基本思想奠定了新古典贸易理论的基石。

一、赫克歇尔-俄林理论的提出

(一) 新古典贸易理论的发展

与古典经济学不同,新古典经济学家认为生产中起码有两种或两种以上的要素投入。我们知道,在一种要素投入的情况下,投入产出之间的关系通常可以假定为不变的,产品生产的边际成本和机会成本都是不变的。但若有两种或两种以上要素投入时,每一种要素投入与产出的关系要受到其他要素投入量的影响,在其他要素的投入量不变时,随着某一要素投入量的不断增长,由此新增的产出(即"边际产出"或"边际收益")会逐渐减少。这就是所谓的"边际收益递减"的原理。

为何经济发展水平接近的东南沿海地区没能实现劳动力相对价格均等化

另外,从"劳动价值论"为基础的古典经济学过渡到新古典经济学不仅仅意味着要素投入数量上的变化,基本分析框架也从单一要素投入发展为一个多种产品多种要素的总体均衡体系。这一新的理论发展也为国际贸易的研究开辟了新的领域,提供了新的分析工具。在新古典经济学的框架下,许多微观经济学的理论被运用于对国际商品贸易和要素流动的分析,并建立起了比较完整的国际贸易理论体系。

伊·菲·赫克歇尔(Eli F Heckscher)于1919年发表了《对外贸易对收入分配的影响》(*The Effect of Foreign Trade on the Distribution of Income*)的经典论文,对赫克歇尔-俄林理论(Heckscher-Ohlin Theory,简称H-O理论)的核心思想做出了初步分析。文章认为,两国之间产生比较成本差异必须具备两个前提条件:①两国的要素禀赋不同;②不同产品生产过程中所使用的要素比例不同。在这两个条件成立的情况下,两国之间才会发生贸易往来。

戈特哈德·贝蒂·俄林(Bertil Ohlin)是伊·菲·赫克歇尔的学生,他在其博士论文中深入发展了导师的观点,并于1933年出版了《区域贸易与国际贸易》(*Interregional and International Trade*)一书,对导师的理论做出了清晰而全面的解释。在该书中,他提出了生产要素禀赋论,建立了H-O模型,开创了现代国际贸易的理论体系,后经许多经济学家的充实和发展,成为当今西方国际贸易理论的主流。戈特哈德·贝蒂·俄林因创建国际贸易理论的贡献,获得了1977年诺贝尔经济学奖。

与古典贸易理论相比,新古典贸易理论的发展主要表现在以下两个方面。

(1) 在两种或两种以上生产要素的框架下分析产品的生产成本。在只有一种要素投入的模型中,产品成本完全由该要素的生产率和价格决定。而要素的生产率及其价格都是给定的,都是由产品产量以外的因素决定的,对产品的成本来说,这些都是外生变量。但在两种或两种以上要素的模型中,不同的商品生产使用要素比例不同,生产同种数量的产品,也可以有不同的要素组合,要素的生产率不再是固定的,而是取决于产品生产中对要素比例的选择和要素供给的约束。产品生产中的要素需求和一国的要素供给决定要素价格从而影响产品成本,成为决定比较优势和生产贸易模式的重要因素。

生产要素价格已不再是外生变量,而是与产品价格相互决定、相互影响的内生变量。

(2) 运用总体均衡的方法分析国际贸易与要素变动的相互影响。国际贸易不仅影响贸易双方的产品市场价格,而且造成各国要素市场价格的变动。产品价格和要素价格的变动也不仅仅影响一国的生产和消费,还会引起各要素之间收入的再分配。而要素在国内各部门之间的流动或要素储备比例的变动也会反过来影响生产和贸易模式。

专栏3-1 伊·菲·赫克歇尔和戈特哈德·贝蒂·俄林

1879年,伊·菲·赫克歇尔(1879—1959)出生于瑞典斯德哥尔摩的一个犹太人家庭。1897年起,他在乌普萨拉大学(Uppsala University)学习历史和经济,并于1907年获得博士学位。毕业后,他曾任斯德哥尔摩大学商学院的临时讲师;1909—1929年任经济学和统计学教授。此后,因他在科研方面的过人天赋,学校任命他为新成立的经济史研究所所长。他成功地使经济史成为瑞典各大学的一门研究生课程。

他对经济学的贡献主要体现在经济理论上的创新以及在经济史研究方面引入了新的方法论——一种定量研究方法。

他在经济理论方法方面最重要的贡献是他最著名的两篇文章:《外贸对收入分配的影响》和《间歇性免费商品》。1919年发表的《外贸对收入分配的影响》被视为现代伊·菲·赫克歇尔-俄林要素禀赋国际贸易理论的开端。他集中探讨了各国资源要素禀赋构成与商品贸易模式之间的关系,首次运用了总体均衡的分析方法。他认为,要素绝对价格的平均化是国际贸易的必然结果。他的论文具有开拓性的意义,其后,这个理论由他的学生戈特哈德·贝蒂·俄林进一步加以发展。

《间歇性免费商品》(1924年)一文提出了不完全竞争理论,比琼·罗宾逊和爱德华·张伯仑的早了9年。文章中还探讨了市场之外的集体财富(即所谓的公共财物)的问题。

在经济史方面,伊·菲·赫克歇尔更享有盛名。主要著作有:《大陆系统:一个经济学的解释》《重商主义》《古斯塔夫王朝以来的瑞典经济史》《历史的唯物主义解释及其他解释》《经济史研究》等。

伊·菲·赫克歇尔通过对史料提出更广泛的问题或假定,进行深入的批判性研究,从而在经济史和经济理论两个方面架起了桥梁,并把两者有机地结合起来。他是瑞典学派的主要人物之一。

戈特哈德·贝蒂·俄林(1899—1979)于1899年4月生于瑞典南方的一个小村子克利潘(Klippan)。他于1917年在隆德大学获得数学、统计学和经济学学位。1919年在伊·菲·赫克歇尔的指导下获得斯德哥尔摩大学(University of Stockholm)工商管理学院经济学学位。1923年在陶西格(Taussig)和威廉斯(Williams)的指导下获得哈佛大学文科硕士学位。1924年在卡塞尔(Cassal)指导下获得斯德哥尔摩大学博士学位。1925年任丹麦哥本哈根大学经济学教授,5年后回到瑞典,在斯德哥尔摩大学商学院教学,1937年在加利福尼亚大学(伯克利)任客座教授。戈特哈德·贝蒂·俄林最为著名的工作是对国际贸易理论的现代化处理,为此他获得了1977年的诺贝尔经济学奖。1979年8月,戈特哈德·贝蒂·俄林在书桌前逝世。

他的研究成果主要体现在国际贸易理论方面,1924年出版《国际贸易理论》,1933年出版其名著,即美国哈佛大学出版的《区间贸易和国际贸易论》,1936年出版《国际经济的复兴》,1941年出版《资本市场和利率政策》等作品。戈特哈德·贝蒂·俄林的理论受他的老师伊·菲·赫克歇尔关于生产要素比例的国际贸易理论的影响,并在美国哈佛大学教授威廉(Williams)的指导下,结合瓦尔拉斯和卡塞尔的总体均衡理论进行分析论证,在《区间贸易和国际贸易论》中最终形成。因此,戈特哈德·贝蒂·俄林的国际贸易理论又被称为赫克歇尔-俄林理论。

(二) 相关主要概念的界定

为了准确地表达H-O理论,首先必须准确地界定与该理论相关的主要概念,这也便于我们对该理论的进一步分析和论证。

1. 关于要素密集程度

我们常常根据某种产品生产时投入要素的多少而称其为劳动密集型产品或资本密集型产品等。这实际上就涉及产品含各种生产要素密集程度这一概念。要素密集程度(factor intensity)是指生产一单位某种产品所使用的生产要素的组合比例。

为了严格界定这一概念,要素密集程度应该以不同要素投入的相对密集程度为标准。例如,假设有两种产品X与Y,如果生产一单位X产品的要素投入为6单位资本(6 K)和2单位劳动力(2 L),而生产一单位Y产品的要素投入为5单位资本(5 K)和1单位劳动力(1 L)。从绝对量来看,一单位X产品投入的资本多于一单位Y产品,但从相对量来看,资本与劳动力的比例是Y产品大于X产品(5/1>6/2),所以Y产品才是资本密集型产品,而X产品是劳动密集型产品。

一种产品的要素密集程度往往也是一个相对的概念。产品的要素含量是与生产的技术水平以及要素的相对价格相关的。在给定的生产技术条件下,不同要素的投入有一定程度的替代性,随着要素相对价格发生变化,同一种产品的要素密集程度也会发生变化。例如,如果劳动力要素的价格相对提高,原先劳动密集型产品可能变为资本密集型产品。因此,在要素不能自由流动的条件下,不同国家由于其要素相对价格不同,生产同一种产品的要素比例也会不同。也就是说,如果X与Y产品在一国分别为劳动密集型产品与资本密集型产品,在另一国,这种性质可能会改变。

2. 关于要素丰裕程度

要素丰裕程度(factor abundance)是指一国拥有各种生产要素的相对数量。我们常常称某个国家为某种要素丰裕的国家,其实这种界定也不是以他们拥有某种要素的绝对量为标准来衡量的。

判断一国拥有某种生产要素的丰裕程度的方法有两种。一是根据不同国家的几种要素拥有总量的相对比例来衡量。例如,假设有 A、B 两国,A 国拥有资本与劳动力的总量分别为 TK_A 与 TL_A,B 国分别为 TK_B 与 TL_B,如果 $TK_A/TL_A < TK_B/TL_B$,则可称 A 国为劳动力丰裕的国家或资本稀缺的国家,B 国则相反,尽管从绝对量来看,有可能是 $TK_A > TK_B$,但 A 国仍是劳动力丰裕的国家。二是根据要素价格的相对比例来衡量。例如,A 国的资本与劳动力的价格分别为 PK_A 与 PL_A,B 国分别为 PK_B 与 PL_B,如果 $PK_A/PL_A > PK_B/PL_B$,则可称 A 国为劳动力丰裕的国家或资本稀缺的国家,B 国则相反,尽管从绝对量来看,有可能是 $PK_B < PK_A$,但 A 国仍是劳动力丰裕的国家。由于价格是由供给与需求共同决定的,如果假设各国的消费偏好相同,需求的因素就可以不考虑,那价格便与需求因素无关,而仅与供给有关。所以,用要素的相对供给量与要素的相对价格来判断一国拥有某种要素的丰裕程度结果是一样的,只不过前者是直接的判断,后者是间接的判断。

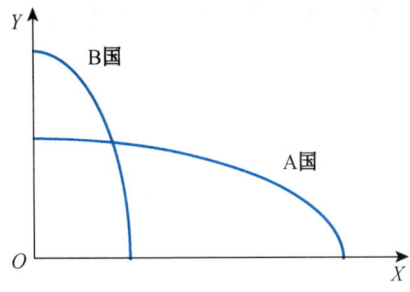

图 3-1 要素情况与生产可能性曲线

3. 要素密集程度与要素丰裕程度的关系

从上面的分析我们可以知道,要素密集程度是就单个产品的要素相对含量来衡量的,要素的丰裕程度是就某经济体要素总量中不同要素的相对拥有量来衡量的。了解了此两者以后,我们可以进一步知道某种要素的总体丰裕程度与一国的产品结构中以哪种要素密集型产品为主有关。假设有 A、B 两国分别生产 X、Y 两种产品,其中,A 国为劳动力丰裕国,B 国为资本丰裕国,并且:X 是劳动密集型产品,Y 为资本密集型产品。那么,A 国生产 X 产品的产量与 Y 产品的产量之比,就会大于 B 国的同一比例关系。用生产可能性曲线表示,见图 3-1。

从图中可见,两国的生产可能性曲线形状是不同的,由于 A 国是劳动力丰裕的国家,故相对而言,生产产品组合点更偏向于劳动密集型产品,即生产可能性曲线会更多地偏向 X 轴。同理,B 国的生产产品组合点更偏向于资本密集型产品,即生产可能性曲线会更多地偏向 Y 轴。

二、赫克歇尔-俄林理论的内容

(一) H-O 理论的基本假设

H-O 理论的基本假设共有三组。

(1) 一组是把问题变得容易处理的假设:①只有两个国家,两种产品,两种生产要素(资本和劳动),即 2×2×2 模型;②各国可供利用的生产要素总量不变;③两国消费者的偏好基本相同,消费无差异曲线的方位与形状都一样。

(2) 一组是有关生产技术的假设:①两国生产时采用同一种技术,具有相同的生产函数;②规模报酬不变,生产函数是线性齐次的;③两种生产要素(资本和劳动在生产中可以完全相互替代);④不存在要素密集度逆转的情况,如果一种产品在一国是资本密集型产品,在另一国也是资本密集型产品;⑤两国经济总量总是处于均衡状态。

(3) 一组是有关贸易条件的假设:①运输成本为零,也不存在其他交易成本;②自由贸易;③市场结构是完全竞争的;④生产要素只能在一国范围内流动,但产品可以在国家之间自由流动。

如果以上任何一个假设被放松或发生变化,那么 H-O 理论的结论就可能发生变化,甚至完全不能成立。

(二) H-O 理论的基本内容

戈特哈德·贝蒂·俄林认为国际贸易是在国家(地区)之间展开的,而国家(地区)的划分标准是生产要素禀赋的情况。所谓生产要素禀赋,是指生产要素在一个国家(地区)中的天然供给情况。戈特哈德·贝蒂·俄林所说的生产要素包括劳动、资本和土地三大类,当然,每一种生产要素又可以细分。由于戈特哈德·贝蒂·俄林将贸易中国际竞争力的差异归因于生产要素的禀赋的国际差异,故人们将 H-O 理论称为要素禀赋理论(The Theory of Factor Endowment)。又由于该理论特别强调不同国家拥有不同的生产要素比例,故人们又将之称为要素比例理论(The Theory of Factor Proportions)。

H-O 理论关于国际贸易理论的基本内容主要由两部分组成:一是关于贸易的基础或原因,即生产要素供给比例理论;二是贸易带来的结果,即要素价格均等化理论。

(1) 生产要素供给比例理论。戈特哈德·贝蒂·俄林的生产要素供给比例说是从商品价格的国际绝对差异开始逐层展开的。①商品价格的国际绝对差异是国际贸易产生的直接原因。当两国间的价格差大于商品的各项运输费用时,则从价格较低的国家输出商品到价格较高的国家是有利的;②商品价格的国际绝对差异来自于成本的国际绝对差异。同一种商品的价格的国家之间的差异,主要是成本的差异。所以,成本的国际绝对差异是国际贸易发生的第一原因;③两国国内各种商品成本比例不同是国际贸易发生的必要条件。戈特哈德·贝蒂·俄林认为,如果两国国内成本比例是相同的,一国的两种商品成本都按同一比例低于另一国,这两国将只能发生暂时的贸易关系,当两国的汇率变化使两国商品的单位成本完全相等时,这两国将不会发生贸易;④生产要素的价格比例不同决定各国商品价格比例不同。为什么不同国家有不同的成本比例呢?戈特哈德·贝蒂·俄林认为是因为各国国内的生产诸要素的价格比例不同。不同的商品是由不同的生产要素组合生产出来的。在每一国内,商品的成本比例反映了它的生产诸要素的价格比例关系,也就是工资、地租、利息之间比例关系。由于各国的生产要素价格不同,就产生了成本比例的不同;⑤要素供给比例不同是决定要素价格比例不同的因素。在各国要素需求一定的情况下,各国的要素禀赋不同,导致要素的价格不同。一些供给丰富的生产要素价格便宜,稀缺的生产要素价格昂贵。由此得出,要素价格比例不同是由要素供给比例不同决定的。同样,假设生产要素供给比例是相同的,各国对这些生产要素不同的需求也会产生要素的不同价格比例。

从以上分析我们可以看出,戈特哈德·贝蒂·俄林从价格的国际绝对差异出发,分析了成本的国际绝对差异,接着又探讨了不同国家内的不同的成本比例,进而探讨了生产诸要素的不同的价格比例,最后分析了生产要素的不同的供给和需求比例。其基本理论逻辑框架见图 3-2。

在这个逻辑链中,戈特哈德·贝蒂·俄林认为供给比例是最重要的环节,但没有一个单一的环节是国际贸易的最终基础,各个环节之间的互相依赖的关系决定了每一个

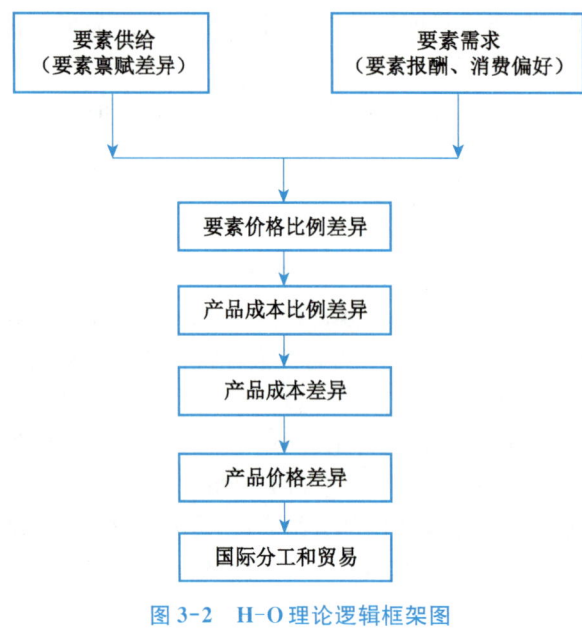

图 3-2　H-O 理论逻辑框架图

国家的价格结构。而各个国家的价格结构决定了它们在国际分工和国际贸易体系中的比较优势,同时这也就构成了国际分工和国际贸易的基础。

(2) 要素价格均等化理论。要素价格均等化理论进一步论述了两国在发生贸易之后,两国之间的资源将会发生怎样的变化。戈特哈德·贝蒂·俄林认为虽然国际生产要素不能自由流动,但商品的国际流动在一定程度上弥补了国际生产要素缺少流动性的不足。而且贸易的扩大和发展将会减少两国间要素价格的差异,从而导致两国生产要素的相对价格和绝对价格趋于均等化,这就是所谓的要素价格均等化理论(Factor Price Equalization Theory)。

但是,戈特哈德·贝蒂·俄林认为,要素价格完全相等几乎是不可能的,要素价格均等只是一种趋势,其主要原因有以下几点:①影响市场价格的因素复杂多变,而不同地区的市场又存在差别,价格水平难以一致;②生产要素在国际上不能充分流动,即使在国内,生产要素从一个部门流向另一个部门,也不是十分便利的;③集中的大规模生产必然导致一些地区要素价格相对高,而另一些地区要素价格相对低,从而阻碍了生产要素价格完全均等。

(三) 要素禀赋理论的数学证明

假设 A 国和 B 国同时生产产品 X 和 Y。已知生产每单位 X 产品需投入 2 单位劳动力,6 单位资本;生产每单位 Y 产品需投入 4 单位劳动力,2 单位资本。又知,在发生国际贸易前,A 国每单位劳动力价格为 100 美元,每单位资本价格为 20 美元;B 国每单位劳动力价格为 60 美元,每单位资本价格为 10 美元,见表 3-1。按照上述给定条件,可计算出生产每单位产品的成本。

表 3-1　产品成本情况

国家	产品	资本单位(K)	劳动力单位(L)	资本价格 USD(P_K)	劳动力价格 USD(R_L)	单位成本 USD ($P_K K + P_L L$)
A 国	X	6	2	20	100	320
	Y	2	4			440
B 国	X	6	2	10	60	180
	Y	2	4			260

从表 3-1 中数据可知,在 A 国,$P_K/P_L=20/100=1/5$,在 B 国,$P_K/P_L=10/60=1/6$,即 A 国资本的相对价格比 B 国资本的相对价格要高,因为 $1/5>1/6$,故 A 国是劳动力相对丰裕的国家,B 国是资本相对丰裕的国家。并且,每生产 1 单位 X 产品所需投入的 K 与 L 的比率为 $K/L=6/2=3$,而生产 Y 产品的比率为 $K/L=2/4=1/2$,因为 $3>1/2$,故 X 产品是资本密集型产品,Y 产品是劳动密集型产品。按要素禀赋理论,A 国应出口 Y 产品进口 X 产品,B 国应出口 X 产品进口 Y 产品。

按大卫·李嘉图的比较成本理论,我们同样可得上述的分工模式。在 A 国,1 单位 X 产品可换 $320/440=8/11$ 单位 Y 产品;在 B 国,1 单位 X 产品可换 $180/260=9/13$ 单位 Y 产品。因为 $8/11>9/13$,故 A 国会生产 Y 产品与 B 国交换相对便宜的 X 产品,而 B 国则愿意生产 X 产品与 A 国交换相对便宜的 Y 产品。

(四) H-O 理论的三个主要结论

(1) 每个国家或区域在国际分工和国际贸易体系中应该生产和输出本国丰裕要素密集的商品,输入本国稀缺要素密集的商品。

(2) 区域贸易或国际贸易的直接原因是价格差别,即各个地区间或国家间商品价格不同。

(3) 商品贸易趋向于(即使是部分地)消除工资、地租、利润等生产要素收入的国际差异,导致国际商品价格和要素价格趋于均等化。

(五) H-O 理论的扩展

H-O 理论的提出,给关注贸易问题的经济学家以巨大的思想启迪,关于要素禀赋理论的研究成果纷纷出现。其中最重要的是美国经济学家保罗·萨缪尔森(Paul Samuleson)的要素价格均等化定理。保罗·萨缪尔森认为要素价格均等化不仅是一种趋势,而且是一种必然,要素禀赋的差异是产生贸易的最终原因,而贸易的结果是各地商品和要素的价格均趋于一致。鉴于他对 H-O 理论的发展,因此,也称这个理论为赫-俄-萨定理(H-O-S Theorem)。

保罗·萨缪尔森的这一思想是在其于 1947—1972 年间发表的系列论文中得到逐步阐述的。他认为即使生产要素在国际不能自由流动,但只要国际商品能自由流动,那么,不同国家生产出口和进口商品的同种生产要素价格将趋于相等。该理论认为,两国在实行分工和贸易后,各自大量使用本国丰裕要素进行商品生产并出口,从而使这些要素价格日趋上涨(原来该类要素价格低);同时,由于各自不断进口本国稀缺要素密集的外国产品,将使本国这类要素价格不断下跌(原来该类要素价格高)。这样,通过国际贸易导致了两国间的生产要素价格差异缩小,并使要素价格趋于均等化。只要两国生产要素相对价格存在差异,贸易仍将持续扩大和发展,而贸易的扩大和发展将会减少两国间要素价格的差异,直到两国国内各种商品的相对价格完全均等化为止,这时就意味着两国国内的要素相对价格也完全均等化了。

保罗·萨缪尔森还进一步论证了两国要素的绝对价格均等化问题,在要素的相对价格均等化、商品市场和要素市场是完全竞争的,以及两国的技术是相同的条件下,国际贸易将会导致要素绝对价格也完全均等化。

专栏3-2 保罗·萨缪尔森

保罗·萨缪尔森(1915—2009),在15岁的时候就考入芝加哥大学,专修经济学。尽管他进入经济学的领域纯属偶然,但结果证明,经济学这一行如天造地设般适合他,用他自己的话说9月2日(芝加哥大学开学的这一天)才是他真正的生日。1935年,他以优异成绩获得了芝加哥大学的学士学位,其平均成绩是A,随后他从容地进入哈佛大学攻读研究生。一年后,保罗·萨缪尔森获得了硕士学位,并以敏捷的思维、广博的知识及实干精神,赢得了哈佛大学经济学权威人士阿尔文·汉森教授的青睐并得以成为其助手和学生。1936年,凯恩斯发表了他最有影响的《就业·利息和货币通论》(以下简称《通论》)一书以后,阿尔文·汉森转而成为凯恩斯主义在美国的传播人。保罗·萨缪尔森深入研究凯恩斯主义的形成和发展,感到确有可研究之处,于是师生协作,不断宣传凯恩斯主义,并对它做了进一步的补充。这样,汉森和保罗·萨缪尔森便成为凯恩斯主义在美国的主要代表人物,而保罗·萨缪尔森对研究凯恩斯主义所做的贡献远比他的导师大得多。

1940年,保罗·萨缪尔森博士毕业后受聘到麻省理工学院任教。1941年,他发表了题为《经济理论运算的重要性》的长篇论文,这是他的博士论文,并获得哈佛大学的威尔斯奖。这篇论文就是他在1947年纪念凯恩斯逝世一周年时发表的《经济分析基础》的雏形,该文被认为是数理经济学具有划时代意义的著作。1948年,保罗·萨缪尔森发表了他最具影响力的巨著《经济学》。这本书一出版即告脱销。许多国家的出版商不惜重金抢购它的出版权,不久即被翻译成日、德、意、匈、葡、俄等多种文字。1953年,当《经济学》第三版出版时,保罗·萨缪尔森来到美国预算局,为美国政府出谋划策。他提倡赤字预算,追求加速经济增长,使美国克服了20世纪50年代的"艾森豪威尔停滞",他也成为白宫中不可缺少的高参。1958年,他与索洛和多夫曼合著了《线性规划与经济分析》一书,为经济学界新诞生的经济计量学做出了贡献。

1961年是保罗·萨缪尔森学术生涯中的重要一年。他在《经济学》第五版中,把自己的理论体系称为"新古典综合学派",并在1961年的美国经济学年会上,对其理论的核心部分、理论体系及其研究方法做了较为详细的解释。1965年,又被任命为美国联邦储备银行经济咨询委员会顾问,并出任美国国际经济学会会长。20世纪60年代,美国的经济增长较快。在肯尼迪·约翰逊出任美国总统的8年中,美国没有爆发经济危机,凯恩斯主义被他的追随者吹捧为"第二次世界大战后繁荣主义",作为总统首席经济顾问的保罗·萨缪尔森便成了美国凯恩斯主义的代名词,美国经济生活中的成就也被视为是"新古典综合学派"的功绩。

1966年,保罗·萨缪尔森在接受印第安那大学授予他名誉法学博士的同时,出版了《萨缪尔森科学论文集》。1967年,密执安州大学授予他名誉法学博士。1970年,《经济分析基础》的水准得到三度肯定,协助他赢得诺贝尔奖,他也是获得诺贝尔经济学奖的第一个美国人。1971年,他获得了美国国家科学院授予的爱因斯坦奖。

保罗·萨缪尔森是那些能够和普通大众进行交流的为数极少的科学家之一。他经常出席国会作证,在联邦委员会、美国财政部和各种私人非营利机构任学术顾问。他发展了数理和动态经济理论,将经济科学提高到新的水平,是当代凯恩斯主义的集大成者,经济学的最后一个通才。他是当今世界经济学界的巨匠之一,他所研究的内容十分广泛,涉及经济学的各个领域,是世界上罕见的多能学者。人们翻开经济学方面的论著,多会看到各种复杂的数学公式和模型,数学家成为诺贝尔经济学奖的得主也已司空见惯。今天的经济学早已和数学密不可分,而保罗·萨缪尔森正是把数学引入经济学的第一人。

三、对H-O理论的评价

(一) H-O理论的积极意义

(1) 要素禀赋理论把传统的比较优势理论中的一种生产要素投入(劳动)的假定扩展至两种或两种以上的要素投入,进而提出了生产要素的组合比例问题,使国际贸易理论的分析更加符合现实。

(2) 要素禀赋理论不是从技术差别而是从要素禀赋上来考察国际贸易的动因,找到了国际贸易的另一基础,正确地指出了生产要素在各国对外贸易中的重要地位。

(二) H-O理论的不足之处

(1) H-O理论违背了劳动价值论。马克思主义认为,资本主义是一个剥削体系,资本的利润、土地的地租都是剥削收入,而戈特哈德·贝蒂·俄林却认为他们是正当收入,抹煞了劳动收入和资产收入的区别。

(2) 忽视技术进步的作用。在当代国际分工和国际贸易中,技术进步、技术革新可以改变成本和比例,从而改变比较成本,排除了技术进步因素,影响了该理论的广泛适用性。

(3) H-O理论与当代大量贸易发生在要素禀赋相似,需求格局接近的工业国之间的实际情况不符,影响了该理论对国际贸易实际情况的深入分析。

(4) 抹煞了国际生产关系,抽象地谈论国际贸易可以使各国收入均等化,这不符合国际贸易的实际情况。他们认为,只要实行自由贸易,国际收入分配不均的问题就可以迎刃而解,这种单纯经济观点分析方法,脱离了历史实际、政治实际和社会实际。如果这样,只能出现发达国家与发展中国家之间的不等价交换。

第二节 里昂惕夫之谜及其解释

里昂惕夫生平

H-O模型创立以来,逐渐为西方经济学界普遍接受,并奠定了其在自由贸易理论中的主导地位,并被公认是继大卫·李嘉图比较成本理论之后,贸易理论史上的又一个里程碑。这个理论模型所揭示的道理同人们的常识是一致的:只要知道一个国家的要素禀赋情况,就可推断出它的贸易走向。比如资本相对丰裕的国家出口资本密集型产品,劳动相对丰裕的国家则出口劳动密集型产品。为了检验该理论,1953 年里昂惕夫以美国的情况为案例进行了一次实证检验。

一、里昂惕夫之谜的提出

按照 H-O 理论,一国应当出口密集使用其相对丰裕要素所生产的产品,而进口密集使用其相对稀缺要素生产的产品。1953 年,华西里·里昂惕夫(Wassily Leontief)[①]利用他的投入—产出分析法对美国的对外贸易商品结构进行具体计算,来验证 H-O 理论,即美国是否像该理论所描述的那样,出口的是资本密集的商品,进口的是劳动密集的商品,因为美国在当时是世界上资本最丰富的国家。

里昂惕夫把生产要素分为资本和劳动力两种,对 200 种商品的统计数据进行了分析,对 1947 年美国生产每百万美元的出口商品所包含的资本与劳动的数量进行了计算。但对进口商品他却不能这样做,因为他只有美国出口商品的"投入—产出"表,而没有美国进口商品国家的"投入—产出"表。为此,他采用从美国的数据中计算进口替代品的要素密集度的方法来估计进口品的要素密集程度。其计算结果如表 3-2 所示。

表 3-2 1947 年美国每百万美元出口商品和进口替代品的要素投入量

项目	出口商品	进口替代品
资本(美元)	2 550 780	3 091 339
劳动(人/年)	182 313	170 004
资本/劳动	13 991	18 184

由表 3-2 可知,1947 年美国进口替代商品生产人均资本使用量与出口商品生产人均资本使用量的比率为 1.3,这就是说作为世界上资本最丰裕的国家,美国出口的是劳动密集型商品,而进口的是资本密集型商品。正如里昂惕夫所言:"美国参加国际分工是建立在劳动密集型生产专业化基础上,而不是建立在资本密集型生产专业化基础上。"[②]这个验证结果正好与 H-O 理论相反,也完全出乎里昂惕夫本人的预料,因此被称为里昂惕夫之谜(Leonlief Paradox)或里昂惕夫反论。

1956 年里昂惕夫利用投入—产出法和美国 1951 年后的统计资料,对美国贸易结构进行了第二次验证。验证结果以《生产要素比例和美国贸易结构:进一步的理论和验证分析》为题于同年发表,得出 1951 年进口替代品人均资本使用量与出口商品生产人均资本使用量的比率为 1.06,这与 1953 年结论基本相同。

二、对里昂惕夫之谜及其解释学说的评价

(一) 里昂惕夫之谜及其解释的积极意义

(1) 里昂惕夫之谜运用了科学的分析方法。里昂惕夫之谜说明 H-O 理论脱离国

---

① 里昂惕夫是美籍苏联人,1931 年移居美国,1932 年任教于哈佛大学经济系,因提出"投入—产出"分析理论而获得 1973 年诺贝尔经济学奖。

② 里昂惕夫:《国内生产与对外贸易:美国资本状况的再检验》,美国哲学学会会议录,1953 年 9 月。

际分工和国际贸易的实际情况，从而引起对"反论"的各种解释和有关理论的发展。由于里昂惕夫在验证 H-O 理论时首次运用投入产出法，把经济理论、数学方法和统计三者结合起来，对国际分工和国际贸易商品结构进行了定量分析，这种研究方法具有一定的科学意义。

（2）对里昂惕夫之谜解释的相关学说是对传统国际贸易理论的补充和发展。这些学说不是对比较优势理论和 H-O 理论的全盘否定，而是采用把定性分析和定量分析相结合，把理论研究和实证分析相结合，把比较利益的静态分析和动态分析相结合的方法，针对第二次世界大后国际分工和国际贸易的新情况，在继承这些传统理论的基础上，有所创新，有所发展。

（二）里昂惕夫之谜及其解释的不足之处

这些学说与传统国际贸易理论一样，仅仅从生产力的角度研究国际分工和国际贸易的产生、发展和贸易利益问题，而不涉及国际生产关系，把国际分工与国际贸易作为分配世界资源的中性机制，抹煞了发达国家对发展中国家利益侵吞的历史事实，掩盖了国际分工和国际贸易的性质。

第三节　新要素理论

里昂惕夫发表其验证结果后，西方经济学界大为震惊，经济学家们纷纷围绕着里昂惕夫之谜各自作出研究，并分别提出了各自的解释。在传统国际贸易理论中，生产要素一般仅归结为土地、劳动、资本 3 种，由此，H-O 理论是 2×2×2 的模型，里面仅有劳动力和资本两种生产要素在社会经济中发挥作用。

然而随着现代国际经济的发展，生产要素的外延得到了极大的拓展，信息、技术、人力资本、企业家才能等要素对于社会经济发展的作用越来越大，单用三种生产要素已经无法解释当前的国际经济现状。一部分学者由此提出，除了土地、劳动和资本之外，还应该把包括人力技能、研究与开发、技术、信息与管理等新型生产要素纳入模型，用来研究生产与贸易模式，我们把这些理论统称为国际贸易新要素理论。

一、人力资本说

受里昂惕夫有效劳动解释的启发，后来一些学者在要素禀赋理论框架下引入人力资本（human capital）这一因素，并在此基础上建立了人力资本说。该学说认为，H-O 理论将劳动视为一种同质的生产要素的假定是不现实的。实际上，一国人力要素禀赋都是异质性的，在构成和质量上都不同于其他国家。各国劳动要素生产率的差异在很大程度上体现在人力技能的差异。因此，人力技能也是一种生产要素，而且是越来越重要的生产要素。由于人力技能是人力投资的结果，因此人力技能又称人力资本。由于人力资本说在解释国际分工产生的原因时，引进了一种新的生产要素，即在劳动力身上的资本投资，并从这一点出发否定了过去理论中劳动力具有同质特性的假设，所以它被称为新要素学说。

人力资本的概念最早由美国经济学家舒尔茨（Schultz，1961年）和贝克（Becker，1964年）提出来，他们通过研究分析，得出了美国工人身上蕴含有大量的资本因素，美国的劳动密集并非单纯的一般劳动力密集，而是高效率、高技术、高熟练度的技术工人的密集，工人的高度熟练技术是来自对劳动力的高投资。因此，美国的劳动密集型产品与其他国家的劳动密集型产品有着重大的区别。

美国经济学家基辛利用美国1960年人口普查资料，将美国企业的从业人员分为熟练劳动和非熟练劳动两大类，并按技术熟练程度由高到低分为8个等级。他还根据这两大分类对包括美国在内的14个国家的进出口商品结构进行了分析，在14个国家中，美国出口产品所使用的熟练劳动比例最高，而进口商品所使用的熟练劳动力比例最低，这表明美国出口的是技能密集程度最高的产品，进口的是技能密集程度最低的产品。

主张人力技能要素的经济学家提出了人力技能理论。该理论把劳动分为两大类：一类是简单劳动，即无须经过专门培训就可以胜任的非技术的体力劳动；另一类是技能劳动，即必须经过专门培训形成一定的劳动技能才能胜任的技术性的劳动。要对劳动者进行专门培训，就必须进行投资。因此，体现在劳动者身上的、以劳动者的数量和质量表示的资本就是人力资本。由于人力资本投资持续时间不同，投资形式存在差别，投资领域不一致等原因，造成了劳动力的质的差别，从而使人力资本作为一种特殊资本在生产过程中的效力不同。

人力资本的投资形式通常包括：正规的学校教育；在职的岗位培训；合理的人员配置；必备的卫生与营养条件；休养生息的外部环境，以及与上述各项投资形式相关的其他投资形式。人力资本的投资和其他投资一样既需要时间也需要资源。

人力资本论者认为，技能禀赋或人力资本赋予状况对国际贸易格局、流向、结构和利益等方面具有重要的影响。因此，资本充裕的国家往往同时也是人力资本充裕的国家，这些国家的比较优势实际上在于人力资本的充裕，这是它们参与国际分工和国际贸易的基础。在贸易结构和流向上，这些国家往往是出口人力资本或人力技能要素密集的产品。

他们在分析美国的情况时指出，这就决定了美国贸易结构必然是出口人力资本密集型产品占主体。比如最先进的通信设备、电子计算机等都属于技能密集型产品，而不再是传统的资本密集型产品。

美国经济学家凯南认为，熟练劳动技能是社会投资与教育和培训的结果，熟练劳动技能是人力资本，它与有形资本一起组成资本投入。人力资本投入，可提高劳动技能和专门知识水平，促进劳动生产率的提高。美国最充裕的要素不是物质资本，而是人力资本，相对稀缺的是非熟练劳动。由于美国投入了较多的人力资本，因而拥有更多的熟练劳动力，因此，美国出口产品会有较多的熟练劳动。凯南对人力资本进行量化，把熟练劳动者高于非熟练劳动者收入部分资本化，并同有形资本相加，经过这样处理后，表面上看，美国出口的主要是劳动密集型产品，而实际上是出口人力资本密集型产品，即美国出口产品的资本密集度高于进口产品的资本密集度。因此，用传统国际贸易理论的三要素论是无法说明当代国际贸易现实的，但是只要引入人力资本这一新要素，里昂惕夫反论就不存在了。

二、研究与开发说

研究与开发（research and development，R&D）说是格鲁勃、梅达、弗农及基辛等西方经济学家在注重技术要素作用的同时，进一步研究推动技术进步的形式和途径及其与贸易的关系时提出的。研究与开发要素投入一般指研制和开发某项产品所投入的费用。

开发要素投入不同于生产过程的其他形式的要素投入。研究与开发要素是以投入到新产品中的与研究和开发活动有关的一系列指标来衡量的。在进行国别比较时，可以通过计算研究与开发费用占销售额的比重、从事研究与开发工作的各类科学家和工程技术人员占整个就业人员的比例以及研究开发费用占一国国民生产总值或出口总值的比重等方法，来判断各国研究与开发要素在经济贸易活动中的重要性及其差别。

基辛曾以美国在10个主要工业发达国家不同部门的出口总额中的比重代表竞争能力，分析研究与开发要素与出口竞争力的关系。结果表明，从事研究开发活动的高质量劳动力比重越大的部门，国际市场竞争能力就越强，出口比率就越高。这就证明了一个国家出口产品的国际竞争能力和该种产品的研究与开发要素密集度之间存在着很高的正相关关系。

格鲁勃和弗农也进行了类似的研究工作。他们根据1962年美国19个产业的有关资料进行了分类比较，并按照研究和开发费用占整个销售额的百分比以及科学家、工程师占整个产业全部雇佣人员的比重进行排列。结果发现，运输、电器、仪器、化学和非电器机械这五大产业名列前茅。五大产业中，研究与开发费用占19个产业的78.2%，科学家和工程师占85.3%，销售量占39.1%，而出口量占72%。可见，具有较强研究实力的工业部门在生产的产品上占有明显的优势，因而更有能力获得比较利益。

另外，美国经济学家波斯纳提出技术差距理论（又称"技术间隔论"），认为各国技术发展情况不一致，技术革新领先的国家就可能享有出口技术密集型产品的比较优势。技术领先的国家发明出一种新产品或新的生产流程时，由于其他国家尚未掌握这项技术，因而就产生了国际的技术差距（technology gap）。但是，随着新技术向国外的扩散，其他国家迟早会掌握这种技术，从而使国际的技术差距逐步缩小，直至消失。

见图3-3，t_0为创新国生产的产品的开始，随后其生产逐步扩大，经过一段时间之后又逐步缩小。波斯纳在描述技术差距时，提出了模仿时滞和需求时滞。需求时滞是指从创新国新产品问世到其他国家消费者认识其价值并对它产生需求的时间差距，即图中的t_0-t_1，它取决于收入因素，模仿国消费者对新产品的认识；模仿时滞是指在技术创新国的新产品问世以后到其他国家仿制的产品出口以前的这一段时间差距，即图中的t_0-t_3，它又分为反应时滞和掌握时滞，前者是指创新国新产品问世以后到进口国开始仿制的时间间隔，即图中的t_0-t_2，它取决于模仿国厂商的反应，以及规模经济、贸易壁垒、运输成本、收入水平等因素，后者是指仿制国家开始生产到国内生产扩大和开始出口的时间间隔，即图中的t_2-t_3，它取决于创新国技术转移的时间，进口国对新技术的需求强度、科研基础、科研费用和生产条件等因素。需求时滞和模仿时滞的差距导致了国际贸易的可能性，其贸易区间为t_1-t_3。

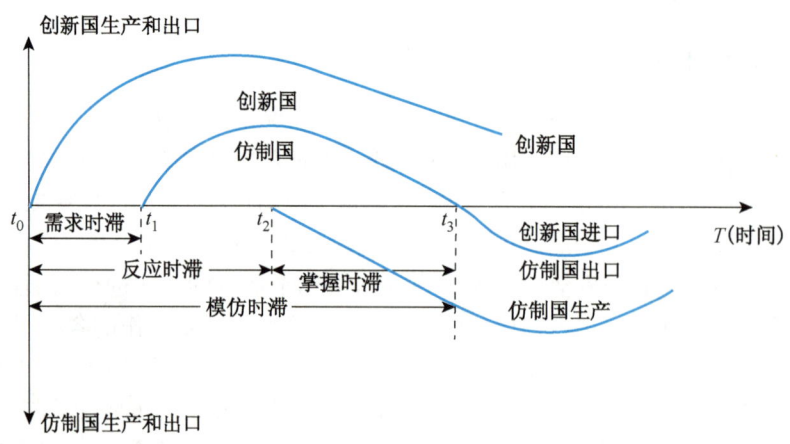

图 3-3　技术差距与国际贸易

三、信息要素论

在现代经济生活中,企业除了需要土地、劳动和资本这些传统生产要素以外,更需要信息,信息已经成为当代经济活动中必不可少的和越来越重要的生产要素。作为生产要素的信息是指来源于生产过程之外的并作用于生产过程的能带来利益的一切讯号的总称。

随着人们对生产力发展研究的深入,在今天,生产要素范围不仅从有形的物质资料扩大到了无形的资产,而且已经进一步扩大到了无形的技术、工艺、构思以及商情信息。在信息技术(information technology,IT)飞速发展的情况下,信息成为不仅能创造价值,而且可进行交换的无形产品。信息这种无形的"软件"要素,一方面是形成贸易的基础,占有它们的多寡、准确、及时与否是它们与有形资源结合产生实际贸易过程的关键,并能产生出数量巨大的贸易商品;另一方面,这些无形资源本身在今天已经成为国与国之间进行贸易的重要内容,这拓宽了交易的范围,促进了国际贸易理论与实践的新发展。

信息要素是无形的、非物质的,将其区别于传统生产要素,是生产要素观念上的大变革。随着现代社会的发展,市场在世界范围内的拓宽以及各种经济贸易活动的日益频繁,社会每时每刻都在产生着海量的信息。这些信息都在不同的方面、不同的程度上影响社会经济活动,影响企业生产经营的决策和行为方式,甚至有时还决定着企业的命运。

信息是一种能够创造价值并能进行交换的无形资源。但是由于信息创造价值的能力难以用通常的方法衡量,其交换价值只能取决于信息市场的自然力量。由于信息的强烈的时效性,信息交换也常常带有神秘的性质。信息能够创造价值的特性,使得信息利用的状况能够影响一个国家的比较优势,从而改变一国在国际分工和国际贸易中的地位。

四、管理与决策

管理是指在一定的技术条件下保持最优地组织、配置和调节各种生产要素之间的比例关系。决策是为最优地达到目标,对若干个准备行动的方案进行的选择。一般认为,管理和决策既可以看成是生产函数的一个单独要素,也可以看成是劳动要素的特殊分类,但它和其他生产要素之间不存在相互替代关系。并且,管理需求随生产规模扩大而增强。

在现实经济活动中,管理通过相应的管理人员(如经理等)的工作而体现。西方经济学家认为,管理水平的差异说明了劳动生产率的差异。一般说来,经济水平落后的国家,管理要素都相对稀缺,表现在管理人员比重小和管理水平比较低等方面。

五、自然资源说

该学说指出里昂惕夫之谜的根源在于:里昂惕夫的统计只考虑资本和劳动两种要素投入,而忽略了自然资源。有证据表明,美国出口产品中消耗了大量的自然资源,它们的开采、提炼与加工均投入了大量的资本,如果加入这部分资本投入量,里昂惕夫之谜就不存在了,H-O理论也会同国际贸易实践相吻合。

由于理论界重新审视了H-O理论的立论前提的合理性,并深入思考里昂惕夫统计检验方法的有效性,从而丰富和发展了自由贸易学说。但是也有一些经济学家出于对这个模型的实证研究不能完全令人满意,而把注意力转向了新的研究领域,探索国际贸易新的理论。

六、要素密集逆转说

该学说认为,H-O理论的另一个假定是要素密度不发生逆转,即如果在一种要素价格比率下,一种商品较之另一种商品是资本密集型的,那么,它将在所有的要素价格比率下,都属于资本密集型的。但现实中存在要素密集度逆转的情况。也就是说,生产的某种商品,在劳动力相对丰富的国家中可以是劳动密集型产品,但在资本相对丰富的国家中则又可以是资本密集型产品。例如,美国是世界上最大的粮食出口国之一,但是与泰国相比,美国的粮食生产显然是属于资本密集型的,然而与美国生产的机器制成品相比却又是劳动密集型的。这样,虽然从世界的角度来看美国出口的是资本密集型的商品,但从美国的角度来看其出口的却是劳动密集型的商品。

专栏3-3 三人经济中的新要素

"鲁滨逊"最初一人在一个物产丰富的岛上生存,限于能力,"鲁滨逊"主要依靠果树上的果子生存。数年以后,"鲁滨逊"发现省下果子用作种子,几年后新种果树就可以结出更多的果子。于是,他学会了种果树来获取更多的果子。过了几年,孤岛上来了一位"星期五",他擅长种麦子。"星期五"和"鲁滨逊"共同组成了一个"二人经济体"。两人互相交换果子和麦子,以物换物。又过了一段时间,"银行家"来孤岛寻找贝壳以回内地城市作观赏品出售,但他留在了孤岛,跟"鲁滨逊"和"星期五"学习种果树和小麦。于是"三人经济体"诞生,贝壳开始成为他们交换果子和麦子的一般等价物——货币。"鲁滨逊"和"星期五"都把一定量贝壳存到"银行家"那里。不管存到"银行家"那里的贝壳量有多少,贝壳既不能当果子吃,也不能当麦子吃;既不能当果树种子,也不能作麦苗种子,所以贝壳这种财富计量工具数量的多寡,并不影响"三人经济体"总的生产性资本的存量。

现在设想一种比较复杂的情形:"鲁滨逊"要种麦子,"星期五"要种果子。于是两个人互相购买对方产品的目的,就不仅仅是用来消费,还用来投资(做种子)形成资本。市场交易是良好的,一个贝壳能够买多少果子和麦子的价格,是稳定的。一开始"鲁滨逊"和"星期五"照旧从事各自的生产和交易。

但是,后来"星期五"动了脑筋,发现捡贝壳比种麦子容易。于是他每次放下锄头休息时,顺便捡几个贝壳放到自己的兜里。"鲁滨逊"不懂捡贝壳。两人的行为除了是否捡贝壳外,一如从前。一个生产周期终了的结果是,由于经济体当中的贝壳数量增加了,而且增加部分全部归于"星期五",而"鲁滨逊"没有意识到应改变以往流行的市场价格。结果必然是,"星期五"凭着他在经济体当中占有计量财富工具贝壳的相对比例的提高,而在经济体总的果子和麦子当中占有了更大的相对比例。

这种情况立即被"银行家"发现了。为了防止市场良好交易遭到破坏,避免欺诈行为发生,维持"三人经济体"的正常生产秩序,"银行家"把"鲁滨逊"和"星期五"召集在一起,提出一套新的办法:①贝壳的总数量及其增减由三人共同商量决定,多少贝壳可以交换多少果子和小麦也由大家商量确定;②"银行家"代理"三人经济体"专门管理贝壳,并从事少量的果树和麦子的种植业务。每一个人都在每个贝壳上留下自己的刻印而不被另外两个人知晓,从而防止出现假币;③"银行家"用贝壳向"鲁滨逊"和"星期五"分别购买一定量的果子和小麦,"鲁滨逊"和"星期五"可用从"银行家"那里交换得来的贝壳互相购买对方产品。最后,"鲁滨逊"和"星期五"都接受了"银行家"发明的这个制度。"三人经济体"又恢复了往日的秩序,并走向繁荣。

从上面的故事中可以归纳出几个判断并做出一些分析。

(1)发现和有效利用大自然里原有的资源,取决于人类的能力。"鲁滨逊"原先只能靠天吃饭,此时果子仅仅是消费品,只有在"鲁滨逊"发现果子可以种果树来获取更多的果子之后,果子才开始转化为生产要素(原材料)。人类在原有能力的基础上加强学习、开发知识,就可以使资源变为生产要素。所以,自然资源转化为生产要素,取决于人类知识的增长。

(2)"星期五"在动脑筋后,发现捡贝壳比种麦子容易,并采取了捡贝壳提高货币水平的行为,说明知识是人类的一种重要的生产要素。通过这种行为,"星期五"成功地提高了自己的资产水平。由此可得出一个判断:技术和知识,已成为现代经济的生产要素。

(3)"银行家"为了解决"鲁滨逊""星期五"之间的市场不公行为(这将导致三人经济体系的崩溃,人们会只懂得获取更多的贝壳,而缺乏生存必需的果子和麦子),提出了一个新的制度并得到三人的共同认可。这说明,在一个多方参与的经济体系中,制度也是不可或缺的重要生产要素。而三人给贝壳做记号,事实上使得货币总量和分布信息得到共享,说明信息也是经济体系中不可或缺的重要生产要素。

微课:里昂惕夫之谜及其解释

本章系统介绍了诺贝尔经济学奖得主戈特哈德·贝蒂·俄林及其导师伊·菲·赫克歇尔的要素禀赋理论,并分析了其主要的推论——要素价格均等化定理,揭示了以要素为基础的国际贸易框架。H-O 模型还面临着实证检验的挑战,里昂惕夫之谜是其中的经典例证。H-O 模型框架对现代国际贸易仍然具有重要意义。

要素密集度　要素丰裕度　H-O 模型　要素价格均等化定理　里昂惕夫之谜
人力资本说　研究与开发说　技术差距论　信息要素　管理　决策　要素密集度逆转

一、案例分析

根据以下案例分析其对里昂惕夫之谜进行解释的合理性。

在 H-O 模型的理论假设中,有关贸易条件的假设第一条就是没有运输费用,但对于美国而言,向国外出口产品,大部分都要支付运输费用。由于美国地理位置特殊,东临大西洋,西靠太平洋,无论是向欧洲、非洲,还是向亚洲、大洋洲出口商品,都要经过远洋运输,增加了运输费用,提高了出口商品的成本,而产品的价格却依旧需要根据出口国市场的实际情况随行就市。这就直接导致了出口企业的利润下降。为了解决这个问题,实现利润最大化,美国的各大公司便以跨国公司的形式向国外投资,把工厂直接设到国外,就近销售。这些跨国公司在国外的子公司所生产的产品不计入美国的出口,减少了美国出口产品中资本密集型产品的数量,但计入了美国的国民生产总值,而美国的资本总量并没有减少,从而表现为美国出口资本密集产品不如理论预期的现象。通过以上分析我们可以得出结论,里昂惕夫之谜的出现是第二次世界大战之后特殊环境下所产生的特例,H-O 模型对国际贸易仍然具有指导意义。

二、思考题

1. "中国加入 WTO 会造成工人工资下降,失业增加。"你同意这种观点吗?请阐述。

2. 假设 A 国是个劳动力充裕的国家,以劳动力和土地两种要素生产服装和玉米。服装是劳动密集型产品,玉米是土地密集型产品。

(1) A 国会出口什么产品?

(2) A国国内服装和玉米的价格会发生什么变化?工资和地租发生什么样的变化?

(3) 假设服装和玉米的国际比价不变,突然有大批移民进入A国,对该国的生产、贸易量和福利有什么影响?请简要说明。

3. 美国国会在2000年就是否给与中国永久正常贸易地位一案进行投票表决。此案在美国国内引起了很大的争议,各方都在努力游说。反对该提案的主要是美国的各个工会组织,而支持的多是大公司。为什么?

4. H-O模型中,假设大米是劳动密集型产品,钢铁是资本密集型产品。没有贸易发生以前,英国的大米/钢铁相对价格为4,菲律宾的大米/钢铁的相对价格为0.5。假设两国自由贸易的结果使大米/钢铁相对价格变成2,请用社会无差异曲线说明贸易发生后两国福利的改变,并标出各国的贸易三角。

第四章 保护贸易理论

◎ **学习目的与要求**

本章重点介绍了重商主义的贸易思想及理论学说、幼稚产业保护理论、超保护贸易理论、中心-外围理论以及战略性贸易政策理论。

通过学习本章,学生要了解重商主义产生的历史背景和基本理论;熟悉幼稚产业保护论、中心-外围理论、战略性贸易政策理论的主要观点;掌握幼稚产业保护理论和战略性贸易政策理论的运用。

导　读

中国是世界上最大的钢铁生产国之一，同时也是最大的钢铁出口国之一。然而，近年来，中国钢铁行业面临着严重的出口压力。根据海关数据显示，2018年以来，中国钢铁出口总量呈下降趋势。到2020年，中国钢铁出口量进一步下跌至4 136万吨，同比下降21.1%。实际上，中国钢铁出口频频遭到贸易保护主义的歧视。尤其是自2010年以来，中国钢铁产品遭遇来自多个国家的贸易保护主义调查。据商务部资料，自2010年至今中国钢铁产品总计遭遇来自17个国家和地区发起的204起贸易保护主义调查，其中中国方面胜诉案件36起，败诉168起。其中，影响较大的典型案件如下。一是巴西外贸委员会于2015年12月对中国合金钢铁的进口启动反倾销调查，认定中国为非市场经济国家，以第三国美国判定产品正常价值，经审理裁决后做出反倾销肯定性终裁并征收了为期5年的反倾销税。二是2016年4月美国钢铁公司指控中国部分碳合金钢输美时存在阴谋操纵价格、侵犯商业秘密、原产地虚假标识等不正当贸易行为，向美国国际贸易委员会提出337立案申请，涉案企业达40多家。美国国际贸易委员会多次裁决后判定指控不成立，中国企业在本案中获得了胜利。三是2017年1月澳大利亚反倾销委员会对中国合金圆钢棒的进口启动反倾销立案调查，审理认为进口该产品虽存在倾销行为但未造成实质性损害，做出否定性终裁并终止此次调查。四是2018年8月14日，印度企业Graphite India Limited向印度商工部提出申请，对进口自中国的非钴制高速钢产品进行反倾销调查。印度工商部裁决后认为符合反倾销成立要件，对中国出口商征收了为期5年的反倾销税。到2021年2月1日，印度财政部税收局宣布自2021年2月2日起至2021年9月30日，将暂停对原产于或进口自中国的非钴制高速钢产品(high speed steel of non cobalt grade)征收反倾销税。

资料来源：陈恩静.中国钢铁出口遭受贸易保护主义的特点、影响及应对[J].中国经贸导刊(中)，2020，983(10)：26-28.

管理贸易

第一节　重商主义

一、重商主义产生的历史背景

重商主义理论产生于15—17世纪欧洲资本主义原始积累时期，是资产阶级国际贸易理论的早期理论，马克思称之为对资本主义生产方式的"最早的理论探讨"。重商主义的产生反映了当时的时代特征，重商主义产生有其思想、政治和物质基础。14世纪的文艺复兴活动使人们开始重视自身的物质利益和精神需求，热忱关注对财富的积累，并进而演化为"拜金主义"的社会思潮。随着商人经济实力的加强，人们开始用商人的价值尺度而非牧师的宗教标准来衡量价值观念,这一切为重商主义的产生奠定了思想文化基础。随着商品生产与交换的不断发展,新兴的商人阶级要求清除封建的市场割裂状态和建立中央集权国家,以控制同海外的贸易。这一切都需要借助于国家强大的政治与军事力量的保护。而西欧封建统治王朝为满足王室巨额的生活开支和军事开支,需要从商人阶级那里取得支持。同时,作为新兴的民族国家,他们纷纷提出富国强兵的口号。因此,建立强大的海军,参与海外殖民地的开拓和发展,对外贸易就成了封建国家的首要选择。这样,商人的经济利益和国家的政治利益的结合,使商人阶级获得了崇高的社会地位和政治特权。这为商人的产生奠定了政治基础。15—16 世纪的地理大发展,开辟了海上新航线,新航线的开辟使欧洲商业资产阶级对美洲、欧洲殖民地的掠夺成为可能,大量金银流入对欧洲商人资本的发展起到了巨大的促进作用。正如马克思和恩格斯在《共产党宣言》中所说,"美洲的发现,绕过非洲的航行,给新兴的资产阶级开辟了新的活动场所。东印度和中国市场、美洲的殖民化,对殖民地的贸易、交换手段和一般商品的增加,使商业、航海业和工业空前高涨。"这一切为重商主义的产生奠定了物质基础。

二、重商主义的基本理论

重商主义是指,15~17 世纪,在英法等西欧国家盛行的有关政府对经济进行管制阻止金银外流的学说。其基本思想内容是:①货币就是财富,财富就是货币,他们认为财富和货币是完全统一的;②一国的金银等贵重金属的拥有量是其富裕与否的标志。他们认为一国拥有的黄金和白银越多,其财富的拥有量就越大,因而也就越富有;③对外贸易是财富的源泉。重商主义认为只有对外贸易才能不断增加一国货币量,从而增加国家的财富。因此该理论强调国内的商品生产应服从于对外贸易的需要,国家应通过鼓励工场手工业的发展来促进商品的出口,以增加黄金白银的流入,把黄金白银留在国内。由于重商主义跨越三个世纪,人们一般将其划分为早期重商主义和晚期重商主义。

(一) 早期重商主义

早期重商主义的基本观点是:①货币——金银是唯一的财富,任何商品输入都会使货币流出,减少本国货币拥有量,从而减少本国的财富。因此,一国在对外贸易中应该尽可能多输出而尽可能少输入,最好是不输入,只有这样,一国才能迅速地增加货币,积累财富。因此,重商主义又称为"重金主义"(bullionism);②该理论认为对贸易要进行严格的管制,力争每一笔贸易均保持顺差,从而使金银不流出本国。因此这一理论又被称作"货币差额论"。

早期重商主义的代表人物是英国的威廉·斯塔福(William Stafford),在其所著的《对我国同胞的某些控诉的评述》一书中写道:"外国商人从我们手中廉价地购买羊毛,再将羊毛织品高价卖给我们,以此从我们手中赚得货币就离开我们,一去不复返了。"他还进一步分析逆差对英国的危害性。他认为进口商品是有害的,特别是进口本国能生产的产品。因此,他认为对外贸易要时刻保持顺差,不允许出现一笔贸易逆差,禁止货币出口。

(二) 晚期重商主义

按照早期重商主义的观点,各国都限制金银的外流,其结果只能是窒息了贸易,阻碍了金银的流入。因此,按照这种理论逻辑,早期重商主义陷入了"理论困境"。重商主义在实践中逐步认识到货币只有在流通中才能增值,他们开始明白,一动不动地放在钱柜里的资本是死的,而流通中的资本会不断增值……人们开始把自己的金币当作诱鸟放出去,以便把别人的金币引回来。于是,早期重商主义发展进入了晚期重商主义,即重商主义从货币差额论发展成为贸易差额论。

晚期重商主义的基本思想从其主要代表人物托马斯·孟(Thomas Mun)的代表作《英国得自对外贸易的财富》一书中可以看出。托马斯·孟认为增加英国财富的手段就是发展对外贸易,但必须遵循一个原则,即每年卖给外国人的东西要比我们消费的多,但不要求对每一个国家的贸易都保持顺差。他反对早期重商主义者禁止金银输出的思想,他把货币与商品联系起来,指出"货币产生贸易,贸易增多货币。"①只有输出货币,才能输入更多的货币。为了保证有利的贸易顺差,托马斯·孟主张扩大出口,减少外国制品的进口,反对英国居民消费英国能够生产的外国产品。他还主张发展加工工业和转口贸易。因此,人们又称之为贸易差额论。马克思对托马斯·孟的代表作深为欣赏,称之为重商主义的"圣经"。

此外,晚期重商主义认为,为保证国内出口产品有充裕的货源供应,政府应当鼓励原料和半成品的进口,对出口工业的发展给予税收等方面的优惠。加强工人技术培训,鼓励外国优秀的技工移民本国。因此,人们又称晚期重商主义为重工主义。

> **专栏4-1 托马斯·孟**
>
> 托马斯·孟(1571—1641),出生于伦敦的一个商人家庭,早年从商,成为英国的大商业资本家、政府贸易委员、东印度公司的董事。同时,也是英国晚期重商主义的代表人物,英国贸易差额说的主要倡导者。
>
> 托马斯·孟的重商主义理论及税收思想集中表现在《英国得自对外贸易的财富》一书之中,该书不仅成为英国,而且成为一切实行重商主义政策的国家在政治、经济等方面的基本准则。16世纪,早期重商主义者禁止金银货币输出的政策仍在英国占支配地位,他们在17世纪初猛烈抨击东印度公司在对外贸易中大量输出金银的做法。为了反驳这种责难,1621年,托马斯·孟发表了《论英国与东印度的贸易——答对这项贸易常见的各种反对意见》一书,论述东印度公司输出金银买进东印度地区的商品,再转卖到别国去,所换回的金银远比运出的多得多。这表明托马斯·孟已摆脱禁止金银输出的旧思想。1630年,托马斯·孟把该书改写为《英国得自对外贸易的财富》,在这一著作中阐述了他的基本思想:要求取消禁止货币输出的法令,重要的不是在于把货币保藏起来,而在于把货币投入有利可图的对外贸

---

① 托马斯·孟:《英国得自对外贸易的财富》,中译本,商务印书馆,1965年,第16页。

易中去,只要在对外贸易中争取出超,就可以带来更多的货币,从而使英国致富。

"货币产生贸易,贸易增多货币",这就是托马斯·孟的信条。他的观点反映了英国资本原始积累时期商业资本的利益和要求。为了扩大出口,作为晚期重商主义代表的托马斯·孟已关注商品生产的发展,从而为英国古典政治经济学从流通领域转向对生产领域的研究作了思想准备。亚当·斯密在他的《国民财富的性质和原因的研究》一书中,曾称这一著作"不仅成为英格兰而且成为其他一切商业国家的政治经济学的基本准则"。马克思称赞该书"在一百年之内,一直是重商主义的福音书。因此,如果说重商主义具有一部划时代的著作,那么这就是托马斯·孟的著作"。(《马克思恩格斯全集》第20卷,第253页)

资料来源:王玉芬.从重商主义到马克思—剩余价值发现的历史进程[M].北京:北京大学出版社,2002.

三、对重商主义的评价

重商主义理论在历史上曾起过进步作用,它对当时欧洲各国制定外贸政策起到了指导作用,促进了资本的原始积累,推动了资本主义生产方式的建立和发展。同时,该理论提供了国家干预经济的理论依据,开启了政府干预经济的理论先河。

(1) 重商主义推动了西欧封建制度的瓦解与资本主义制度的确立。在重商主义产生以前,西欧的经济思想主要沉迷于重农抑商的漩涡当中,经济思想倾向于拥护自然经济,贬低商品经济,重视农业,轻视手工业。这样的思想在很长一段时间内几乎成了整个世界经济思想的一个魔咒。重商主义冲破了封建思想的束缚,促进了资本原始积累,加快了资本主义生产方式的建立和发展。

(2) 重商主义和保护贸易政策能够保证经济繁荣和扩大就业,对推动经济增长起到了一定的作用。重商主义对凯恩斯理论模型具有很大的启发意义,重商主义和凯恩斯主义都主张国家干预经济。因此,凯恩斯给予重商主义高度的评价,认为重商主义主张追求贸易顺差是其最高智慧的结晶。著名的经济学家熊彼特认为,重商主义理论中不仅蕴含了现代西方全部重要经济思想的内容,而且是远比亚当·斯密的学说更为深刻而重要的一种经济学说。而且他认为就经济分析而言,重商主义与自由主义之间并没有一道明显的沟壑,存在沟壑的原因是重商主义没有为古典经济学家,尤其是亚当·斯密所理解。

当然,由于商业资产阶级的历史局限性和国际贸易实践的限制,重商主义对外贸易的理论学说还有很多的缺陷和不足。

(1) 对货币和财富的错误认识导致其对国际贸易的错误理解,认为国际贸易是一种零和博弈,这一错误观点后来遭到古典经济学派的猛烈抨击。亚当·斯密和大卫·李嘉图等学者认为自由贸易可以实现双赢,对重商主义持否定态度。

(2) 该理论只考虑流通领域而忽视生产领域,因而是不科学的。重商主义对社会经济现象的探索只局限于流通领域,而未深入到生产领域,因而其经济理论是不完整的。

第二节 幼稚产业保护理论

一、幼稚产业保护理论的历史背景

18世纪中叶,英国的产业革命使其成为"世界工厂",并逐步推行自由贸易政策。但此时美国刚刚取得独立和统一,德国结束了其封建割据的状态,开始工业化进程。19世纪初,虽然美国的农业、工业,德国的纺织、采矿、冶金、机械制造业等都有所发展,但与当时英国相比,美、德的工业比较幼稚,生产力发展还较落后,尤其是畅销于全球的英国廉价工业品给美、德工业带来了较大的冲击。因此,美国和德国于19世纪先后实行了严厉的保护贸易政策,使本国工业在英国等欧洲先进工业国的强大压力下得以生存并获得发展。

美国经济学家汉密尔顿和德国经济学家李斯特正是在这种条件下,代表各自工业资产阶级利益,提出了保护幼稚工业理论,他们是保护贸易理论的主要代表人物。

二、汉密尔顿的幼稚产业保护理论

汉密尔顿是美国开国元勋,第一任财政部长。1776年7月4日,美利坚合众国宣布独立,但独立以后经济遭到了严重的破坏,呈现一片萧条的景象。在经济上,美国仍严重依赖英国,传统的贸易往来,使美国南方的种植园得以发展,但美国北方工业的发展却困难重重。当时摆在美国人面前的只有两条路:一条是实行英国人倡导的自由贸易政策,继续向英、法等国出售农产品,而向这些国家进口工业品以满足国内市场的需求;另一条是实行保护贸易政策,独立自主地发展本国工业。在此情况下,汉密尔顿于1791年向国会递交了《关于制造业的报告》(*Report on Manufacture*),报告中明确地表达了他的关税保护思想。他认为美国工业起步晚,基础薄弱,技术落后,生产成本高,难以和经济起步较早的英、法、荷等国进行自由竞争。因此,美国必须执行贸易保护政策。他主张用征收关税的办法来鼓励本国幼稚工业发展,但他并不主张对一切进口商品征收高关税或禁止进口,而只是对本国能生产的但竞争力弱的进口商品实施严厉的限制政策。他认为发展本国工业作用巨大:可以提高机械化水平,促进社会分工;增加就业机会;吸引外国移民;提高自我消化农产品的能力,保证农产品的销路,稳定生活必需品的供给等。因此,制造业的发展对美国利益关系重大。

为此,汉密尔顿主张政府干预应当加强,应该实行保护关税政策来保护本国新兴的工业。具体措施如下:第一,向私营工业发放贷款,扶持私营工业发展;第二,实行保护关税制度,保护国内新兴工业;第三,限制重要原料出口,免税进口本国急需原料;第四,给各类工业发放奖励金,并为必需品工业发放津贴;第五,限制改良机器及其他先进生产设备输出;第六,建立联邦检查制度,保证和提高工业品质量;第七,吸引外国资金,以满足国内工业发展需要;第八,鼓励移民迁入,以增加国内劳动力供给。

汉密尔顿的保护贸易主张使得美国民族工业得以顺利发展。19世纪初，美国开始工业革命，为抵御英国工业品的竞争，扶植国内工业的发展，美国不断提高关税，1816年的关税率为7.5%～30%，1824年的平均税率提高到40%，1825年又提高到45%。保护关税政策使美国工业得以避免外国竞争而得到巨大发展，使美国经济很快赶上英国。19世纪80年代，美国工业产值位居世界首位，1900年美国在世界对外贸易总额中仅次于英国，位于世界第二位。

尽管汉密尔顿的保护幼稚产业理论不成系统，但它毕竟为落后国家与先进国家相抗衡提供了理论依据。从实践上看，汉密尔顿的主张对当时美国经济发展产生了重大而深远的影响，具有历史进步意义。时至今日，其思想对广大发展中国家仍具有一定的指导作用。

专栏4-2 汉密尔顿三大报告的思想财富

当代历史学家对美国第一任财政部长汉密尔顿的评价越来越高，认为他不仅成就了早期美国经济，现代美国的成功也几乎可以追溯到他当年对美国的政策设计。尽管对他的看法仍然存在争议，但他在任期间提出的财政金融政策和工业化政策，确立了美国经济的发展方向，其思想也深远地影响着后起的工业化国家。

汉密尔顿在34岁时就任美国第一任财政部长。他强调政府在市场中的重要作用，积极鼓励和扶持资本市场的发展。他的思想精髓集中体现在他的三个报告中：《关于公共信用的报告》《关于国家银行的报告》《关于制造业的报告》。

美国建国初期，国内外债台高筑，政府信用岌岌可危。汉密尔顿认为，一个国家最重要的借贷基础在于建立良好的信用。1790年，汉密尔顿向国会呈交了《关于公共信用的报告》，并获通过。该报告的目标是通过政府展示偿债的决心，让国内外资本家信任联邦政府，从而吸引新的投资，同时通过承担州债来削弱州权，加强联邦政府的权威，使国内投资者摆脱狭隘的地方观念，把自身的前途和联邦政府的命运紧密结合在一起。

汉密尔顿对新政府的经济计划没有停留在融资国债和承担各州的战时债务上。他认为美国资本主义模式的正常运行还缺乏两个基本条件：一种适当的流通媒介和一个国家银行。于是，1790年12月，汉密尔顿向国会提交《关于国家银行的报告》，提出建立一家名为美国银行的公司来弥补这两种缺陷。关于国家银行的思想，体现了他一贯倡导的原则，即国家银行应建立在政府与私人联合信用的基础上，政府执行监督权，而实际的经营管理则委托给代表私人股东利益的董事们。这一模式是现代中央银行的雏形。事实证明，国家银行成立后，不仅活跃了市场经济，也使联邦政府成为最大的受益者。

在汉密尔顿看来，这些举措远远不够，美国要强大还必须具备自主发展的能力。经过精心准备，1791年12月5日，他向国会呈交了起草最长的、最复杂的一份政府文件《关于制造业的报告》，提出发展制造业的计划。建国初期，美国90%

以上的人口从事农业。汉密尔顿从世界范围来考虑,认为美国要在日益有限的资本主义世界体系里生存,就必须建立完整的国民经济体系,而一个国家的富足、独立和安全都是极大地与制造业的繁荣联系在一起的。另外,汉密尔顿希望利用制造业将当时美国的南北经济联系在一起,为南北政治联盟、国家统一创造条件。美国建国后的经济发展总体上是按照汉密尔顿的思想方向演进的。

汉密尔顿的三个报告体现出他始终将国家富强、政治统一贯穿在他的实践中。对他的思想进行梳理我们可以提炼出许多宝贵的思想财富。比如,在一个国家处于追赶发展阶段时,加强中央政府的权威和调控作用有利于国家的整体利益;经济统一是政治统一的基础,并为政治统一创造条件等。这些思想远远超越了他的同时代人,他的经济政策实际上构成了美国社会经济史上的一场深刻变革。

资料来源:盛宏清.汉密尔顿三大报告的思想财富[N/OL].浙江日报,(2006-09-11)[2024-03-25] https://zjrb.zjol.com.cn/html/2006/09/11/content_163405.htm.

三、李斯特的幼稚产业保护理论

李斯特是德国历史学派经济学家,幼稚产业保护理论的创始人。他本人虽未受过高等教育,但聪颖好学,于1817年任德国都平根(Tubingen)大学教授。李斯特所处的时代,德国市场受到了来自英、法等国工业品的严重冲击,同时,德国国内高额关税严重阻碍了本国商品的流通和国内统一市场的形成。为推动德国统一市场的形成,扫除德国发展资本主义道路的各种障碍,李斯特积极参与了新兴工业资产阶级组织的取消国内各邦之间关税和建立统一关税的活动,因而触犯了德国政府当局,1825年被迫移居美国。李斯特到美国后,亲眼见到美国实施保护贸易政策的成效,深受汉密尔顿保护贸易思想的影响,回国后尽力宣传其思想观点,并于1841年出版了《政治经济学的国民体系》一书。书中李斯特批判了古典贸易理论,全面论述了幼稚产业保护的思想。尽管其思想启蒙于汉密尔顿,但远比汉密尔顿的思想深刻和系统,故后人称李斯特为贸易保护理论的鼻祖,其代表作《政治经济学的国民体系》一书被公认为幼稚产业保护理论的经典著作。其基本内容如下。

(一)批评古典贸易理论忽视了各国历史和经济上的特点,提出了经济发展阶段论

李斯特认为按照比较成本理论形成的国际分工,是一种不考虑各国性质和各自特有利益的世界主义经济学,不利于各国参与自由竞争,因而是错误的。对于现实世界经济来说,自由贸易的经济基础并不具备,因为各国处于不同的经济发展阶段。李斯特根据国民经济的发展状况,认为各国经济的发展都必须经过以下五个阶段,即"原始未开化时期、畜牧时期、农业时期、农工业时期、农工商业时期。"① 处于不同经济发展阶段,各国采取的贸易政策也应不同;处于农业阶段的国家应实行自由贸易政

---

① 李斯特:《政治经济学的国民体系》,北京:商务印书馆,1979年,第116页。

策,使未开化的农业国尽早地摆脱经济的落后和文化的停滞;处于农工业阶段的国家,由于本国已有工业发展,但并没有发展到能与国外产品相竞争的地步,"要使工业、海运业、国外贸易获得真正大规模发展,就只有依靠国家力量的干预,才能实现"。① 因此,必须实施保护贸易政策;处于农工商业阶段的国家,由于国内工业产品已具备国际竞争力,国外产品的竞争威胁已不存在,所以应该实行自由贸易政策。李斯特认为当时的英国已处于农工商业时期,法国处于农工业与农工商业时期,德国与美国处于农工业时期,葡萄牙与西班牙处于农业时期,盲目推行自由贸易,只能产生英国统治世界经济的格局。因此,李斯特根据其经济发展阶段论,主张当时的德国应实行保护工业政策。

（二）批评大卫·李嘉图的比较优势理论,提出发展生产力论

李斯特认为,根据大卫·李嘉图的比较优势理论,向外国购买廉价的商品,表面上看起来是要合理一些。即德国可以获得短期的贸易利益,即财富,但是这样做的结果,德国的工业就不可能得到发展,而会长期处于落后和从属于外国的地位,即德国社会丧失长期保持与创造物质财富的能力。他认为,对于一个国家、一个民族经济发展而言,财富的生产力至关重要,"财富的生产力比之财富本身,不晓得要重要多少倍"。② 因此,德国应采取保护关税政策,虽然一开始会使工业品的价格提高,但经过一段时期,德国工业得到充分发展,生产力将会提高,商品生产费用将会下跌,商品价格甚至会低于外国进口的商品价格。

（三）批判古典贸易理论的"自由放任",提出国家干预论

与英国自由贸易理论家相反,李斯特则把国家比喻为国民生活中如慈父般的有力指导者,"不论何处,不论何时,国家的福利同人民的智力、道德与勤奋总是成正比例的,财富就随着这些因素而增进或减退"。③ 他认为,要想发展生产力,必须借助国家的力量。他形象地以风力和人力在森林成长中的作用比喻国家在经济发展中的重要作用。他说:"经验告诉我们,风力会把种子从这个地方带到那个地方,因此荒芜原野会变成稠密森林;但是要培养森林因此就静等着风力作用,让它在若干世纪的过程中来完成这样的转变,世界上岂有这样愚蠢的办法吗? 如果一个植林者选择树秧,主动栽培,在几十年内达到了同样的目的,这不算是一个可取的办法吗? 历史告诉我们,有许多国家,就是由于采取了那个植林者的办法,胜利实现了他们的目的。"④由此可见,不能听任市场机制的随机作用,而应当借助国家主动而合理的政策调控。

（四）保护对象的选择

李斯特认为,保护幼稚产业不是盲目保护一切产业,而是理性保护那些能增加国家物质财富,创造国民精神的产业。在他看来,工业具备这种能力,从经济角度来说,工业的优先发展,不仅创造了机器设备的制造力和物质资源的利用力,而且扩大了农产品的销售市场,为国家提供了巨大的财政收入;从文化角度来说,工业的发展,可以革除农业

---

① 李斯特:《政治经济学的国民体系》,北京:商务印书馆,1979年,第155页。
② 李斯特:《政治经济学的国民体系》,北京:商务印书馆,1979年,第116页。
③ 李斯特:《政治经济学的国民体系》,北京:商务印书馆,1979年,第98页。
④ 李斯特:《政治经济学的国民体系》,北京:商务印书馆,1979年,第100、101页。

国怠惰、散漫、不畏进取的国民陋习,培养人民勤勉劳作,积极创新,大胆探索的时代精神。正是因为工业所具有的物质创造功能和文化变革功能,"一切现代化国家的伟大政治家,几乎没有一个例外,都认识到工业对于国家的财富、文化和力量的重大意义,有加以保护的必要"。[①] 李斯特提出选择保护对象应具备一些条件:①一国工业虽然幼稚,但没有强有力的竞争者时,不需要保护;②只有刚刚开始发展且有强有力的外国竞争者的幼稚产业才需要保护,即面临其他国家强有力的竞争而又无法与之相抗衡的新兴工业,否则不需保护。李斯特认为保护时间最高期限为 30 年,也就是说,保护贸易不是保护落后和低效率。

(五)保护幼稚工业的具体原则和措施

李斯特提出"对某些工业可以实行禁止输入,或规定的税率事实上等于全部、或至少部分地禁止输入"。[②] 其具体原则和措施是:第一,保护的目的是为促进和保护国内民族工业生产力的发展;第二,保护的主要手段是禁止进口和征收高额进口关税;第三,保护的程度应视不同的情况给予不同程度的保护。有些国内急需发展的产品,用高税率禁止或大量限制同类产品的进口,而对那些比较贵重和精细的,国内生产比较困难的物品,税率应适当低一些。李斯特的保护幼稚工业理论不仅对德国资本主义的发展起到了极大的促进作用,而且对于当今发展中国家如何发展国内工业,提高国际竞争能力也提供了一些有益的借鉴。

四、对幼稚产业保护理论的评价

无论是汉密尔顿还是李斯特,其幼稚产业保护理论都促进了各自国家的经济发展,使美、德两国缩短了与英、法等西欧国家的差距。该理论的积极意义在于:①幼稚产业保护理论认为国家生产力水平直接关系到国家的兴衰存亡,而建立高度发达的工业又是提高生产力的关键,因而有必要对国内处于发展中的、有前途的、但又面临国外强有力竞争的产业部门采取适当的保护;②幼稚产业保护理论把经济发展看作一个规律性的历史过程来研究,强调国际贸易中国家、民族的长远利益,强调各国应根据各自国家的国情和经济发展水平选择对外贸易政策,该理论对经济不发达国家具有重大参考价值;③幼稚产业保护理论强调保护的有选择性和过渡性,强调贸易保护是达到发展工业、发展生产力的手段,而不是目的,认为随着生产力水平的提高将逐步降低保护,最终走向自由贸易;④ 从实践来看,幼稚产业保护理论对美国、德国当时经济政策的形成产生了重大影响,也为美、德两国资本主义经济的发展起到了巨大促进作用,从而使得美、德两国的工业得以生存并迅速发展,赶超世界先进国家。

当然,幼稚产业保护理论也存在许多缺陷,主要表现在:①对生产力这个概念的理解比较含糊,对影响生产力发展的各种因素的分析也很混乱;②以经济部门作为划分经济发展阶段的基础是错误的,它扭曲了社会经济发展的真实过程;③保护对象的选择缺乏客观具体的标准。

---

① 李斯特:《政治经济学的国民体系》,北京:商务印书馆,1979 年,第 131 页。
② 李斯特:《政治经济学的国民体系》,北京:商务印书馆,1979 年,第 101 页。

日本经济学家小岛清认为：一国应依据要素禀赋比率和比较成本的动态变化来确定其经济发展中应当予以保护的幼稚产业。为此，他提出了三个条件：①潜在资源的利用标准，即如果贸易保护政策能促使该国创造出利用潜在资源的国内市场等条件，从而带动整个经济增长，那么，该保护政策是可取的；②保护幼稚产业，要有利于国民经济产业结构的动态变动调整，保护以后，该产业要能有利于国民经济结构的动态转变；③保护幼稚产业，要有利于要素使用效率的改善，即新兴产业可否快速实现技术进步，从而导致比较优势转型。

从李斯特的保护幼稚工业学说分析中，我们可以清楚地看出，发展中国家应如何利用保护幼稚产业的契机进行产业结构转换，改变与发达国家不利的竞争局面，进而取得国际竞争的相对优势。

专栏4-3 幼稚产业保护与"李斯特陷阱"

19世纪中叶，当英国工业化的车轮正滚滚向前时，德国仍然是一个农业国家。与英国主张的自由贸易不同，德国经济学家李斯特在1841年出版的《政治经济学的国民体系》一书，系统地提出了保护幼稚工业的贸易理论。他的基本理念是，当处于初步发展阶段的国内产业无法与成熟的国外产业竞争时，可以通过征收进口关税对国内产业实施保护，给予其充分的时间成长，直至其具备和国外产业相匹敌的竞争力之后，就可以取消保护。李斯特的理论在世界范围内产生了广泛的影响，不仅影响了19世纪的德国和美国，也影响了20世纪的日本，它们都是通过幼稚产业保护走出了一条成功的工业化道路。韩国等国家在其汽车、电子等产业发展的初期，也采取了各种保护措施，使新兴产业顺利渡过幼稚期。因此，李斯特的理论一直被经济落后国家广泛引用，成为他们保护本国工业的主要依据。

然而，幼稚产业保护在不同国家、不同产业间的成效差异非常明显。俾斯麦政府和日本通产省的幼稚产业保护政策取得了很大的成功，而韩国朴正熙政府于1973年开始推行的汽车和电子产业扶持政策则取得了"有限的成功"。而俾斯麦时代的中东欧国家以及第二次世界大战后的其他发展中国家在试图推行同样的政策时，却多数深陷"李斯特陷阱"（List Trap）——受保护的产业缺乏自生能力，导致整个经济体腐败滋生、效率低下，经济增长长期受阻。许多国别研究和产业研究表明，并非所有国家和产业都因受保护而得到预期的发展。对第三世界受保护工业的调查发现，受保护工业的发展速度远不及未受保护工业的发展速度，而保护国政府为此付出的代价则远远大于由此而节约的外汇。

那么，是什么原因导致幼稚产业保护政策在不同国家、不同产业中的成效差异如此之大？通过国内外文献的梳理，大致有以下几种观点可以解释"李斯特陷阱"的产生。①要素禀赋结构论。该理论认为一个经济体的要素禀赋结构会决定该经济体在特定时点其最具竞争力的技术和产业。后发国家在其要素禀赋结构还未升级时就选择了相对超前的幼稚产业,导致"李斯特陷阱"的出现。②瞄准误差论。由于李斯特幼稚产业保护论中关于幼稚产业的选择标准过于久远,WTO组织制度的完善以及信息化进程的加快,政府容易在幼稚产业的遴选过程中出现错误,进而导致"李斯特陷阱"的出现。③市场失灵论。该理论认为,深陷"李斯特陷阱"的国家和地区普遍存在信息不对称、外部性、垄断等可能导致市场失灵的产业部门。因此,政府对幼稚产业发展的干预是必要的。但是,受保护的企业往往会夸大来自国外市场的威胁和政策性负担所造成的损失,要求获得更多政府支持,企业的预算约束会因此变得松弛。这可能导致企业管理者追求更多的道德风险行为,进而提高整个经济运行的成本。④现代化抱负论。该理论指出陷入"李斯特陷阱"的国家普遍具有民族主义和现代化思潮盛行的特点。这些国家大多在付出沉重代价的情况下才能摆脱帝国主义列强的殖民统治。因此,对于每个发展中国家的政府和政治精英而言,其首要任务就是在百废待兴的情况下独立自主地发展本国经济,并将优先发展先进的大型重工业作为现代化的前提。因此,在"现代化抱负论"的影响下,这类发展中国家很容易陷入"忽视比较优势""大而全,小而全"的产业怪圈,甚至出现国民经济向部分行业严重倾斜的现象。

资料来源:覃成林,李超.幼稚产业保护与"李斯特陷阱":一个文献述评[J].国外社会科学,2013,295(1):90-98.

克鲁格曼-鲍尔温博弈模型

第三节 超保护贸易理论

一、凯恩斯的超保护贸易理论

约翰·梅纳德·凯恩斯(John Maynard Keynes)是20世纪英国最著名的经济学家,是凯恩斯主义的创始人,也是超保护贸易理论(Super-Protective Theory)的代表人物。凯恩斯一生著作甚丰,其中影响最大的是于1936年出版的《就业、利息和货币通论》(The General Theory of Employment, Interest and Money)。与其前辈大卫·李嘉图、戈特哈德·贝蒂·俄林等人一样,凯恩斯是一位集经商、从政与治学于一身的成功的经济学家。他早年曾在英国皇家学院任教,曾任英国内阁财政经济顾问委员会主席,1944年,他率领英国代表团参加了在美国布雷顿森林城召开的国际金融货币会议。尽管凯恩斯没有一本全面系统地论述国际贸易的专门著作,但他和他的追随者有关国际贸易方面的论述却为超保护贸易提供了重要的理论依据。

(一)凯恩斯超保护贸易理论产生的历史背景

1929—1933年,资本主义社会爆发了世界性的经济危机。整个资本主义世界经济增长下降,失业不断增加,面对这一局势,资本主义国家所实行的自由放任政策显得无能为力。此时,各国政府开始直接干预经济,力图扩大出口,限制进口,以缓和国内危机,保护其在国际市场上的竞争力。在当时情况下,资产阶级也迫切需要为其政策措施提供理论依据。凯恩斯正是在这样的情况下，顺应历史的需要，创立了凯恩斯主义。后来，其追随者又充实和发展了凯恩斯关于贸易方面的有关观点，从宏观角度论证了对外贸易差额对国内经济的影响，主张国家干预经济，实行奖出限入的政策，最终形成了凯恩斯主义的贸易保护理论。

（二）凯恩斯超保护贸易理论的基本内容

1. 对古典自由贸易理论的批评

20世纪30年代的经济大危机，使凯恩斯从一个坚定的自由贸易论者转变为保护贸易论者，他认为自由贸易理论过时了。首先，大量失业的存在已无法满足自由贸易论"充分就业"的前提条件；其次，他认为，古典自由贸易论者虽然以"国际收支自动调节说"来说明贸易顺、逆差最终均衡的过程，但忽略了在调节过程中，对一国国民收入和就业所产生影响的分析。凯恩斯认为应当仔细分析贸易顺差与逆差对国民收入和就业的作用，他认为贸易逆差会减少国民收入，加重失业。因此，凯恩斯极力鼓吹贸易顺差，反对逆差，积极主张国家干预经济，以促进国内经济发展。

2. 对外贸易乘数理论

对外贸易乘数理论(Theory of Foreign Trade Multiplier)是凯恩斯投资乘数理论在对外贸易方面的应用。为说明投资与国民收入与就业之间的关系，凯恩斯提出了投资乘数理论。凯恩斯认为一国投资量的变动（增加或减少）与国民收入的变动之间客观存在一种依存关系，这种关系被称为投资乘数或倍数。他认为投资而引发的国民收入变动往往几倍于投资量的变动，其倍数的大小取决于该国的边际消费倾向。假设投资乘数用 K 来表示，边际消费倾向用 MPC 来表示，则其计算公式为：

$$K = \frac{1}{1-MPC}$$

从上式可以看出，边际消费倾向 MPC 与乘数 K 成正比，MPC 越大，则 K 越大；MPC 越小，则 K 越小。当边际消费倾向为0时，乘数为1；当边际消费倾向为1时，乘数趋向于 $+\infty$。

在国内投资乘数理论的基础上，凯恩斯的追随者马克卢普(Machlup)和哈罗德(Harrod)等人将凯恩斯的投资乘数引用到对外贸易，创立了对外贸易乘数原理。他们认为当本国投资生产的产品出口时，从国外得到了货币收入，首先会使出口商品的生产部门收入增加，消费也随着增加，对生产资料和生活资料的需求也相应增加，从而也必然引起其他产业部门生产的增加、就业的增加、收入的增加。如此反复下去，国民收入的增加量将是出口增加量的若干倍。相反，当从国外进口商品服务时，使本国货币外流，造成收入下降，消费也随着减少，从而会造成投资、生产不景气。所以，只有当贸易出现顺差时，对外贸易才能使本国的就业和国民收入增加，这就是凯恩斯主义对外贸易乘数理论的基本内容。凯恩斯主义的对外贸易乘数分析为超保护贸易政策提供了理论根据。

那么，在开放经济条件下，如何计算对外贸易顺差对国内就业和国民收入的影响呢？凯恩斯主义追随者们给出了计算公式。

假设 ΔY 代表该国国民收入的增加额，ΔI 代表投资增加额，ΔM 代表进口增加额，ΔX 代表出口增加额，K 代表对外贸易乘数，则贸易顺差对国民收入增加的公式为：

$$\Delta Y = [\Delta I + (\Delta X - \Delta M)] \times K$$

其中

$$K = \frac{1}{1 - \text{边际消费倾向} + \text{边际进口倾向}}$$

从上式中我们可以看出，边际进口倾向越小，边际消费倾向越大，对外贸易乘数 K 越大，等量出口推动国民收入增加量就越大；反之，则越小。当 ΔI 与 K 一定时，贸易顺差越大，则 ΔY 增加越大；反之，ΔY 会下降。因此，为创造充分就业，增加有效需求，一国应尽量扩大出口，减少进口。

（三）对凯恩斯超保护贸易理论的评价

凯恩斯超保护贸易理论与传统的保护贸易理论有本质的区别。传统的保护贸易理论的保护对象是国内幼稚工业，而超保护贸易理论保护的是高度发展的资本主义工业。具体来说，凯恩斯的超保护贸易理论的积极作用如下：①凯恩斯主义的超保护贸易理论为发达国家如何通过实施保护贸易政策，实现国内充分就业，提高国民收入水平提供了理论依据，它客观上对发达资本主义国家的对外贸易和经济发展起到了十分重要的促进作用；②凯恩斯主义的对外贸易乘数理论揭示了一国对外贸易与其宏观经济之间的相互依存关系，在一定程度上指出了对外贸易与国民经济发展之间的规律性。

当然，凯恩斯超保护贸易理论也存在明显的不足：①该理论没有考虑到国家之间贸易政策的连锁反应，一国的奖出限入势必会招致其他贸易伙伴国的报复，从长期来看，会对国民经济与贸易产生严重的负面效果；②在运用乘数理论做短期均衡分析时，该理论没有考虑到时间因素；③该理论忽视了外贸漏出效应，如果新投资引起的收入增加，若用于购买进口货便不能产生连锁反应了。大量存货的存在也会影响新投资发生的连锁反应。

专栏 4-4　约翰·梅纳德·凯恩斯

约翰·梅纳德·凯恩斯（1883—1946），英国经济学家，现代经济学最有影响的经济学家之一。他创立的宏观经济学与弗洛伊德所创的精神分析法和爱因斯坦发现的相对论一起并称为 20 世纪人类知识界的三大革命。1936 年，其代表作《就业、利息和货币通论》（简称《通论》）出版，凯恩斯另外两部重要的经济理论著作是《论货币改革》和《货币论》。

凯恩斯生于英格兰的剑桥，14 岁以奖学金入伊顿公学（Eton College）主修数学。毕业后，以数学及古典文学奖学金入学剑桥大学国王学院。1905 年毕业，获剑桥文学硕士学位。1908—1915 年，在剑桥任经济学讲师。此后，在财政部、剑桥大学和全国互助人寿保险公司等工作或任职。1944 年 7 月，率英国政府代表团出席布雷顿森林会议，并成为国际货币基金组织和国际复兴与开发银行（世界银行）

的英国理事,在1946年3月召开的这两个组织的第一次会议上,当选为世界银行第一任总裁。1946年4月21日,因心脏病突发在索塞克斯(Sussex)家中逝世。因其深厚学术造诣,曾长期担任《经济学杂志》主编和英国皇家经济学会会长,1929年被选为英国科学院院士,1942年晋封为勋爵,1946年剑桥大学授予其科学博士学位。

凯恩斯原是一个自由贸易论者,直至20世纪20年代末仍信奉传统的自由贸易理论,认为保护主义对于国内的经济繁荣与就业增长不利。甚至1929年同瑞典经济学家戈特哈德·贝蒂·俄林就德国赔款问题论战时,还坚持国际收支差额会通过国内外物价水平的变动,自动恢复平衡。

1936年其代表作《通论》出版时,凯恩斯一反过去的立场,转而强调贸易差额对国民收入的影响,相信保护政策如能带来贸易顺差,必将有利于提高投资水平和扩大就业,最终导致经济繁荣。凯恩斯认为,传统贸易理论以各项生产要素,包括劳动力已经充分就业为前提。但现实生活中并不存在这一前提,却经常存在大量非自愿失业,如果一国按照传统理论自由贸易,虽可从事有比较优势部门的专业化生产,取得某些分工利益,但放弃或缩小比较优势劣势部门的生产,失业将更趋严重。故凯恩斯认为传统贸易理论不适用于现代资本主义。相反,凯恩斯赞成贸易顺差,并重新推崇起重商主义,认为重商主义学说里含有合理的成分。同时,他也承认实行重商主义所能取得的好处仅限一国,不会泽及全世界。

二、其他超保护贸易理论

(一) 改善国际收支论

持有这一观点的贸易保护主义者认为,通过贸易保护来减少进口,减少本国的外汇支出,而扩大出口可以增加本国的外汇储备。外汇收支的增减结果就可以使本国的国际收支状况得到改善。对于一个国家来说,保持国际收支的基本平衡是必要的,但如果任意使用贸易保护的做法来改善国际收支甚至片面追求贸易顺差,必然会遭到有关国家的报复和制裁。以改善国际收支作为贸易保护的依据,在发展中国家较为普遍,分析其原因,主要是发展中国家大多产品缺乏竞争力。近年来,亚洲国家外贸普遍出超,美国因此与该地区国家产生贸易摩擦也越来越多。例如,美日之间的贸易摩擦此起彼伏,中美贸易关系不时出现麻烦。因此,从长期来看,通过提高出口行业劳动生产率,降低出口产品成本、提高出口产品质量、优化出口商品结构等措施来提高该国的国际竞争力而获贸易出超,是改善国际收支的关键所在。

(二) 改善贸易条件论

贸易保护主义者认为,增加关税等贸易保护措施可以改善贸易条件,因为在一定条件下通过对进口商品征收关税或限制进口可以压低进口商品的价格,而贸易条件是出口商品与进口商品的价格之比,因而进口商品价格的降低可以改善进口商品的贸易条件。但实现这一目标要满足以下条件:①该国必须是贸易大国,即它对某一商品的进口需求量占该商品世界出口量相当大的比重,否则,无论如何限制进口,也不会影响国际市场价格;②出口国该种商品供应存在刚性,即无论价格如何变化,出口量都难以作大幅度调整;③进口国通过贸易保护来改善贸易条件必定以出口国不采取同样的贸易保护为前提。如果出口国采取同样的贸易保护措施,那么该进口国的贸易条件将因为进口价格和出口价格变动的相互抵消而得不到改善,甚至还可能出现恶化。

(三) 夕阳产业保护论

夕阳产业是一国失去竞争优势即将淘汰的产业。该理论认为,夕阳产业在历史上曾经是国民经济的支柱产业,为本国经济发展做出了重要贡献。如果不对其实行保护,将造成大量失业和生产设备的闲置。尽管这些产业最终将被淘汰,其资源和劳动力可以转移到其他产业,但这一转移过程是漫长的,为防止因大量资源和劳动力的闲置引起的经济和社会的振荡,对夕阳产业实行保护是完全必要的。但从世界资源最优化配置的角度来讲,这些夕阳产业应该转移到具有比较优势的其他国家。一国对本国不具有比较优势的夕阳产业的保护,不但妨碍了本国其他产业的发展,而且也损害了其他国家的贸易利益,完全是一种"损人不利己"的行为。

(四) 矫正国内市场扭曲论

该理论认为,在现实的经济中,一国国内市场由于存在外部经济或不经济,不完全竞争和生产要素的非移动性等因素,价格机制不能充分地发挥作用。商品市场或要素市场存在一定程度的"扭曲",即生产要素的配置不合理。在此情况之下进行自由贸易,其最终结果会使国民福利水平降低或恶化,故只能通过政府干预,适当地消除市场扭曲所引发的不良影响。政府通过征收关税或发放补贴来对贸易进行调节,会改善该国的福利水平。所以存在国内市场扭曲的情况下,保护贸易的贸易利益优于自由贸易的贸易利益。

(五) 保护就业论

保护就业论者认为,通过限制进口可以把国内对国外产品的需求转移到对国内产品的需求上来,从而扩大本国生产和就业。保护就业论是在20世纪80年代以来西方经济不景气,失业率不断上升的条件下产生的。保护就业论是建立在凯恩斯主义的经济学说基础之上的,他们认为增加有效需求是一国实现充分就业的关键,而贸易保护通过增加净出口可以增加有效需求,从而提高就业水平。

(六) 保护公平贸易论

不公平贸易是指通过政府的直接或间接介入,使国内外商品进行不公平竞争的现象。保护公平贸易论者认为,国际贸易的规则应该是公平贸易,对于通过不公平手段强行进入进口国市场的商品,必须通过征收高额关税和限制进口的办法,来消除不公平贸易对进口国带来的负面影响。持该理论的主要国家是美国。早在1897年美国就通过了"反补贴关税法",1930年的"关税法案"又对反补贴做了更为详细的规定,并在1979年和1984年两次做了进一步的修改,1916年通过了"反倾销法",1974年通过了贸易法案中的"301条款",对采取措施对付任何外国不公平贸易行为做了明确规定;《1988年综合贸易法》中的特殊301条款规定,美国可以对"不公平贸易"实施报复措施。

然而,保护公平贸易论在实践中不一定能达到预期的效果,其原因是:①"反不公平贸易"往往被用来作为反对进口的借口,使其成为实行保护贸易的武器;②以公平贸易作为理由实施保护会激起对方国家的报复,其结果可能是双方都会遭受更大的损失。

(七)非经济目标的超保护贸易论

除了经济方面的理由之外,贸易保护论者还提出了许多非经济因素的观点,主要有民族自尊论、国家安全论、社会公平论和环境保护论等。

(1)民族自尊论。该论点认为,如果将进口产品全部改由国内生产就可以增强民族自尊和民族自豪感。这样一方面可以增强民族自信心,另一方面可以促进民族工业的发展。借口维护民族自尊而实行贸易保护的观点是非常片面和有害的,因为国际分工越来越细,许多产品的生产是由若干个国家合作的结果,最终很难确定一个单一的生产国。例如,当代世界许多产品是由跨国公司来生产的,像"阿迪达斯""耐克"等这些发达国家的品牌,其生产都是由包括中国在内的发展中国家来完成的。

(2)社会公平论。所谓社会公平是指社会各阶层或各种生产要素在收入上的相对平衡。社会公平论者认为,虽然自由贸易可以增加一国福利,但它却可能使某地区、某民族、某一行业的收入受到损害。为了维护社会公平,这些国家利用贸易保护来调解国内各阶层或不同生产要素所有者之间的收入差别,以减少社会矛盾和冲突。

(3)国家安全论。国家安全论的基本观点是:自由贸易将导致本国对外国的依赖性,一旦发生战争,致使国外供给剧减或断绝,其国防力量必大受影响,从而使本国处于极其不利的地位。为避免这样的局面发生,政府必须对国内的"基础产业"如制造业、农业等战略产业实施保护,并建立自己的生产能力以备战时的物资供应。发展国内经济必须考虑国家安全,但以国家安全为借口实行贸易保护是不可取的。这是因为现代战争是综合国力和整个经济实力的较量,不是单靠少量军事工业。而且,依靠贸易保护来发展的"基础产业"是没有竞争力的,在和平时期没有竞争力,同样,在战争时期也没有竞争力。

(4)环境保护论。随着全球性环境问题的日益突出,保护环境和实行可持续发展已成为世界各国共同追求的目标。该观点对提升产业转型升级、促进清洁生产和环境保护具有一定的进步意义。但是,也存在部分国家以环境保护之名行贸易保护之实。他们借口环境保护,制定本国的环境标准然后强加于他国,排斥或限制他国商品进口。

第四节 中心-外围理论

1949年5月,阿根廷经济学家劳尔·普雷维什(Raul Prebiisch)向联合国拉丁美洲和加勒比经济委员会递交了一份题为《拉丁美洲的经济发展及其主要问题》的报告,系统和完整地阐述了他的"中心-外围"理论。在这份报告中,劳尔·普雷维什指出发达国家与不发达国家存在不平等的分工及贸易关系。在这种关系下,拉丁美洲沦为世界经济体系的外围部分,其专门任务是为大的工业中心生产粮食和原材料。也就是说,世界经济被分成了两个部分:一个部分是"大的工业中心",另一个部分则是"为大的工业中心生产粮食和原材料"的"外围"。在这种"中心-外围"的关系中,"工业品"与"初级产品"之间的分工是不对称的。

一、中心-外围理论的基本思想

(一)"中心"与"外围"是一个相互联系的、动态统一的整体

所谓整体性,劳尔·普雷维什强调的是,无论是"中心"还是"外围",它们都是整个资本主义世界经济体系的一部分,而不是两个不同的经济体系。劳尔·普雷维什认为,现存的世界经济体系是资产阶级工业革命以后,伴随着资本主义生产技术和生产关系在整个世界的传播而形成的,维系这一体系运转的是资本主义占统治地位的国际分工格局。根据这种国际分工,首先技术进步的国家就成了世界经济体系的"中心",而处于落后地位的国家则沦落为这一体系的"外围"。"中心"和"外围"的形成具有一定的历史必然性,是技术进步及其成果在资本主义世界经济体系中发生和传播的不平衡性所导致的必然结果。

(二)"中心"与"外围"在生产结构和经济结构方面存在着很大的差异

对于"中心-外围"体系的差异性,劳尔·普雷维什的侧重点在于强调两者在经济结构上的巨大差异。他认为,技术进步首先发生在"中心",并且迅速而均衡地传播到它的整个经济体系。因而"中心"的经济结构具有同质性和多样性。所谓的"同质性",是指现代化的生产技术贯穿于"中心"国家的整个经济;而其经济结构的"多样性"表明,"中心"国家的生产覆盖了资本品、中间产品和最终消费品在内的、相对广泛的领域。"外围"部分的经济结构则完全不同:一方面,"外围"国家和地区的经济结构是专业化的,绝大部分的生产资源被用来不断地扩大初级产品的生产部门,而对工业制成品和服务的需求大多依靠进口来满足;另一方面,"外围"部分的经济结构还是异质性的,即生产技术落后、劳动生产率极低的经济部门(如生计型农业)与使用现代化生产技术、具有较高劳动生产率的部门同时存在。

(三)"中心"与"外围"在发展中存在着巨大的不平等

"中心-外围"体系的"不平等性",是劳尔·普雷维什这一理论的第三个主要方面,也是该理论的关键和最终落脚点。劳尔·普雷维什从技术、贸易、动力中心等角度探讨了"中心"与"外围"之间的不平等发展。他认为,资本主义世界体系中的"中心"首先享受到技术进步的好处,从一开始就处于有利地位。而广大"外围"国家和地区则被迫参与国际分工,承担着初级产品生产和出口的任务,明显处于不利的地位。并且,初级产品的贸易条件与工业品相比存在长期恶化的趋势,这又进一步加深了"中心"与"外围"之间的不平等。

如上所述,劳尔·普雷维什的"中心-外围"要求世界经济体系成为一个统一的和动态的整体,"中心"和"外围"是同一个体系中的两极。在这种体系中,"中心"国家和"外围"国家之间在经济结构上具有差异性,前者的经济结构是同质性的和多样化的,后者的经济结构则是异质性的和专业化的。由于技术进步及其成果在"中心"国家和"外围"国家之间的

不平等分配,在它们之间形成了工业品与初级产品(即高附加值产品与低附加值产品)的国际分工,初级产品贸易条件长期恶化的趋势必然使这一体系具有很大的不平等性。

二、中心-外围理论的相关观点

(一) 外围国家贸易条件恶化的原因

劳尔·普雷维什采用 1876—1938 年英国的进出口价格统计资料推算了初级产品和制成品的价格指数之比,结果发现外围国家的贸易条件出现长期恶化的趋势。若以 1876—1880 年外围国家的贸易条件为 100,则 1936—1938 年外围国家的贸易条件已降到了 64.10。通过分析,劳尔·普雷维什认为形成外围国家贸易条件长期恶化的原因主要有:①技术进步利益分配不均衡。由于技术进步往往发生在中心国家,并直接应用于中心国家的工业发展,而外围国家几乎享受不到世界科技进步的利益,只好长期充当向中心国家提供初级产品的角色。随着中心国家的技术进步和经济发展,企业家的利润和工人的工资不断提高,而且提高的幅度大于劳动生产率提高的幅度,工业品的价格又具有垄断性。而外围国家的收入增长慢于劳动生产率的增长,由于初级产品垄断性差,价格上涨时缓慢,下降时又比工业品降得更快,所以外围国家的初级产品贸易条件必然恶化。②工业品的需求收入弹性一般大于初级产品。随着收入的增加,人们对工业品的需求会有较大的增加,相反,对初级产品的需求增加较少,甚至会出现下降。所以,以出口初级产品为主的外围国家的贸易条件存在长期恶化的局面。③中心国家的工资弹性得到工会组织的强化。中心国家的工人拥有强大的工会,经济高涨时可以迫使雇主增加工资,经济萧条时又可以迫使雇主不降或少降工资,因而工业品的价格必须维持在较高的水平上;而外围国家的工会则没有这么强大的力量,工人工资水平低,因而使初级产品价格较低。

(二) 外围国家的发展对策

基于以上分析,劳尔·普雷维什认为外围国家要走上工业化道路,实行进口替代工业化战略。所谓"进口替代",就是国内原需进口的某些工业制成品,靠发展国内工业生产来取而代之,即用国产工业品来替代进口工业品。外围国家必须要通过实行保护贸易政策独立自主地发展民族经济,实现工业化来摆脱其在国际分工与贸易中不利的地位。他指出,外围国家的保护政策与中心国家的保护政策不同,外围国家的保护是为了发展本国工业,有利于世界经济的全面发展,而中心国家的保护是对外围国家的歧视和遏制,不仅对外围国家不利,而且对整个世界经济发展也不利。因此,他呼吁中心国家对外围国家放宽贸易限制,减少对外围国家工业品的进口歧视,为外围国家的工业品在世界市场上的竞争提供平等的机会。劳尔·普雷维什还主张外围国家应建立区域性共同市场,开展区域经济合作,以便相互提供市场促进外围国家的经济发展。

三、对中心-外围理论的评价

(一) 中心-外围理论在国际贸易研究领域具有开拓性

(1) 中心-外围理论为发展中国家经济发展模式提出了新的思路。根据中心-外围理论,在以往经济发展模式下,外围国家在生产、流通、消费领域都依附于中心国。因此，在经济发展的过程中，发展中国家不仅要重视国与国之间的经济往来，扩大外需，更要把目光转向国内市场扩大内需。内需的发展不仅能够改变外贸依存度过高的问题，还可以培育起本国健康的工业体系和经济结构。

（2）中心-外围理论强调实行进口替代工业化具有一定的积极意义。它指出了发展中国家摆脱贫穷落后的出路，即通过开展进口替代来实现工业化。美国、德国和日本无一不靠进口替代而致富。一些人认为，第三世界在选择发展模式时应以比较优势为基础，继续维系其初级产品出口国地位，而劳尔·普雷维什则积极鼓励第三世界国家通过工业化道路来求得发展。事实表明，这一主张是正确的。韩国、巴西、墨西哥等都已经通过实施工业化取得了引人瞩目的发展。

（3）劳尔·普雷维什的保护贸易理论第一次在理论上和实践上揭示了发达与不发达国家之间贸易关系的不平等本质。从理论上探讨了不发达国家贸易条件长期恶化的趋势，提出了实行贸易保护政策，走发展工业化道路，打破传统国际分工体系，建立国际经济新秩序的一系列政策主张。该理论不仅为第三世界国家要求建立国际经济新秩序的呼声提供了理论依据，而且对不发达国家经济发展实践起到了积极的作用。

（二）中心-外围理论的局限性

（1）中心-外围理论将发达国家与发展中国家置于一个对抗与冲突的结构中。该理论强调发展中国家的不发达恰好是发达国家造成的。发展中国家应该摆脱这种由发达国家控制的体系，寻求独立的发展模式，该理论是反对市场机制与国际分工，不利于国际合作。

（2）中心-外围理论没有看到全球化给落后国家带来的发展与机遇。该理论反对比较优势利益，大有关起门来谋发展的态势，与当前全球化时代是格格不入的。对于落后国家而言，更应该主动与发达国家进行产业对接，吸收、学习国外先进的技术与管理经验，同时也是实现产业转型与升级的必要途径。纵观韩国、日本等国家的成长历程，也都是从加工组装起步切入全球化的生产体系，而后再逐步升级，这一点对我们应该有所启迪。

（3）劳尔·普雷维什过分强调了外围国家工业化的重要性。在现今这个知识经济的时代里，知识、科技先导型企业成为经济活动中最具活力的经济组织形式，代表了未来经济发展的方向，必须大力发展知识经济。另外，农业、服务业的发展也不容忽视。

第五节 战略性贸易政策理论

一、战略性贸易政策理论产生的背景

战略性贸易政策理论最早提出于20世纪80年代中期，其代表人物包括布兰德、斯潘塞、克鲁格曼、格罗斯曼等经济学家。在战略性贸易政策理论出现之前，一般认为传统国际贸易理论是建立在完全竞争假定基础之上的，也就是排除了产品差别化、规模经济和进入障碍等因素。传统国际贸易理论基本排除了通过个体的经济活动或者国家政策改变原有分工格局，从而形成动态比较优势的可能性，这意味着留给政府通过产业政

策提高本国福利的空间很小。

这种趋势直到产业内(intra-industry)贸易和寡头垄断竞争(oligopoly)产业的出现才发生了戏剧性的变化。众所周知,以大卫·李嘉图比较优势理论为核心的主流国际贸易理论体系中,不同国家应该进口自己具有比较劣势产业的产品,出口自己具有比较优势产业的产品,即这是一种产业间(inter-industry)的贸易。但事实上,在当时的欧洲共同体内部,产业内贸易的绝对值和增长速度远远超越了产业间贸易。企业家精神,人力资本,研究与开发投资,规模经济以及学习效应等诸多因素先后被引入分析框架中来解释这一有悖于传统思维的现象。其中,最引人注目的是大量产业内贸易理论模型的出现。这些模型一般与垄断竞争和规模报酬递增联系在一起。尤其值得一提的是,在布兰德(1981年),布兰德和克鲁格曼(1983年)的两篇论文所建立的模型中,不同国家不同成本的两家公司可以并存在同一产业中进行双向贸易,被认为是对比较优势理论的巨大挑战甚至是完全否定。

在当今社会中,存在着很多规模经济和报酬递增的产业,这些产业往往具有很高的规模门槛,这使得先进入这些产业的厂商对后来者拥有排他性的竞争优势,从而保证了垄断利润的长期性。由此形成的均衡完全是偶然因素造成的,具有动态性和随机性。这意味着国家可以运用贸易和产业政策形成有利于自己的分工格局。对这一现象的认识最早依然出现在当时的欧洲共同体国家。由于意识到自身与美国的技术差距和竞争关系,欧洲共同体国家运用产业政策试图改变旧有分工格局,形成对本国有利的均衡的现象相当普遍。在亚洲,一个比较著名的例子则是日本政府对产业和贸易政策的运用,直接导致了日本当时较为落后的半导体产业赶上并超越了原来的领先者美国。但是当时还没有形成新的理论框架,经济学者们经过不懈的努力,最终通过在国际贸易现象分析中引入新产业组织理论的研究成果,完成了这一质变的过程。以斯潘塞和布兰德(1983年)、布兰德和斯潘塞(1985年)和克鲁格曼(1984年)的三篇开创性的论文为标志,战略性贸易政策理论得以诞生。

二、战略性贸易政策理论的主要观点

(一)布兰德-斯潘塞的"以补贴促进出口"论

布兰德和斯潘塞认为,传统贸易理论是建立在完全竞争的市场结构基础之上的,而现实市场是在规模经济条件下的不完全竞争市场。他们根据博弈论的研究成果,创造性地论述了在不完全竞争和规模经济条件下,政府补贴对一国产业发展和贸易发展的影响,建立了战略性贸易理论的基本框架。实质上,政府事先制定补贴的行为改变了国内企业行为的模式,即政府通过对本国厂商生产和出口该产品进行补贴,可以使本国厂商实现规模经济,降低产品的边际成本,从而使得该企业或产品可以在国外竞争中占有较大的市场份额和垄断利润。因此,布兰德和斯潘塞认为,政府应当认识到行业的结构,并且能够事先为企业决定出口的数量提供一个有保障的补贴,这是该国产业或产品在国外市场竞争中保持领导者地位的基础。

(二)克鲁格曼的"以进口保护促进出口"论

美国经济学家克鲁格曼通过一个非正统的假设,在根本上改变了分析问题的方法,即一国可以通过限制进口的战略部署来促进出口。他认为在不完全竞争市场尤其是寡头垄断市场和存在规模效益递增的条件下,对国内市场的保护可以促进本国的出口。

克鲁格曼的分析依赖于两个基本要素:卖方的国际垄断和规模经济。关于卖方垄断,他假定有两个企业,一个国内的企业和一个外国的企业,每一个企业都生产一个单一的产品,向许多市场销售,而国内国外市场由于政府政策被分割。一个受到保护的企业可以充分利用国内封闭起来的市场扩大生产规模而取得静态规模经济效益,从而使得产品生产的边际成本不断下降。关于规模经济,克鲁格曼分析道:当一个政府把外国生产者从一个开放的市场中排除出去的时候,干预行为会在竞争双方的边际成本上引起相反的结果。国内的生产者因国外生产者的逐出而在其国内市场上比以往销售出更多的商品,这样的话,国内厂家的边际成本将会下降,而外国厂家的边际成本由于被逐出受保护的市场使产量下降而上升,同时,克鲁格曼还引入"干中学"(Learning-by-Doing)的经济含义,即通过销售经验的积累使销售成本沿着学习曲线下降,从而使生产产品的总成本也随之下降。

由此可见,克鲁格曼的以进口促进出口的具体过程可以表述为:进口保护措施为本国企业提供了超过国外竞争者的规模经济优势,这种规模经济优势将转化为更低的边际成本和更高的市场份额,从而形成了边际成本到产量再到边际成本的循环的因果关系链条。而正是这一循环过程"形成了进口保护和出口促进的机制",即政府通过对本国市场的保护,可以为本国企业带来不断增大的规模经济利益,从而进一步提高企业的竞争能力,使该国企业在所有市场上扩大本国的销售量。克鲁格曼的以进口保护促进出口论使人们对战略性贸易政策理论发生作用的机理有了更加清晰的认识。

(三)战略性产业选择的原则

战略性产业的选择主要基于以下原则:①具有广泛外部经济效应的产业;②具有巨大内部规模经济的产业;③具有巨大外部规模经济的产业;④可能取得出口垄断地位的产业;⑤重要的尖端研发性产业。从以上战略产业的选择标准来看,战略性贸易政策是保护那些影响深远的高新技术产业和重要的基础工业部门。战略性贸易政策对这些产业的扶植,不仅仅单纯追求这些产业自身的发展,同时还要利用这些产业的外部效应。

战略性贸易政策要取得成功,仅靠选择以上特征的产业还不够。政府要有完全的信息和准确的判断,对保护成本和收益有准确预期;受保护的企业要能够长期保持垄断地位,该产业具有很高的进入壁垒,能够保持寡占的市场结构;其他国家不会采取报复式的保护等。

三、战略性贸易政策理论的示例与应用

(一)战略性贸易政策理论的示例

在大型中程客机的国际市场上,美国波音和空中客车公司是两家著名的企业,两者的竞争呈双寡头之势。现在假定这两家公司都需做出是否制造一种新飞机的决策,由

于飞机制造的规模经济甚巨,市场仅能容纳一家公司。谁率先进入并制造新飞机,谁就能独占垄断利润 100 单位;如果两家公司同时进入、竞相生产的话,则不但不能赢利,反而两败俱伤,各遭致 5 单位亏损,如表 4-1 所示。因此,两公司的战略选择只能是:生产或不生产。

表 4-1　无政府补贴时的利润矩阵

项目		空中客车公司	
		生产	不生产
波音公司	生产	(−5,−5)	(100,0)
	不生产	(0,100)	(0,0)

现假设波音公司凭借自己的传统竞争优势欲捷足先登,率先生产并获取 100 单位垄断利润。欧洲各国政府试图力挽狂澜,遂实施战略性贸易政策,如表 4-2 所示,其要点是:在波音公司动工之前,政府保证向空中客车公司提供 10 单位的补贴,在这种情况下,如果波音公司坚持参与制造新飞机的竞争,必遭致 5 单位亏损,而空中客车公司仍能稳获 5 单位利润。明知享有补贴的空中客车肯定会生产这种飞机,波音别无选择,不得不放弃市场,退出竞争。这样一来,空中客车依仗些许补贴便挤掉了波音,现在它可以独占 100 单位的垄断利润,并轻而易举地偿还补贴款。欧洲 10 单位的补贴竟起到了转移 100 单位垄断利润的作用,这些垄断利润在正常竞争条件下原本是美国波音公司的囊中之物。

表 4-2　政府补贴时的利润矩阵

项目		空中客车公司	
		生产	不生产
波音公司	生产	(−5,5)	(100,0)
	不生产	(0,110)	(0,0)

以上分析表明,补贴固然减少了空中客车公司的损失,但补贴毕竟要靠公开或隐蔽的增税来支撑,这将导致国民收入的转移或再分配,给欧洲经济带来附加成本。同时,以上分析是在假定美国没有对波音采取同样的补贴政策的情况下才可能实现。由此可见,欧洲并非胜家。最惨的要数美国,波音公司的垄断利润被白白蚕食掉,美国消费者使用价格便宜的飞机所享受到的好处远不能弥补国民收入锐减带来的损失。就福利效应而言,战略性贸易政策犹如一柄双刃剑,一剑出手,殃及双方。真正的渔利者是欧美以外的其他国家,他们既可以安享低廉的飞机价格,又无须付出任何代价。

(二)战略性贸易政策理论的应用

世界上成功运用战略性贸易政策理论的典型是欧盟、日本、美国。欧盟的前身"欧共体"实行共同农业政策,推行农业一体化,建立了内部统一的农产品价格体系和统一的农产品市场,并为排挤外来农产品的市场设立统一的对外农产品关税壁垒,为了对内部农产品实行价格支持和出口补贴而建立了共同农业基金。这一政策使欧共体农产品竞争力大为提高,从农产品进口大户摇身一变成为世界市场农产品的主要供应者。

同样情形也发生在日本。20 世纪 70 年代初,日本电子行业还名不见经传,大藏省对企业提供低息融资,通产省对本国市场进行保护,对外国企业投资及进口技术进行严格审查,政府控制中小企业过多进入而只限于几家大公司重组形成卡特尔组织,以联合出资进行科研开发,政府与企业间协商出口目标。日本政府的干预一方面保护国内市场,为本国工业的建立提供市场需求的支持,另一方面较好地将外部经济效果滞留于国内,使其完全服务于国内经济体系。最后的结果众所周知,日本电子产业成为具有全球竞争力的出口产业。

如果说欧盟和日本的成功是基于特定的历史环境(冷战期间美国出于政治目的默许了这种行为),那么美国的国家促进出口战略则是对战略性贸易政策理论具有时代特色的修正和完善,值得我们了解和借鉴。美国对外经贸政策实质上是政府运用国家政权力量帮助企业获得竞争优势,包括:①通过其在 WTO 的影响,制定和修改各种贸易规则及框架协议,促使别国开放市场,以使美国从中占据更多的市场份额;②强化单边政府行为,通过国内法规监督、调研、评价贸易伙伴国不公平贸易行为。如在对外经贸关系上,动辄援引 301 条款对别国报复和制裁;③开展经济外交,成立数个出口援助中心,采取多种措施,如派高级贸易代表团出访、通过大使、内阁成员,甚至政府政治干预,为美国企业拓展海外市场。

四、对战略性贸易政策理论的评价

从理论渊源来看,战略性贸易政策理论是以 20 世纪 80 年代发展起来的不完全竞争贸易理论和规模经济贸易理论为基础的,它是上述理论在国际贸易政策领域中的反映和体现,是其政策涵义的深化和拓展。作为独立于正统的自由贸易政策理论之外的学说,战略性贸易政策理论精巧地论证了一国可以在不完全竞争条件下实行贸易干预政策,通过抽取和转移他人经济利润来提高自身的福利水平。

各种战略性贸易政策模型是从现实世界经济中普遍存在的不完全竞争市场情况中提炼出来的,它们试图设计出适宜于产业内贸易的干预政策,以改善受到扭曲的竞争环境,使市场运行处于次优(second best)境地,因而是有一定的积极意义的。同时,应当看到,资本家相互间追逐垄断利润正是资本主义垄断竞争的特点,所谓"经济租金"在贸易干预下被抽走或转移,就其实质而言,无非是垄断利润在各国垄断资本家集团中进行重新分配的结果。这既暴露了垄断资本在国际范围内追求和攫取高额垄断利润的本性,又展现出国家垄断资本主义在当今国际贸易领域中举足轻重的地位和作用。

西方学者在建立战略性贸易政策的理论模型过程中,广泛借鉴和运用了产业组织理论与博弈论的分析方法和研究成果,在这方面收获颇丰。然而,该理论仍未就贸易干预和补贴给出任何总的通用解决办法,其不足之处俯拾皆是。例如,本章介绍的各种政策模型均依赖于大量特殊的、严格的假设条件,假定条件如果发生变化将会导致根本不同的结论;上述模型只讲非合作均衡,并未涉及合作均衡下竞争对手间可能形成勾结的情形;假定本国生产厂商总是与政府一致行动,未涉及两者可能发生的冲突;假定只有出口贸易,生产要素在国际间不流动,未涉及跨国直接投资会使贸易干预政策的有效性受到削弱,等等。

本章小结

微课:重商主义

贸易保护旨在实现本国贸易最大化。因此,从主权国家的角度来看,贸易保护理论比自由贸易理论更加务实。本章主要介绍了重商主义、幼稚产业保护理论和现代一些具有代表性的保护贸易理论。

汉密尔顿和李斯特的幼稚产业保护理论产生于资本主义自由竞争时期,它说明了资本主义国家在工业化进程中发展的不均衡性,即使在自由竞争时期,弱国同样惧怕竞争。汉密尔顿和李斯特的保护贸易理论为工业发展较落后国家贸易保护提供了理论依据。

现代保护贸易理论起始于20世纪30年代全球经济大危机,西方各国为增加社会有效需求,创造充分就业,纷纷采取贸易保护,较之以前的保护幼稚工业,保护对象空前扩大,主要包括超保护主义、新贸易保护主义、战略性贸易政策理论和发展中国家的保护贸易理论(中心-外围理论)等。

案 例

使用战略性贸易政策理论分析日本汽车产业的快速发展。日本汽车产业发展的经验启示是什么?

根据日本汽车工业协会(JAMA)于2022年10月发布的报告显示,2019年日本汽车产业(包含国内销售和对外出口,以及摩托车、汽车零部件等)总产值达到60万亿日元,比2018年下降3.7%,占当年日本制造业总产值的18.6%,仍然是日本第一大产业。日本作为一个资源相对匮乏、领土面积较小的国家,却一步步成为了世界汽车强国,其秘诀是什么?回顾日本汽车工业的发展历程,可以发现这与日本汽车产业在经济发展的各个阶段所采取的贸易政策和措施密切相关。日本政府通过一系列战略性贸易策略的实施,使得日本汽车成功赶超欧美发达国家。根据日本汽车产业对战略性贸易政策的实施应用,我们可以将这些政策划分为初级阶段战略性贸易政策和高级阶段战略性贸易政策。

(一)初级阶段战略性贸易政策

二战后,日本经济受到重创,为了发展本国经济,日本将希望寄托于汽车产业这个有着最高民用技术水平的产业上。日本政府颁布了"合理化促进法",目的在于促进战后汽车工业的发展,明确规定汽车产业成为日本的支柱产业。

首先,政府在财政信贷方面大力支持汽车产业。政府出台一系列补贴政策,为企业提供贷款担保和税收优惠。日本政府在1956年制定了"机械工业投资临时措施法",通过信贷手段扶持汽车企业,极大满足了企业的投资需求。日本政府向主要汽车生产企业提供设备资金的10%。日本汽车技术协会在20世纪50年代获得政府的"委托事业费",仅补助金一项就达到了3.7亿日元。除此之外,日本政府还制定了"特别折旧制",使汽车企业可享受第一年折旧50%、重要机械3年内折旧率提高50%的优惠政策。

其次,日本政府实行产业保护和鼓励出口措施,长期维持日元低汇率政策等一系列鼓励出口创汇政策。二战后,日本将汽车产业视为民族产业,不允许外国汽车企业在日本投资建厂,垄断本国汽车产业,保护本国汽车产业免受国际市场竞争的影响。同时,日本利用较高的物品税限制进口。例如,在20世纪50年代,对高级乘用车征收50%的税,对普通乘用车征收30%的税,对小型乘用车征收15%的税。除此之外,日本汽车进口关税为40%,这抑制了人们购买外国汽车的欲望,从而增加了对本国汽车的购买,大大保护了国内市场。

最后,加大科技研发力度,发展自主品牌,提高自主创新能力。在20世纪六七十年代,日本政府投入大量财政资金进行技术研发,同时企业先后与奥斯汀、鲁斯特、雷诺、雪佛兰等国外汽车厂建立了合作关系,分别从美国、德国、法国等国家引进百余项技术,并从英国引进40多项技术。日本企业通过对引进的技术进行研究、探索、学习、创新,从最初的模仿到最终的超越,不断提升自身的科研能力。例如,丰田公司仅在20世纪50年代前期就投入了100多亿日元用于进口机械设备,并在国内购买了300多亿日元的设备,建立了健全的汽车生产体系。日本大型汽车公司很重视工艺技术的革新,大量采用工业机器人、数控机床、柔性制造系统等先进技术,首创出"Kaizen成本法""独立转向控制技术""年功序列"等方法。虽然有些方法不被所有人认同,但是却为日本汽车产业形成高质量、高效率、多品种的生产体制打下坚实的基础。

(二)高级阶段战略性贸易政策

20世纪后期,日本汽车产业经历了由贸易立国政策向投资和贸易自由化政策的转变,其汽车产量达到了一千多万辆,此时日本汽车的出口量和生产量跃居世界第一位。随之而来的是,欧美发达国家的产品纷纷涌进日本,占领市场份额的局面。为此,日本政府开始保护国内汽车市场,放弃了传统的贸易理论,从政府强制干预经济领域活动转变到采取较灵活的协调措施。

首先,从以出口补贴为主导转向以研发(R&D)补贴为主。自20世纪80年代开始,日本政府大力鼓励汽车企业进行高端技术的研发,不断投入科研经费,壮大科研队伍,并培养高科技人才。有数据显示,仅在1975年,日本政府投入的汽车尾气技术经费就高达700亿日元,是1969年投入的15倍之多。

其次,加入区域贸易组织,加大与他国的贸易交流活动。日本政府自20世纪80年代开始逐步放弃单边的市场封闭和进口限制政策,转而大力推进与其他国家之间的经济政策的协调,把目标放在亚太地区从而获取更大的市场份额,促进多边贸易的形成以及国际经济发展。随后,与东盟签署了FTA,与马来西亚、墨西哥等国建立了双边关系。

最后,日本汽车产业实现了产业集群化、分工专业化、企业集团化发展。20世纪

80年代以来,日本汽车产业形成了完整的产业链条,使得小企业成为大企业的下游,为其生产零部件、提供配套设备和服务,从而形成了一种纵向行业分工协作体系,这为双方都带来了好处。产业集群化使得汽车产业内部布局更加集中,在自然竞争中实现产业自然集聚,企业间可以共享资源、技术等资本,从而建立良好的合作关系,实现了互利互赢,并节约了各方面的成本;专业化分工使得各个企业各司其职,提高了效率,获得了规模效益;而企业集团化有利于企业间形成利益共享,风险共担,开发成本平摊的局面。

经过多年的经营和努力,日本汽车早已在全球汽车市场上脱颖而出,成为世界汽车产业的重要力量。日本汽车之所以崛起,表面上看是由于企业对品质和可靠性的追求、持续的创新与技术研发、高效的成本控制与生产管理,以及对全球市场的开拓与适应能力。但实际上,这些原因的背后,离不开日本政府一系列战略性贸易政策的实施。

重商主义　幼稚产业　超保护贸易主义　战略性贸易理论　中心-外围理论

一、案例分析

根据以下案例用战略性贸易政策理论分析我国高铁产业的快速发展。

20世纪90年代初,我国提出兴建高速铁路(简称高铁)的计划,比世界高铁产业最发达的国家至少要晚二三十年。由于严重缺乏经验和技术,研发效率低下,发展进程缓慢。2004年,我国高铁开始走上了技术引进、消化吸收、自主创新的高速发展之路。在不到10年的时间里,顺利实现了从技术落后者到技术领先者的转变,无论是建设规模,还是营运时速,都成为世界的领头羊。截至2016年年底,中国高铁运营里程占世界高铁运营总里程60%以上,位居全球第一。同时,我国高铁还快速地走向世界。目前,我国高铁产品已经出口(包括承建高铁项目、高铁装备出口、高铁零部配件出口等)到多个国家和地区,还有多个国家与我国有合作的意向。我国高铁产业正呈现高速发展的良好势头。

我国高铁的快速发展,主要得益于政府的战略性贸易政策的支持。

第一,政府的政策支持。2003年,铁道部制定了《中长期铁路网规划》,2008年,铁道部又批准了其调整方案。该文件制定了"四横四纵"的我国高铁中长期发展规划。2004年4月,国务院与铁道部确定了我国高铁发展总方针,明确规定外国合作企业必须向我国企业全面转让技术并提供技术服务和培训。2008年2月,科技部与铁道部共同签署了《中国高速列车自主创新联合行动计划合作协议》,并联合中国科学院、清华大学、浙江大学等国内多家知名科研院所和高等院校的杰出人士,形成了一个集产、学、研于一体的完整的技术创新与产品开发体系,为我国高铁产业的持续发展和竞争优势的长期保持提供了强大的技术支持。2011年7月,国务院出台33号文件,对与我国铁路投融资相关部门的权责进行了明确的界定,为我国高铁发展提供了良好的内部融资环境。我国 2014 年的《政府工作报告》也提出了铁路改革发展的新要求,那就是要从战略高度推动出口升级,鼓励铁路等大型成套设备出口,为我国高铁产业的出口提供了有力的政策保障。另外,我国高铁产业的快速发展,还得益于国家大力的资金支持。从我国高铁建立的资金来源看,不计各级地方政府投入,仅国家投资和铁道部贷款就超过了总投资额的 80%。

第二,政府的"高铁外交"。为了推动高铁产业的发展,我国政府在全球范围内积极进行各种形式的"高铁外交",取得丰硕成果。尤其是 2013 年 10 月以来,我国政府更是加快了"高铁外交"的步伐,极大地推动了我国高铁"走出去"战略。2014 年 5 月,习近平主席在会见伊朗总统时就谈及有关两国在高铁项目和"一带一路"方面的合作事宜;同年 7 月,习主席在访问巴西时强调开展中巴高铁战略性合作。李克强总理更是被称为"高铁推销员",并在访问泰国、非洲、东欧以及英国时极力推介我国高铁产业。2014 年 5 月,李克强在访问非洲时,更是创造了完全按照"中国标准"承建肯尼亚高铁项目的高铁外交成功典范。与此同时,我国政府还积极参与制定高铁的国际标准。为了促进我国高铁产业的快速发展,我国政府在极力突破国外标准壁垒的同时,也加强本国知识产权的保护,积极把我国的高铁标准推向世界、与国际接轨,获得国际社会的认可。2013 年,我国主持和参加修订了各项国际铁路标准共 11 项。2014 年 9 月 1 日,我国铁路总公司开始研制我国标准动车组,以期建立统一的中国技术标准体系。

经过多年的努力,目前,我国高铁产业已经具备了相当大的优势。高铁产业的崛起不仅促进了我国经济的发展,也推动着我国比较优势的动态升级。回首过去,我国的高铁产业原本比日本、欧洲等发达经济体落后几十年,毫无优势可言。经过短短 20 余年的发展,一举成为全世界最具竞争力的"中国品牌"。探究其缘由,实则是一个通过战略性贸易政策促进比较优势动态升级的经典案例。

二、思考题

1. 简述重商主义的主要思想及其进步意义。
2. 简述幼稚产业保护理论的基本内容,讨论其对当前我国产业发展有何指导作用。
3. 如何评价凯恩斯的超保护贸易理论?
4. 在全球化时代,如何看待中心-外围理论?
5. 简述战略性贸易政策理论的基本思想,并讨论该理论在现实中的可行性。

第五章 新国际贸易理论

◎ 学习目的与要求

本章重点介绍了产业内贸易理论及其发展、规模经济理论、动态贸易理论、国家竞争优势理论以及新新贸易理论等。

通过学习本章,学生要重点理解并掌握产业内贸易理论及其发展,包括产品内贸易程度的测定等内容,内部规模经济、外部规模经济对国际贸易模式的影响,技术差距论、产品生命周期理论及人力资本说等;熟悉国家竞争优势的决定因素;了解新新贸易理论的基本内容。

随着经济全球化和科学技术革命的推进，国际贸易格局正在从传统的产业间贸易逐渐向产业内贸易和产品内贸易转变。为何会出现这种变化趋势？产业间贸易、产业内贸易和产品内贸易这三种贸易形式之间有何区别和联系？产业间贸易(inter-industry trade)是最早的国际贸易形式，是指一个国家或地区同一产业部门的产品只进口或只出口的现象。产业间贸易是古典贸易理论和新古典贸易理论的产物，其理论假设前提是完全竞争和规模收益不变。在此假定下，各国参与贸易的产品是同质的，各国之间只能是垂直型国际分工，按照比较优势出口或进口产品，进出口的产品是完全不同的产品。因此，初级产品之间的贸易通常属于产业间贸易。

产业内贸易(intra-industry trade)是指一国对同类产品既有进口又有出口，或者说国际贸易双方交换的是同一产业所生产的产品。比如，美国和日本相互进口对方的汽车。在前工业化时代，完全竞争和规模收益不变的假定对于初级产品来说基本接近事实。但是，在现代工业生产中，大量制成品的生产是在不完全竞争和规模收益递增的情况下进行的。并且，规模收益递增成为出口产品比较优势的重要原因之一。在同一产业内部，只要某个企业或品牌具有足够的规模经济优势，就可能具备国际竞争力，从而成为出口产品。同时，在不完全竞争的情况下，同类产品差异化很大，这也为产业内贸易的实现提供了市场需求。

随着国际分工的不断细化，产品内分工与产品内贸易(intra-product trade)开始出现，主要表现为中间产品和零部件贸易在国际贸易中的比重大幅增加。产品内分工是指特定产品生产过程中不同工序、不同区段、不同零部件在空间上分布到不同国家，每个国家专业化于产品生产价值链的特定环节进行生产的现象。比如，波音飞机、苹果手机、丰田汽车等产品的零部件由世界多个国家的成百上千家供应商生产，其中不乏中国企业参与。与产业间贸易和产业内贸易相比，产品内贸易将最大限度地将全球绝大多数国家和地区纳入国际分工体系，尽可能让每个国家和个人都可以在国际分工中找到自己的比较优势，这是产业间贸易和产业内贸易所无法企及的目标。

产业间贸易、产业内贸易以及产品内贸易的产生和发展历程是人类科技、经济进步与经济全球化的必然结果。在此过程中，传统国际贸易理论并没有过时，而是不断发展与深化以适应国际贸易实践的需要。

资料来源：余淼杰.国际贸易学：理论、政策与实证[M].2版.北京：北京大学出版社，2021.

第一节 产业内贸易理论

外部规模经济造就义乌竞争优势

一、产业内贸易理论的产生和发展

产业内贸易最初产生于欧洲经济共同体内部的贸易。众多学者对其进行了理论研究和实证研究。首先对产业内贸易进行系统性理论研究的代表人物是格鲁贝尔和劳埃德，其代表作为1975年出版的《产业内贸易：差别化产品国际贸易的理论与度量》。他们认为，新要素禀赋理论可以部分解释产业内贸易现象。因为，如果把新要素对交易成本和需求满足程度的影响纳入传统的要素禀赋理论，对产业内贸易现象还是可以起到部分解释作用的。但是要对产业内贸易进行系统和全部解释，还必须从产品的差异性和规模经济入手，建立一个全新的理论体系。

20世纪70年代末，迪克西特、斯蒂格利茨、克鲁格曼和赫尔普曼等人把张伯伦的垄断竞争理论运用到产业内贸易分析中来，提出了新张伯伦产业内贸易模型。他们认为，如果存在规模收益递增、产品差别化、不完全竞争和消费需求多元化，那么生产禀赋相同的国家之间也会产生产业内贸易。因为，在利润最大化原则和技术进步的作用下，每个产业都存在着广泛和潜在的产品系列，即容易形成产品的水平差别化，从而使产业内产品的双向流动成为可能。经济发展、收入水平提高，以及国际信息传递手段的不断改善，消费者行为在示范效应（demonstration effect）和消费效用最大化（maximization of consumption utility）原则的影响下更趋向多元化，从而推动了同一产业内产品的双向流动。

1980年，兰卡斯特对上述产业内贸易模型加以发展。他认为，在具有相同特点的经济体之间，如果不存在贸易壁垒和运输成本，由于受规模收益最大化和消费偏好差异（且这种偏好差异不断变化）的影响，有关国家同一制造业部门的两个厂商在有无限的潜在产品系列可供选择时，它们是不会生产完全相同的产品的。这种同一产业部门内每一产品仅在一国生产的情况将使得两个在所有方面都一致的经济体之间更容易出现产业内贸易。在比较优势存在的条件下，垄断竞争仍然可以导致产业内分工和贸易的发生。

20世纪80年代初，伯兰德尔和克鲁格曼为了解释标准化产品的产业内贸易，构造了一个寡头垄断模型，即相互倾销模型。他们假定：①世界是由两个国家（A和B）、两个企业（甲和乙）、一个产品组成的；②商品市场存在古诺寡占（Cournot's Duopoly）；③规模收益递增；④封闭经济中，两个企业在国内都是独占企业，但在开放经济中，两个企业都把国外市场当作各自的市场，在每个市场上都按利润最大化原则决定其产量。在上述假定条件下，如果A国对这一标准产品的需求富有弹性，且B国乙企业输出该产品的价格比A国甲企业的垄断价格低，则B国乙企业就会向A国输出该产品，并在A国占有市场份额。这个市场份额的大小取决于B国乙企业的边际成本、运输费用以及A国甲企业的边际成本。同样，如果在B国市场上，上述各条件也成立，则A国甲企业也会在B国市场上占有份额。这样，产业内贸易就发生了。

总之,在过去四十多年中,西方经济学家通过对产业内贸易现象的理论和实证研究,以及对要素禀赋理论的扬弃,已基本建立了一套对产业内贸易有较好解释效果的新的理论框架。该理论的提出和初步形成,对人们正确理解和把握第二次世界大战后国际贸易高速发展的内在动力及其发展趋势具有重要意义,并在西方国际贸易理论界日益受到重视。

二、产业内贸易理论的基本观点

产业内贸易理论引入了不完全竞争的市场结构,认为决定两个相似或相同国家同一产业内分工的根本原因是规模经济和产品差别化,其利益来源主要是规模经济的充分实现和可供消费者选择的产品范围的扩大。同时,各国的历史条件对国际产业内分工格局也具有重要的意义。其基本观点主要包括以下内容。

第一,当代国际分工与国际贸易是由规模经济、产品差别化和要素禀赋等因素共同决定的。国家特征和产业特征越相似,其分工和贸易就越趋向于产业内贸易格局;反之,国家特征和产业特征差异越大,分工和贸易就越趋向于产业间贸易格局。国家间要素禀赋的相对差异不是国际分工形成乃至国际贸易产生的唯一根本原因。决定两个相似国家同一产业内分工的根本原因是规模经济和产品差别化,各国的历史条件对国际产业内分工格局具有重要意义。

第二,在规模经济存在和不完全竞争的市场结构下,贸易的潜在利益来源主要是规模经济的充分实现和可供消费者选择的产品范围的扩大。规模经济的福利效果一方面体现在产业规模扩大后规模经济对产出水平的影响,另一方面表现在对产品类别数量的影响上。随着分工和贸易的开展,产业规模扩大必将导致平均成本的下降,于是每一种产品的消费水平会降低,产品类别增加,从而,消费者的福利可以通过产品类别选择范围的扩大得到进一步的提高。产业内贸易的贸易得益也来源于可供消费者选择的商品范围的扩大。这种消费选择范围与两国消费偏好的重叠程度相关。偏好重叠程度越大,可供选择的产品类别范围就越广,贸易利得就越高;反之,其贸易利得就越低。而且,如果在此基础上纳入规模经济的因素,则消费者和生产者的贸易利得将会进一步增加,其增加的水平取决于生产函数的特征。

第三,在产业内贸易情况下,自由贸易政策具有促进贸易规模扩大的效果,贸易量不再完全取决于国家间禀赋的差异程度。随着一国经济水平和收入水平的提高,消费者的需求会越来越多样化,从而出现了越来越多的差异化产品。在分工与合作方面,产业内差别产品的广泛存在和差异产品间的高度生产替代和技术替代,使得各企业在开放条件下为避免直接竞争而重新进行结构调整。在社会福利方面,两国消费者所面对的产品选择范围也会增加。在自由贸易情况下,各国会因为市场规模的扩大而专业化生产不同的差异化产品,产量较之贸易前也会扩大;在需求方面,因为可消费商品的范围扩大有利于增加福利,各国将相互进口对方的差异化产品。这样,贸易量当然也会随之增加。此时,国家的相对规模和经济特征对贸易量有很大的影响,国家越是相似,产业内贸易量就越大。

第四,由于产业内贸易与产业间贸易在利益来源和分配中存在差异,一国可以通过调整产业结构来强化产业内分工和贸易,并从中获益。在产业内贸易利益上,自由贸易政策具有促进贸易规模扩大和福利水平提高的效果,这种政策效果是通过灵活的产业内部结构调整、规模经济效益的实现和扩大、可供选择的产品类别数量的扩大等渠道来实现的。产业内贸易不仅会使各国的社会福利得到改善,还可以保证各要素所有者从生产中获益,并能有效地避免传统贸易中因要素价格趋于均等化而使稀缺要素所有者遭受利益损失的结果。可见,就社会福利而言,产业内贸易并不低于产业间贸易。在利益分配上,如果不存在产品革新,则贸易利益将在两国间平等分配;如果存在技术革新,则率先进行革新的一方获得的利益较大(但引进革新的数量应当控制在适当的范围内)。建立在两个具有相同特征的国家基础上的产业内分工和贸易可以保证世界经济的平衡发展。但是,在两类不同的国家间开展产业内分工和贸易的结果,会因该分工的类型差别而有所不同:若两国所从事的产业内分工是水平型的,即都具有规模经济和差别化优势,分工与贸易的结果可以较好地保持均衡增长;若两国所从事的产业内分工是垂直型的(即制成品生产与中间产品生产的分工),则两国的经济发展将因产品的价格需求弹性、规模经济以及产品差别化的不同而不同。这对发展中国家的产业政策和贸易政策具有重要的指导意义。

三、产业内贸易程度的测定

一国的产业内贸易水平一般用产业内贸易指数(Intra-industry Trade Index,IIT)来衡量。目前最广泛使用的产业内贸易的测算方法是由格鲁贝尔和劳埃德(1975年)提出来的。用公式可以表示为:

$$IIT = \left[1 - \left|\frac{X_i - M_i}{X_i + M_i}\right|\right] \times 100\% \tag{5-1}$$

上式中:X_i 和 M_i 分别表示某国在第 i 类产品上的出口值和进口值。$0 \leqslant IIT \leqslant 1$,当 IIT 越接近于1时,说明该国第 i 类产品产业内贸易的程度越大;反之,该数值越接近于0,则说明该国第 i 类产品产业间贸易的比重越大。

有人运用产业内贸易指数对发达工业国的 IIT 值进行了测算,发现自从20世纪50年代以来,所有发达国家的 IIT 值不断上升,特别是在20世纪60年代以后,这些国家一半以上的贸易量都来自于产业内贸易。但是,也要注意到,产业内贸易指数本身也存在着明显的不足。如果对产业或产品组的范围大小的界定不一致,就会得出完全不同的 IIT 值。显然,产业或产品组的范围定得越广,产业内贸易指数的数值就会越大。

专栏5-1 全球价值链贸易

随着信息通讯技术的发展,跨国的复杂生产协作成为可能,国际经济贸易领域出现了许多新的重大变化,其中最引人注目的是全球性生产和中间产品贸易的不断增长。产品内分工(intra-product specialization)模式受到了越来越多的关注。与以产品为对象的国际分工形态不同,当代国际分工将产品生产过程中的不同工序和区段拆散后,投入到不同国家进行,这样就形成了以工序、区段、环节等为对象的分工体系与贸易模式。从产品价值增值来看,由于最终产品由多个国家生产的中间品组装而成,很多产品的最终价值实际上来自于很多国家或地区。随着科技的发展和分工的细化,产品的生产链和价值链越拉越长,这些中间品的贸易形成了全球价值链(global value chain)贸易。

一、全球价值链及其特征

在产品内分工模式下,全球价值链是一种在全球范围内的价值创造过程,该过程链涵盖商品生产与服务环节,连接着生产、加工、销售、最终消费和售后服务的整个过程。跨国生产与合作往往通过外商直接投资或外包实现。具体而言,一种情况是,跨国公司在海外进行直接投资或设立分公司,将原来完整的生产过程分割为多个部分或环节,并且各部分在地域上进行分离。另一种情况是外包,即将业务转移至国内或国外的其他公司完成。因此,原来的产成品贸易为大量中间品贸易所取代。全球价值链的整个过程可以形象地用微笑曲线来标示。微笑曲线的形状两端朝上、中间较低,因像一个笑脸而得名。微笑曲线的左边是研发和设计,中间是制造,右边是营销和售后。在整个价值链中,附加值更多地体现在两端,即研发设计和销售环节,而处于中间的制造加工环节附加值最低。一般来说,在全球价值链中,发达国家往往从事研发和产品销售,处于微笑曲线的两端,而发展中国家更多地从事产品制造和加工环节,处于微笑曲线的最低点。以美国的特斯拉汽车和苹果手机为例,产品的设计环节在美国完成,而生产环节在中国、印度、墨西哥等国家完成,最终产品出口到全世界销售。因此,在全球价值链贸易中,分工和贸易的收益大多被发达国家获得,而发展中国家往往只获得极少量的收益。

二、全球价值链贸易核算

在全球价值链分工和贸易中,中间产品跨越多个国界的现象越来越普遍。很多产品的价值来源实际涉及多个国家或地区,而不仅限于最终出口该产品的国家或地区。贸易经济学家和政策制定者已达成如下共识:以贸易总值为基础的官方贸易统计已不能客观反映当前以全球价值链为基础的国际贸易实际情况,需要建立以增加值为基础的新贸易统计法则。为了采用贸易增加值口径进行贸易统计,库普曼等(Koopman et al.,2014)学者提出了出口分解法模型(以下简称KWW模型),将出口分解为具有不同经济含义的四部分:被外国吸收的增加值、返回国内的增加值、国外增加值、纯重复计算的中间贸易品部分,并根据出口品价值最终去向将其细分至九个部分。然而,KWW模型只适用于国家层面的加总分析,难以对双边层面或部门层面的出口贸易进行分解,不能反映一国参与全球价值链的完整信息。王直等(Wang et al.,2013)基于后向联系扩展了出口分解模型(记为WWZ模型),提出多个层面(国家—部门层面、双边层面、双边—部门层面)的出口贸易分解法,将出口贸易细分为16个部分,并建立了从贸易总值统计到贸易增加值统计的完整核算法则,为全球价值链研究提供了更全面、系统的量化评价体系。随着研究的深入,王直等(Wang et al.,2017a;Wang et al.,2017b)将全球价值链的分析框架从出口阶段向上延伸到生产阶段,进一步拓展出口分解模型,建立了生产分解模型的核算框架,对国内生产所创造的增加值去向(前向联系)和国内生产所使用的增加值来源(后向联系)进行分解,并重新定义了国家—部门层面参与全球价值链的程度、位置、竞争力等指标。通过这个生产分解模型,可以从前向联系和后向联系两个视角全面审视一国参与全球价值链的特征,不仅修正了出口分解模型只考虑出口贸易环节而忽视国内需求环节的缺陷,而且修正了现有文献中关于全球价值链评价指标的缺陷,从而更完整、准确地描绘国家和部门在全球价值链中的角色。

资料来源:王直,魏尚进,祝坤福.总贸易核算法:官方贸易统计与全球价值链的度量[J].中国社会科学,2015,237(9):108-127,205-206.

Wang Z, Wei S J, Yu X, et al. Characterizing Global Value Chains: Production Length and Upstreamness[J]. NBER Working Papers,2017.

Wang Z, Wei S J, Yu X, et al. Measures of Participation in Global Value Chains and Global Business Cycles[J]. NBER Working Papers,2017.

第二节 规模经济理论

古典贸易理论和新古典贸易理论都是假定产品的规模报酬不变,而规模经济理论则认为这种假定是不完全的。因为规模经济现象在许多行业中非常突出,例如在制造业中,随着生产规模的扩大,生产时间的延长,机器设备闲置减少及利用率提高,劳动者的技术及熟练程度提高,从而导致单位产品的成本降低,即出现了规模报酬递增的情况。

克鲁格曼对规模经济理论的研究取得了一定的成就。1979年,他在其发表的论文中将规模报酬理论引入国际贸易分析中,成为当代贸易理论具有代表性的学说之一。该理论认为即使两国在要素禀赋与消费偏好上完全一样,即不存在比较优势,只要存在报酬递增的规模经济,经济发展水平大体相同的国家之间照样能产生国际分工和国际贸易。该学说从理论上对第二次世界大战后发达国家之间工业品的"双向贸易"作出了较有说服力的解释。

一、规模经济概念

从经济学说史的角度看,亚当·斯密是规模经济理论的创始人。但是,真正意义的规模经济理论起源于美国,它揭示的是大批量生产的经济性规模,典型代表人物有马歇尔、张伯伦、罗宾逊和贝恩等。阿尔弗雷德·马歇尔在《经济学原理》一书中论述了规模经济形成的两种途径,即依赖于个别企业对资源的充分有效利用、组织和经营效率的提高而形成的"内部规模经济"和依赖于多个企业之间因合理的分工与联合、合理的地区布局等所形成的"外部规模经济"。他进一步研究了规模经济报酬的变化规律,即随着生产规模的不断扩大,规模报酬将依次经过规模报酬递增、规模报酬不变和规模报酬递减三个阶段。美国第一位诺贝尔经济学奖(1970年)得主保罗·萨缪尔森、美国哈佛大学教授莱宾斯坦、美国著名企业史学家钱德勒等人都曾对规模经济理论进行深入的研究。

按照规模经济对企业效率的形成机制差异,可以将规模经济分为内部规模经济和外部规模经济。内部规模经济主要来源于企业本身生产规模的扩大。由于生产规模扩大和产量增加,分摊到每个产品上的固定成本(管理成本,信息成本,设计成本,科研与发展成本等)会越来越少,从而使产品的平均成本下降。同时,企业生产规模扩大以后,企业能够利用更先进的技术和机器设备等生产要素;随着对较多的人力和机器的使用,企业内部的生产分工能够更合理和专业化;人数较多的技术培训和具有一定规模的生产经营管理,也都可以节约成本。但是随着规模的继续扩大,生产的各个方面难以得到协调,反而可能降低生产效率,用图形表示为长期平均成本曲线(LAC)先下降后上升的趋势。

外部规模经济理论首先由著名的经济学家阿尔弗雷德·马歇尔在1890年提出,后经克鲁格曼等学者的完善而得到发展。外部规模经济理论认为,在其他条件相同的情况下,行业规模较大的地区比行业规模较小的地区生产更有效率,行业规模的扩大可以引起该地区厂商的规模收益递增,这会导致某种行业及其辅助部门在同一或几个地点大规模高度集中,形成外部规模经济。外部规模经济是一种经济外部性表现,其产生的源泉有很多,具体来说,其包括以下两部分。

(1) 行业地理位置的集中带来的外部规模经济效应,又称集聚经济。

(2) 行业内每个企业从整个行业的规模扩大中获得更多的知识积累,即阿罗所说的"干中学效应"。

专栏 5-2　保罗·克鲁格曼

保罗·克鲁格曼(1953—),犹太人,1953年出生于纽约长岛一个美国中产阶级的家庭。他在纽约的郊区长大,从约翰·F·肯尼迪高中毕业后,他来到了著名的麻省理工学院,1977年获得麻省理工学院博士学位,先后在耶鲁、麻省理工、斯坦福大学任教,1982年,克鲁格曼曾任职于里根政府的经济顾问委员会,并于次年主笔总统经济报告。1991年获得被视为诺贝尔奖重要指针的美国经济学会克拉克奖,2000年任普林斯顿大学公共事务和国际事务学院经济学教授,2008年获诺贝尔经济学奖。克鲁格曼的主要研究领域包括国际贸易、国际金融、货币危机与汇率变化理论。

在20世纪90年代,克鲁格曼成功预言了"1997年亚洲金融危机",奠定了克鲁格曼作为"新一代经济大师"的地位。其实,克鲁格曼对经济学的贡献并不是这次预测那么简单。可以说,在整个国际贸易理论研究的两百多年历史中,或许只有三人在学术上可以排在克鲁格曼前面:大卫·李嘉图、伊·菲·赫克歇尔和戈特哈德·贝蒂·俄林。

如瑞典皇家科学院所言,克鲁格曼获得诺贝尔经济学奖主要源于他对贸易模式和地理经济学的开拓性贡献。大卫·李嘉图提出的比较优势理论成了经济学最重要的一块基石。伊·菲·赫克歇尔-俄林模型清楚地解释了20世纪初的国际贸易模式,戈特哈德·贝蒂·俄林于1977年摘得诺贝尔经济学奖。但是,他们的理论都无法解释20世纪中后期出现的产业内贸易现象。这项艰巨的工作由克鲁格曼在1978年完成,其时他25岁。在那一年发表的经典论文《规模报酬递增、垄断竞争和国际贸易》中,他用简单的数学模型论证了资源相似的两国(如美国和加拿大)也可以进行国际贸易,且贸易可以发生在同一行业。原因很简单:如果扩大生产规模可以降低企业成本,那么加美之间的贸易就如同美国本国扩大生产规模一样。加美之所以发生贸易是因为两国生产规模上的区别,而不一定是由于两国存在技术或资源的区别——行业的规模报酬递增现象导致了国际贸易。规模报酬递增并不是一个新发现,在1930年就有经济学家提出来,克鲁格曼的贡献在于他别出心裁地把它用于解释贸易现象。

除此之外,克鲁格曼还在新经济地理学方面做出了开拓性的贡献。他还是一个著名的专栏作家。从2000年起,他在《纽约时报》上每周发表两篇专栏评论,成为美国最重要的政治专栏作家,是少数几位能分析美国当代政治关键事务的人物之一。

资料来源:余淼杰.克鲁格曼的神话[N].南方周末,2008-10-16.

二、内部规模经济与国际贸易

在存在内部规模经济的产业中,大厂商要比小厂商更具有成本优势,因而能迫使小厂商退出市场,并最终把市场控制在自己手中,形成不完全竞争的市场结构。在封闭经济情况下,这会导致一系列的负面影响,如经济中的竞争性下降,消费者支付的成本上升,产业多样化程度降低等。与封闭的国内市场相比,世界市场可以容纳更多的厂商,同时单个厂商的规模也会扩大,从而解决了规模经济与竞争性之间的矛盾。见图5-1,以A、B两国的某种产品为例,若A、B两国拥有的要素禀赋和生产技术均相同,按照要素禀赋理论,这两个国家无法进行贸易。但是,若两国的市场规模不同,A国具有较大的国内市场,从而易于实现规模经济,而B国恰恰相反,国内市场狭小,无法实现规模经济。图5-1中,虽然两国的长期成本曲线相同,但是B国代表性企业产量更大,因而

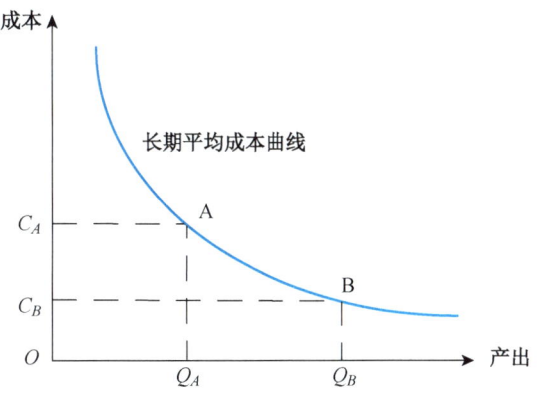

图5-1 内部规模经济与国际贸易

单位成本更低。而 A 国代表性企业产量较小，单位成本更高。在此基础上，B 国形成以规模经济为基础的比较优势。在开放经济情况下，B 国将出口这种以规模经济为基础的比较优势产品。

具有内部规模经济的一般是资本密集型或知识密集型行业。内部规模经济之所以会出现，是由于企业所需特种生产要素的不可分割性和企业内部进行专业化生产造成的。采用大规模生产技术的制造业可以使用特种的巨型机器设备和流水生产线，进行高度的劳动分工和管理部门的分工，有条件进行大批量的销售，而且有可能进行大量的研究和开发工作，从而可以大幅度降低成本，获取利润。对于研究和开发费用较大的产业来说，规模经济的实现更是至关重要。如果没有国际贸易，这类产业可能就无法生存。只有在进行国际贸易的情况下，产品销售到世界市场上去，产量得以增加，厂商才能最终实现规模经济下的生产。

三、外部规模经济与国际贸易

外部规模经济出现的主要原因是整个产业集中在一个地理区域内，有利于形成专业化的供应商，培育共同的劳动力市场，并有利于知识外溢，使得整个产业的生产效率得以提高，所有厂商的平均生产成本下降。如美国硅谷的计算机工业、中国义乌的小商品市场等。

在外部规模经济下，产业规模的扩大使得厂商的成本下降，从而竞争力增强，一国就有可能出口该产品。但是一国出口产业的最初建成或扩大纯粹是由偶然因素决定的，一旦该国建立起大于别国的生产规模，随着时间的推移，该国会拥有更多的成本优势。这样，即使其他国家具有更大的潜在比较优势，如果该国已先行将该产业发展到了一定的规模，那么其他国家也不可能成为该产品的出口国。因此，在外部规模经济存在的情况下，贸易模式会受到历史偶然因素的极大影响，见图 5-2。

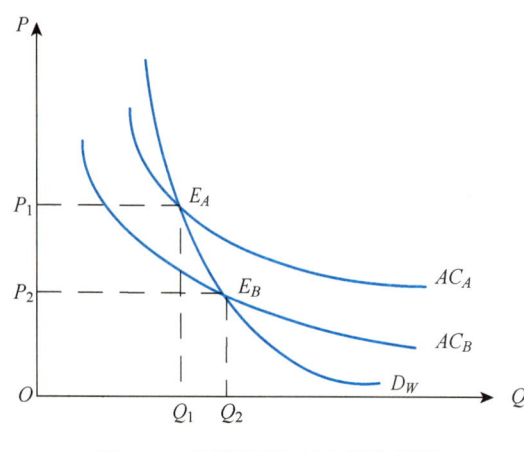

图 5-2　外部规模经济与国际贸易

图 5-2 中，假定产业规模的扩大会导致产品平均成本的下降，因而 AC 曲线都向下倾斜；同时，假定厂商之间是完全竞争的，这样，产品价格就等于厂商的平均成本。D_W 代表某种产品的世界需求曲线，外部规模经济发生之前和之后某产品的平均成本曲线为 AC_A 和 AC_B。在外部规模经济产生之前，该行业供求均衡点为 E_A，此时的均衡价格和产量分别为 P_1 和 Q_1。假定该产业存在外部规模经济，随着行业规模的扩大，行业的供给增加，行业平均成本下降为 AC_B，代表性企业将按照 P_2 的价格为世界提供 Q_2 单位的产品，均衡点为 E_B。试想，如果在外部规模经济发生之前，企业按照 P_1 的价格不具备比较优势，那么国际贸易或许将无法产生。在开放经济条件下，外部规模经济将产

品价格降低到 P_2，该产品可能因此获得比较优势，从而获得与他国产生国际贸易的可能性。

第三节　动态贸易理论

一、技术差距理论

技术差距理论（Technological Gap Theory），又称创新与模仿理论（Innovation and Imitation Theory），是由美国经济学家波斯纳在他的《国际贸易与技术变化》（1961 年）一文中提出的。波斯纳运用技术差距理论对戈特哈德·贝蒂·俄林论述的贸易模式进行了修正，用不同国家之间技术差距的存在解释国际贸易发生的原因。

波斯纳认为，技术变动是一个持续的过程，持续的创造发明过程将会导致贸易的发生。即使是那些要素禀赋和需求偏好相似的国家（它们在一个静态的要素禀赋理论中是不会展开贸易的）之间，技术进步也会导致贸易。

技术差距理论把国家间的贸易与技术差距的存在联系起来，认为正是一国的技术领先优势使其具有获得出口市场的优势。新产品总是在工业发达国家最先问世，当一国创新某种产品成功后，在国外掌握该项技术之前，具有技术领先优势，可出口技术领先产品，创新国便获得了初期的比较利益。这时，其他国家虽然想模仿生产新产品，但由于与先进工业国家之间存在的技术差距，需要经过一段时间的努力之后才可能做到。在这段时间内，创新国仍保持在该产品上的技术领先地位，其他国家对该产品的消费仍需通过进口得到满足，因而技术差距所引起的国际贸易必然继续进行。但新技术会随着专利转让、技术合作、对外投资、国际贸易等途径传播到国外，当一国创新的技术为外国模仿时，外国即可自行生产而减少进口，创新国渐渐失去该产品出口市场的垄断地位，因技术差距而产生的国际贸易逐渐缩小。随着时间的推移，新技术最终将被技术模仿国掌握，使技术差距消失，贸易即持续到技术模仿国能够生产出满足其对该产品的全部需求为止。

波斯纳在描述技术差距时，提出模仿时滞概念。从技术差距产生到技术差距引起的国际贸易终止间的时间间隔称为模仿时滞。模仿时滞可分为反应时滞和掌握时滞两阶段，而反应时滞阶段的初期则是需求时滞阶段。所谓需求时滞，是指新产品出口到其他国家，一时因消费者尚未注意或不了解，而不能取代原有的老产品所需的时间差。需求时滞阶段的长短主要取决于两国收入水平差距和市场容量差距，差距越小长度越短。所谓反应时滞，是指一个国家在新产品进口后，需求逐渐增加，使进口国的生产商感到不能再按照旧的方法生产原来的产品，因此要进行调整来生产新产品，但这中间需要有一段时间，即为反应时滞。反应时滞阶段的长短主要取决于企业家意识、关税、运输成本、市场容量及居民收入水平高低等多种因素。所谓掌握时滞，是仿制国家从开始生产到达到原出口国同一技术水平，国内生产扩大，进口变为零的时间间隔。掌握时滞阶段的长短主要取决于技术模仿国吸收新技术能力的大小。技术创新能否会使两个在其他方面一样的国家之间展开贸易取决于这些时滞的净效应。

胡弗鲍尔用图形形象地描绘了波斯纳的技术差距理论,见图 5-3。

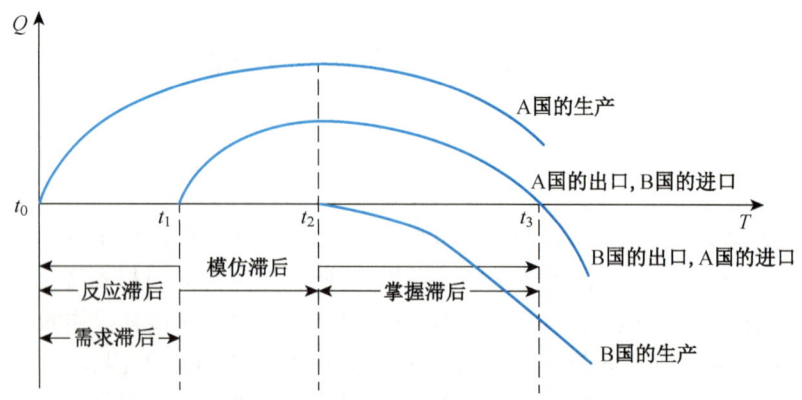

图 5-3　波斯纳的技术差距理论

图 5-3 中,横轴 T 表示时间,纵轴 Q 表示商品数量,上方表示技术创新国 A 的生产和出口(B 国进口)数量,下方表示技术模仿国 B 的生产和出口(A 国进口)数量。从 t_0 起开始生产新产品,$t_0 \sim t_1$ 为需求滞后阶段,B 国对新产品没有需求,因而 A 国不能将新产品出口到 B 国。过了 t_1,B 国模仿 A 国消费,对新产品有了需求,A 国出口、B 国进口新产品,而且随着时间的推移,需求量逐渐增加,A 国的出口量、B 国的进口量也逐渐扩大。由于新技术通过各种途径逐渐扩散到 B 国,到达 t_2,B 国掌握新技术开始模仿生产新产品,反映滞后阶段结束,掌握滞后阶段开始,此时 A 国的生产和出口(B 国进口)量达到最大值。过了 t_2,随着 B 国生产规模的扩大,产量的增加,A 国的生产量和出口量(B 国的进口量)不断下降。到达 t_3,B 国生产规模进一步扩大,新产品成本进一步下降,其产品不但可以满足国内市场的全部需求,而且可以用于出口。此时,技术差距消失,掌握滞后和模仿滞后阶段结束。可见,A、B 两国的贸易发生于 $t_1 \sim t_3$ 这段时间,即 B 国开始从 A 国进口到 A 国向 B 国出口为零的这段时间。

技术差距理论的创新之处在于从技术创新的角度出发,论述了产品贸易优势在创新国和追随国之间的动态转移,这为研究一个具体产品创新过程的产品生命周期理论提供了坚实的基础。而技术差距的不足之处则在于只是解释了技术差距消失的原因,而未能充分说明贸易量的变动和贸易结构的改变。

二、产品生命周期理论

产品生命周期理论(Product Life Cycle Theory)是由美国经济学家弗农 1966 年在《生命周期中的国际投资与国际贸易》一文中首先提出的,随后威尔斯和赫希哲又对其进行了发展和完善。该理论通过分析产品在其不同生命阶段的不同分工和贸易模式,有力地解释了第二次世界大战后工业制成品的贸易流向及其对贸易格局的影响。

在要素禀赋论等传统国际贸易理论中,通常是假定各国的技术水平相同,但在现实当中,不同国家之间的技术水平存在着很大的差异。而且,技术是可变的,技术变迁也

五次国际产业大转移——产品生命周期理论的应用

会对国际贸易产生很大的影响。这就有必要把技术看作是一个独立的要素来考虑。产品生命周期理论认为,产品也和有机物一样,存在着产生、发展、成熟、衰退和消亡的过程,随着技术的扩散,产品也一般要经过新生期、成长期、成熟期和衰退期。在产品的整个周期中,生产产品所需要的要素是会发生变化的,因此在新产品的生产中就可以观察到一个周期。根据产品生命周期各阶段的不同特点,弗农认为新产品的"产品生命周期"可以分为四个阶段。

弗农假设参与贸易的国家分为三类:第一类是发明与出口新产品的工业高度发达国家,如美国等,它们是技术、知识与资本充裕型国家;第二类是比较小的工业发达国家,如西欧、日本,它们是资本与技术充裕型国家;第三类是发展中国家,它们是劳动充裕型国家。

第一阶段为产品创新期。开发创新新产品要承受很大的风险:当存在较多技术工人而使生产具有更大的灵活性时,这种风险就可能降低;当市场发育较为完善,能较快较好地得到消费者反馈的信息时,这种风险也可能降低。而富裕发达的国家技术工人较多,市场也更加完善。因而在产品生命周期较早、风险较大的阶段,生产会集中在较富有、较发达的国家。以美国为例,美国依靠技术优势研制出了新产品,并开始在国内市场上销售。在这个阶段,美国垄断着这个新产品的生产和销售,产品也以技术密集型为主。

第二阶段为产品成长期。这个阶段又分为前期和后期阶段。在前期阶段,已开发出的新产品开始进入与美国经济发展水平相似、消费偏好相近的其他发达国家(如日本和西欧),并占有了这些国家的市场,产品也逐步成熟起来,生产规模不断扩大,产品成本开始下降,但技术的不断扩散会使得这些国家开始仿制这种新产品,并进入市场。由于运输费用和关税等原因,美国出口的产品将逐渐处于价格竞争的劣势,而逐步缩小其出口市场。在后期阶段,其他发达国家也参与这种新产品的出口竞争,由于自身生产经验的逐步丰富,生产规模也不断扩大,这些国家该产品的生产成本也逐渐下降,再加上这些国家国内的工资水平要比美国低,因此他们开始成为该产品的净出口国,其仿制品也开始在国际市场上与美国产品竞争,并逐步取代美国。这个阶段产品以资本密集型为主。

第三阶段是成熟期,也称标准化阶段。在这个阶段,世界其他国家(如发展中国家)在进口该产品后,也发生了产品的仿制,并且由于它们廉价的原材料和劳动力而使该产品的生产成本大大降低,而美国则由于国内成本的高昂而逐步放弃了该产品的生产,改为由其他国家进口该产品。此时,该产品的生产技术已经完全标准化了,能够使用相对技能较低的工人,技术也很容易得到了,生产必然会转移到劳动相对丰裕的发展中国家。这种转移可以分为两种情况:一是这些国家里的新建企业生产该产品;二是原先的企业将生产转移到这些国家去。这个阶段产品是劳动或资源密集型的。

第四阶段是衰退期。美国开始进口这一产品,即外国开始向美国出口该产品。外国的大规模生产,产生了规模效益,而且由于劳动力成本低,开始向美国大量出口。在这一阶段,该产品的进口逐渐占据了美国市场。产品生命周期在美国完结。

当然,该种产品的生命周期还会在其他国家重复和继续着,这就是比较优势的动态化研究。弗农认为,成熟后的产品最后都将固定在发展中国家生产,并向发达国家出口,这主要是因为发展中国家的工资成本较低,廉价的劳动力和原材料优势将超过技术优势而使该产品的生产成本降低,从而使发展中国家在该产品的生产和出口上具有比较优势。但是作为技术创新国的美国,由于其在产品生命周期最初阶段的技术优势,其所获益将远远超过因劳动力和原材料优势而获益的处在生命周期末端的发展中国家,而且,美国的技术优势将促使它不断地研究开发出新产品,并不断地把这些新产品引入世界市场,从而始终处于产品生命周期的最前端,始终处于比较优势地位。因此,美国的国际收支状况并不会因为某种具体产品的衰退而恶化。相反,对于发展中国家而言,只有重视教育,提高国民素质,加大对科学研究和技术开发的投入,在技术进步的基础上努力开发和创新产品,改变自己在产品生命周期中的地位,才能改善自己在国际贸易中的地位,并从中获得更大的利益。

由以上分析可以看到,产品生命周期理论对第二次世界大战后的制成品贸易模式和国际直接投资做出了令人信服的解释。它考虑了生产要素密集性质的动态变化、贸易国比较利益的动态转移和进口需求的动态变化,对落后国家利用直接投资和劳动力成本优势发展本国的制造业生产,具有积极的指导意义。

专栏 5-3　五次国际产业大转移

弗农(Vernon,1966)提出的"产品生命周期理论"从发达国家的角度,阐述了产业如何逐渐向发展中国家转移的过程。弗农将产品生命周期划分为新产品阶段、成熟阶段、标准化阶段三个不同阶段。产业转移通常始于产品和技术完全标准化、国内市场基本饱和的产品成熟期。而到了标准化阶段,技术发明国的生产和出口竞争优势受到技术模仿国的劳动成本优势和其他成本优势的重大挑战,从而促使技术发明国进行大规模产业转移。工业革命以来,世界经历了五次重大的产业转移,也是发达国家消化过剩产能的五次过程。弗农认为发达国家向发展中国家转移产业正是产品生命周期理论的现实体现。

第一次产业转移(18世纪末—19世纪上半叶):发生在第一次工业革命后期,产业转移的路径是从英国向欧洲大陆和美国转移。英国首先完成第一次工业革命,成为名副其实的"世界工厂",一度控制着世界工业生产的1/3~1/2,世界贸易的1/5~1/4,并面临着国内市场有限以及劳动力短缺等问题,因此不得不扩展海外市场。美国作为英国的殖民地,又有良好的自然条件和资源条件,自然成为主要选择。到18世纪70年代美国独立战争时,英国在北美的殖民拥有大约200个造铁厂,年产铁量约3万吨。

第二次产业转移(20世纪50年代):产业输出地是美国,输入地是日本和西德。此次国际产业转移对次发达国家的经济影响巨大,日本和西德在承接了美国移出的产业后,很快成为全球劳动密集型产品的主要供应国,西德一跃成为世界经济强国,"日本制造"开始畅销全球,日本建成了第三个"世界工厂"。可以说,第二次国际产业转移推动了"世界工厂"的第二次变迁。需要特别指出的是,由于这次产业转移,发达国家基本上把资本缺乏、科技落后的广大发展中国家排除在产业转移进程之外,全球被分割为两类生产体系:发达国家形成了以机械化大生产为主的全球生产链,发展中国家形成了以手工业和农业为主的自然经济生产体系。

第三次产业转移(20世纪60—70年代):这次国际产业转移输出国是日本和西德,输入地是亚洲"四小龙"。日本和西德通过两次将产业大规模转移到亚洲"四小龙",国内产业得到了两轮"废旧建新"的重构。亚洲"四小龙"一方面积极承接日本和西德的产业转移,另一方面将自己劳动密集型产业转移到了东盟国家,由此形成了产业的梯次转移结构。

第四次产业转移(20世纪80—90年代):这次国际产业转移输出地是美国、日本、德国、亚洲"四小龙",而输入国则是发展中国家。这次国际产业转移在很大程度上受到全球价值链分工的影响。不同于以往的国际分工,全球价值链将产业链中的每一个工序分别按照一定的"模块"进行调整和分割,使得各个模块能够独立运作,然后依据统一的规则与标准连接成一个整体。发展中国家是第四次国际产业转移的最大受益者,而中国也正是在此次产业转移中逐渐成为了"世界工厂"。这是人类经济史上第一次出现最大发达国家和最大发展中国家同时成为世界经济增长中心的局面。

第五次产业转移(2008年国际金融危机后):本次国际产业转移出现了与以往四次不同的特点。前四次的产业转移都是单向的,即由发达经济体向新兴经济体转移,而这次转移则呈现出"双向转移"现象。一方面,受"再工业化"政策的影响,产业高端链条开始回流欧美发达国家;另一方面,受成本上升影响,产业低端链条开始从中国向成本更低的地区转移。在此次产业转移中,越南、印度等国家可能成为劳动密集型产业的流入地。

资料来源:岳圣淞.第五次国际产业转移中的中国与东南亚:比较优势与政策选择[J].东南亚研究,2021,253(4):124-149,54-155.

第四节 国家竞争优势理论

20世纪80年代到90年代,美国哈佛大学商学院教授迈克尔·波特先后出版了《竞争战略》《竞争优势》和《国家竞争优势》三部著作,分别从微观、中观和宏观的角度论述了竞争力问题,对传统理论提出了挑战。在《国家竞争优势》一书中,波特讨论了如何从长远的角度将一国的比较优势转化为竞争优势,提出了比较系统的国家竞争优势理论(Theory of Competitive Advantage of Nations)。他利用竞争优势理论对当代国际贸易竞争的方式和内容进行了深入的研究,并提出了国家钻石理论,大大推动了国际贸易理论的进一步发展。

波特认为,一国国内市场竞争的激烈程度同该国企业的国际竞争力是成正比的,而创新是竞争力的源泉,一国的竞争优势就是企业和行业的竞争优势。国家竞争力则是在社会、经济结构、价值观、文化、制度政策等多个因素综合作用下创造和维持的,在此过程中,国家的作用不断上升,最终形成综合性的国家竞争力。

波特认为,一国兴衰的根本在于是否能赢得国际竞争优势,而赢得国际竞争优势的关键在于是否有适宜的创新机制和充分的创新能力。创新机制可从微观、中观和宏观三个层面来阐述:①微观创新机制。国家竞争优势的基础是企业内部活力。企业缺乏活力或不思进取,国家就难以树立整体优势;②中观创新机制。企业的创新涉及产业和区域发展。企业经营过程中的升级要依赖于企业的前、后向和横向关联产业的辅助与支持;③宏观竞争机制。如何把企业、产业、产品等局部优势整合为国家竞争优势,这时政府的行为会起到一定作用。

波特认为,一国的竞争优势由生产要素、市场需求、相关与支持性产业以及企业战略、结构与同业竞争状态四个关键因素决定。这四个关键因素之间的关系呈钻石状,因而该理论被称为"钻石理论"。另外,机遇和政府也会在其中起到一定的辅助作用。其相互之间的作用关系,见图5-4。

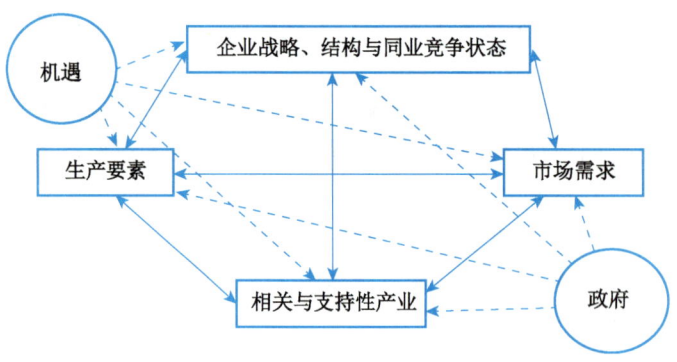

图 5-4 国家竞争优势的决定因素

一、生产要素

波特把生产要素区分为初级生产要素和高级生产要素,一般性生产要素和专业性生产要素。其中,初级生产要素是指一国先天拥有或不用太大代价就能得到的要素,包括自然资源、气候、地理位置、非熟练劳动力、资本等;高级生产要素则是指通过长期投资或培育才能创造出来的要素,包括现代化电信网络、高科技人才、高精尖技术等。他认为,一国的真正竞争优势主要来源于经过不断的、大量的投资、创新和升级所取得的高级生产要素和专业性生产要素。要素是动态的,可以被升级、被创造以及被特定化。初级生产要素的重要性,会因对其需求的下降和容易得到而不断下降,拥有初级生产要素优势的国家由于对其依赖而使其国际竞争力反而下降。如果能够充分利用和提升要素的质量,那么在一定条件下要素劣势也能转化为优势。

二、市场需求

本国需求状况对一国竞争优势的形成具有很大作用。市场需求结构对国际竞争优势的建立有三方面的影响：一是本国市场上有关产业的产品需求若大于海外市场，则拥有规模经济，有利于该国建立该产业的国际竞争优势；二是若本国市场消费者需求层次高，则对相关产业取得竞争优势有利，因为消费者对本国公司会产生一种促进产品质量、性能和服务等方面的改进的作用；三是若本国公司对本国消费者预期需求反应迟钝，则不利于该国国际竞争力的提升。

三、相关与支持性产业

波特认为，以国内市场为基础的有竞争优势的供应商会以三种重要方式对下游产业竞争优势的形成产生影响：第一，可以使下游产业容易更迅速地逼近尽可能低的成本；第二，可以提供一种不断发展中的协调优势；第三，下游产业的公司也能够调整它们的战略计划，并利用供应商发明、创新的优势。因此，如果一国的一定区域内能为某个产业聚集起健全且具备国际竞争力的相关和支持性产业，从而形成强大的产业群，则不仅有利于降低交易成本，而且有助于改进激励方式，改善创新条件，就会更容易形成竞争优势。

四、企业战略、结构和激烈的同业竞争

各国企业的目标不同，因而企业的竞争战略和结构也不尽相同，跨国公司的发展会促进一国的竞争优势的提升；国内市场的竞争程度，对该国产业取得国际竞争优势有重大的影响，成功的产业与激烈的国内竞争密切相关。

五、机遇和政府的作用

一国的发展机遇和政府作用对国家竞争优势的形成起辅助作用，政府政策仅在那些决定国家优势的关键因素已经存在的产业中才能保持有效。政府政策可以加速或增加获得竞争优势的可能性（或延迟或减少这些可能性），但在没有其他有利条件的情况下，政府政策缺少创造优势的力量。

机遇是指重要的新发明、重大技术变化、投资成本的剧变、突然出现的世界或地区性的需求、战争等偶然性事件。机遇的作用在于它可能打断事物发展的正常进程，使原来处于领先地位的企业丧失竞争优势，落后国家的企业则可借此获得竞争优势，但它属于辅助因素。

第五节　新新贸易理论

自赫尔普曼和克鲁格曼在 20 世纪 80 年代提出新贸易理论以来，近 20 年中国际贸易理论的前沿进展甚少，其分析视角主要从国家或产业层面入手，模型中企业是同质

的、无差异的,无法解释国际贸易中更为微观层面的许多现象。直至 2003 年梅里兹提出"异质企业贸易模型",形成了以企业层面研究国际贸易的新新贸易理论。新新贸易理论沿用了新贸易理论垄断竞争市场结构和规模报酬递增的假定,但放松了同质企业的假定,将企业生产率差异内生到垄断竞争模型中,运用一般均衡框架下的动态产业分析方法扩展了克鲁格曼的垄断竞争贸易模型,将贸易理论研究对象扩展到企业层面。本节重点介绍梅里兹模型为代表的异质性企业贸易理论及其拓展。

一、基本内容和研究思路

新新贸易理论用来解释最新的国际贸易和投资现象,且以微观企业为研究对象,研究企业的全球生产组织行为和贸易、投资行为。新新贸易理论的基本逻辑是:市场份额向高生产率企业靠近,而那些低生产率的企业被迫退出,从而提高了行业生产率水平,这一效应在封闭经济中是无法实现的。新新贸易理论包括了两个研究方向。一是关于企业的国际化路径抉择,即企业可以选择退出市场、供应国内市场、出口国外市场以及通过对外直接投资(FDI)供应国外市场等 4 种类型的经营决策;二是关于企业的内部化路径抉择,该路径分为一体化(integration)和外包(outsourcing)两种,又可再分为国内、国外两种情况,企业的选择包括:①国内一体化,也称为国内内包(insource at home),是指企业只在国内生产;②国际一体化,又称国际内包(offshore insource)和垂直对外直接投资(Vertical FDI),是指企业通过在国外设立分公司生产部分中间产品和零部件,再通过公司内贸易出口到国内母公司的生产形式,其涉及公司内贸易(intra-firm trade);③国内外包(outsource at home),是指企业通过在国内外包的形式组织生产;④国际外包(offshore outsource),是指企业将部分中间产品和零部件通过在国外市场外包,再通过贸易进口到国内来组织生产,这一过程会涉及贸易,所以又称为"长臂贸易"(arm's-length trade)。

二、封闭经济条件下的企业行为和均衡

企业生产率差异是企业异质性的主要表现,并与其他异质性来源紧密联系,从而可以用生产率差异来反映企业异质性对贸易的影响。该模型正是通过内生企业生产率来解释为什么参与贸易的企业具有更高的生产率。为了讨论开放经济中贸易与生产率之间的关系,异质性企业模型首先在封闭经济模型中内生了生产率变量。

与垄断竞争模型相比,异质性企业贸易模型采用的需求函数与垄断竞争模型相同,供给函数也基本一致。异质性企业贸易模型的不同之处也是模型的关键之处,在于提出了一个考虑企业生产率(φ)的总成本函数 TC。企业生产率不同,且面临着不同的边际成本 $1/\varphi$,那么企业的总成本就可表示为:

$$TC = f + \frac{q(\varphi)}{\varphi} \tag{5-2}$$

上式中:f 是固定成本;q 是产出。异质企业模型认为,行业中的企业和新进入企业面临着不同但相互联系的约束。对于原有企业来说,他们有一个企业关门生产率(或

零利润生产率,zero cut-off profit productivity,ZCP),这个约束被称为关门条件,或零利润条件,使得企业的利润刚好为零。如果生产率高于关门生产率,企业就可以获得利润,如果低于这个水平,企业就会退出市场。关门条件为:

$$\pi(\varphi^*) = 0, \quad \bar{\pi} = fk(\varphi^*) \tag{5-3}$$

对于新进入企业来说,他们面临着同样的关门条件,所不同的是,新进入企业需要承担一个沉没成本,因此在做出是否进入的决策时,他们需要用预期利润流来决定是否值得进入。新进入企业的预期利润折现值必须至少等于沉没成本,即新进入企业的净价值(value of entry)必须至少等于零。这就是新进入企业的约束条件:

$$V_e = 0 \quad \bar{\pi} = \frac{\delta f_e}{1 - G(\varphi^*)} \tag{5-4}$$

梅里兹(2003年)通过数学证明发现,关门条件(ZCP)中平均利润是关门生产率的减函数,而新进入企业约束条件中,平均利润是关门生产率的增函数,在两条曲线的交点上,就确定了行业平均利润水平和行业关门生产率,这就是封闭经济条件下的均衡点,是行业中两类企业对关门生产率不同反应的作用结果。对于行业中原有企业,关门生产率越高,其他因素不变的情况下,利润水平会越低。关门生产率的提高降低了企业利润,从而降低了行业平均利润。对于新进入企业来说,关门生产率越高,能够成功进入的企业越少,一旦成功进入,他们将会获得较多的利润,从而提高行业平均利润。关门条件实际上可以视为退出条件,在退出与进入双方力量的共同作用下,形成了行业的均衡状态。在均衡状态下,确定了企业关门生产率,从而也确定了行业平均生产率、平均利润水平。在仅有劳动要素投入这一假定下,封闭经济中劳动投入水平一定,并且收入水平和利润水平独立于国家规模。关门生产率的提高会减少行业中企业的数量,一旦关门生产率确定,行业中的企业数量就不会变化。所以,由于封闭经济中的市场规模一定,均衡条件表明,一旦加权企业平均生产率确定,企业数量、价格水平和人均财富就都被确定,因此行业总生产率只能通过其他途径得以提高,尤其依靠企业技术水平的提高。

三、开放经济条件下的企业行为和均衡

在开放经济中,行业生产率的变化有了另一条路径,即贸易可以通过市场份额的重新配置来提高行业的生产率。一旦引入国际贸易,产品成本将发生变化,产品运往销售国需要支付额外的成本,从而影响到企业在国际市场中的产品价格、收入和利润。异质企业模型用冰山成本来概括从事出口面临的额外边际成本,同时参与贸易的企业也面临着一个固定进入成本。如果用 τ 表示从事国际业务产生的单位产品额外边际成本,用下标 x 来表示各变量在国际市场中的值,用下标 d 表示国内市场业务,这时企业收益函数发生了变化:

$$r(\varphi) = \begin{cases} r_d(\varphi) & \text{如果企业不出口} \\ r_d(\varphi) + nr_x(\varphi) = (1 + n\tau^{1-\delta})r_d(\varphi) & \text{如果企业向所有国家出口} \end{cases} \tag{5-5}$$

当企业只进行出口而不在国内销售产品时,出口企业收入中的国内部分为零,其中,假定企业产品出口国特征一致,即企业向任何一个国家出口面临同样的收入函数,n 表示企业产品出口国家的数量,即贸易伙伴的数量。通过收入与成本的分解,可以得到开放经济中的企业利润函数:

$$\pi_d(\varphi) = \frac{r_d(\varphi)}{\sigma} - f, \quad \pi_x(\varphi) = \frac{r_x(\varphi)}{\sigma} - f_x \tag{5-6}$$

产品出口面临着与国内产品销售不一样的成本问题,收入和固定进入成本都发生了改变,所以,在国内市场和国外市场体现出不同的停止运营点生产率。在国内市场,停止运营条件是 $\pi_d(\varphi^*)=0$,而在国际市场中,企业停止运营条件是 $\pi_x(\varphi_x^*)=0$,综合考虑国际国内市场,停止运营条件则变为 $\pi(\varphi^*)=\pi_d(\varphi^*)+n\pi_x(\varphi^*)=0$。

值得注意的是,企业进入国际业务的成本大于进入国内市场成本总是普遍存在的,所以假设 $\tau^{\sigma-1}f_x > f$ 具有合理性(间接反映在 $\varphi_x^* > \varphi^*$),事实上,也只有在这种情况下,才表现出一部分企业能够从事出口业务,而另一部分企业只能在国内进行销售。引入企业成功进入国际业务的概率后,我们得到了企业的平均收入和平均利润函数。同样的,我们可以得到开放经济的停止运营条件(Zero Cutoff Profit in Open Economy,ZCP_t),但开放经济中的自由进入条件(FE)并没有发生变化:

$$ZCP_t : \pi(\varphi^*) = \pi_d(\varphi) + p_x n \pi_x(\varphi_x) = fk(\varphi^*) + p_x n f_x k(\varphi_x^*) \tag{5-7}$$

从以上企业行为分析中,可以看出,对于一个行业,开放经济下被分为国内市场和国际市场两部分,由于贸易成本和进入国际市场沉没成本的影响,关门生产率体现出三部分:封闭经济关门生产率、开放经济关门生产率和国际市场关门生产率。理论模型和现实状况都可以说明,封闭经济关门生产率最低,而国际市场关门生产率最高,开放经济关门生产率介于两者之间。那些生产率低于封闭经济关门生产率的企业会退出所在行业,生产率高于封闭经济关门生产率但低于开放经济关门生产率的企业,在没有贸易的情况下,他们因为生产率超过了封闭经济关门生产率水平而得以生存,但在开放经济中,由于关门生产率被提高,这部分企业也会被迫退出市场。生产率高于开放经济关门生产率但低于国际关门生产率的企业只能从事国内业务(这里也可能存在着两种情况,如果企业国际市场损失能够得到国内市场利润的弥补,在考虑其他动机下,这部分企业也可能进入国际市场,尽管这会降低它们的综合利润水平,如果企业进入国际业务带来的损失不能得到国内市场利润的弥补,就会出现总体亏损,因此这部分企业是绝对不会从事国际业务的)。对于那些生产率高于国际市场关门生产率的企业来说,他们将获得国际市场份额,从而大大提高利润水平。这就可以解释为什么一部分企业只能从事国内业务,而另一部分企业可以从事出口业务,从而产生了市场份额在产业内的重新配置效应。所以,使得那些在封闭经济中本可以继续生产的企业被迫退出市场,市场份额向更高生产率企业转移,关门生产率的提高和低生产率企业的退出,使行业总体生产率水平提高,这也是梅里兹模型的核心观点。梅里兹模型认为,自由贸易拓宽了提高行业生产率的途径,即使企业技术水平等其他因素不变(单个企业生产率不变),通过自由贸易也可以提高产业生产率水平,自由贸易通过市场份额重新配置和行业生产率的提高而提高社会福利。自由贸易同样会引起国内企业数量的减少，但这并不会降低国内消费者的福利，因为国外企业可以提供价格更低且种类更丰富的产品。

专栏5-4 企业内生边界理论

企业在国际化过程中面临着两个关键选择：一是是否进入国际市场；二是以何种方式进入国际市场？梅里兹异质性企业贸易模型主要解释企业供应国内市场、出口和FDI等企业行为选择的原因。但是该模型无法解释企业国际化应该发生在企业边界之内，还是通过市场交易、分包或许可等形式进行。安特拉和赫尔普曼等经济学家将国际贸易理论和企业理论结合在一个统一框架下，创立了企业内生边界模型对此进行研究。

一个在企业内部生产中间投入品的企业，可以选择是在本国或者外国进行生产。如果在本国生产，该企业从事的就是标准的垂直一体化；如果在外国生产，该企业进行的就是FDI和公司内贸易。同样，一个选择进行中间投入品外包的企业，也可以选择在本国或者外国进行外包。如果在本国购买投入品，就是国内外包；如果在国外采购投入品，就是对外外包或国际贸易。安特拉和赫尔普曼（2004年）建立的理论框架认为，企业是否进行外包或一体化，是否在国内或国外进行等决策都属于企业的内生组织选择。

安特拉和赫尔普曼将梅里兹（2003年）异质性企业贸易模型和安特拉（2003年）企业内生边界模型进行结合，在两个模型的基础上建立一个新的理论模型。在该模型中，最终产品的制造商控制着总部服务，中间品的供货企业控制着中间品的生产质量和数量，不同产业部门的生产率水平差异和不同产业部门的技术和组织形式差异对国际贸易、FDI和企业的组织选择产生重要影响。贸易、投资和企业的组织是相互依赖的，不同组织产生的激励、固定成本的差异以及不同国家工资水平的差异共同构成了均衡的企业组织结构。安特拉和赫尔普曼的研究表明，异质企业选择不同的企业组织形式，选择不同的所有权结构和中间投入品的生产地点。产业特征也是非常重要的决定因素。生产率差异较大的产业中主要依赖进口投入品，在总部密集度高的产业中一体化现象更为普遍；一个产业部门的总部密集度越高，就越不会依赖进口获得中间投入品。安特拉和赫尔普曼的模型也可以很好地解释南北工资差距不断加大和中间品贸易成本不断减少的影响，国外外包的成本减小会导致市场交易相对于公司内贸易增多，从而解释了现有的国际贸易和国际投资模式。

资料来源：Antràs P. Firms, Contracts and Trade Structure[J]. Quarterly Journal of Economics, 2003, 118(4):1375-1418.

Antràs P, Helpman E. Global Sourcing[J]. Journal of Political Economy, 2004, 112(3):552-580.

四、梅里兹模型的拓展研究

梅里兹模型的创建为国际贸易理论的研究提供了一个新的视角,研究不再仅仅局限于行业层面,将研究视角拓展到微观角度,关注企业行为及经营决策对贸易福利的影响。研究人员在梅里兹模型的基础上,对其假设进行了放松,并引入了更多的考虑因素,将新新贸易理论进行了进一步的拓展。以下选择比较有影响力的做简要介绍。

(一) BEJK 异质企业模型

伯川德与伊顿等人(2003年)也建立了一个异质企业贸易模型,与梅里兹(2003年)模型所不同的是,BEJK异质企业模型采用的是伯川德竞争而非垄断竞争的市场结构,主要关注企业的生产率和出口之间的关系。基于出口企业占企业总数的比重比较低、出口企业规模更大并且生产率更高等事实,伯川德等模拟了全球范围内贸易壁垒削减5%的情形,研究结果是贸易额上涨了39%,总生产率也由于低生产率企业倒闭和高生产率企业扩张出口而上升。在同一产业内,较低的贸易成本和产品差异会导致企业不同的反应,生产率最低的企业将可能倒闭,生产率相对较高的企业则开始选择出口。因此,该模型具有重要的实际意义。

(二) HMY 模型

引入异质企业的垄断竞争模型可以扩展到与对外直接投资相结合的分析领域。赫尔普曼、梅里兹和耶普尔(2004年)拓展了梅里兹模型,考虑了建立海外分公司的决策,即企业以出口还是FDI的形式进行国际化。布雷纳德(1987,1993年)认为,当外国市场规模增加并且出口成本上升时,与出口相比FDI就变得更为有利;而当海外投资设厂的成本持续上升时,FDI就变得相对不利,这就是出口与FDI的相互替代关系。赫尔普曼、梅里兹和耶普尔的研究表明,究竟是选择出口还是FDI是由企业根据其生产率预先决定的。

五、对新新贸易理论的评价

新新贸易理论告诉我们,扩大对外开放应该是长期不变的战略,政府应通过有效措施鼓励企业进入国际市场,并提高企业在国际市场中的竞争力。同时,应该积极地发展同其他国家的贸易伙伴关系和协助降低企业出口的额外成本,这不但可以突破因为国内消费不足和市场饱和带来的发展瓶颈,还可以提高一国整体生产率水平,让那些具有更高生产率的企业参与国际竞争,提高本国产品在国际市场中的份额。异质企业贸易模型还表明,对外开放和贸易并不会降低人均财富,反而会因为产品种类和生产率的提高而增进人均财富。总之,该模型体现了自由贸易的好处。但我们也需要根据自身经济发展情况合理选择有助于促进自由贸易的政策,以避免出现本国企业生产率严重偏低导致的大量企业退出结果。当生存下来的高生产率企业从自由贸易中获得的好处不足以弥补本国大量企业退出带来的损失时,异质企业模型的贸易政策启示就不利于一国产业结构优化和部门产业的发展。

新新贸易理论开启了国际贸易研究的新领域,其贡献主要表现在以下三个方面。

第一,新新贸易理论是对传统贸易理论的补充,尤其是对新贸易理论的补充;新新贸易理论在垄断竞争模型的基础上放松了企业同质的假定,从异质企业角度提出了国际贸易的新观点,从而在方法上取得了突破。

第二,新新贸易理论确立了新的研究视角。传统贸易理论从国家和产业层面研究贸易的产生及其影响,而新新贸易理论是从企业这个微观层面来研究贸易中出现的基本问题,使得国际贸易理论获得了新的微观基础和新的视角。

第三,新新贸易理论有可能为其他的经济学科,特别是空间经济学带来新的影响。空间经济学的基础来自于国际贸易理论。赫尔普曼和克鲁格曼的新贸易理论通过引入区际因素,产生了新经济地理理论,所以,我们可以大胆预计,如果新新贸易理论引入空间因素,将会产生新新经济地理理论。

尽管新新贸易理论的体系正在逐渐完善,但其较为严格的假设前提仍然导致了解释力的局限性。

第一,该理论没有充分考虑产品差异性。产品的差异不仅体现在产品的功用上,还体现在技术含量、功能多样性、质量、档次等方面,现代企业越来越重视产品差异化和市场细分,将市场分为高端和低端市场,新新贸易理论还不能解释如技术含量等差异带来的产业内贸易现象。

第二,新新贸易理论还有待引入企业异质性的其他内涵。企业异质性不仅体现在生产率、企业规模、组织结构等方面,还体现在跨国经营方式(出口、FDI、独资、合资等)、企业战略、市场定位等方面。

第三,没有考虑家庭和企业的动态最优化决策。新新贸易理论的结论是在一般均衡分析法下得到的结果,没有考虑家庭和厂商的动态最优化均衡。

本章小结

微课:国家竞争优势理论

产业内贸易指的是同一产业内的产品之间的贸易,也就是说一个国家既进口又出口同一类产品。产业内贸易有供给和需求两方面的原因。

规模经济有内部规模经济和外部规模经济之分。内部规模经济指厂商本身扩大产量带来的报酬;外部规模经济则是因为行业规模扩大而给厂商带来的报酬。无论是哪一种规模经济,厂商都可以降低成本,从而取得价格上的优势,形成比较成本差异。

技术差距理论把国家间的贸易与技术差距的存在联系起来,认为正是一国的技术领先优势使其具有获得出口市场的优势。技术差距理论的创新之处在于从技术创新的角度出发,论述了产品贸易优势在创新国和追随国之间的动态转移。

产品生命周期理论认为产品都要经历创新期、成长期、成熟期和衰退期。产品生命周期理论考虑了生产要素密集性质的动态变化、贸易国比较利益的动态转移和进口需求的动态变化,对第二次世界大战后的制成品贸易模式和国际直接投资做出了令人信服的解释。

国家竞争优势理论认为,一国的竞争优势由生产要素、市场需求、相关与支持性产业以及企业战略、结构和激烈的同业竞争四个关键因素决定。另外,机遇和政府的作用也会在其中起到一定的辅助作用。这五个因素之间的关系成钻石状,因而该理论被称为"钻石理论"。

新新贸易理论以梅里兹(2003年)"异质企业贸易模型"为开端,沿用了新贸易理论垄断竞争市场结构和规模报酬递增的假定,但放松了同质企业的假定,将企业生产率差异内生到垄断竞争模型中,运用一般均衡框架下的动态产业分析方法扩展了克鲁格曼的垄断竞争贸易模型,以微观企业为研究对象,研究企业的全球生产组织行为和贸易、投资行为。

案 例

用规模经济理论分析以下案例,解释国际贸易比较优势的来源。义乌小商品市场的经验启示是什么?

作为全球小商品贸易的"风向标"和"晴雨表",义乌市场与全球230多个国家和地区均有贸易往来。数据显示,2022年义乌对欧盟和美国的进出口额分别达到604.5亿元和562.1亿元,较前一年增长率分别为47.1%和35.5%,分别高于浙江省对上述市场的增速36.8个百分点和30.1个百分点。从一个农业穷县一跃成为综合实力在全国靠前的县市,义乌市的成功得益于产业集聚效应,这一经验启示了一种新型发展模式。义乌的产业集聚经历了横向集聚和纵向集聚两个阶段。20世纪80年代中期—90年代初期,义乌的产业集聚主要表现为横向商业集聚,90年代初以后,商业集聚效应向纵向延伸,同时带动了工业集聚的发展。①横向集聚。义乌小商品市场从无到有、从小到大、从简陋到现代化,一直处于全国领先地位,产生了突出的市场集聚效应。在国内市场建设尚未全面开展之时,义乌人率先发展了小商品市场,产生了洼地效应。在国内其它地区开始兴商建市之时,义乌商圈加速了规模扩张,一直保持着全国商品交易额排行榜榜首的地位,其规模之大、声誉之高、小商品品种之全、商品销售区域之广均遥遥领先于国内其它市场。随着国内其它地区相继建设市场,义乌市场开始迈向国际化经营。目前,全球20强海运集团中有8家在义乌国际物流中心设立了办事处,使得义乌的物流成本比其它外贸城市低30%左右。2005年,联合国在义乌设立了我国首个采购信息中心,使义乌在成为我国国家机关采购基地之后,又成为联合国物资采购重要基地。沃尔玛、麦德龙、欧尚等全球零售业巨头也纷纷到义乌举办采购说明会,进一步推动了义乌市场的国际化进程。义乌正逐步成为国际性的日用消费品采购平台。②纵向集聚。随着义乌小商品市场声名鹊起,义乌的制造业也经历了从分散到集聚再到培育发展优势产业的过程。在商品市场发展初期,周边交通较发达的乡镇首先接受了义乌商品市场的辐射,开始发展加工业;随着市场规模的扩大,义乌的制造业也开始高速增长,形成了专业村的分工集聚格局;20世纪90年代以后,在当地政府"引商转工""贸工联动"等战略的推动下,义乌制造业快速向工业园区集聚,并涌现出衬衫、袜业、饰品、拉链、小五金、工艺品、印刷、毛纺等十多个优势产业,形成了小商品制造业的群体规模优势。

资料来源:吴峰宇.义乌外贸进出口去年超4 700亿元[N/OL].义乌商报,(2023-02-04)[2024-03-25]. http://szb1.ywcity.cn/content/202302/04/content_312362.html.

刘跃军.从外部规模经济视角解读义乌模式[J].商业时代,2006(33):89-90.

产业内贸易　规模经济　产品生命周期　国家竞争优势　新新贸易理论

一、案例分析

用规模经济理论分析以下案例,解释国际贸易比较优势的来源。

江苏省扬州市广陵区杭集镇是全球著名的牙刷之都,牙刷销售占国内市场80%、占国际市场30%。杭集拥有牙刷生产及相关配套企业近千家,其中规模生产企业80多家,全镇牙刷从业人员2万多人,生产的牙刷有1 100多个品种,年产牙刷60亿支,产品遍布国内各地的超市、商场和批发市场,并出口到50多个国家和地区,杭集已成为世界最大的牙刷生产基地。杭集镇牙刷生产形成了设计、生产、销售等分工协作的产业链,构成了完整的地方生产系统。现在的杭集,更加注重品牌创建。近年来,杭集培育了1个驰名商标、2个中国名牌产品、7个国家免检产品以及40多个江苏省名牌产品。同时,引进了黑妹、两面针、中华、隆力奇、飘影、舒蕾、奇丽等一大批国内知名品牌,也吸引了比利时安泰士(Ontex)公司、广西两面针公司、广东美晨集团、安徽山鹰纸业、中华老字号谢馥春化妆品等一批国内外知名企业相继落户。杭集在牙刷产业的基础上延伸出了牙膏、沐浴露、洗发液、护肤霜等一系列的酒店日用品产业,形成了独具特色的产业集群发展。杭集镇先后被中国轻工业联合会授予"中国牙刷之都"和"中国酒店日用品之都"称号。

二、思考题

1. 如何测度产业内贸易?
2. 以内部规模经济为基础的国际贸易与以外部规模经济为基础的国际贸易有何异同?
3. 简述产品生命周期理论。为保持国际竞争优势,我们应该采取怎样的产业政策?
4. 简述国家竞争优势理论,并用该理论分析我国应该如何提升智能制造产业的竞争力。
5. 结合新新贸易理论,思考为什么生产率较高的企业出口,而生产率相对较低的企业只在国内生产?

第六章 国际贸易政策措施

◎ **学习目的与要求**

本章重点介绍了国际贸易政策措施,包括关税措施、非关税措施、出口鼓励与出口管制的政策措施以及新型国际贸易政策措施。

通过学习本章,学生要重点理解并掌握关税的分类以及相关概念,掌握非关税措施的主要种类以及相关概念,掌握技术性贸易壁垒的概念。

导 读

"337调查",是指ITC根据美国《1930年关税法》第337节及相关修正案进行的调查。被调查的进口产品常常被指控侵犯美国知识产权或参与其他不公平竞争行为,可能被排除出美国乃至全球市场,对进口方影响十分严重,堪称美国贸易保护的"原子弹"。近年来,ITC受理的"337调查"案件数量总体上呈现波动上升的态势,涉及中国企业的案件数量居高不下,调查涉及的产品也日益多样化,并呈现外延任意扩大之势。

ITC官网发布的数据显示,自2018年至2020年1月底,ITC共立案了90件"337调查",共计242家中国企业(包括自然人)在46件调查案中被列为应诉方,涉诉率超50%,其中有15件案件仍在进行中。从31件已有初裁或终裁裁决的案件来看,中国企业在其中2件案件中胜诉(至少有一位中国主体胜诉即为案件胜诉)、6件案件迫使申诉方撤诉、11件案件达成和解或提交同意令、2件案件参与调查并被判定侵权、10件案件没有参与调查。

从中国企业应诉案件的数量及裁判结果来看,只要中国企业积极应诉,胜诉或者迫使申诉方撤诉的案件数量就会超过被判侵权的案件数量。同时,随着中企"337调查"的应诉率不断提高,海外应诉态度也在逐渐转变,法律意识不断增强。这也在某种程度上说明了中国企业对自主研发的重视程度,以及中国知识产权综合实力的快速跃升,使得外贸企业的腰杆变得坚挺。

统计数据显示,截至2022年7月,国内拥有有效发明专利的企业达到32.6万家,拥有有效发明专利208.6万件;我国PCT国际专利申请量已经连续3年位居世界首位。

资料来源:范丽敏.应对"337调查"中企有胆有识有理有据[N].中国贸易报,2022-12-15(6).

第一节 国际贸易政策概述

对机电产品贸易救济调查更隐蔽多样

一、国际贸易政策的概念

对一个国家而言,国际贸易政策又可称为对外贸易政策。对外贸易政策是各国在一定时期内对进口贸易和出口贸易所实行的政策,是各国总的经济政策的组成部分,是为各国经济基础和对外政策服务的。

对外贸易政策主体即政策制定者是各国政府。政策客体或政策对象,指的是贸易活动以及从事贸易活动的企业机构以及个人。政策目标是制定和调整政策内容的依据。政策内容是在一定的政策目标指导下确定的。政策内容指的是实行什么样的政策,反映了贸易政策的倾向、性质种类以及结构等问题。政策手段或者政策工具,是指为了实现既定的政策目标,实施政策内容所采取的关税措施、非关税措施、汇率措施、利率措施、税收措施等贸易措施。

贸易政策的基本性质都是对自由贸易的干预,这种干预有限制贸易的,也有鼓励贸易的,有进口方面的政策,也有出口方面的政策。任何贸易政策的实施都会给国内经济带来影响,对国内市场价格、贸易量、国内生产量和消费量以及社会福利都会产生影响。贸易大国的情形下,还要分析贸易政策的实施对国际市场价格以及贸易条件的影响。

一国对外贸易政策一般包括三个层次的内容:对外贸易总政策、进出口商品政策和国别贸易政策。对外贸易总政策包括进口总政策和出口总政策,指的是一国根据国民经济的总体情况,国际上所处的经济和政治地位,制定的在一个较长时期内实行的基本政策。进出口商品政策,是在对外贸易总政策的基础上,根据不同产业的发展需要,不同商品在国内外的需求和供应情况以及在世界市场上的竞争能力,分别制定的适用于不同产业或不同类别商品的对外贸易政策。国别贸易政策,是指根据国际政治经济形势变化以及本国经济情形,针对不同国家制定不同的贸易政策。

二、制定国际贸易政策的主要依据

国际贸易政策分为自由贸易政策和保护贸易政策。一国采取何种贸易政策都不是一成不变的,一国经常根据国内外政治经济形势的变化,对国家的贸易政策随时做出调整,采取不同的贸易政策倾向。

(一) 经济发展水平及其在世界市场上的地位和力量对比

一国所处的经济发展阶段和经济发展水平会影响国际贸易政策的选择和制定。通常情况下,处于工业经济发展初期阶段的国家,倾向于采取保护贸易政策;而处于工业经济发达阶段的国家,生产力水平比较高,会倾向于采取自由贸易政策。一个国家在国际市场上的地位和力量对比制约着其对外贸易政策。一般来说,在国际市场上处于劣势地位,产品国际竞争力比较弱的国家,通常采取保护贸易政策;而处于优势地位,产品国际竞争力比较强的国家,倾向于采取自由贸易政策。总之,各国的对外贸易政策会随着各国的经济实力地位和力量对比的变化而调整变化。

(二) 国内经济状况和经济政策

经济发展的周期性变化,使得在不同阶段,一国国内经济状况不同,总经济政策不同,必然引起对外贸易政策的调整。一般来说,繁荣阶段,各国经济普遍高涨,如19世纪中叶和20世纪中叶,贸易自由化倾向就占上风;处于经济发展的危机阶段,经济衰退就容易引起贸易保护主义的抬头。当前,贸易保护的抬头是2008年国际金融危机的必然产物。在一些国家的救援方案中就包含着保护主义的成分,美国就是其中最为典型的代表,如奥巴马政府就出台了"购买美国货"的贸易法案。

三、国际贸易政策的措施

(一) 关税措施

关税的纳税人虽然是进出口企业,但是企业以可用增加商品价格的方法,将关税负担转嫁到消费者身上,所以说消费者是关税的直接承担者。

(二) 非关税措施

非关税措施是指关税以外的一切限制进口的措施,包括进口配额制、"自愿"出口配额制、进口许可证、外汇管制、进口押金制度、最低限价制和禁止进口等。

(三) 出口管理措施

出口鼓励与管制措施主要有出口信贷、出口信贷国家担保、出口补贴、商品倾销、外汇倾销等。

第二节 关 税 措 施

一、关税概述

(一) 关税的概念

关税(customs duties/tariff)是指进出口货物通过一国关境时,由政府设置的海关向本国进出口商所征收的税收。

征收关税是海关的重要任务之一。海关征收关税的领域称为关境或关税领域。它是海关所管辖和执行海关法令和规章的区域。一般情况下,一国关境与国境是一致的,但当几个国家缔结成关税同盟,对内取消一切贸易限制,对外建立统一的关税制度,参加关税同盟的国家的领土即成为统一的关境。这时,关境大于国境。当一国设有自由港、保税区时,关境是小于国境的。

(二) 关税的特点

关税具有强制性、无偿性、预定性的特点。强制性是国家凭法律规定强制征收而非纳税人自愿献纳;无偿性指国家获取这部分税收不付代价,也不归还给纳税人;预定性指国家预先规定征税比例或征税额。

关税是一种间接税。关税是对进出口商品征收,关税的负担最后转嫁给消费者或买方。关税的税收主体是本国的进出口商,税收客体是进出口商品;关税是对外贸易政策的重要手段。一国的关税制度可以影响国际商品的生产和流通,甚至会影响与其他国家的关系。

(三) 关税的作用

(1) 增加财政收入。以增加国家财政收入为目的而征收的关税称为财政关税(revenue tariff)。虽然与国际贸易发展的早期阶段相比,关税的重要性已大大降低,但理解关税的影响仍然是理解其他贸易政策的重要基础。

(2) 保护本国的产业和市场。关税的主要目的不仅仅在于提供收入,更在于保护国内的市场和某些产业部门,以此为目的而征收的关税称为保护关税(protective tariff)。保护关税税率往往很高,以达到限制或禁止外国商品进口的目的。

(3) 调节国内市场价格,调剂国内市场供应。当国内某商品供不应求时,可通过降低关税,增加商品进口,从而抑制国内商品价格的上涨,满足国内需求。

二、关税的分类

（一）按照征收的对象和商品流向分类

按照商品流向，关税可以分为进口税、出口税、过境税三种。

1. 进口税

进口税（import duty）是指进口国家的海关在外国商品输入时，根据海关税则对本国进口商所征收的关税。进口税是关税中最重要的税种，是保护关税的主要手段。通常所说的关税壁垒，主要是指征收进口税。一国对进口商品征收高额关税，可以提高其成本和削弱其竞争力，起到保护国内市场和生产的作用。关税壁垒是一国推行保护贸易政策所实施的一项重要措施。

2. 出口税

出口税（export duty）是出口国海关对输往国外的商品征收的关税。由于征收出口税增加出口商品成本，削弱竞争能力，不利于扩大出口，故目前较少征收。只是对在世界市场上已具有垄断地位的商品和国内供不应求的原料品，酌量征收。

3. 过境税

过境税（transit duty）亦称"通过税"，指当他国货物通过本国领域，由本国海关征收的过境税。过境关税一般是由那些拥有特殊或有利地势的国家对通过本国海域、港口、陆路的外国货物征收的税。征收过境关税不仅可以增加本国的财政收入，而且还可以将税负转移给货物输出国或输入国，影响其在国际市场上的竞争能力。关税与贸易总协定明确说明各缔约国之间应剔除过境税。目前，大多数国家对过境货物只征收少量的签证费、印花费、登记费、统计费等。

（二）按征收关税的目的分类

1. 财政关税

财政关税又称收入关税，是为了达到增加财政收入的目的而征收的关税。对进口货物征收财政关税，必须具备以下三个条件：第一，所征商品必须是国内不能生产的；第二，所征商品在本国必须有较大的销售量；第三，所征税率必须适中，否则将阻碍进口，达不到增加财政收入的目的。

2. 保护关税

一般来说，保护关税的税率比较高，有时高达百分之几百，实际上等于禁止进口，从而达到保护的目的。目前，虽然可以采用进口许可证、进口配额等办法直接限制进口，以及采用倾销、资本输出等办法，冲破关税的限制，使保护关税的作用相对减低，但它仍是保护贸易政策的重要措施之一。

（三）按照差别待遇分类

关税分为普通关税和优惠关税，优惠关税一般分为最惠国关税、普惠制关税和特惠关税三种。

1. 普通关税

普通关税，又称一般关税，是指一国政府对与本国没有签署友好协定、经济互助协定的国家和地区按普遍税率征收的非优惠性关税。普通关税的税率一般由进口国自主制定,只要国内外的条件不发生变化,则长期使用,税率较高。

普通税率是最高税率,一般比优惠税率高 1~5 倍,少数商品甚至更高。目前仅有个别国家对极少数(一般是非建交)国家的出口商品实行这种税率,大多数只是将其作为其他优惠税率减税的基础。因此,普通税率并不是被普遍实施的税率。

2. 优惠关税

1) 最惠国关税

最惠国关税与最惠国待遇有关。最惠国待遇是指缔约国双方相互之间给予的不低于现在和将来所给予任何第三国在贸易上的优惠、豁免和特权,体现在关税上,即为最惠国待遇关税。最惠国待遇既存在两个国家之间,也通过多边贸易协定在缔约方之间实施。最惠国税率高于特惠关税税率。

最惠国税率比普通税率低,二者税率差幅往往很大。例如,美国对进口玩具征收的普通税率为 70%,而最惠国税率仅为 6.8%。在世界上大多数国家都享有最惠国待遇的情况下,尤其是关贸总协定和现在的 WTO 把最惠国待遇作为一项基本条款后,最惠国待遇便成为了一种非歧视待遇,表明贸易国之间是一种正常的贸易关系。不能享受最惠国待遇变成了一种歧视,表明贸易国之间一种不正常的贸易关系。目前,166 个国家加入了 WTO,其他国家也大部分签订了双边的贸易条约,相互提供最惠国待遇,享受最惠国税率。但最惠国待遇不是最优惠的待遇,签有最惠国待遇条款的国家只是承诺互相给予对方不低于第三方的贸易待遇。因此,最惠国税率通常又被称为正常关税。

2) 普惠制关税

普惠制,即普遍优惠制(Generalized System of Preference,GSP),是一种关税制度,是指工业发达国家对发展中国家或地区出口的制成品和半制成品给予普遍的、非歧视的、非互惠的关税制度。普惠制的主要原则是普遍的、非歧视、非互惠的。其目标是扩大发展中国家对工业发达国家制成品和半制成品的出口,增加发展中国家的外汇收入,促进发展中国家的工业化,加速发展中国家的经济增长。

目前全世界共有 40 个给惠国,它们分别为:欧盟 27 国、瑞士、挪威、日本、新西兰、澳大利亚、美国、加拿大、俄罗斯、白俄罗斯、乌克兰、哈萨克斯坦和土耳其,2007 年 8 月 22 日开始,列支敦士登被列为普惠制给惠国。除美国以外,有 39 个国家给予我国普惠制待遇。

> **专栏 6-1** **政策解读:海关总署关于不再对输欧盟成员国、英国、加拿大、土耳其、乌克兰和列支敦士登等国家货物签发普惠制原产地证书的公告**
>
> 2021 年 10 月 25 日,根据《中华人民共和国普遍优惠制原产地证明书签证管理办法》,海关总署决定,自 2021 年 12 月 1 日起,不再对输往欧盟成员国、英国、加拿大、土耳其、乌克兰和列支敦士登等国家的货物签发普惠制原产地证书。

一、普惠制原产地证书概述

普惠制原产地证书是根据普惠制给惠国的原产地规则和有关要求，由享惠国的授权机构签发的一种优惠原产地证书。它是出口产品享受普惠制给惠国关税优惠的官方证明文件。证书格式遵循《普遍优惠制原产地证明书（申报与证明联合）格式A》(Form A)，由享惠国按照联合国贸易和发展会议(UNCTAD)特别委员会规定的统一样式自行印制，并根据给惠国的相关规定填写和签发。在我国，海关是普惠制原产地证书的唯一签证机构。

享受关税优惠是普惠制原产地证书最重要、最关键的用途。对我国而言，根据国际贸易外方客户的"需求"，我国签发的普惠制原产地证书还曾用于其他用途，包括用作原产地证明文件、用于结汇和流动证明、贸易惯例和贸易单据等。

二、普惠制原产地证书签证措施的调整

随着我国经济的飞速发展和人民生活水平的不断提高，根据世界银行标准，我国已不再属于低收入或中等偏低收入经济体。因此，欧盟等多个普惠制给惠国近几年陆续宣布取消对我国的普惠制待遇。

在给惠国通报取消给予普惠制待遇后，我国出口商品已无法凭借普惠制原产地证书享受关税优惠，海关相关签证措施也相应进行了调整。此前，在日本大使馆、欧亚经济委员会通报取消对中国的普惠制待遇后，海关分别自2019年4月1日和2021年10月12日不再对日本和欧亚经济联盟签发普惠制原产地证书。

重点解读：

（一）本次不再签发普惠制原产地证书的国家范围除了欧盟成员国外，还包括加拿大、土耳其、乌克兰、列支敦士登，以及已经脱离欧盟的英国。

（二）对上述国家不再签发普惠制原产地证书的措施将于2021年12月1日正式实施。

（三）目前，仍保留给予我国普惠制待遇的国家仅剩挪威、新西兰、澳大利亚3国，企业对出口至这3个国家的货物仍可申领普惠制证书。

三、对相关企业的建议

（一）与国外客户做好沟通解释。建议出口企业尽快将海关公告要求告知国外客户，并做好沟通和解释，以避免出现因缺少普惠制原产地证书而影响贸易的情况。

（二）可申领非优惠原产地证书或自贸协定原产地证书。从2021年12月1日起，企业需要向上述32国出口货物，可申领非优惠原产地证书（又称一般原产地证书，英文简称CO），证书样本见附件1，证书填制说明见附件2。非优惠原产地证书是根据本国非优惠原产地规则签发的货物原产地证明文件，目前已实现自助打印，相较于普惠制原产地证书，申领更为便捷高效，企业足不出户即可完成全套申领流程。

资料来源：中华人民共和国海关总署.政策解读：海关总署关于不再对输欧盟成员国、英国、加拿大、土耳其、乌克兰和列支敦士登等国家货物签发普惠制原产地证书的公告[EB/OL].(2021-10-27)[2024-03-25]. http://jiangmen.customs.gov.cn/customs/302249/302270/302272/3970056/index.html.

3) 特惠关税

特惠关税简称特惠税,是指进口国对从特定的国家或地区进口的全部或部分商品,给予特别优惠的低税或减免税待遇。但其他国家或地区不能根据最惠国待遇原则,要求享受这种优惠待遇。特惠税税率一般低于最惠国税率和协定税率。特惠税有互相惠予和单方惠予(非互惠)两种形式。

特惠关税最早是在宗主国和殖民地及附属国之间进行,那时是殖民地给予宗主国输出的产品的一种单方惠予,后来又发展为宗主国与殖民地之间以及同一宗主国的各殖民地之间的互相惠予。

1975年2月,欧盟同包括斐济、萨摩亚、汤加在内的一大批独立的非洲、加勒比和太平洋地区(以下简称"非加太地区")国家,签署了《洛美协定》。

2000年6月,在《洛美协定》到期后,欧盟同非加太地区国家签署了《科托努协定》(全称为《非加太地区国家与欧共体及其成员国伙伴关系协定》),并于2003年4月1日正式生效。作为具有法律约束力的合作框架,《科托努协定》概述了非加太地区国家与欧盟之间的关系,是最全面的南北合作框架之一。《科托努协定》原定于2020年2月到期,为签署新协定,欧盟与非加太地区国家自2015年开始准备工作,并于2018年9月开始谈判。欧盟与非加太国家在2020年12月初就新协定达成基本共识,确定将《科托努协定》的有效期延长至2021年11月30日,以为新协定的推出提供充足的时间。2021年4月15日,《欧盟与非加太地区国家伙伴关系协定》(简称《后科托努协定》)的签署不仅意味着双方围绕该协定谈判的结束,而且标志着双方进入了后科托努阶段,并确定了今后20年的政治和经济合作框架。

专栏6-2 解读2017年关税实施方案,有哪些税率调整(节选)

《2017年关税实施方案》(下称《方案》)自2017年1月1日起实施。《方案》对进口商品税率、协定税率、特惠税率、出口商品税率和税则税目等进行了调整,调整情况说明如下。

一、进口关税税率

我国目前实施的进口关税税率有最惠国税率、协定税率、特惠税率和普通税率4种。2017年将继续对小麦等8类商品实施关税配额管理,税率不变。其中,对尿素、复合肥、磷酸氢铵3种化肥的配额税率继续实施1%的暂定税率;继续对配额外进口的一定数量棉花实施滑准税。《方案》中涉及调整的有最惠国税率、协定税率和特惠税率3种,具体情况如下。

1. 最惠国税率

1) 信息技术产品最惠国税率

2015年12月16日,WTO《信息技术协定》(ITA)扩大产品范围谈判结束,24个参加方就201项信息技术产品的关税减让达成共识,这些产品每年全球贸易额为1.3万亿美元,约占全球货物贸易总额的10%。我国作为信息技术产品主要的生产国和进出口国,各参加方共同降税,将有利于促进我国信息技术产品的出口,但也给相关产业带来一定压力和挑战。我国已于2016年9月15日对部分信息技术产品的最惠国税率实施了首次降税,2017年继续实施。2017年7月1日起实施第二次降税,共涉及280多项商品。主要包括信息通信产品、半导体及其生产设备、视听产品、医疗器械、仪器仪表等。在目前实施暂定税率的产品中,有18项产品与信息技术扩围产品重合,在实施第二次降税后,17项产品的最惠国税率将低于现行的进口暂定税率,因此,这17项产品的进口暂定税率于2017年7月1日相应取消,还有1项产品因最惠国税率是从价税,暂定税率是复合税,二者应从低执行。

2) 暂定税率

2017年1月1日起实施暂定税率的商品共822项,7月1日起因实施信息技术产品降税相应取消暂定税率17项,暂定税率将缩减至805项。其中,新增或进一步降低商品暂定税率32项,调整暂定税率适用范围1项。

2. 协定税率

我国目前已与25个国家或地区签署了15个优惠贸易安排或自贸协定。2017年我国继续对上述国家或地区的有关进口商品实施协定税率,其中需进一步降税的有10个协定,即中国与韩国、澳大利亚、新西兰、秘鲁、哥斯达黎加、瑞士、冰岛、巴基斯坦的自贸协定以及中国内地分别与中国香港、中国澳门地区的更紧密经贸安排(CEPA)。商品范围和税率水平均维持不变的有5个协定,即中国与新加坡、东盟、智利的自贸协定、亚太贸易协定以及海峡两岸经济合作框架协议(ECFA)。

3. 特惠税率

根据我国与有关国家或地区签署的贸易或关税优惠协定,2017年继续对40个与我国建交的最不发达国家执行特惠税率,商品范围和税率水平均维持不变。

二、出口关税税率

我国出口税则与进口税则列目一致,2017年征收出口关税的产品共213项,主要是高耗能、高污染、资源性(简称"两高一资")产品。取消氮肥、磷肥、天然石墨、滑石、直径≥700 mm的合金钢圆坯等40项商品的出口关税,适当降低三元复合肥、硅铁、直径<700 mm的合金钢圆坯等27项商品的出口关税。

2017年,随着世界海关组织《商品名称及编码协调制度公约》商品分类目录的修订,我国进出口税则税目将有较大范围的调整,主要涉及农业、化工、机电、纺织、木材等多个领域的商品。同时根据国内需要也对其他税则税目进行了适当调整,新增有机无机复合肥、蛋类分选机、婴儿尿布和提出的干羊肚菌等4个税目。经上述调整后,2017年,我国税则的税目总数为8 547个,增加税目253个,其中因转版增加税目249个,因其他调整增加税目4个,税目结构将更加符合国际贸易发展的实际需要。

（四）按照特定的实施情况分类

按照特定的实施情况分，关税分为正常关税和进口附加税。

正常关税是相对于进口附加税而言的，是指按照国家税法规定的税率征收的关税。进口附加税是指进口国海关对进口商品征收进口正常关税之外，出于某种特定目的而额外加征的关税。进口附加税不同于进口关税，在一国《海关税则》中并不能也不像进口税那样受到关贸总协定的严格约束而只能降不能升，其税率的高低往往视征收的具体目的而定。

进口附加税通常是一种临时性的特定措施，又称特别关税。其目的主要有三个：一是应付国际收支危机，维持进出口平衡。如美国 20 世纪 70 年代初出现了首次贸易逆差，尼克松政府为应付国际收支危机，实行"新经济政策"，宣布对外国进口商品一律加征 10% 的进口附加税。二是防止外国商品低价倾销。三是对某一国家实行歧视或报复。因此进口附加税又称为特别关税。

进口附加税往往是针对特定国家和特定商品征收的，进口附加税主要有反倾销税和反补贴税、紧急关税、惩罚关税和报复关税五种。常见的是反倾销税和反补贴税。

1. 反倾销税

反倾销税（anti-dumping duty）是指对实行倾销的进口货物所征收的进口税。目的在于抵制商品倾销，保护本国产品的国内市场。因此，反倾销税税额一般按倾销差额征收。

WTO 在《关于实施 1994 年"关贸总协定"第六条的协议》（又称《反倾销守则》）中对实施反倾销措施的基本要件、反倾销措施、反倾销税的征收和价格承诺以及实施反倾销措施的基本程序等作了明确规定。进口国家通过对进口产品进行旷日持久的反倾销调查和征收高额反倾销税来限制商品进口，使之成为当代新型非关税壁垒的重要措施之一。

商务部关于对原产于日本和美国的进口光纤预制棒所适用的反倾销措施发起期终复审调查的公告

2. 反补贴税

反补贴税（counter-vailing duty），关贸总协定把它解释为："为了抵销商品于制造、生产或输出时所直接或间接接受的任何奖金或贴补而征收的一种特别关税。"并规定：征收的税额不得超过该商品所接受的补贴额；不得同时对它既征收反倾销税又征收反补贴税；征收反补贴税同样需具有对进口国某项工业造成重大损害或产生重大威胁，或者严重阻碍新建某项工业这样一些条件，否则不得征收。

在东京回合谈判通过的《补贴与反补贴协议》中，制订了对生产补贴和出口补贴的不同规则。生产补贴是国家采取的用于促进社会及经济目标的措施，该协议并不限制使用；出口补贴，该协议未下定义，而是列出若干做法作为出口补贴的范例，是限制或禁止使用的，但对发展中国家有较宽松的规定。现在发达国家的反补贴法规基本上是根据总协定的规定和这项协议修订的。

反补贴税是按补贴数额进行征收的。出口国为其出口商品提供补贴的目的是提高出口商品在国外的竞争力。进口国征收反补贴税的目的则在于使得到补贴的商品失去人为因素的竞争效力。

专栏6-3 欧盟对华电动自行车作出双反再调查终裁

2023年3月20日,欧盟委员会发布公告,就中国的电动自行车(Electric Bicycles)进行了反倾销和反补贴再调查,做出了肯定性终裁:涉案企业捷安特电动车(昆山)有限公司(Giant Electric Vehicle Kunshan Co., Ltd.)反倾销税率为9.9%、反补贴税率为3.9%。涉案产品欧盟CN(Combined Nomenclature)编码为8711 60 10和ex 8711 60 90(欧盟TARIC编码为8711 60 90 10)。

2017年10月20日,欧盟委员会发布公告,应欧洲自行车生产商协会(The European Bicycle Manufacturers Association)于2017年9月8日提交的申请,对原产于中国的电动自行车启动反倾销调查。2017年12月21日,欧盟委员会发布公告称,应欧洲自行车生产商协会于2017年11月8日提出的申请,对原产于中国的电动自行车进行反补贴调查。2019年1月18日,欧盟委员会对原产于中国的电动自行车作出反倾销和反补贴终裁。2022年7月6日,欧盟委员会发布公告称,对原产于中国的电动自行车发起双反再调查。此次调查范围仅涉及捷安特电动车(昆山)有限公司。

资料来源:中国贸易救济信息网.欧盟对华电动自行车作出双反再调查终裁[EB/OL].潘晓君,译.(2023-03-21)[2024-03-25]. http://cacs.mofcom.gov.cn/article/ajycs/ckys/202303/176077.html.

(五)按征税标准分类

1. 从量税

从量税(specific duty)是按照商品的重量、数量、容量、长度和面积等计量单位为标准计征的税收。其计算的公式如下:

$$税额 = 商品的数量 \times 每单位从量税$$

2. 从价税

从价税(ad valorem duties)是以商品的价格为标准征收的关税。它按商品价格的一定百分比征收。其计算公式如下:

$$税额 = 商品总值 \times 从价税率$$

3. 混合税

混合税(mixed duty)是税则的同一税目中有从量税和从价税两种税率,采用从量税和从价税同时征收的一种方法。从量、从价的主次不同又可分为两种情况:一种是以从量税为主加征从价税,另一种是以从价税为主加征从量税。混合税计算公式如下:

$$混合税额 = 从量税额 + 从价税额$$

4. 选择税

选择税(alternative duty)是指对某种商品同时制定从量税和从价税,但按规定征收其中的一种。一般是选择税额较高的一种税率征收,在物价上涨时使用从价税,物价下跌时使用从量税。有时,为了鼓励某种商品的进口,或给某出口国以优惠待遇,也有选择税额较低的一种税率征收选择关税的。

三、海关税则

1. 海关税则的内容

海关税则(customs tariff)又称关税税则,是一国对进出口商品计征关税的规章和对进出口应税与免税商品加以系统分类的一览表。海关税则是关税制度的重要内容,是关税政策的具体体现。

海关税则一般包括两个部分:一部分是海关课征关税的规章条例及说明,另一部分是关税税率表。关税税率表是海关税则的主要内容,包括三部分:税则号列,简称税号;商品分类目录;税率栏目。税则中的商品分类,有的按商品加工程度划分,有的按商品性质划分,也有的按两者结合划分,按商品性质分成大类,再按加工程度分成小类。

2. 税则制度

1) 海关合作理事会税则目录

各国海关分别编制海关税则,同一商品在不同国家的税则上所属的类别和号列互不相同,给国际贸易活动和经济分析带来很多困难。1952年成立了海关合作理事会,并在布鲁塞尔制定了《海关合作理事会税则目录》(Customs Cooperation Council Nomenclature, CCCN),或称《布鲁塞尔税则目录》(Brussels Tariff Nomenclature, BTN)。这个税则目录就是以商品性质为主,结合加工程度进行分类,把全部商品分为21大类,99章(小类)1 011项税目。

2) 商品名称及编码协调制度

商品名称及编码协调制度是一个新型的、系统的、多用途的国际贸易商品分类体系。它除了用于海关税则和国际贸易统计外,对运输业的计费和统计、计算机数据传递、国际贸易单证简化以及普惠制的受惠标准等方面都提供了一套可使用的分类制度,避免了一种商品在一次国际贸易交易中,因成交、检验、保险、出运、议付、报关和统计等环节而多次改动商品编号的情况。

3. 海关税则的分类

根据海关税则同一税目下税率种类的多少,可分为单式税则和复式税则。单式税则指一个税目下只有一个税率,适用于来自任何国家同类商品的进口,没有差别待遇。在垄断前资本主义时期,各国都使用单式税则。进入垄断阶段以后,为了在国际竞争中取得优势,在关税上都采用差别和歧视待遇,都改用复式税则,只有少数发展中国家如委内瑞拉、巴拿马、肯尼亚等还在使用单式税则。

复式税则是指一个税目下有两个以上税率,对来自不同国家的进口商品,使用不同税率。各国复式税则不同,有二、三、四、五栏不等,设有普通税率、最惠国税率、协定税率、特惠税率等。一般普通税率最高,特惠税率最低。我国目前采用二栏税则,美国、加拿大等国实行三栏税则,而欧盟等国实行四栏税则。

第三节 非关税措施

一、非关税措施概述

由于多数非关税措施的目的是限制进口,因此,非关税措施又称为非关税壁垒措施。非关税措施(non tariff barriers,NTB)是指各国政府除了关税以外所有用以限制进口的措施,是当今各国保护国内市场、实际贸易保护的主要手段。20 世纪 50 年代以来,关贸总协定倡导的贸易自由化使各国关税大幅度下降,关税的约束性也越来越弱。20 世纪 70 年代世界范围的经济危机,又触发了新一轮保护主义浪潮,各国纷纷开始强化非关税措施的运用,并且不断创新,以避开关贸总协定的约束,致使进口非关税壁垒盛行。

二、非关税措施的主要种类

(一) 进口配额制

进口配额制(import quota system)是一国政府在一定时期内(通常为一年),直接规定某些商品的进口数量或金额,在规定的期限内,配额以内的商品准予进口,超过则禁止进口或征收较高的关税甚至罚款以后才准许进口。进口配额是直接的数量控制而不是通过提高商品价格间接限制进口,是限制进口的重要手段之一。进口配额可分为绝对配额和关税配额两类。

1. 绝对配额

绝对配额(absolute quota)是指在一定时期内,对某些商品的进口数量或金额规定一个最高限额,达到这个限额后,便不准进口。绝对配额在具体实施过程中有以下两种形式。

(1) 全球配额(global quota),即属于世界范围的绝对配额,对来自任何国家或地区的商品一律适用,即按进口商品的申请先后批给一定的额度,至总配额发放完为止。

由于全球配额不限定进口国别或地区,因而进口商取得配额后可从任何国家或地区进口。这样,邻近国家或地区因地理位置接近,交通便捷、到货迅速,处于有利地位。进口国家在限额的分配和利用上难以贯彻国别政策,因而不少国家转而采用国别配额。

(2) 国别配额(country quota),规定了总配额,根据某种商品的原产地,按国别或地区分配固定的配额,超过规定的配额便不准进口。商品进口必须提交原产地证明。实行国别配额可以很方便地贯彻国别政策,具有很强的选择性和歧视性。进口国往往根据其与有关国家或地区的政治经济关系分别给予不同的额度。国别配额又分为两种。

① 自主配额(autonomous quota)又称单方面配额(unilateral quota),是指进口国

家完全自主地、单方面强制规定在一定时期内从某个国家或地区进口某种商品的配额。分配额度的差异易引起出口国家或地区的不满或报复。

② 协议配额(agreement quota)，又称双边配额(bilateral quota)，是由进口国和出口国政府或民间团体之间协商确定的配额。协议配额如果是通过双方政府协议达成，一般需将配额在进口商或出口商中进行分配；如果是双方的民间团体之间达成的，应首先获得政府许可。由于协议配额是双方协商决定的，因而较易执行。

2. 关税配额

关税配额(tariff quota)对商品进口绝对数额不加限制，在一定时期内，在规定配额以内的进口商品，给予低税、减税或免税待遇；而超过配额的进口商品则征收较高的关税，或征收附加税或罚款。

(二)"自愿"出口配额制

"自愿"出口配额制又称"自动"出口配额制，是指出口国家或地区在进口国的要求或压力下，"自动"规定某一时期内某些商品对该国的出口限制。在限定的额度内自行控制出口，超过限额即禁止出口。

"自动"出口配额制(Voluntary Export Restrict，VER)是由出口国"自愿"限制商品对指定进口国家的出口。它并非是出口国真正自愿的，往往带有强制性。进口国常常以商品大量使其有关工业部门受到严重损害，造成所谓"市场混乱"为理由，要求出口国实行"有秩序增长"数量，否则将单方面强制限制进口。

"自动"出口配额制主要有两种形式：非协定的"自动"出口配额和协定的"自动"出口配额。第一种形式是指不受国际协定的约束，由出口国在进口国的压力下自动单方面规定出口限额，限制出口的一种措施；第二种形式是指出口双方通过谈判签订"自动限制协定"(Self-restriction Agreement)或"有秩序销售协定"(Orderly Marketing Agreement)，来限制出口的办法。

(三) 进口许可证制

进口许可证制(Import License System)是指一国政府规定某些商品的进口必须得到国家有关部门的批准，领取许可证之后才能进口的一种行政措施。常与配额、外汇管制等结合起来运用。进口许可证有两种分类方法。按照其与进口配额的关系，可分为有定额的进口许可证和无定额的进口许可证两种。前者是指进口国事先规定有关商品的进口配额，然后在配额的限度内，根据进口商的申请对每笔进口货物发给进口商一定数量或金额的许可证，配额用完即停止发放。后者是指进口许可证不与进口配额相结合，有关政府机构预先不公布进口配额，只是在个别考虑的基础上对有关商品颁发进口许可证，更具有隐蔽性，更能起到限制进口的作用。

按照进口商品的许可程度又可以分为自动进口许可证和非自动进口许可证。前者对进口国别或地区没有限制，凡列明属于这类许可证的商品，进口商只要填写一般许可证后，即可获准进口。因此，这一类商品实际上是可"自由进口"的商品。填写许可证的目的不在于限制商品进口，而在于管理进口。后者，进口商必须向政府有关当局提出申请，经有关当局逐笔审查批准后才能进口。它往往指定商品的进口国别或地区。

（四）外汇管制

外汇管制（foreign exchange control）是指一国政府通过法令对国际结算和外汇买卖实行限制，来平衡国际收支和维持本国货币汇价的一种制度。

实行外汇管制的国家，出口商必须将其出口所得外汇收入结售给外汇管理机构，进口商也必须在外汇管理机构按官方汇率申请购买外汇。对本国货币携带出入境一般也有严格的限制。政府有关机构通过确定官方汇率、集中外汇收入和控制外汇支出、实行外汇分配，达到限制进口商品数量、品种和国别的目的。可分为以下几种。

（1）数量性外汇管制，国家外汇管理机构对外汇买卖的数量直接进行限制和分配。进口商在进口时，必须向国家外汇管理部门申请外汇额度，经外汇管理部门批准之后方可获得外汇，支付进口货款。国家控制外汇的使用数量，能够有效地限制进口。

（2）成本性外汇管制，国家外汇管理机构对外汇买卖实行复汇率制度，利用外汇买卖成本的差异，间接影响不同商品的进出口，达到阻碍或限制某些商品进出口的目的。

（3）混合性外汇管制，同时采用数量性和成本性外汇管制的办法，对外汇实行更为严格的控制，以影响控制商品的进出口。

（五）歧视性政府采购政策

歧视性政府采购政策（discriminatory government procurement policy）是指国家通过法令和政策规定政府机构采购时必须优先购买本国产品，从而使进口商品受到歧视，限制进口商品的出售。

《2009年美国复兴与再投资法案》第1640条明文提出："在不违背对国际协定的承诺的前提下，由本法案出资的公共工程项目必须使用美国生产的钢铁和其他制成品。国土安全部所使用的服装和任何纺织品也都必须购买美国货。"与《1933年买美国货法》相比，《2009年美国复兴与再投资法》中的"买美国货"条款具有更强的保护主义色彩。在保护的范围上，它不仅涵盖联邦政府直接购买的商品，而且涵盖了使用联邦政府拨款而购买的商品。

三、非关税措施的特点

非关税措施虽与关税措施一样具有限制进口的目的，但它具有以下不同特点。

1. 非关税措施比关税措施具有更大的灵活性和针对性

一般而言，关税税率的制定须通过立法程序，要求具有相对稳定性和持续性。如要调整或更改税率和税种，需要经过复杂严格的法定程序和手续，这在需要紧急限制进口时往往难以适应。另外，由于最惠国待遇原则和WTO的相关规定，政府运用关税来执行贸易保护政策较为困难。但非关税壁垒措施的制定和实施通常采取行政程序，简单便捷、伸缩性大，能随时针对某国的某种商品采取相应的措施，较快地达到限制进口的目的，并且具有极强的针对性。

2. 非关税措施比关税措施能更有效地限制进口

关税壁垒旨在通过征收高额关税，提高进口商品的成本和价格，削弱其竞争能力，从而间接地达到限制进口的目的。但关税对商品的进口限制是相对的，如果出口国采用出口补贴、商品倾销或外汇倾销等办法来降低出口商品的成本和价格，则关税往往难以起到限制商品进口的作用。但是非关税壁垒措施,如进口配额制、进口许可证和自动出口配额制等则直接限制进口数量或金额,对商品进口的限制是绝对的,因而能更有效地起到限制进口的作用。

3. 非关税措施比关税措施更具有隐蔽性

根据WTO的透明度原则,各成员国在关税税率确定以后,必须向WTO报告并在《海关税则》中公布,并且要依法执行。各国出口商都可以了解。但一些非关税壁垒措施往往并不公开,而且经常变化,使外国出口商难以对付和适应。如其既可以以正常的海关检验要求的名义出现,也可借用进口国有关行政规定和法令条例,使之巧妙地隐藏在具体过程中而无需公开。

4. 非关税措施比关税措施更具歧视性

各国的关税税则只有一部,其对来自所有国家的进口实施同等程度的限制。但非关税壁垒可以针对特定国家或特定产品相应制定,因而更具歧视性。

非关税措施在限制进口方面比进口关税更有效、更隐蔽、更灵活、更具歧视性,故非关税壁垒取代关税壁垒成为贸易保护主义的重要手段,有其客观必然性。

第四节　出口鼓励与管制的政策措施

一、出口补贴

出口补贴又称出口津贴,是一国政府给予某种商品的出口商一定金额的补贴或财政上的支持,目的在于降低出口商品的价格,增强其在国外市场的竞争力。该措施主要有两种形式:一是直接补贴,即出口某种商品时,直接付给出口厂商的现金补贴或发给出口奖励金,数额为本国生产费用与其他国家生产费用之间的差额;二是间接补贴,即政府对某些商品给予财政上的优惠。例如,免征国内税,提供出口商品优惠保险等。

WTO中的《补贴与反补贴协议》将出口补贴分为禁止性补贴、可申诉补贴和不可申诉补贴三种。禁止性补贴是不允许成员政府实施的补贴,如果实施,有关利益方可以采取反补贴措施;可申诉补贴指一成员所使用的各种补贴如果对其他成员国内的工业造成损害,或者使其他成员利益受损时,该补贴行为可被诉诸争端解决;不可申诉补贴即对国际贸易的影响不大,不可被诉诸争端解决,但需要及时通知成员。由于关贸总协定禁止对工业品出口进行直接补贴,因此,通过变相的方式对出口工业品进行间接补贴已成为各国普遍采用的出口补贴方法。

二、出口退税

出口退税,其基本含义是指对出口货物退还其在国内生产和流通环节实际缴纳的增值税、消费税。出口退税主要是通过退还出口货物的国内已纳税款来平衡国内产品的税收负担,使本国产品以不含税成本进入国际市场,与国外产品在同等条件下进行竞争,从而增强竞争能力,扩大出口的创汇。

三、倾销

(一) 商品倾销

商品倾销(merchandise dumping)是指出口商在已经控制国内市场的条件下,以低于国内市场价格甚至低于生产成本的价格在国外市场销售产品,其目的是击败竞争对手,实现对世界市场的垄断。

倾销主要有三种形式:第一种是偶然性倾销。这是为解决国内市场无法容纳的过剩商品,暂时性地采用低价向外销售。这种倾销对进口国的同类产品当然会造成不利的影响,但由于时间短暂,进口国家通常较少采用反倾销措施。第二种是间歇性或掠夺性倾销。这是以低于国内价格甚至低于成本的价格,在某一国外市场上倾销商品,在打垮或摧毁所有或大部分竞争对手,垄断市场之后,再提高价格。这种倾销严重地损害了进口国家的利益,因而许多国家都采取征收反倾销税等措施进行抵制。第三种是长期性倾销,这是指长期以低于国内市场的价格在国外市场出售商品。这种倾销具有长期性,其出口价格至少要高于边际成本,否则货物出口将长期亏损。商品倾销会导致出口商的利润减少甚至亏本,这可以采用维持国内垄断高价、国家给予出口补贴和垄断国外市场后再抬价等手段加以弥补。

> **专栏 6-4　反倾销**
>
> **(一) 反倾销的定义**
>
> 倾销是指在正常贸易过程中进口产品以低于其正常价值的出口价格进入进口国市场。由于倾销是国外生产商或出口商为争夺进口国市场而采取的不公平低价竞争手段,因此世贸协议允许成员方采取反倾销措施。
>
> 我国《对外贸易法》第41条规定,其他国家(地区)的产品以低于正常价值的倾销方式进入我国市场,对已建立的国内产业造成实质损害或者产生实质损害威胁,或者对建立国内产业造成实质阻碍的,国家可以采取反倾销措施,消除或者减轻这种损害或者损害的威胁或者阻碍。根据我国《反倾销条例》,我国反倾销措施一般包括临时反倾销措施、出口经营者或其政府作出的价格承诺、征收最终反倾销税等形式。
>
> **(二) 实施反倾销的条件**
>
> 根据WTO的《反倾销协议》,只有具备以下三个条件,成员方才能采取反倾销措施:①倾销成立;②国内产业受到损害;③倾销与损害有因果关系。
>
> 根据《关税和贸易总协定1994》第6条和反倾销协议规定,确定某一进口产品是否存在倾销,主要看这一产品是否以低于它的正常价值在国外市场销售。具体来说是看这一产品的价格是否符合下面任何一个条件:①低于相同产品在出口国正常情况下用于国内销售时的可比价格;②如果没有这种国内价格,则低于:A. 相同产品在正常贸易下向第三国出口的最高可比价格(如果该价格有代表性的话);或B. 产品在原产地国的生产成本加上合理数额的管理费、销售费和一般成本并加利润,进行比较而确定,如果符合其中任何一个条件,则倾销存在,否则不存在。

（二）外汇倾销

外汇倾销（exchange dumping）是指一国政府利用本国货币对外贬值的手段来达到提高出口商品的价格竞争能力和扩大出口的目的。这是向外倾销商品和争夺国外市场的一种特殊手段。

外汇倾销在具备以下三个条件时，才可起到扩大出口的作用。第一，货币贬值的程度要大于国内物价上涨的程度。一国货币的对外贬值必然会引起货币对内也贬值，从而导致国内物价的上涨。当国内物价上涨的程度赶上或超过货币贬值的程度时，出口商品的外销价格就会回升至甚至超过原先的价格，即货币贬值前的价格，因而使外汇倾销不能实行。第二，其他国家不同时实行同等程度的货币贬值，当一国货币对外实行贬值时，如果其他国家也实行同等程度的货币贬值，这就会使两国货币之间的汇率保持不变，从而使出口商品的外销价格也保持不变，以致外汇倾销不能实现。第三，其他国家不同时采取另外的报复性措施。如果外国采取提高关税等报复性措施，那也会提高出口商品在国外市场的价格，从而抵销外汇倾销的作用。

四、经济特区

为了促进本国经济和对外贸易的发展，各国大都采取了建立经济特区的措施。经济特区（special economic zone）是指一个国家或地区在其关境以外所划出的一定范围内，建造或扩建码头、机场、仓库、厂房的基础设施和实行免税等优惠待遇，吸引外国企业从事贸易与出口加工工业等业务活动的区域。其目的是促进对外贸易的发展，鼓励转口贸易和出口加工贸易，繁荣本地区和邻近地区的经济，增加财政收入和外汇收入。

1. 自由港或自由贸易区

自由港（free port）或自由贸易区（free trade zone）是指划在关境以外，对进出口商品的全部或大部分实行免征关税，并且允许在港内或区内自由从事生产、加工、储存、展览、拆改装等业务活动，以促进本地区的经济和对外贸易的发展，增加财政收入和外汇收入。除武器、弹药、毒品等特殊商品外，各国对进入自由贸易区的商品一般都允许自由进出，不必办理海关手续且免征关税，对国家专卖的烟草、酒、盐的进入必须凭特种进口许可证；对允许进入自由贸易区的商品一般都允许在区内自由地拆散、分类、改装、储存、展览、重新包装、重新贴标签、清洗、整理、加工和制造、销毁、与外国的原材料或所在国的原材料混合、再出口或向所在国国内销售。

2. 保税区

保税区（bonded area）是指海关所设置的或经海关批准注册的，受海关监督的特定地区和仓库。外国商品存入保税区内，可以暂时不缴纳进口税；如再出口，无需缴纳出口税；进入本国消费市场则应缴纳关税。进入区内的外国商品可进行储存、改装、分类、混合、展览、加工和制造等。有的保税区还允许在区内经营金融、保险、房地产、展销和旅游业务。

3. 出口加工区

出口加工区（export processing zone）是一个国家或地区在其港口或临近港口、国际机场的地方，划出一定的范围，新建和扩建码头、车站、道路、仓库等基础设施以及提供免税等优惠待遇,鼓励外国企业在区内投资设厂,生产以出口为主的制成品的加工区域。它与自由贸易区有所不同。自由港或自由贸易区,以发展转口贸易、取得商业方面的收益为主,是面向商业的;而出口加工区,以发展出口加工工业、取得工业方面的利益为主,是面向工业的。

4. 自由边境区和过境区

设置自由边境区(free perimeter)和过境区(transit zone)是为了开发边境地区的经济,它按照自由贸易区和出口加工区的模式,在本国的指定边境,建立起的吸收国内外厂商的投资,开展贸易活动,并给予免税或减税的区域。自由边境区的进口商品加工后是在区内使用,只有少数是用于出口的。沿海国家为了便利内陆邻国的进出口货运,开辟某些海港或国境城市作为货物过境区。过境货物简化海关手续,免征关税或只征小额的过境费用。过境货物一般可以在过境区内作短期储存,重新包装,但不能加工。

五、出口信贷

出口信贷是一种国际信贷方式,是一国为了支持和鼓励该国大型机械设备、工程项目的出口,加强国际竞争力,以向该国出口商或国外进口商提供利息补贴和信贷担保的优惠贷款方式,鼓励该国的银行对该国出口商或国外的进口商提供利率较低的贷款,以解决该国出口商资金周转的困难,或满足国外进口商对该国出口商支付货款需要的一种融资方式。出口信贷包括卖方信贷和买方信贷两种。

卖方信贷是出口方银行向该国出口商提供的商业贷款。出口商(卖方)以此贷款为垫付资金,允许进口商(买方)赊购自己的产品和设备。出口商(卖方)一般将利息等资金成本费用计入出口货价中,将贷款成本转移给进口商(买方)。

买方信贷是出口国政府支持出口方银行直接向进口商或进口商银行提供信贷支持,以供进口商购买技术和设备,并支付有关费用。买方信贷一般由出口国出口信用保险机构提供出口买方信贷保险。买方信贷主要有两种形式:一是出口商银行将贷款发放给进口商银行,再由进口商银行转贷给进口商;二是由出口商银行直接贷款给进口商,由进口商银行出具担保。

六、出口管制

出口管制是指一国政府通过建立一系列审查、限制和控制机制,以直接或间接的方式防止本国限定的商品或技术通过各种途径流通或扩散至目标国家,从而实现本国的安全、外交和经济利益的行为。

出口管制主要有以下两种形式:单边出口管制和多边出口管制。前者是指一国根据本国的出口管制法律,设立专门的执行机构,对本国某些商品的出口进行审批和发放许可证。单边出口管制完全由一国自主决定,不对他国承担义务与责任。后者是指几个国家的政府,通过一定的方式建立国际性的多边出口管制机构,商讨和编制多边出口管制的清单,规定出口管制的办法,以协调彼此的出口管制政策与措施,达到共同的政治与经济目的。

例如,2017年5月26日,中国商务部海关总署发布2017年第28号公告,为维护国家安全,对大型挖泥船实施出口管制,未经许可任何单位或个人不得对外出售,管制从6月1日起开始实行。舱容大于或等于1 500立方米,挖深大于或等于15米,具有艏吹功能及装置的耙吸式挖泥船;绞刀功率大于或等于500千瓦,深大于或等于15米,总装机功率大于或等于2 000千瓦的绞吸式挖泥船;斗容大于或等于4立方米,挖深大于或等于15米的斗式挖泥船等大型疏浚船舶均在管制范围内。对挖泥船进行出口管制,主要目的是防止其他国家购买挖泥船并进行人工造岛活动。

专栏6-5　商务部　海关总署公告2023年第23号 关于对镓、锗相关物项实施出口管制的公告

【发布单位】安全与管制局
【发布文号】商务部公告2023年第23号
【发文日期】2023年07月03日

根据《中华人民共和国出口管制法》《中华人民共和国对外贸易法》《中华人民共和国海关法》有关规定,为维护国家安全和利益,经国务院批准,决定对镓、锗相关物项实施出口管制。有关事项公告如下:

一、满足以下特性的物项,未经许可,不得出口:

(一)镓相关物项。

1. 金属镓(单质)(参考海关商品编号:8112929010、8112929090、8112999000)。

2. 氮化镓(包括但不限于晶片、粉末、碎料等形态)(参考海关商品编号:2850001901、3818009001、3825690001)。

3. 氧化镓(包括但不限于多晶、单晶、晶片、外延片、粉末、碎料等形态)(参考海关商品编号:2825909001、3818009002、3825690002)。

4. 磷化镓(包括但不限于多晶、单晶、晶片、外延片等形态)(参考海关商品编号:2853904030、3818009003、3825690003)。

5. 砷化镓(包括但不限于多晶、单晶、晶片、外延片、粉末、碎料等形态)(参考海关商品编号:2853909026、3818009004、3825690004)。

6. 铟镓砷(参考海关商品编号:2853909028、3818009005、3825690005)。

7. 硒化镓(包括但不限于多晶、单晶、晶片、外延片、粉末、碎料等形态)(参考海关商品编号:2842909024、3818009006、3825690006)。

8. 锑化镓(包括但不限于多晶、单晶、晶片、外延片、粉末、碎料等形态)(参考海关商品编号:2853909029、3818009007、3825690007)。

(二)锗相关物项。

1. 金属锗(单质,包括但不限于晶体、粉末、碎料等形态)(参考海关商品编号:8112921010、8112921090、8112991000)。

2. 区熔锗锭(参考海关商品编号:8112921090)。

3. 磷锗锌(包括但不限于晶体、粉末、碎料等形态)(参考海关商品编号:2853904040、3818009008、3825690008)。

4. 锗外延生长衬底(参考海关商品编号:8112921090)。

5. 二氧化锗(参考海关商品编号:2825600002、3818009009、3825690009)。

6. 四氯化锗(参考海关商品编号:2827399001、3818009010、3825690010)。

二、出口经营者应按照相关规定办理出口许可手续,通过省级商务主管部门向商务部提出申请,填写两用物项和技术出口申请表并提交下列文件:

(一)出口合同、协议的原件或者与原件一致的复印件、扫描件;

(二)拟出口物项的技术说明或者检测报告;

(三)最终用户和最终用途证明;

(四)进口商和最终用户情况介绍;

(五)申请人的法定代表人、主要经营管理人以及经办人的身份证明。

三、商务部应当自收到出口申请文件之日起进行审查,或者会同有关部门进行审查,并在法定时限内作出准予或者不予许可的决定。

对国家安全有重大影响的本公告所列物项的出口,商务部会同有关部门报国务院批准。

四、经审查准予许可的,由商务部颁发两用物项和技术出口许可证件(以下简称出口许可证件)。

五、出口许可证件申领和签发程序、特殊情况处理、文件资料保存年限等,依照商务部、海关总署令2005年第29号(《两用物项和技术进出口许可证管理办法》)的相关规定执行。

六、出口经营者应当向海关出具出口许可证件,依照《中华人民共和国海关法》的规定办理海关手续,并接受海关监管。海关凭商务部签发的出口许可证件办理验放手续。

七、出口经营者未经许可出口、超出许可范围出口或有其他违法情形的,由商务部或者海关等部门依照有关法律法规的规定给予行政处罚。构成犯罪的,依法追究刑事责任。

八、本公告自2023年8月1日起正式实施。

商务部　海关总署
2023年7月3日

资料来源:中华人民共和国商务部,中华人民共和国海关总署.商务部 海关总署公告2023年第23号 关于对镓、锗相关物项实施出口管制的公告[EB/OL].(2023-07-03)[2024-03-25]. http://www.mofcom.gov.cn/article/zcfb/zczxzc/202307/20230703419666.shtml.

第五节　新型国际贸易政策措施

一、技术性贸易壁垒

(一) 技术性贸易壁垒的定义

技术性贸易壁垒(technical barriers to trade，TBT)是指一国以维护国家安全、保护人类、动植物生命及健康，阻止欺诈，保护环境，保证质量为由制定的一些强制性和非强制性的技术型措施，即通过颁布法律、法令、条例、规定，建立技术标准、认证制度、检验制度等方式，对外国进出口产品制定过分严格的技术标准，卫生检疫标准，商品包装和标签标准，从而提高进口产品的技术要求，增加进口难度，最终达到限制进口的目的的一种非关税壁垒措施。由于这类壁垒大量地以技术标准的面目出现，因此常常会披上合法外衣，成为当前国际贸易中最为隐蔽、最难对付的非关税壁垒。

(二) 技术性贸易壁垒的表现形式

WTO贸易技术壁垒协定(TBT)的表现形式来看，主要有以下几种。

1. 技术法规

根据WTO/TBT规定的原则，技术法规分为两种：一是正式技术法规（政府强制执行的），如法律（议会颁布）、命令（政府批准发布）、部门建议（政府各部门批准发布）、各种权力机构发布的条例、地方政府发布的条例；二是事实上的法规，如由某些机构发布的指示、指南没有法律约束力，但在实际工作中又不得不执行的文件。比如美国的《联邦食品、药物和化妆品法》。

2. 标准

许多发达国家利用其技术优势，制定较高的技术标准来达到限制进口的目的。既有产品标准，又有检验方法标准和安全卫生标准；既有工业品标准，也有农产品标准。例如：法国规定纯毛的服装，要求含毛量85%，而比利时规定为97%，德国为99%，这样，法国羊毛织品在比利时和德国就很难适销。

3. 合格评定

《TBT协定》附录Ⅰ对"合格评定程序"的定义如下：任何用以直接或间接确定是否满足技术法规或标准有关要求的程序，包括抽样、检测和检验程序；符合性的评价、验证和保证程序；注册、认可和批准程序以及它们的组合。合格评定程序包括产品认证和体系认证两个方面：产品认证是指确认产品是否符合技术要求或标准的规定；体系认证是指确认生产或管理体系是否符合相应要求规定。当代最流行的国际体系认证有ISO9000质量管理体系认证和ISO14000环境管理体系认证等。

4. 绿色壁垒

绿色壁垒是技术壁垒的一种，是指那些为了保护环境而直接或间接采取的限制甚至是禁止贸易的措施，是各国基于环境保护、维护生态平衡所作的各种规定演变而成的贸易壁垒，保护范围广、保护力度大。比如国际和区域性的环保公约、国际环保法规、

ISO14000 环境管理体系和环境标志等。

绿色贸易壁垒具有三大特点：一是合法性。绿色贸易壁垒通常以进口产品没有达到检验检测标准为由，拒绝产品进入本国市场。二是合理性。世界环境的恶化、人们对无公害绿色产品的需求日益增长，使绿色贸易壁垒更容易得到国内企业和消费者的支持。三是有效性。由于发达国家技术实力较强，设置的各种检验检测标准层出不穷，发展中国家的企业通常疲于应付，并且要付出高额的检测费用。

专栏6-6　国外技术性贸易措施对我国出口企业影响依然较大

技术性贸易措施通常是指进口国出于维护国家安全、保障人类健康和安全、保护动植物的生命和健康、保护环境、保证产品质量、防止欺诈行为等原因，通过制定技术法规、标准、合格评定程序、卫生与植物卫生措施等手段对进口商品的准入提出要求与加征进口关税措施不同，技术性贸易措施通常以技术规范的形成出现，因此更具有合法性，也更难以应对，是国际进出口贸易中最棘手的非关税壁垒之一。

2020年，海关总署在全国范围内组织开展了关于国外技术性贸易措施对中国出口企业影响的问卷调查，共抽样了6 500家出口企业，回收有效问卷6 498份，有效问卷率达99.9%。调查结果显示，2019年，我国有19.68%的出口企业受到不同程度的国外技贸措施影响，同比下降11.30%。因退货、销毁、产品降级或丧失订单等原因所发生的直接损失金额为692.08亿元，同比减少68.22%。企业为应对国外技术性贸易措施新增的成本为161.14亿元，同比减少62.21%。从地域分布看，广东、山东、北京三省市的直接损失额较高，三地累加额占全国直接损失总额的40%以上；安徽、山东、广东三省市的新增成本较高，三地累加额占全国新增成本总额的40%以上。从产品类别看，化矿金属、木材纸张非金属和橡塑皮革行业的直接损失较大；纺织鞋帽、化矿金属和橡塑皮革行业的新增成本较大。

国外对我国企业出口的技术性贸易措施主要集中在认证、技术标准、标签和标志、包装和材料、环保要求等五方面。受到上述五类措施影响的企业占全部受影响企业数量的56.42%。对农产品出口影响较大的技术性贸易措施类型集中在食品中农兽药残留限量标准、食品中重金属等有害物质限量要求、食品微生物指标要求、种养殖基地及加工厂和仓库注册要求、食品标签要求等五个方面，受上述因素影响的出口企业占比高达60.92%。

2019年，受技术性贸易措施影响的企业数量、直接损失额和新增成本较上年均出现了较大幅度的下降。主要原因是，在政府部门、行业协会和企业等多方共同努力下，我国出口企业对技术性贸易措施的认知度明显提高，参与和主动应对意识日益增强。调查数据表明，在遭遇国外技术性贸易措施后，超过50%的出口企业能够及时与海关、国外进口商进行咨询沟通，探索应对之策。同时，59.72%的企业通过提升管理水平、54.4%的企业通过市场多元化、45.56%的企业通过科技创新以及43.84%的企业通过调整产品结构等积极行动，提高了产品竞争力，有效巩固和拓展了相关出口市场。

资料来源：中华人民共和国海关总署.国外技贸措施对我国出口企业影响依然较大[EB/OL].(2020-09-27)[2024-03-25]. http://www.customs.gov.cn/customs/xwfb34/302425/3302131/index.html.

二、蓝色贸易壁垒

（一）蓝色贸易壁垒的定义

蓝色贸易壁垒（bluebarriers）是一种新型的国际贸易壁垒，是指以劳动者劳动环境和生存权利为借口采取的贸易保护措施。蓝色贸易壁垒由社会责任条款而来，是对国际公约中有关社会保障、劳动者待遇、劳工权利、劳动标准等方面规定的总称，它与公民权利和政治权利相辅相成。

蓝色贸易壁垒的核心是SA8000标准。SA8000（Social Accountability 8000）即社会责任标准，是根据国际劳工组织公约、世界人权宣言和联合国儿童权益公约制定的全球首个道德规范国际标准。

蓝色贸易壁垒主要有六种表现形式：对违反国际公认劳工标准的国家的产品征收附加税；限制或禁止严重违反基本劳工标准的产品出口；以劳工标准为由实施贸易制裁；跨国公司的工厂审核（客户验厂）；社会责任工厂认证；社会责任产品标志计划。

（二）蓝色贸易壁垒的主要特点

（1）名义上合法。蓝色贸易壁垒及SA8000标准名义上都以改善工人工作条件和环境为目的，主要依据《国际劳工组织公约》《联合国儿童福利公约》和《世界人权宣言》的一些要求，具有合理的成分。发达国家的贸易保护主义者正是利用了这一特点，主张在国际投资与贸易协定中忽略各国在社会经济发展上的差异，制定统一的蓝色条款，从而为发达国家建立贸易壁垒创造了条件。

（2）形式上隐蔽。发达国家凭借一系列国际公约对进口商施加压力，对违背SA8000标准的企业及其产品采取征收附加税、限制或禁止进口等强制性贸易措施。在执行中，往往利用民间力量、公众舆论，以反"社会倾销"为借口强制推行，因此具有形式上的隐蔽性。

（3）实质上具有歧视性。发达国家一直主张各国应该采用相同标准的蓝色条款，来保障各国工人的权利，实现国际贸易的"公平竞争"。但由于发达国家与发展中国家产业结构明显不同，两者的社会经济发展水平也相差悬殊，实际上受"蓝色条款"影响的主要集中在发展中国家的劳动密集型产业。

（4）波及范围更广泛。蓝色贸易壁垒主要影响发展中国家的劳动密集型产业，这是发展中国家运用其劳动力成本的比较优势加入国际经济循环的主要领域，因此波及的范围比传统非关税壁垒更广泛，将对发展中国家的经济发展、就业、国际收支产生不利影响。

(5) 影响更久远。发达国家实施蓝色贸易壁垒，往往借口反"社会倾销"，因此受制裁的企业或国家不仅产品出口受影响，同时，还会被塑造成忽视劳工权益、缺乏社会责任的形象，其品牌和国际声望都会受到误导，会在消费者心目中造成消极的影响。

三、337调查

实践中，337调查主要针对进口产品侵犯美国知识产权的行为。如果进口产品侵犯了美国有效的知识产权，该知识产权权利人（无论其是美国企业还是外国企业）可以向美国国际贸易委员会（United States International Trade Commission，USITC）提起337调查申请，并要求ITC采取相关救济措施。

例如，2017年5月10日，美国国际贸易委员会决定对可折叠手机支架及组件发起337调查。该调查申请由美国PopSockets有限责任公司于2017年4月7日依据《美国1930年关税法》第337节规定向ITC提出，指控中国企业对美出口、在美进口或在美销售的上述产品侵犯了其在美注册的有效的专利权，请求ITC发布普遍排除令及禁止令。中国大陆13家企业被列为被告。这是2017年以来美国发起的第11起涉及中国产品的337调查案件。

> **专栏6-7** 美国337调查及应诉常见问题系列问答（节选）
>
> **一、什么是337调查**
>
> 根据美国《1930年关税法》，美国国际贸易委员会可以对进口贸易中的不公平行为发起调查并采取制裁措施。由于其所依据的是《1930年关税法》第337节的规定，因此，此类调查一般称为"337调查"。
>
> **二、337调查的对象是什么**
>
> 根据美国《1930年关税法》第337节的规定，337调查的对象为进口产品侵犯美国知识产权的行为以及进口贸易中的其他不公平竞争。实践中，涉及侵犯美国知识产权的337调查大部分都是针对专利或商标侵权行为，少数调查还涉及版权、工业设计以及集成电路布图设计侵权行为等。其他形式的不公平竞争包括侵犯商业秘密、假冒经营、虚假广告、违反反垄断法等。
>
> **三、337调查的调查机关是谁**
>
> 美国国际贸易委员会（United States International Trade Commission，USITC）负责进行337调查。
>
> USITC是美国国内一个独立的准司法联邦机构，拥有对与贸易有关事务的广泛调查权。其职能主要包括：以知识产权为基础的进口调查，并采取制裁措施；产业及经济分析；反倾销和反补贴调查中的国内产业损害调查；保障措施调查；贸易信息服务；贸易政策支持；维护美国海关税则。
>
> **四、337调查和反倾销调查的区别是什么**
>
> 在美国，虽然337调查和反倾销调查中的产业损害调查均由USITC来进行，

但两类调查存在明显区别。337调查属于准司法调查,而反倾销调查属于行政调查。二者的区别主要在于以下几个方面。

从调查对象看,337调查是针对进口贸易中的不公平行为实施的调查,实践中主要针对进口产品侵犯美国知识产权的行为;反倾销调查是针对一国的出口价格低于正常价值的倾销行为进行的调查。

从申请人资格看,(涉及知识产权的)337调查的申请人是美国知识产权权利人,无论其是美国人(企业)还是外国人(企业),申请时只需证明美国国内相关产业存在,无需证明损害;反倾销调查的申请人则必须是代表美国国内产业的国内利害关系方,提交申请时应提供倾销、损害以及二者因果关系的初步证据。

从调查机关看,337调查仅由USITC负责;在反倾销调查中,美国商务部(DOC)负责调查和裁决是否存在倾销并确定倾销幅度,USITC负责产业损害调查的裁定。

从制裁措施看,337调查的制裁措施主要是排除令、禁止令、扣押和没收令,这些措施在涉案知识产权的有效期内将一直生效;反倾销调查的制裁措施一般包括反倾销税和价格承诺,反倾销税的征收期限一般为5年。

从制裁措施对贸易的影响看,在337调查中,被实施了排除令的外国产品将不能进入美国;在反倾销调查中,如果缴纳了反倾销税,外国产品仍能进入美国。

从程序看,337调查设置了总统审议程序;反倾销调查没有这一程序。

此外,二者在调查程序、司法审查等方面均有显著区别。

本章小结

本章重点介绍了国际贸易政策以及措施,包括国际贸易政策的概念,制定国际贸易政策应该考虑的因素。各国在一定时期内对进口贸易和出口贸易所实行的政策,是各国总的经济政策的组成部分,是为各国经济基础和对外政策服务的。任何贸易政策措施的实施都会给国内经济带来影响,对国内市场价格、贸易量、国内生产量和消费量以及社会福利都会产生影响。

微课:国际贸易政策概述

案 例

阅读以下关于反倾销裁定的案例,回答下列问题:反倾销的前提是出口方被认定为存在倾销行为,那么,反倾销裁定的主要条件是什么?

1. 泰国对华铝挤压产品作出反倾销终裁

2023年6月9日,泰国倾销和补贴审查委员会发布公告,对原产于中国的铝挤压产品(aluminum extruded products)作出反倾销终裁,裁定中国涉案产品存在倾销行为,但未对泰国国内产业造成实质损害,因此未采取对中国涉案产品的反倾销措施。涉案产品的泰国海关编码为 7604.10.10.000、7604.10.90.000、7604.21.90.000、

7604.29.10.000、7604.29.90.001、7604.29.90.090、7610.10.10.000、7610.10.90.000。公告自公布次日起生效。另外,2021年12月3日,泰国商业部外贸厅发布公告称,应泰国国内企业的申请,对原产于中国的铝挤压产品启动反倾销调查。

资料来源:中国贸易救济信息网.泰国对华铝挤压产品作出反倾销终裁[EB/OL].(2023-06-21)[2023-07-28]. http://chinawto.mofcom.gov.cn/article/dh/janghua/202306/20230603417846.shtml.

2. 美国对金属硅发起第五次反倾销日落复审调查

2023年5月1日,美国商务部发布公告称,对进口自中国的金属硅(Silicon Metal)发起第五次反倾销日落复审调查。同时,ITC也对相关产品进行反倾销日落复审产业损害调查。调查的重点是评估若取消反倾销措施,进口金属硅产品是否会在合理可预见期间内对美国国内产业造成实质性损害以及实质性损害是否会继续或再度发生。利益相关方应于本公告发布之日起10日内向美国商务部提交应诉登记。利益相关方需要最晚于2023年5月31日向ITC提交回复意见,并最晚于2023年7月13日就该案回复意见的充分性向ITC提交评述意见。自1991年6月10日美国商务部开始正式对进口自中国的金属硅征收反倾销税以来,美国已对该案先后进行了四次日落复审并作出肯定性终裁,分别于2001年2月16日、2006年12月21日、2012年4月20日和2018年6月4日,四次延长反倾销税的有效期。

资料来源:中国贸易救济信息网.美国对金属硅发起第五次反倾销日落复审调查[EB/OL].(2023-05-12)[2023-07-28]. http://chinawto.mofcom.gov.cn/article/dh/janghua/202305/20230503409713.shtml.

关键术语

国际贸易政策　自由贸易政策　保护贸易政策　关税　进口税　进口附加税
反补贴税　反倾销税　海关税则　从量税　从价税　非关税壁垒　进口配额　绝对配额
出口补贴　出口信贷　技术性贸易壁垒　蓝色贸易壁垒

练习题

一、案例分析

1. 阅读下列案例材料,思考如下问题:什么是蓝色贸易壁垒,谈谈对我国相关出口企业的影响,以及这些企业应该如何应对?

宁波妈咪宝婴童用品制造有限公司一个月内连续接待4批美国客户委托第三方机构进行的工厂审核,由于婴童产品进入美国市场,除了达到平时普通客户一般要求达到的验厂标准,还要符合婴童行业社会责任标准。而在验厂过程中,社会责任标准与美国政府C/PPAT反恐认证在不少地方有冲突,反恐认证要求车间各个门处于关闭状态,而社会责任标准又要求车间门要向外打开。越来越细的社会责任标准,让企业接待人员颇为头疼。

像妈咪宝公司一样,越来越多的宁波出口企业在面临客户下单的时候,都需要按客户的要求提供通过的证明,并接受客户指定的第三方认证机构的工厂审核。这种以保护蓝领工人生存权利、劳动环境等各项社会权益为由的新型技术性贸易措施，即"蓝色贸易壁垒"，正成为继传统的"关税贸易壁垒""技术贸易壁垒"之后，"宁波制造"背上的又一座"大山"。其中，作为所谓的全球"首个"道德规范国际标准的社会责任标准"SA8000"更是成为"蓝色贸易壁垒"的核心。

据了解，近年来，越来越多的宁波出口企业被欧美采购商要求通过社会责任认证或者接受社会责任验厂，才能获得出口订单。而这些企业一般都是行业内中上游的企业，在多年的市场竞争中产品质量较好，主打欧美市场；同时，大多数属于劳动密集型，生产工艺中劳动力使用密集，企业的国际竞争优势主要来自于国内较低的劳动力成本；另外，由于产品型号多、规格差异大、标准不统一，生产过程的自动化改造难度大、进展慢。这类企业都处于转型升级的初期，其发展现状导致其屡屡被蓝色贸易壁垒"追尾"。

说起社会责任验厂，该市某家玩具出口企业的高管有一肚子的苦水。他说，作为一家主攻欧美市场的玩具出口企业，他们厂每年需要接受的各类验厂达20多次，这样企业方需配备一个专业的团队，还大大提高了验厂费用，提升了企业每年总成本。

业内人士指出，蓝色贸易壁垒对制造企业的影响十分深远，SA8000等蓝色贸易壁垒的推行将在西方发达国家的消费者心目中进一步强化这一观念，即承担企业责任，经过SA8000等认证的产品具有更严格的社会责任方面的道义标准，欧美发达国家的产品可以借此突出和中国出口产品的差异，进而拉开产品层次，并在提高中国产品进入西方发达国家市场准入门槛的同时，进一步增加了中国产品以自主品牌出口的难度，最终实现西方发达国家大企业、大品牌仅仅把"宁波制造"作为其贴牌生产基地之一的目的。

虽然蓝色贸易壁垒的表现形式种类较多，但是从目前来看，中国出口生产企业经常碰到的主要以接受国外客户的工厂审核和要求通过社会责任工厂认证两种为主。与之前国外"技术贸易壁垒"中常见的接受国外客户工厂审核和通过产品质量认证等相比，这两者看似类似和简单，实际操作中却给出口企业带来巨大的麻烦。

以社会责任标准SA8000为例，由于其制定者为美国的"社会责任"国际组织和欧美的一些跨国公司和其他国际组织。因此，其在制定该标准时主要是从西方的惯性思维、保护劳工权益和维护其既得利益等角度出发，有意忽视，甚至刻意忽略了中国等一些发展中国家的法律法规和实际情况，导致一些条款不科学，一些具体内容难以操作，甚至存在给出口制造企业造成重大经济损失的巨大漏洞。

宁波一家家电出口企业负责人在接受采访时表示，由于企业在申请SA8000认证期间，需接受第三方认证机构就本公司规章制度、人事记录，包括合同、工资等方面内容进行审核。但现在一些认证公司从业人员素质良莠不齐，对标准中的部分条款存在过度解读，甚至错误理解的问题，另外这些认证公司的从业人员普遍存在随时离职的情况，且极有可能在离职后直接到竞争对手公司任职，从而导致本公司核心商业机密外泄。

与此同时，申请认证的企业除了增加评估现行状况、制定系统原则和程序、控制和记录所需的时间成本，以及采取补救措施所形成的成本，即减少工作时间、提高工资待遇、改善工作与生活环境等所带来的成本以外，还要承担高昂的认证、审查以及不断进行控制和监督审查的费用，极大增加了企业的生产成本，降低了出口产品的市场竞争力。

由于宁波的出口企业以中小企业为主,限于自身能力,为通过相应的工厂审核,一般还需要事先聘请第三方咨询公司进行提前指导,又增加了一笔额外的费用。仅以一家玩具公司准备迎接"迪士尼"商标授权持有人的工厂审核为例,如果聘请第三方咨询公司进行提前指导,除了需要承担一名辅导老师来回差旅、7天至10天驻厂辅导期间的食宿费用以外,还需支付咨询公司1.8万左右的辅导费用。

2. 阅读下面材料,回答下列问题:日本对华普惠制结束,我国企业何去何从?

日本财务省于2016年11月正式宣布重新调整"特惠关税"制度的对象国。新标准将中国、墨西哥、巴西、泰国和马来西亚5个国家从发展中国家关税减免名单中剔除,这意味着,日本从2019年起全面终结对我国的普惠制政策。这对我国出口企业来讲,无疑是一条坏消息。

特惠关税简称特惠税又称普惠制优惠关税,是指工业发达国家对发展中国家或地区出口的制成品的半制成品给予普遍的、非歧视的、非互惠的优惠关税,是在最惠国关税基础上进一步减税以至免税的一种特惠关税。这项政策有利于帮助受惠国增加出口,促进工业化和经济发展。

按照日本最新的普惠制政策,2019年起,我国35%~90%以上的原产有机化学品、塑料制品等传统优势产品将不再享受日本普惠制待遇。由于之前日本给予的关税优惠平均约为3%,这就意味着每年约120亿美元的输入日本商品的关税平均税率整体上浮约3个百分点,部分产品甚至上浮高达10余个百分点。据估算,日方进口关税税率的提升导致我国输日货物的关税成本增加近3亿美元,将一定程度上削弱我出口产品在日本市场的竞争力。如江苏某有机硅公司的唯一日本客户因普惠制结束,每年增加380万美元关税成本,已被迫转向其他国家的供货商。

值得注意的是,纺织品等劳动密集型中国产品在日本进口市场的占有率均在60%以上,日本普惠制取消对纺织行业影响尤为严重。越南、印尼、孟加拉国及柬埔寨是我国在日本纺织品及原料市场的主要竞争对手,日本在取消我国普惠制待遇的同时,却保留了上述国家的普惠制待遇。

近年来,由于我国劳动力成本及物价水平不断上涨,纺织等行业用工成本平均高出东南亚国家1~3倍。日本普惠制新政实施后,我国纺织品及原料在日本的进口关税税率将比越南、印尼、孟加拉国及柬埔寨高1.06~14.2个百分点,导致我国相关产品在日本面临更加不利的竞争形势。与此同时,我国机电产品作为对日出口的另一主要产品,依然由在华日资企业占主导地位。众多日本企业从中国进口原材料,或将中国作为生产基地生产产品后返销日本,不能享受普惠制待遇将使这些日本企业的生产基地布局和产品价格受到影响。

在全球价值链和现行的关税制度下,目前,不少日企在中国设有生产基地,已建立了全球化的生产流通体系。日本贸易振兴机构调查显示,随着劳动力成本及物价水平不断上涨,日本普惠制即将结束的负面效应加速发酵,日资企业撤出的趋势越来越明显。日资企业拟缩小投资规模、撤出或转移到第三国的比例已超过10%。

由于中国出口至日本的化工品可以凭普惠制原产地证书免交税率为3.1%~

6.5%,化工行业成为日方在中国投资的重点行业之一。以山东青岛某化工企业为例,该公司是由日本母公司全资兴建的日本独资企业,企业表示,日本对中国普惠制优惠取消后,公司每年通关成本将提高近1.4亿日元,并影响到公司下一步的投资布局。

二、思考题

1. 国际贸易政策制定的主要依据是什么?
2. 请阐述关税的主要分类。
3. 与关税措施比较,非关税措施有什么特点?
4. 试说明经济特区的主要类型。
5. 技术性贸易壁垒错时的含义,主要特征是什么。
6. 蓝色贸易壁垒的含义是什么,试分析蓝色贸易壁垒对我国劳动密集型企业的影响,我国企业应该如何应对?

第七章 国际贸易政策理论

◎ **学习目的与要求**

本章介绍关税的有效保护率和关税结构问题,重点介绍了关税进口配额和出口补贴的经济效应,同时分析了反倾销措施的经济效应,探讨了国际贸易政策中的政治经济学。

通过学习本章,学生应掌握小国进口关税的经济效应分析;理解关税的有效保护率及关税升级现象,理解进口配额的经济效应及主要结论,了解出口补贴的经济效应及主要结论,了解国际贸易政策中的政治经济学。

导　读

RCEP 正式生效实施一年半，预计为我国产品在 RCEP 进口成员国减免关税 1.5 亿美元。

"2022 年 1 月至 2023 年 6 月 25 日，全国贸促系统已经签发 RCEP 项下原产地证书 24.86 万份，涉及出口金额 99.88 亿美元，预计为我国产品在 RCEP 进口成员国减免关税 1.5 亿美元。"6 月 30 日，中国贸促会新闻发言人杨帆在中国贸促会 6 月例行新闻发布会上表示。

杨帆表示，RCEP 生效实施以来，成员国间货物贸易成本明显降低，有力促进区域产业链、供应链、价值链深度融合，大幅提振了地区经济复苏信心，并为区域乃至全球贸易投资增长注入新动能。RCEP 为我国广大企业带来实实在在的红利和实惠，为出口型企业在关税减让、通关便利等方面带来了实际经济效益，促使企业增强了开拓国际市场的竞争力。

谈及下一步中国贸促会在推广实施 RCEP 方面的工作考虑，杨帆表示，中国贸促会作为 RCEP 高质量推广实施的主力军，将持续指导和支持各地方、各行业和广大企业抢抓机遇，扩大与 RCEP 成员的贸易投资合作，推动协定红利持续释放。工作重点包括加强商事认证、加强培训解读和加强服务保障。

此外，杨帆还介绍了 2023 年以来截至 2023 年 6 月 25 日的全国贸促系统商事认证数据。她表示，全国贸促系统商事认证数据持续增长，累计签发原产地证书、ATA 单证册、商事证明书等各类证书 275.41 万份。特别值得注意的是，原产地证书签证金额增长迅速，表明原产地累积规则的作用得到了发挥，关税减免红利逐步释放。另外，出境 ATA 单证册签发量持续增长，这表明我国企业积极参与和拓展海外市场，对国际市场信心不断增强。

关于 RCEP 原产地证书方面的数据显示，截至 2023 年 6 月 25 日，全国贸促系统 RCEP 原产地证书签证金额共计 32.17 亿美元，同比增长 25.53％；签证份数共计 9.27 万份，同比增长 72.73％。预计这将为我国产品在 RCEP 进口成员国减免关税 0.48 亿美元。

资料来源：刘萌. RCEP 正式生效实施一年半　预计为我国产品在 RCEP 进口成员国减免关税 1.5 亿美元[N].证券日报，2023-6-30.

第一节　关税的经济效应

一、关税保护程度和关税结构

（一）关税的保护程度

1. 名义保护率

商品的名义保护率（Nominal Rate of Protection，NRP）是指由于实行关税保护而

巴西对华钢绞线作出第一次反倾销日落复审肯定性终裁

引起的国内市场价格超过国际市场价格的部分占国际市场价格的百分比。

国际经济理论认为,对进口商品征收关税或采取其他保护措施提高了其国内市场价格,降低了其竞争能力,从而保护本国同类产品的生产。其价格提高部分与国际市场价格的比率就是保护率,或称为内含税率。造成国内价格高于国外价格的因素很多。除关税以外,非关税壁垒、外汇汇率和外汇管制、进出口价格补贴、生产补贴等措施,都可以使同一商品在国内外市场有不同价格。由于关税是国际上公认的主要保护措施,在忽略了其他非关税因素后,理论上,国内外差价与国外价格之比就等于关税税率。因此,人们通常把各国税则中的法定进口关税税率视为保护率。20世纪50年代加拿大经济学家巴伯提出有效保护理论后,为区别有效保护率,人们称传统的保护率为名义保护率。

名义保护率用公式表示如下:

$$名义保护率 = \frac{国内市场价格 - 国际市场价格}{国际市场价格} \times 100\%$$

与关税水平衡量一国关税保护程度不同,名义保护率衡量的是一国对某一类商品的保护程度。由于在理论上,国内外差价与国外价格之比等于关税税率,因而在不考虑汇率的情况下,海关根据海关税则征收的关税税率一般可以看作是名义保护率。名义保护率的计算一般是把国内外价格都折成本国货币价格进行比较,因此受外汇兑换率的影响比较大,但名义保护率只考虑关税对某种最终产品价格的影响,忽略了对中间产品的保护,因此不能准确地反映对某种产品的实际保护程度。

例如,国际市场汽车价格10 000美元,关税保护下的国内市场价格为11 000美元。汽车的名义保护率=(11 000-10 000)÷10 000×100%=10%。在其他条件相同和不变的条件下,名义关税率愈高,对本国同类产品的保护程度也愈高。

2. 有效保护率

一个行业的有效保护率(Effective Rate of Protection,ERP)被定义为:一个国家的整体关税保护措施使该行业每单位产出增加值提高的百分率。这里的整体保护措施指的是对每一个行业所有产品(包括最终产品、中间产品和原材料)的关税与非关税保护。用公式表示,对行业j的有效保护率为:

$$ERP_j = \frac{V'_j - V_j}{V_j} \times 100\% \tag{7-1}$$

上式中:ERP_j表示j行业(产品)的有效保护率;V_j,V'_j分别表示征收关税前后j行业国内生产的附加值。

下面通过一个具体例子来说明有效保护率的概念,分两种情形进行分析。

第一种情形,假设在自由贸易条件下,本国汽车售价为10 000美元,其中,投入成本为8 000美元,则征税前每辆汽车的增加值V为2 000美元。

假设政府对汽车整体征收50%的从价税,对所有零部件和原材料征收25%的关税。则本国汽车国内售价为15 000美元,而成本上涨到10 000美元,增加值V'提高到

5 000 美元,有效保护率 ERP 达到 150%。显然,这种情况下本国汽车行业得到了比名义保护率更高程度的实际保护率。

第二种情形,假设政府对汽车行业整体仍征收 50% 的从价税,而对所有零部件和原材料的关税率提高到 75%,此时,本国汽车国内售价为 15 000 美元,成本上涨到 14 000 美元,增加值 V' 只有 1 000 美元,有效保护率为 -50%。

如果最终产品的名义税率大于原材料等中间产品的名义税率,则最终产品的有效保护率大于其名义税率;如果最终产品的名义税率和中间产品的名义税率相同,则最终产品的有效保护率等于名义税率;如果最终产品的名义税率小于中间产品的名义税率,则最终产品的有效保护率小于名义税率,甚至出现负保护的情况。这意味着由于对原材料等中间产品征收的名义税率过高,使原材料价格上涨幅度超过最终产品征税后附加值增加的部分,使得国内加工增值低于国外加工增值,最终鼓励了成品的进口。其他条件不变的情况下,最终产品的名义保护率越高,有效保护率也越高,反之亦然。最终产品名义关税不变的前提下,随着中间产品的关税上升,最终产品的有效保护率下降,对国内生产会起到抑制的作用。

名义保护率与有效保护率的区别在于,名义关税考虑的是关税对某种产品的国内市场价格的影响,它表明了关税导致的最终商品价格的增加量,因而名义关税率对消费者很重要。有效保护则考虑生产过程的增值,考察整个关税制度对被保护商品在生产过程中的增加值所产生的影响,同时考虑征收关税对成品价格的影响,以及征收关税对原材料和中间产品等投入品的价格的影响,反映了关税对进口竞争品生产者的保护程度,因而有效保护率对生产者很重要。

与进口商品相竞争的产业中的企业,不仅受到进口商品征收关税的影响,而且受到对原材料等中间投入品征收关税的影响。这表明,一国如果要对某一产业实行保护,不仅要考虑对该产业最终产品的关税率,而且要把整个关税结构与该产业的生产结构结合起来考虑,才能制定出相应合理的政策措施。

(二) 关税结构

关税结构亦称"关税税率结构",是指一国关税税则中各类商品关税税率高低的相互关系。世界各国因其国内经济和进出口商品不同,其关税结构也会各不相同。但一般都是生产资料税率较低,消费品税率较高;生活必需品税率较低,奢侈品税率较高;本国不能生产的商品税率较低,本国能够生产的商品税率较高。

各国关税结构的一个突出特征是,关税税率从初级产品、半制成品到成品,是随加工程度不断提高而提高的。关税结构的这种现象称为升级或阶梯关税结构(cascading tariff structure)。

用有效保护理论可以很好地解释关税结构中的关税升级现象。有效保护理论说明,原料和中间产品的进口税率与其制成品的进口税率相比越低,对有关的加工制造业最终产品的有效保护率则越高。关税升级,使得一国可对制成品征收比其所用的中间投入品更高的关税,这样,对该制成品的关税有效保护率将大于该国税则中所列的该制成品的名义税率。

以发达国家为例,在 20 世纪 60 年代,发达国家平均名义保护率在第一加工阶段为

4.5%,在第二加工阶段为 7.9%,在第三加工阶段为 16.2%,在第四加工阶段为 22.2%,而有效保护率分别为 4.6%、22.2%、28.7% 和 38.4%。由此可见,尽管发达国家的平均关税水平较低,但是,由于关税呈升级趋势,关税的有效保护程度一般都大于名义保护程度,且对制成品的实际保护最强。在关税减让谈判中,发达国家对发展中国家初级产品提供的优惠,远大于对制成品提供的优惠。

二、关税的经济效应分析

(一) 小国进口关税的经济效应分析

图 7-1 中,横轴 Q 表示商品数量,纵轴 P 表示商品价格。D,S 分别表示小国对某商品的需求曲线和供给曲线。关税的价格效应指的是征收关税对进口国国内市场价格的影响。一般来说,对进口商品征收关税会导致进口商品的价格上涨,对进口商品的需求下降,从而引起国内进口替代商品需求上升和价格上涨,整个国内市场价格的上涨幅度取决于征税对市场价格的影响。征税使国内市场价格由 P_w 上升到 P_d。

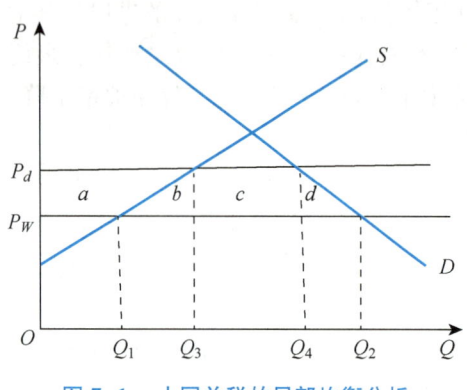

图 7-1 小国关税的局部均衡分析

1. 消费效应

关税的消费效应指的是征收关税对进口商品国内消费的影响。征税使得国内市场价格上升,消费者受损,消费者剩余减少 $a+b+c+d$。

2. 生产效应

生产效应指的是征收关税对进口国进口替代商品生产的影响。征收关税使国内市场价格上升,生产者获利,生产者剩余增加 a。

3. 财政收入效应

财政收入效应指的是征收关税对国家财政收入的影响。征税使得政府财政收入增加,等于进口量乘以税率,即图 7-1 中的 c。

4. 贸易效应

关税的贸易效应是指征收关税对进出口商品数量的影响。征税使得进口商品国内价格上升,国内对该进口商品的需求下降,反映在图中,就是商品进口量由 Q_1Q_2 下降到 Q_3Q_4。

5. 再分配效应

关税会造成收入在国内各利益集团之间的重新分配。生产或保护效应所描述的生产者福利的增加,部分是从消费者支付的较高价格转移过来的,部分则是从该国丰富的生产要素处转移而来的。征收关税使得进口消费者福利降低 $a+b+c+d$,其中 a 和 c 以生产者剩余和政府财政收入的形式转移给生产者和政府。

6. 贸易条件效应

贸易条件效应是指征税对进口国的进出口相对价格的影响。由于小国仅是国际市场价格的接受者,对进口品征收关税不能改变国际市场价格,因此小国关税不具有贸易条件效应。

7. 总福利效应

总福利效应是指从社会福利和国民经济整体考察关税的效应。贸易小国征收关税不具有贸易条件效应,因此,国家整体福利是净损失,损失额为 $(a+b+c+d)-a-c=b+d$,其中,b 是国内低效率的生产扩张而导致的生产扭曲损失,d 是国内价格上升导致的消费扭曲损失。

(二)大国进口关税经济效应分析

图 7-2 中,横轴 Q 表示商品数量,纵轴 P 表示商品价格。D_d,S_d 分别表示大国对某商品的需求曲线和供给曲线。自由贸易条件下,国内消费量为 OQ_2,生产量为 OQ_1,进口量为 Q_1Q_2,均衡价格为世界市场价格 P_w。假设大国对商品进口征收关税 t,使得国内市场价格上升至 P_d,进口数量下降至 Q_3Q_4。由于该国是大国,进口量的大幅下降,迫使国外出口商降价出售,假设新的世界市场价格为 P_{w^*},关税由国内消费者和国外出口商共同分担。

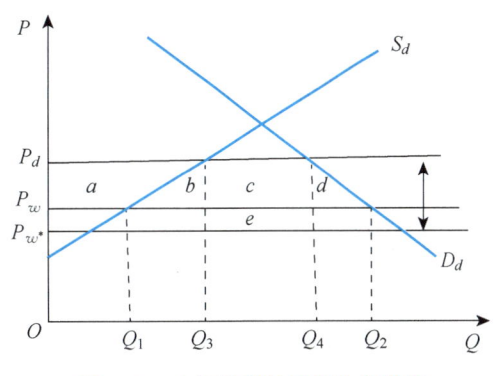

图 7-2 大国关税的局部均衡分析

1. 价格效应

大国征收关税会使得世界市场价格下降,关税没有完全转化为国内市场价格的上升,由消费者和国外出口商共同分担,国内市场价格仅上涨 P_wP_d 部分,国外出口商承担 $P_{w^*}P_w$。

2. 消费效应

征税使得国内市场价格上升,消费者受损,剩余减少 $a+b+c+d$,消费者福利净损失。

3. 生产效应

征收关税使国内市场价格上升,生产量由 Q_1 上升至 Q_3,生产者剩余增加 a,生产者福利净增加。

4. 贸易效应

征税使得进口商品国内价格上升,国内对该进口商品的需求下降,商品进口量由 Q_1Q_2 下降到 Q_3Q_4。

5. 财政收入效应

征税使得政府财政收入增加,等于进口量乘以税率,图中 $c+e$ 部分。

6. 再分配效应

征收关税使得进口消费者福利降低 $a+b+c+d$,其中 a 和 c 以生产者剩余和政府财政收入的形式转移给生产者和政府。

7. 贸易条件效应

大国政府对进口商品征收关税,导致进口量大幅下降,从而迫使出口国大幅度降低出口价格,压低到世界市场价格之下。假设该国出口市场价格不变,则其贸易条件得到改善。

8. 总福利效应

贸易大国征收关税,国家整体福利是净增加还是净损失,需要计算关税的成本,消费者福利的净损失减去生产者福利净增加,再减去政府的关税收入,$a+b+c+d-a-(c+e)=(b+d)-e$,具体比较 $b+d$ 和 e 的大小,e 是该国从关税中获得的贸易条件改善效应,$b+d$ 是该国的保护成本,其中,b 是由于国内低效率的生产扩张而导致的生产扭曲成本,d 是国内价格上升导致的消费扭曲成本。

大国征收关税所产生的各种效应的强弱,取决于应税商品的供给和需求价格弹性以及关税税率的高低。关税水平给定情况下,商品需求价格弹性越大,消费效应越大;供给价格弹性越大,则生产效应越大。所以,一国对某种商品的供给和需求越富有弹性,则关税的贸易效应就越大,财政收入效应就会越小。

(三) 最优关税率

对于贸易大国,征收进口税,能够改善贸易条件,可以提高福利水平,但同时也会导致贸易量下降,会造成社会福利水平的下降。由于不断提高关税率改善贸易条件而提高福利的速度与减少贸易量而降低福利水平的速度不一致,在理论上存在一个最优关税。在这种最优关税下,可使该国的福利水平达到最高。

最优关税(optimum tariff)是指能使一国福利水平达到最大的关税水平,其税率称为最优关税率。对于最优关税税率的确定,可以借助于边际分析来加以说明。

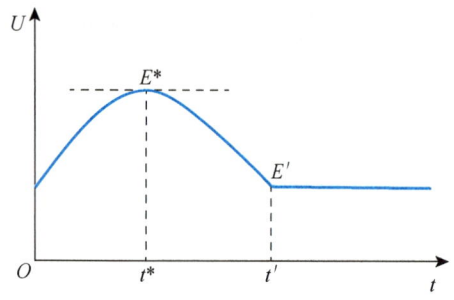

图 7-3 最优关税税率的边际分析

图 7-3 中,横轴表示关税税率,纵轴表示国家整体福利状况,当该大国进口税率由零逐渐增大,边际福利大于零,则该国整体福利状况改进;税率达到 t^* 时,该国边际福利等于零,此时整体福利达到最大,再提高税率,由于边际福利小于零,导致整体福利水平恶化,税率提高到禁止性税率 t' 时,进口量已等于零,此时税率提高对于整体福利水平无任何影响。

所谓的最优关税率仅是对进口国而言,对于整个世界,任何关税都会带来效率的损失。最优关税税率给进口国带来的收益,实际上是出口国受到的损失的一部分,且最优关税率的存在是以出口国不报复为假设前提的,如果出口国采取同样方法进行报复,则关税所得利益就会被出口损失所抵消。

(四) 出口关税效应分析

图 7-4 中,D、S 分别表示出口国国内的需求曲线和供给曲线。P_w 表示出口商品的国际市场价格。该小国征收出口关税前,国内生产为 Q_2,国内需求为 Q_1,出口量为 Q_2-Q_1,市场价格为 P_w,现在假设该小国对出口商品征收出口关税,则产生如下经济效应。

1. 价格效应

征收出口关税导致出口商出口成本提高,出口量减少,因为是小国,意味着只能接受既定国际市场价格,出口量的变化不影响国际市场价格,但是会影响国内市场价格。国内供给增加,使得该商品的国内市场价格下降至 P_d。

2. 消费效应

关税的消费效应指的是征收出口关税对该出口商品国内消费的影响。征收出口关税使得国内市场价格下降,消费者剩余增加 $a+b$。

3. 生产效应

政府征收出口关税,导致出口商出口成本提高,国内产量由 Q_2 下降到 Q_4,生产者剩余减少 $a+b+c+d+e$。

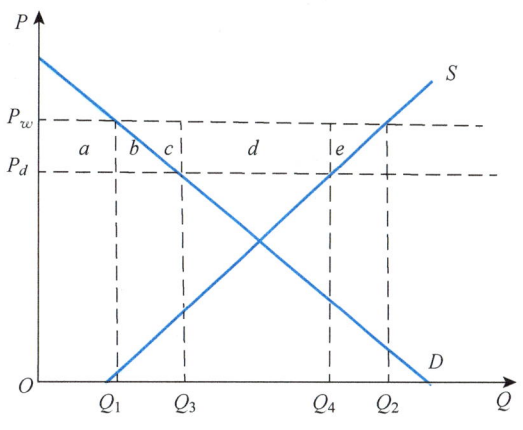

图 7-4 小国出口关税的局部均衡分析

4. 财政收入效应

征收出口关税使得政府财政收入增加,等于出口量乘以单位税额,即图中 d 的面积。

5. 贸易效应

征收出口关税使得出口量由 Q_1Q_2 下降到 Q_3Q_4。

6. 总福利效应

因为征收出口关税,小国整体福利是净损失,损失额为 $-(c+e)=-(a+b+c+d+e)+(a+b)+d$。

7. 对进口国的影响

因为小国征收出口关税对国际市场价格没有影响,因此小国征收出口关税的措施对进口国价格、消费、生产、贸易条件和福利都不产生影响。

第二节 进口配额的经济效应

一、进口配额

进口配额指的是对可能进口的商品实行直接进口数量限制,基本做法是向一些个人或者公司颁发进口许可证。美国对进口外国奶酪就有配额,年度奶酪进口的最高限额会被分配给一些进口奶酪的贸易公司。需要注意的是,当进口被限制时,国内的需求会超过国内供给加进口,国内价格不断上升直到市场达到均衡为止。与关税措施一样,进口配额总会抬高进口商品的国内价格,而且,进口配额抬高国内价格的幅度与关税抬高的幅度一样。①

耗时 3 年国内 LED 企业首次胜诉美国"337 调查"

---

① 克鲁格曼、茅瑞斯、奥伯斯法尔得等:《国际贸易》(第 10 版),中国人民大学出版社,2016 年,第 213 页。

与关税不同的是,实施进口配额时,政府没有了收入。采用配额限制进口时,采用关税时政府获得的那部分收益会被持有进口许可证的个人和公司瓜分。许可证持有者可以从外国购买进口品并在国内以高价出售,获得的利润就是配额租金。[①]

目前正在使用的进口配额主要有两种,即绝对配额和关税配额。

(一) 绝对配额

绝对配额是指在一定时期内,进口国对某种商品的进口数量或金额规定一个最高数额,在这个数额之内允许进口,超过这一数额则不准进口。其具体做法又有全球配额、国别配额和进口商配额等。

全球配额是该政府只是笼统规定一定时期某种商品的进口的最高限额,但不作国别或地区分配,达到这一限额便不能正常进口。例如,加拿大曾规定:自1981年12月1日至1982年11月30日,除皮鞋以外的各种鞋类进口的全球配额为3 560万双。这种配额强化了出口商之间的竞争,便于进口商选择对自己有利的出口商。

国别配额是指政府一定时期的进口总配额再按国家和地区进行分配,进口国从该国或地区进口某种商品的最高数量以此为限。例如,1986年美国宣布从当年8月起的未来一年中,由中国进口麻棉衫的最高限额为99万打。国别配额是一种差别待遇。

进口商配额是指政府直接把某种商品的进口配额分配给本国进口商,进口商在一定时期的总进口以此为限。这种配额是政府扶持本国那些尚待发展的企业的有力手段,同时也有利于国内有雄厚实力的企业。

(二) 关税配额

关税配额是指政府在一定时期内对某种商品的进口绝对数量不加限制,只对优惠关税额度加以规定。对配额内的进口商品给予免税或优惠关税待遇,对超过配额的进口商品按正常关税计征。例如,日本与欧共体签订的1986—1990年的皮鞋贸易协议规定,日本从欧共体进口皮鞋的配额,1989年为326万双,1990年为359万双,配额以内的进口征收从价税30%,超过配额的进口征收从价税60%。关税配额的特点是将关税与配额结合起来使用,主要以经济手段调节进口水平,而不是像绝对配额那样以行政手段控制进口的绝对量。关税配额也有全球配额、国别配额和进口商配额等具体的不同做法。

二、进口配额的经济效应分析

以小国为例分析。P_w 为国际市场价格,自由贸易条件下,该小国生产量为 Q_1,消费量为 Q_2,进口量为 Q_2-Q_1,假设小国政府开始实施进口配额制度,允许进口的数量为 Q_3Q_4,配额的有限性导致的结果相当于为国内生产者提供生产补贴,推动国内供给量增加,国内产量增加到 OQ_3,国内需求下降到 OQ_4,进口总量下降到 Q_3Q_4,国内市场价格上升到 P_d,消费者剩余损失 $a+b+c+d$,生产者剩余增加 a,c 为配额收益,b、d 为实施配额导致的社会福利净损失。可见,配额对生产、消费、价格、贸易量等方面造成的影响与进口关税类似。

[①] 关于配额租金的更为详尽的分析,可以参看克鲁格曼、茅瑞斯、奥伯斯法尔得等,国际贸易(第10版)中国人民大学出版社,2016年,第214-216页案例分析"现实中的进口配额:美国食糖进口"。

进口配额的经济效应分析,见图 7-5。

上述分析表明,一国实行进口配额所引起的整个社会的利益变动不会比征收关税更优,但在国家贸易政策实践中,通常各国对商品的进口限制更倾向于采取配额政策而非关税政策。仔细分析,其主要出于如下考虑。

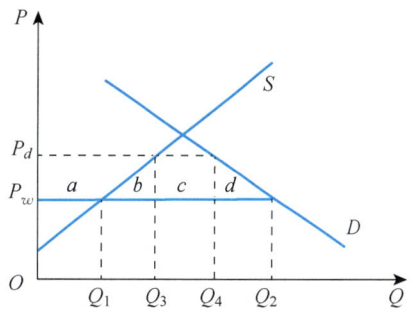

图 7-5　进口配额的经济效应

（1）配额比关税更能有效地控制进口数量,完全排除价格机制的作用。征收关税时,国外出口商尚可通过提高生产效率、降低生产成本、改进产品质量及承担部分关税的形式渗透进口国市场;而配额却以进口数量上的确定性完全排除出口商市场渗透的任何可能性,即造成市场垄断:在非禁止性关税条件下,国内进口竞争厂商所面临的是世界价格加上关税的有弹性的竞争性供给,厂商虽受到一定程度的保护,但仍是市场价格的接受者,因此其不可能从关税中获得垄断权利和利润;但配额使进口数量绝对固定,便赋予国内占据优势的厂商以控制市场的机会,使其从国际市场上大量竞争者中的一员变为国内市场上的垄断者,进而通过减产和提价攫取垄断利润,而具有此种优势的厂商或利益集团将会通过游说、院外活动等手段促使政府采取配额而非关税政策。

（2）配额比关税更为灵活。在进口配额下,政府可通过发放进口许可证随时调节进口数量和进度,但根据 WTO 规则,除非有某特殊情况,成员国政府不得随意调节关税。

（3）实行配额给政府更多的权力。这不仅表现在通过发放许可证以调节进口数量和进度,还可以通过调整配额分配机制来选择相应的进口商。

第三节　出口补贴的经济效应

一、小国出口补贴的经济效应

图 7-6 中,D、S 分别表示小国的国内需求曲线和供给曲线。P_w 表示不存在补贴时国内市场价格,此时,国内市场价格等于国际市场价格。该小国没有补贴时,国内供给为 Q_2,国内需求为 Q_1,出口量为 Q_1Q_2。现在假设小国政府为鼓励本国商品出口,对出口商品提供出口补贴,即每单位出口产品提供补贴 S'。则会产生以下经济效应。

1. 价格效应

贸易小国只能被动接受国际市场价格,所以,政府实施出口补贴政策不影响国际市场价格,出口价格仍是 P_w,因为政府对每单位出口商品实施补贴,生产商每出口一单位商品获益为 P_w+S',国内市场价格上升到 P_w+S'。低于这一价格水平,生产商就不会在国内市场销售该商品。

2. 消费效应

政府实施出口补贴使得国内市场价格由 P_w 上升至 P_w+S',消费者剩余减少 $a+b$。

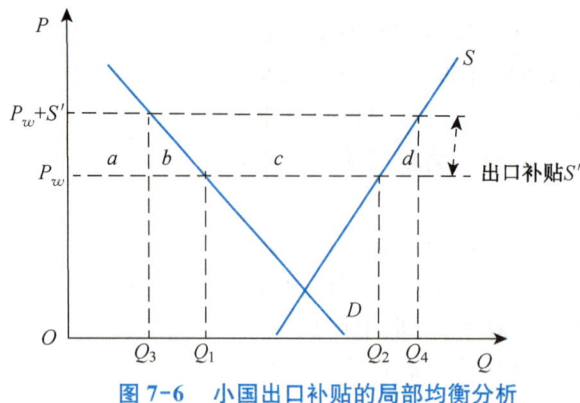

图 7-6 小国出口补贴的局部均衡分析

3. 生产效应

政府实施出口补贴使得国内市场价格上升,出口商收益增加,出口商有动力增加产量,国内产量由 Q_2 上升到 Q_4,生产者剩余增加 $a+b+c$。

4. 财政收入效应

出口补贴政策使得政府财政支出增加,等于出口量乘以单位出口补贴,即图中的 $b+c+d$。

5. 贸易效应

出口补贴政策使得出口商出口收益增加,出口量由 Q_1Q_2 上升到 Q_3Q_4。

6. 总福利效应

实施出口补贴政策的总福利效应,是消费效应、生产效应和财政收入效应之和。小国整体福利是净损失,损失额为 $-(b+d)=-(a+b)+(a+b+c)-(b+c+d)$。

二、大国出口补贴的经济效应

大国与小国不同之处在于,大国出口量变动会影响国际市场价格。具体而言,大国出口补贴导致出口增加,可能使得出口的世界市场价格下降,从而出口商不能获得所有出口补贴收益。

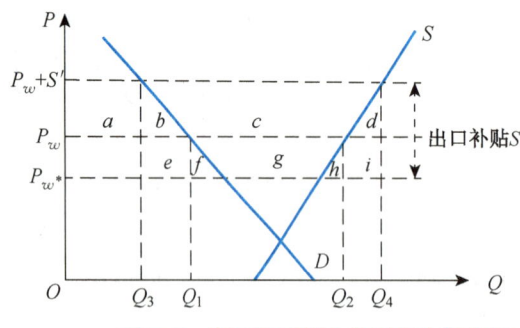

图 7-7 大国出口补贴的局部均衡分析

图 7-7 中,D、S 分别表示大国国内需求曲线和供给曲线。P_w 表示不存在补贴时国内市场价格,此时,国内市场价格等于国际市场价格。该大国政府实施出口补贴前,国内供给为 Q_2,国内需求为 Q_1,出口量为 Q_1Q_2。现在假设大国政府为鼓励本国商品出口,对出口商品提供出口补贴,即为每单位出口产品提供补贴 S'。

1. 价格效应

大国政府实施出口补贴会导致国际市场价格下降,由 P_w 下降到 P_{w^*},政府提供出口补贴,生产商出口单位商品获得收益为 $P_{w^*}+S'$,显然,国内市场价格不能低于这一个价格水平,否则生产商不会在国内市场销售商品,国内市场价格上升,由 P_w 上升到 $P_{w^*}+S'$。

2. 消费效应

出口补贴使得国内市场价格由 P_w 上升至 $P_{w^*}+S'$,消费者剩余减少 $a+b$。

3. 生产效应

政府实施出口补贴使得国内市场价格上升,出口商收益增加,出口商有动力增加产量,国内产量由 Q_2 上升到 Q_4,生产者剩余增加 $a+b+c$。

4. 贸易效应

出口补贴政策使得出口商出口收益增加,出口量由 Q_1Q_2 上升到 Q_3Q_4。

5. 财政收入效应

出口补贴政策使得政府财政支出增加,等于出口量乘以单位出口补贴,即图 7-7 中的 $(b+c+d+e+f+g+h+i)$ 部分。

6. 贸易条件效应

与小国情形不同,大国政府实施出口补贴,导致出口价格下降,假设进口价格不变,则其贸易条件恶化。

7. 总福利效应

总福利效应是消费效应、生产效应和财政收入效应之和,大国出口补贴产生福利净损失,损失额为 $-(b+d+e+f+g+h+i)=-(a+b)+(a+b+c)-(b+c+d+e+f+g+h+i)$。

专栏 7-1 欧洲共同农业政策

1957 年,六个西欧国家联盟——德国、法国、意大利、比利时、荷兰和卢森堡组成欧洲经济共同体,现在包括大部分欧洲国家。这个现在被称为欧洲联盟的两个最有影响的贸易政策是:第一,欧盟成员国已取消了相互间的所有关税,创造了一个关税同盟;第二,欧盟的农业政策已发展成为一个巨大的出口补贴项目。

欧盟的共同农业政策最初并不是出口补贴,只不过是用来保证欧洲农产品价格的一项措施。当农产品价格低于规定的支持价格水平时,由欧盟来收购农产品以保证欧洲农民能卖出高价。为了防止这一政策引致大规模的农产品进口,欧洲仍通过关税来消除农产品价格与世界价格之间的差额。

但是,20 世纪 70 年代以来,欧盟所制定的支持价格已高到使得欧洲这个原本在自由贸易时需要进口大部分农产品的地方生产出了过多的农产品。结果是,欧盟不得不购买和储存大量的食物。到 1985 年底,欧洲各国已经储存了 78 万千克牛肉、120 万千克黄油和 1 200 万千克小麦。为了避免无限制的储备增长,欧盟转而采用补贴出口的政策来消除生产过剩。

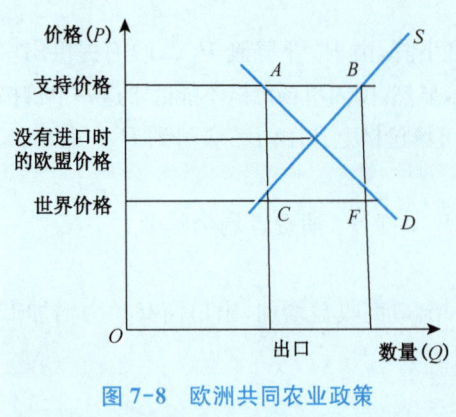

图 7-8 欧洲共同农业政策

图 7-8 说明了欧洲共同农业政策是如何起作用的。支持价格定得不仅高于自由贸易下的世界价格,而且高于没有进口时国内需求与供给相等时的均衡价格。为了出口由此造成的剩余产品,欧盟通过支付出口补贴来抵消欧洲与世界价格的差额。得到补贴的出口商本身又会压低世界价格,所以又增加了所需的出口补贴。最近一项分析表明,2007 年年底,欧洲消费者的福利成本超出农业生产者的利润,差价几乎达到了 300 亿美元(215 亿欧元)。

尽管欧洲共同农业政策给欧洲的消费者和纳税人带来了相当大的净损失,但欧盟农民的政策压力一直非常大,以至这个政策遇到来自其内部的挑战。对欧洲共同农业政策最大的压力来自美国和其他粮食出口国,这些国家抱怨欧盟的出口补贴使得它们的出口价格都下降了。欧洲共同农业政策的预算结果也令人担忧:2013 年,欧盟纳税人为共同农业政策付出了 780 亿美元的成本(580 亿欧元),而且这个数字还不包括给食品消费者带来的间接成本。欧盟农民得到的政府补贴占到整个农业支出的 22%,是美国(8.6%)的两倍还多(美国的农业补贴更多的是针对特定的农作物)。

最近欧洲农业政策的改革表明欧盟努力减少由于支持价格引起的激励扭曲,但继续对农民提供援助。如果政治家们的计划得以实施,农民将不断地增加和农业产量无关的直接收入,这将会降低农产品以及农业产量。

欧洲的农产品价格不仅定在世界市场价格水平之上,而且高于欧洲农产品市场出清的价格,出口补贴被用来处理由此产生的过剩产品。图 7-8 中 A、B、C、D 表示政府补贴的成本。

第四节 反倾销措施的经济效应

一、反倾销措施简介

我国《对外贸易法》规定,其他国家或者地区的产品以低于正常价值的倾销方式进入我国市场,对已建立的国内产业造成实质损害或者产生实质损害威胁,或者对建立国内产业造成实质阻碍的,国家可以采取反倾销措施,消除或者减轻这种损害或者损害的威胁或者阻碍。根据我国《反倾销条例》,我国反倾销措施一般包括临时反倾销措施、出口经营者作出的价格承诺、征收反倾销税等形式。

二、反倾销措施的经济效应分析

反倾销措施的主要做法是征收反倾销税。反倾销税的经济效应分析见图 7-9。假设某国向外国出口钢铁，数量为 Q_2，价格为 P_2，这一售价低于其国内售价，进口国指控其倾销并征收每吨 t 元的反倾销税，这导致出口国每吨钢铁边际成本增加 t 元，边际成本曲线向上平行移动，新的边际成本等于边际收益的条件下，出口国削减出口至 Q_1，出口价格上升至 P_3，市场均衡点由 B 移动到 A。进口国政府显然获得了收益，获得了税收收入 c，消费者剩余减少 $b+d$ 部分，部分转化为生产者剩余。为了方便比较政府的收益与消费者的损失，我们将政府收入的部分向上平移，到 P_3 的位置，得到

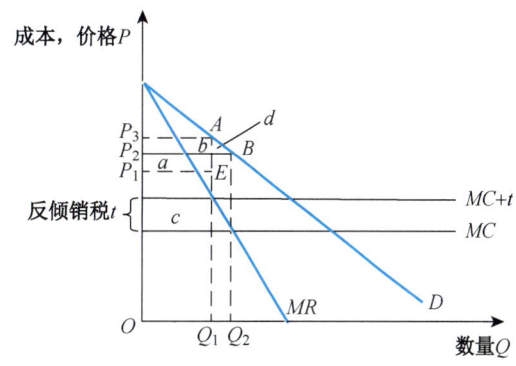

图 7-9 反倾销税的经济效应

另一矩形 P_1P_3AE，面积 $a+b$ 正好等于政府税收部分，这样，比较政府税收收入与消费者损失就容易了。除公共区域 b，进口国获益还是受损，只需比较 a 与 d 就行，如果 $a>d$，进口国有净收益，反之，进口国有净损失。

不过，从整个世界范围看，反倾销税会减少社会福利。出口国由于价格提高得到了额外收入 b，但支付了反倾销税 c，从前面分析中我们知道 $c=b+a$，所以，与 b 抵消后，出口国仍然损失 a。另外，出口国由于价格上升销售量下降，出口国还损失收入 $P_2 \times (Q_2-Q_1)$，综合两国的净效应，世界是有福利净损失的。

专栏 7-2 反倾销措施经济效应的相关研究

一、反倾销措施对产品价格的影响

反倾销措施对涉案产品价格影响的研究主要涉及出口企业产品价格决策机制的动态调整。Bruce A. Blonigen & Stephen E. Haynes（2002 年）首先分析了没有反倾销税情况下和出口国产品被进口国征收反倾销税情况下的出口企业利润最大化模型。模型考虑的因素比较全面，包括替代品的销售价格、进口国人均可支配收入、出口国人均可支配收入、汇率、生产要素价格。随后，Bruce A. Blonigen & Jee-Hyeong Park（2004 年）首次通过解决出口企业利润最大化问题来确定出口企业在反倾销不同阶段产品动态定价行为。在国内外企业追求利润最大化、进口国政府按照现行反倾销法律法规的规定征收反倾销税率的假设前提下，分别推导出国内外企业处于完全信息动态博弈下和不完全信息动态博弈下出口企业的每一期出口价格模型，使出口企业在进口国市场上每一期获得利润贴现值的总和达到最大值。虽然两个模型分别在静态和动态环境下建立，但研究均认为产品被征收反倾销税

后的利润损失与反倾销税率以及出口商品的金额呈正相关性,即税率越高,反倾销带来的损失越严重;商品出口金额越多,反倾销带来的利润损失就越多。Christian Viegelahny(2010年)在综合上述静态和动态模型的基础上,结合反倾销税率与出口商品的总金额来确定出口企业的利润损失,建立征税后的利润模型并假定出口企业追求利润最大化,以此分析企业最优出口价格。模型检验了出口企业制定动态价格受国内销售价格、产品到岸价格、产品单位边际成本、进口国产品单位边际成本的影响。

二、反倾销措施福利效应的相关研究

反倾销措施的福利效应实质上反映进口国征收反倾销税对本国国民福利的惠及程度。从福利效应的分析范畴看,既有从国家或世界的整体角度考察福利问题的研究,也有从产业、消费者层面的分析;从福利效应的研究方法看,有采用博弈分析等理论研究方法,有采用可计算一般均衡分析以及其他实证研究方法;从福利效应的研究结论看,代表性观点有社会福利无影响观点、社会福利增进观点和社会福利削弱观点。

1. 社会福利无影响观点

反倾销措施对社会福利无影响的观点最早由 Staiger & Wolak(1992年)运用不完全竞争理论提出。随后,Blonigen(2005年)对 Staiger & Wolak(1992年)的观点进行实证研究认为,由于出口国可以通过限制自己的出口行为从而减少甚至消除反倾销税的影响,出口国可以通过停止出口而规避反倾销税,因而进口国征收反倾销税的裁决对社会福利并无增进作用。J. Michael & Maurizio Zanardi(2011年)建立一般均衡分析模型,假设外国倾销厂商是垄断的和外国市场是不完全竞争的,而国内市场是完全竞争的。他们通过实证检验认为,在这种条件下,进口国征收反倾销税对进口国社会福利(特别是增加厂商收益)没有任何的作用。

2. 社会福利增进观点

社会福利增进观点的提出是基于局部均衡研究视角对进口国社会福利的考量。Chad P. Bown & Mere. dith A. Crowley(2006年)通过研究1979—1996年美国的反倾销案例说明,征收反倾销税对进口国国内的社会福利起到增进作用,因为反倾销税的征收实际上是一种"寻租行为",把国外厂商的"租金"转移给了国内生产厂商,但从世界范围内来看,征收反倾销税带来的是净损失。Kelly & Brian D (2010年)通过建立反倾销税率优化动态博弈模型,检验了在不完全竞争条件下,进口国通过征收反倾销税在保护本国企业的同时,获得税收收益以此增进社会福利,特别是保护国内产业竞争力,从而增加国内厂商的收益。

3. 社会福利削弱观点

DeVault(1996年)首次提出了反倾销措施会削弱社会福利的观点。作者使用生产商与消费者之间的均衡模型对美国1987—1992年实施的30项反倾销税的研究表明,每年给消费者造成的损失为5亿~8亿美元。美国国内生产商通过反倾销措施保护每增加 1 美元收入,消费者付出的代价达 3.2 亿美元。Patrick A. Messerlin(2002 年)利用经济学中完全竞争市场模型,研究征收反倾销税对社会福利的影响。作者指出,进口国实施反倾销措施保护了国内产业卡特尔免受国外竞争,促使垄断的发展。国内消费者不得不从价格较低的进口产品转向垄断高价的国内产品,因此反倾销措施的成本转嫁给了国内消费者,降低了社会福利。Zanardi(2005 年)在此基础上进一步指出,反倾销措施的实施带给生产者的收益要小于消费者的损失,因此对于社会福利的影响是净损失,并且反倾销措施实施得越多、范围越广,给社会福利的影响越大,越应引起社会重视。Michael O. Moore & AlanK(2010 年)利用可计算一般均衡模型估计了现行美国反倾销规则的规模经济效应以及美国净福利损失,研究表明,从长期来看反倾销措施具有明显的累计效应,即一旦对某一产业实施反倾销保护措施,那么该产业就会长期依赖政府保护,反倾销保护措施就难以撤销。在执行乌拉圭回合谈判的协定后,实施反倾销措施的高额成本在一定程度上削弱了总体社会福利。

第五节 国际贸易政策中的政治经济学

在经济学分析中,是否实行某种贸易政策应该取决于社会总福利水平。在国际贸易的政治经济学分析中,贸易政策的实施是利益集团的需求和政府供给均衡的结果。经济学家罗德瑞克用一张示意图描述了贸易政策的制定框架①,见图 7-10。

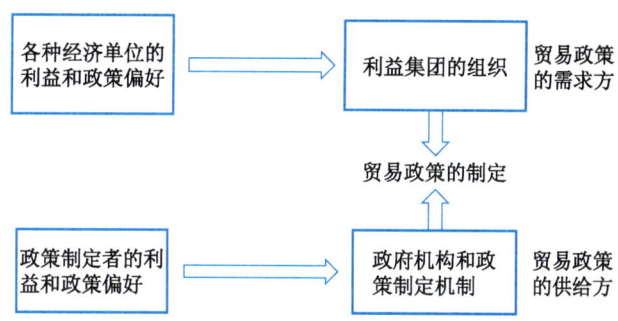

图 7-10 贸易政策的制定框架

经济学家们在国际经济学领域内建立起一些政治经济学模型,包括中点选民模型、集体行动和有效游说模型。其出发点是,政府的目标是成功地掌握政权和维护政权的稳定而不是社会福利最大化。

---

① 海闻:《国际贸易》,上海人民出版社,2003 年版。

一、中点选民模型

中点选民模型假设政府是由民主选举产生的。对于任何一个政党来说，只有得到了多数选民的支持，该政党才有可能执政。政府在选择经济贸易政策的时候，必须要考虑的问题是，如何得到多数选民的支持。

如何才能得到多数选民的支持呢？重要的方法就是尽可能地选择靠近中点选民的意见的政策。所谓中点选民的意见一般表现为两种意见之间的观点。以中点意见为界，一边更为保守，一边更为激进，两边人数一样。

比如，假设本国有9个居民，他们偏好不同的关税水平，根据他们的关税意见从低到高排列如下：

假设第1人主张关税率为1%，第2人主张关税率为2%，以此类推，第9人主张关税率为9%。此处，假设中点选民是第5个，中点选民的意见是关税率定在5%。假设本国有两个政党，民主党和社会党。两党都想得到多数选民的支持。民主党制定的关税水平为7%，社会党制定的关税水平为6%，偏好高关税水平的选民(7，8，9)就会支持民主党，偏好低关税率的选民(1，2，3，4，5，6)会支持社会党，如果第三个政党进步党制定的关税率为5%，则从第1个到第5个选民支持进步党，支持社会党的就只剩下第6个选民了。

假设民主党制定关税水平为3%，社会党选择4%，则只有第1人到第3人会支持民主党，其余6人则会支持社会党。也就是说，越接近中点选民意见的政策越能得到大多数选民的支持，这就是中点选民模型。

二、集体行动和有效游说模型

许多情况下，贸易政策保护的都是少数人。几乎所有的发达国家都保护农产品，而农民占这些国家的总人口不到10%。在发展中国家，农民是大多数，但是占大多数的农民得不到保护，政府还会通过控制出口压低国内的农产品市场价格，间接保护人数较少的农产品消费者。在美国，钢铁、纺织业都是夕阳工业，就业人数越来越少，但这些行业受到的保护程度仍然很高，消费者为保护这些行业付出了很高的代价。

政府选择这种牺牲大多数人利益来保护少数人利益的贸易政策，怎样解释这个政策呢？

集体行动的理论认为，政府采纳一种政策时，并不是看受益或者受损人数的多少，而是看利益集团的集体行动是否有效。假定一国政府正在考虑，是否对进口苹果征收10%的进口关税，显然，政府这么做会损害消费者的利益，消费者会反对这项政策，国内苹果生产者会受益，支持政府的决定。从人数上来看，苹果的消费者一定比生产者多，但在集体行动方面，消费者一定没有生产者有效。原因在于，人越多，搭便车的人越多，积极参与的人反而很少，意见不容易统一，集体行动的效率低，人少却更容易组织得好。在影响政府政策的游说中，人数较少的利益集团容易达成一致意见，从而步调一致，在游说中取得成功。

集团中个人利益的大小是决定利益集团集体行动有效性的另一个重要因素。政府如果对进口苹果征收10%的关税,消费者总损失会很大,大于生产者收益和政府税收收入之和,但如果将消费者的总损失平摊到每一个消费者头上,每一个消费者的损失就很小了。另外,这一贸易政策对每一个生产者产生的利益很大,值得去努力争取一下。就参与影响政府政策的集体行动和游说活动的积极性来说,生产者的积极性远超过消费者,政府面对的是对任何政策都无所谓的消费者,和弄得不好会为此拼命的少数生产者。因此,这就不难理解政府为什么会选择总福利水平下降、大多数人利益受损而少数人获益的贸易政策了。

专栏7-3　贸易保护政策政治经济学综述

自古典经济学诞生以来,西方经济学家一直推崇自由贸易,并将其作为国家贸易政策的基本选择。发展至今我们似乎很难找到哪个国家是真正实现完全的自由贸易,而且当今世界各国广泛使用的政策工具与国际贸易理论分析也是相违背的。经济效率最优的保护政策工具应是针对国内生产直接进行补贴,而不是征收关税,更不应该是采用配额许可证、自愿出口限制等保护成本很高的非关税壁垒。但在现实中,政府通常更偏向于以非关税壁垒为工具。为什么现实与理论相悖?经济学家除了进行纯经济分析之外,还从政治角度探究现实中贸易保护政策的本质——收入分配问题。他们以收入分配为主题,将公共选择的一些思想观点引入贸易理论,通过运用政治行为的经济分析,考察政治决策过程中贸易政策的选择和变化、各国的相互作用和国内的结构特征,这类观点被称为贸易政策的政治经济学。

一、理论背景

自由贸易政策将提高世界范围内的要素配置效率,增进各国的经济福利。贸易保护经盛行的国际贸易政策演进,却往往与这种基于比较优势的古典处方相矛盾。传统的保护贸易政策分析已经不能对当前各国实行的政策做出合理的诠释。贸易政策选择的纯经济分析没有为解释现实中的贸易保护主义提供坚实有力的理论依据。这促使经济学家着手进行贸易政策的政治经济学分析,从政策决策的过程中探寻选择贸易保护政策的真正根源。贸易政治经济学的基本论点是,贸易政策的制定是国内政治经济诸因素综合作用和国与国之间相互作用的结果。

二、主要观点

贸易政策的国际政治经济学即国际层次的分析,采用与传统自由主义不同的国际现实主义方法。在古典政治经济学中,亚当·斯密和大卫·李嘉图作为自由竞争和自由贸易的倡导者,其自由观点基于三个假定前提:第一,个人是政治经济学的基本角色和分析单位;第二,个人是理性的;第三,个人是通过商品交换来实现其效用满足最大化的。政府的经济角色相对有限,任何形式的政府干预会限制市场力量,从而阻碍贸易的发生。现实主义者认为:第一,国家是国际政治经济学的主要角色和分析单位。第二,理性的国家追求自身权力最大化,各国都有其国家的整体利益,而各国政府则是这种利益的保证。不同于经济,政治是一种零和游戏。

第三，国家通过成本收益分析，做出实现利益最大化的选择。自由主义者认为，经济学和政治学很大程度上属于各为自主的领域；而现实主义者认为，国际政治学是国际经济学的基础。他们强调了国家政治与经济利益之间的关系，认为一国的贸易政策仅仅是一国对外政策的反映，贸易政策的制定目的在于增强与国家利益相关的竞争力。此外，也强调了贸易的外部性，认为安全因素对一国贸易政策起着重要的影响。贸易政策的国际政治经济学从国际关系的角度解释贸易政策的变化，认为国际贸易是国与国之间关系的一种形式和途径，各国的相互作用决定了贸易政策的选择。各国在选择贸易政策时，虽然按国家利益行事，但常处于自由贸易与保护贸易的两难境地，并且常有实施贸易保护的冲动，结果往往背离了效率原则。因此，在贸易政策实践中，通过两国或多国谈判达成协议要比单方面实施减税政策容易，单方面实施关税减让会引起国内较强的反对，而双边或多边协议可以得到那些因关税减让而得益的部门、集团和阶层的支持；而且政府之间达成协议之后，各自都承担了相应的国际义务，有助于避免贸易战的发生。贸易政策不仅是国与国之间相互作用的结果，更是各国国内政治经济诸因素综合作用的结果，是如实反映各种集团利益的政治过程的决策。国际贸易研究在这方面的进展得益于公共选择理论对政治市场的开创性研究。在政治领域，人们追求自身利益的最大化。选民作为政治市场需求者，投票选举那些能够增进他们利益的候选人；总统和议员等决策者作为政治市场的供给者，追求当选或连任。这一理论运用于贸易政策的决定，并且假定经济市场是完全竞争、收入再分配可行、以直接投票的简单多数原则确定当选者且投票成本为零，决策者应当选择最有效率的自由贸易政策。但是，为什么会产生贸易保护主义，并呈不断加强的趋势呢？这是因为上述结论的种种假设与现实有很大的差距。经济市场的不完全竞争和政治市场的不完善是影响贸易政策选择的两大因素。国际贸易理论的最新发展已证明，经济市场的不完全竞争和扭曲，使自由贸易政策不具备效率优势，自由贸易的好处亦因不能惠及大多数人而难显示其优越性。而贸易政策的国内政治经济学是以政治市场的缺陷为前提，解释了政治体系中特殊利益集团进行游说活动的动因。

三、结论应用

贸易政策的政治经济学理论已在多方面得到应用。第一，对贸易政策工具的选择。当今世界各国广泛使用的政策工具与国际贸易理论分析是相违背的。之所以选择直接让国外承担保护成本的反倾销税、反补贴税和自愿出口限制等造成更大的福利损失，而不运用经济效率最优或次优的政策工具，是因为政治决策者不但从经济上而且更多地从政治上考虑其影响。第二，对贸易政策的决策分析。多数发达国家的政府管理，形成了两个分离的政策领域：产业部门领域和国民经济领域。政策焦点本应是国民经济宏观管理，但实际偏向单个产业部门。在制定政策的过程中，要首先考虑到本国和外国的政治经济环境，其次要考虑到政策涉及的利益集团的比重，进而做出正确的政策选择。

微课：有效保护率

本章介绍了有效保护率以及关税结构问题。考察一国对某商品的保护程度，不仅要考察该商品的关税税率，还要考察对其各种投入品的关税税率，考察整个关税结构。

进口关税是最常用的贸易政策工具。本章我们主要研究了关税、进口配额、出口补贴以及反倾销措施的影响。无论大国还是小国，对进口商品征收进口关税的结果，都会导致国内价格上升，生产增加，进口减少，消费减少，但影响的程度与该国在国际市场地位有关。

名义保护率　有效保护率　关税结构　最优关税率　关税的消费效应　关税的生产效应

一、案例分析

1. 阅读下列材料，思考如下问题：国内外贸纺织企业为什么遭遇绿色贸易壁垒，应该如何应对？

在经济全球化、贸易自由化的大背景下，传统的贸易壁垒如关税、配额、许可证制度等越来越受到国际社会诟病，绿色贸易壁垒应运而生。诸多规制披着貌似合法的外衣，具有广泛的市场基础和巨大的杀伤力，逐渐成为贸易保护主义的新手段。

2008年金融危机之后，欧美贸易保护主义抬头，各种绿色贸易壁垒悄然高筑。欧盟出台了环境足迹产品指导目录(Product Environmental Footprint，PEF)。PEF在评估方法和标识认证上全面统一欧盟现有的各种绿色贸易壁垒，对产品生产的各个环节进行评价，只有评价结果达到要求的产品才有资格进入欧盟市场。这一目录一旦落实，意味着欧盟的绿色贸易壁垒将上升到一个前所未有的新高度。

21世纪以来，欧委会开始研究通过产品环境足迹来体现包括碳足迹在内的产品环境影响，从而建立一个欧洲统一评价方法和标签计划。2011年6月，欧委会编制了PEF指南的草案，并于2013年4月9日发布《产品和组织环境绩效信息》建议案，同时发布了评估绿色产品和绿色企业的方法指南，即产品环境足迹评价方法(PEF)和组织环境足迹评价方法(OEF)。2013年5月30日，欧盟启动了为期3年的PEF试点。目前PEF试点阶段已经结束，试点评估报告已经提交欧洲议会，进入立法程序。据欧盟PEF权威专家预计，如果PEF议案通过，最多会有5～10年的过渡期。

PEF的影响范围极其广泛。一方面，从PEF计算的影响指标看，PEF是一种综合性、全方位的环境影响评价指标。PEF方法学覆盖气候变化、水资源消耗等14种环境影响,将取代近年在欧盟各国十分流行的产品碳足迹、产品水足迹等单项影响以及相关方法标准。另一方面,从PEF实用的方法看,PEF的评价方法覆盖产品的整个供应链对所有环境的影响,包括原材料开采、制造、分销、使用、回收、处理等全产业链的数据,也包括这些经济活动所带来的直接影响(如生产现场的影响,公司控制的运输车辆的影响)和间接影响(如发生在供应链、开采、使用阶段的影响)。PEF一旦实施,最终会影响到各种出口行业及其产品。

绿色贸易壁垒对我国纺织品贸易的损害不容小觑。欧盟平均不到2个月就更新一版"绿色贸易壁垒"法规,开始阶段是以禁用和限用纺织染料为主,近年开始重点禁用和限用新的纺织助剂,迄今已禁用和限用纺织染料与纺织助剂25类2 000多个品种。对于中国的纺织企业来说,要想自己的产品能够进入欧盟市场,或者维持其在全球供应链中的地位,必须要拿到欧盟的相关认证。据欧盟测算,每一种化学物质的基本检测成本在8.5万欧元左右,一种新物质的检测花费达57万欧元,近2 000种禁用、限用物质的检测成本,对我国广大中小外贸纺织企业来说实在负担太重。

据商务部科技司统计,中国纺织品服装出口因绿色贸易壁垒造成的损失,自2000年开始每年都在10亿美元以上,其中欧盟、日本和美国绿色贸易壁垒造成的损失合计占到75%以上。2008年金融危机之后这种态势愈演愈烈,因绿色贸易壁垒引起的损失增幅在50%以上,据统计,2015年欧盟有关方面通报的纺织服装产品召回事件中,有48%涉及中国产品。

中国外贸纺织企业面临着可持续供应链管理的挑战。随着国际生产分工的不断发展,国际贸易已经从简单的"货物贸易"发展为更为复杂的"任务贸易",中国纺织外贸企业多通过接受生产订单的方式参与到国际供应链中。然而,这种贸易模式相对被动,一旦主要发达经济体开始采用更为严格的绿色指标,中国供应商提供的产品不符合标准,就可能被跨国企业毫不犹豫地替换。对于没有自主品牌的中国外贸纺织企业来说,可能面临着订单急剧下降、营收损失甚至企业倒闭的风险。

在全球跨国企业开始实施供应链管理的今天,中国的纺织企业要想顺利打入欧美市场,持续参与全球供应链体系,就必须从源头重视欧美的准入标准,对生产的每一个环节严格要求,自主地进行产品升级,并注重生产技术的创新。尽管技术标准和绿色环保标签的认证短期内确实会给企业带来不小的成本负担,但只有这样,企业才能进入主要发达经济体的市场。

在外交方面,中国一直极力反对绿色贸易保护主义行为。但这并不意味着中国可以自始至终以"绿色贸易壁垒歧视发展中国家,且不合法或不合理"为由无视绿色贸易壁垒问题。作为一个发展中的大国,中国不可能放弃"共同但有区别的责任"原则。因此,促进国内外贸纺织企业的绿色制造,构建可持续供应链,打造中欧绿色贸易通道势在必行。

资料来源:赵萍.欧盟高筑绿色贸易壁垒[N].中国贸易报,2016-11-29.

2. 阅读下列资料,回答问题:购买美国货条款的实质是什么?美国这么做,可能引发怎样的后果?

据加拿大《环球邮报》2017年9月29日报道,刚结束的北美自由贸易协定

(NAFTA)渥太华谈判中,美国要求提高对加拿大和墨西哥竞标者开放的美国政府工程最低金额门槛,同时为加拿大和墨西哥企业获得美国政府采购合同设置金额上限。加拿大企业参与美国政府基础设施项目和政府采购项目将受到严格限制,所享受市场准入待遇甚至不如波斯湾小国巴林。

此前根据 NAFTA,只要是美国政府出资支持的项目,并且金额超过一定标准,加拿大和墨西哥就可以参与这些项目的竞标,免受"购买美国货"政策限制。而今美国要求废除这些条款,并且阻止任何加拿大企业参与美国州政府和市政府的采购竞标。

前美国贸易副代表 Matt Gold 表示,特朗普的要求完全违背自由贸易概念,只会导致加拿大和墨西哥采取保护主义报复措施。安大略省省长已经威胁称,如果美国实施"购买美国货"政策,安大略省将采取保护措施予以反击。

二、思考题

1. 设中国是汽车进口的小国,对汽车的需求和供给分别为:

$$D_c = 2\,000 - 0.02P \quad S_c = 1\,200 + 0.03P$$

并设国际市场上汽车的价格为 10 000 美元,请用数字和图形说明下列问题。

(1) 自由贸易下,中国汽车的产量及进出口量,自由贸易对国内消费及厂商的福利影响。

(2) 中国对汽车征收每辆 3 000 美元的进口税,国内汽车的产量及贸易量;与自由贸易相比,消费者和厂商的福利变化。

2. 两国贸易模型:中国和美国

设中国对汽车的需求和供给分别为:

$$D_c = 2\,000 - 0.02P \quad S_c = 1\,200 + 0.03P$$

美国对汽车的需求和供给分别为:

$$D_{us} = 1\,800 - 0.02P \quad S_{us} = 1\,400 + 0.03P$$

请计算:

(1) 贸易前,双方汽车的均衡价格和产量。

(2) 自由贸易条件下,国际市场汽车的均衡价格、各国的产量及贸易量(不考虑运输成本)。自由贸易给两国的福利带来的影响。

(3) 假设中国对汽车进口征收 3 000 美元的单位税,这时各国汽车市场的价格、产量及贸易量。

(4) 关税对中国汽车制造商、国内消费者和中国政府的福利带来的影响如何?

(5) 关税的福利净损失(与自由贸易相比)。

(6) 设中国是汽车进口的小国,对汽车的需求和供给分别为:

$$D_c = 2\,000 - 0.02P \quad S_c = 1\,200 + 0.03P$$

并设国际市场上汽车的价格为 10 000 美元,请用数字和图形说明下列问题。

① 自由贸易下,中国汽车的产量及进出口量,自由贸易对国内消费及厂商的福利影响。② 中国对汽车征收每辆 3 000 美元的进口税,国内汽车的产量及贸易量;与自由贸易相比,消费者和厂商的福利变化。③ 中国为汽车进口设定 150 单位的配额限制,国内汽车的价格、产量及贸易量;与自由贸易相比,消费者、政府、厂商的福利变动。④ 中国给国内汽车制造商每辆 3 000 美元的生产补贴,这时国内汽车的产量、贸易量;与自由贸易相比,消费者、政府、厂商的福利变动。⑤ 上述三种政策都是保护国内汽车制造业,你认为政府应该实行哪一种政策?在实践中会有什么问题?

4. 中国小汽车行业的成本结构和部件关税如表 7-1 所示。

表 7-1 中国小汽车行业的成本结构和部件关税

成本项目	钢板	发动机	轮胎
占汽车价格比重	20%	30%	10%
关税税率	60%	120%	30%

(1) 请计算对中国小汽车行业的有效保护率。

(2) 如果钢板、发动机、轮胎的关税分别降为 10%、30%、5%,计算小汽车的有效保护率。

(3) 从上面的计算中,可以推出哪些关于有效保护率的一般结论?

5. 如果中国对世界价格为 200 美元的自行车征收 50% 的关税,而没有关税时一辆自行车零部件的成本是 100 美元,那么中国制造的自行车得到的有效保护率是多少?

第八章 国际贸易体制

◎ **学习目的与要求**

本章重点介绍了区域经济一体化的具体形式与主要区域经济一体化组织以及世界贸易组织的基本原则与国际贸易体制的新变化。

通过学习本章,学生要重点理解并掌握的内容,一是区域经济一体化的形式和相应的区域经济一体化组织;二是世界贸易组织的基本原则与国际贸易体制的演进规律。

导 读

随着科技的不断发展,生产专业化分工水平不断扩展,世界经济一体化和全球化趋势日益明显,开放合作和共同发展已成为全球的共识。贸易保护主义不仅损害全球共同利益,而且难以获得广泛支持。2020年11月15日,东盟10国与中国、日本、韩国、澳大利亚、新西兰15国签署了《区域全面经济伙伴关系协定》(RCEP)。RCEP覆盖了近29%的全球人口,超30%的全球GDP总量以及28%左右的全球贸易量,成为全球规模最大的自由贸易区。然而,与美国退出后日本接力领导的《全面与进步跨太平洋伙伴关系协议》(CPTPP)等高水平开放标准相比,RCEP只是一个更宽泛的合作框架,是尊重发展中国家主权和国情的"低标准"与促进市场化改革的"高标准"结合,为实现贸易投资更高水平的开放提供了进一步合作的平台。党的二十大报告提出要"推进高水平对外开放""稳步扩大规则、规制、管理、标准等制度型开放"。通过利用RCEP平台,学习高水平的开放规则、标准和制度,我国可以逐渐适应并积极参与制订更高水平的国际规则、标准和制度的谈判,从而掌握国际规则制订和全球化的主导权。

第一节 国际贸易条约与协定

一、国际贸易条约与协定的含义

投资准入前国民待遇和负面清单

国际贸易条约与协定(international trade treaty),是指两个或两个以上的国家之间、国家与国际组织之间,以及国际组织之间依据国际经济法所缔结的,以条约、公约、协定和协议等名称出现的,以调整国际贸易关系为内容的一切有法律约束力的书面协议。

一般地,国际贸易条约与协定作为国际经济法的渊源,其约束力仅以其缔约方为限。国际贸易条约与协定可以是双边的,也可以是多边的;前者是指仅有两个缔约方的国际贸易条约与协定,后者是指有三个或三个以上缔约方的国际贸易条约与协定。

二、国际贸易条约与协定的特性

(一) 一般特性

(1) 主要以国家为主体缔结条约与协定。WTO框架下的多边协议、区域组织国家间的多边协议以及各国政府间的双边协议,一般都是以国家为主体缔结的。

(2) 受国际法规范的约束。国际贸易条约与协定的约束力主要靠缔约方按意思自治原则主动遵守,缺少强制执行的有效国际机制。

(3) 以书面形式表达。

(二) 独有特性

根据国际惯例,在没有正式建立外交关系的国家之间,不能签订政治性条约,但也可签订非官方形式的双边贸易条约与协定。

(三) 与国内政策的关系

国际贸易条约与协定的内容超越了主权国家的范畴,但需要主权国家来执行,所以可能产生国际贸易条约、协定与国内政策的矛盾和冲突。如关税等对外贸易措施属于国内法范畴,但因关税减让等对外贸易措施谈判而签订了国际贸易条约与协定,在具体执行过程中,两者之间就可能产生矛盾与冲突。

三、国际贸易条约与协定的类别

国际贸易条约按照内容不同,可分为通商航海条约、贸易协定、贸易议定书、支付协定、国际商品协定等。

1. 通商航海条约

通商航海条约(treaty of commerce and navigation)又称友好通商条约,是指全面规定缔约国之间经济、贸易关系的条约。它的内容涉及缔约国经济和贸易关系的各个方面,包括关税的征收、海关手续、船舶航行、使用港口、双方公民与企业在对方国家所享受的待遇、知识产权的保护、进口商品征收国内税、过境、铁路、争端仲裁、移民等。由于条约的内容关系到国家的主权与经济权益,因此,这种条约是由国家元首或他的特派全权代表以国家的名义签订的,双方代表在条约上签字之后,还需按有关缔约国的法律程序完成批准手续,缔约国间互相换文后才能生效,这种条约有效期限一般比较长。

2. 贸易协定

贸易协定(trade agreement)是缔约国间为调整和发展相互间经济贸易关系而签订的书面协议。其特点是,与贸易条约相比,所涉及的面比较窄,对缔约国之间的贸易关系往往规定得比较具体,有效期较短,签订程序也较简单,一般只需经签字国的行政首脑或其代表签署即可生效。贸易协定的内容通常包括贸易额、双方出口货单、作价办法、使用的货币、支付方式、关税优惠等。未签订通商航海条约的国家间,在签订贸易协定时,通常把最惠国待遇条款列入。对贸易额和双方出口货单的规定往往不是硬性的,在具体执行时还可以通过协商加以调整。

3. 贸易议定书

贸易议定书(trade protocol)是缔约国就发展贸易关系中某项具体问题所达成的书面协议。这种议定书往往是作为贸易协定的补充、解释或修改而签订的,内容较为简单,如用来规定有关贸易方面的专门技术问题或个别贸易协定中的某些条款,有时也用来规定延长贸易条约或协定的有效期。在签订长期贸易协定时,关于年度贸易的具体事项,往往通过议定书的方式加以规定。也有在两国尚未达成贸易协定时,先签订议定书,暂时作为进行贸易的依据。贸易议定书有的是作为贸易协定的附件而存在;有的则是独立文件,具有与条约、协定相同的法律效力。其签订程序比贸易协定更为简单,一般经签字国有关行政部门的代表签署后即可生效。

4. 支付协定

支付协定（payment agreement）大多为双边支付协定，是规定两国间关于贸易和其他方面债权债务结算方法的书面协议。其主要内容包括：清算机构的确定、清算账户的设立、清算项目与范围、清算货币、清算办法、差额结算办法的规定等。支付协定是外汇管制的产物。在实行外汇管制的条件下，一种货币不能自由兑换另一种货币，对一国所具有的债权不能用来抵偿对第三国的债务，结算只能在双边基础上进行，因而需要通过缔结支付协定来规定两国间的债权债务结算方法。这种通过相互抵账来清算两国间债权债务的办法，既有助于克服外汇短缺的困难，亦有利于双边贸易的发展。

5. 国际商品协定

国际商品协定（international commodity agreement）是某项商品的主要生产国（出口国）和消费国（进口国）就该项商品的购销、价格等问题，经过协商达成的政府间多边协定。其主要目的在于稳定该项商品的价格和供销，消除短期和中期的价格波动。国际商品协定的主要对象是发展中国家所生产的初级产品。发展中国家为了保障自身的利益，希望通过协定维持合理的价格；而作为主要消费国的工业发达国家则持另一种态度，在价格偏低时，它们对签订协议并不感兴趣，只有当价格上涨时，才想通过协定保证价格不至于上涨过高并保证供应，才有签订协议的要求。因此，在谈判和签订协定的过程中，生产国和消费国之间充满着矛盾。

第二节　区域经济一体化及其组织

第二次世界大战之后，世界经济出现两个重大发展趋势：一是在全球多边贸易体制的推动下，多边贸易自由化所涉及的范围和领域不断扩大与深化；二是以优惠性的贸易协议或安排（preferential trade agreement/arrangement）为宗旨的区域经济一体化（regional economic integration）发展势头迅猛。

一、区域经济一体化的概念

在经济学中，一体化（integration）最初来源于企业之间的联合。"经济一体化"这个词语的使用则是最近几十年才出现的，经济学家将其定义为单独的经济整合为较大经济的一种状态或过程。也有人将一体化描述为一种多国经济区域的形成，在这个多国经济区域内，贸易壁垒被削弱或消除，生产要素趋于自由流动。

关于"区域经济一体化"的概念，一般认为是指两个或两个以上的国家或经济体，通过谈判或磋商达成协议，建立制度性或非制度性的经济合作组织，实行共同的经济调节，谋求不同程度的经济联合，对内消除各种贸易政策壁垒，实现区域内产品或生产要素的自由流通与优化配置，通过最大化区域经济利益实现各自经济利益的最大化，最终实现区域内各国经济乃至社会政策高度协调统一的过程。

二、区域经济一体化的具体形式

根据经济联合的紧密程度,美国著名经济学家巴拉萨把经济一体化的进程分为四个阶段:①贸易一体化,即取消对商品流动的限制;②要素一体化,即实行生产要素的自由流动;③政策一体化,即在集团内达到国家经济政策的协调一致;④完全一体化,即所有政策的全面统一。具体而言,可以把区域经济一体化分为如下六种形式。

1. 特惠贸易安排

特惠贸易安排(preferential trade arrangements),又称特惠贸易协定,是指在成员国之间通过签署特惠贸易协定或其他安排形式,对其全部商品或部分商品互相提供特别的关税优惠,对非成员国之间的贸易则设置较高的贸易壁垒的一种区域经济安排。这是经济一体化最低级和最松散的一种形式,商品流动的障碍并没有完全消除。

特惠贸易安排最典型的例子是英国与加拿大、澳大利亚等国在1932年建立的英联邦特惠制(commonwealth preferential system)。另外一个例子是印度尼西亚、马来西亚、菲律宾、新加坡和泰国等东南亚国家联盟(Association of Southeast Asian Nations,ASEAN)成员从1977年起在成员国间实施的特惠贸易安排协议。

2. 自由贸易区

自由贸易区(free trade area)是指两个或两个以上的国家或行政上独立的经济体之间通过达成协议,相互取消进口关税和与关税具有同等效力的其他措施而形成的经济一体化组织。

根据取消关税的商品范围不同,可以把自由贸易区分为两种形式:其一,工业品的自由贸易区,其只是取消成员国之间工业产品的贸易关税;其二,完全的自由贸易区,其既取消成员国之间工业产品的贸易关税,也取消成员国之间农产品的贸易关税。

自由贸易区有两个重要特征:其一,在该一体化组织参加者之间相互取消了商品贸易的障碍,成员经济体内的厂商可以将商品自由地输出和输入,真正实现了商品的自由贸易,但是它严格地将这种贸易待遇限制在参加国或成员国之间。其二,成员经济体之间没有共同对外关税,各成员经济体之间的自由贸易,并不妨碍各成员经济体针对非自由贸易区成员国(或第三国)采取其他的贸易政策。

由于自由贸易区的上述特征,随之而来的问题是,在执行自由贸易政策时很难分清某种产品是来自伙伴国,还是来自非成员国。因此容易出现这样一种情况:来自非成员国的产品从对外关税较低的成员国进入自由贸易区市场后,再进入关税水平较高的成员国,从而造成高关税成员国的对外贸易政策失效。为了解决这一问题,通常采取"原产地规则"。这一原则的基本内容是,只有产自成员经济体内的商品才享有自由贸易,或免进口税的待遇。一般来说,所谓的原产地产品是指成品价值的50%以上是在自由贸易区内各成员国生产的产品。有的经济一体化组织对某些敏感产品的原产地规定更加严格,要求产品价值的60%,甚至75%以上产自成员国时才符合原产地产品的规定。

自由贸易区的典型例子,如英国、奥地利、丹麦、挪威、葡萄牙、瑞典和瑞士于

1960 年组建的欧洲自由贸易联盟(European Free Trade Association, EFTA);1993 年由美国、加拿大和墨西哥之间达成的北美自由贸易协定(North American Free Trade Area, NAFTA)。2010 年 1 月 1 日正式建成的中国—东盟自由贸易区,是一个惠及 19 亿人口、国民生产总值达 6 万亿美元、贸易额达 4.5 万亿美元的自由贸易区,是中国对外商谈的第一个自贸区,也是发展中国家间最大的自由贸易区。2010 年 1 月,中国—东盟自贸区如期全面建成。自贸区建立后,双方对超过 90% 的产品实行零关税。中国对东盟平均关税从 9.8% 降到 0.1%,关税水平大幅降低有力推动了双边贸易快速增长。①

3. 关税同盟

关税同盟(customs union)是指,在自由贸易区的基础上,所有成员统一对非成员国的进口关税或其他贸易政策措施。因此关税同盟与自由贸易区的不同之处是,成员国在相互取消进口关税的同时,设立共同对外关税,成员经济体之间的产品流动无须附加原产地证明。

关税同盟规定成员国之间的共同对外关税,实际上是将关税的制定权让渡给经济一体化组织。因此,它不像自由贸易区那样:只是相互之间取消关税,而不作权利让渡。因此关税同盟对成员经济体的约束力比自由贸易区大。关税同盟使得一体化经济组织开始带有超国家因素了。

从经济一体化的角度看,关税同盟也具有某种局限性:其一,导致非关税壁垒的产生。随着成员国之间相互取消关税,各成员国的市场将完全暴露在其他成员国厂商的竞争之下。各成员国为保护本国的某些产业,需要采取更加隐蔽的措施,如非关税壁垒。尽管关税同盟成立之初,已经明确规定了取消非关税壁垒的问题,然而非关税壁垒措施没有一个统一的判断标准。因此关税同盟包含着鼓励成员国增加非关税壁垒的倾向。其二,各成员国国内的贸易限制措施仍然存在。关税同盟只解决了成员国之间边境上的商品流动自由化问题。当某一成员国商品进入另一个成员国境内后,各种国内限制措施仍然构成了自由贸易的障碍。因此有人提出,解决这一问题的最好办法是向"共同市场"迈进。

关税同盟的构想最早由 19 世纪德国经济学家李斯特提出。1862 年,普鲁士等德国北部邦国成立的"德意志关税同盟"是早期关税同盟的典型。关税同盟的其他典型例子,如欧洲联盟(European Union, EU)简称欧盟,原称欧洲共同市场(European Communities),其前身是 1957 年由西德、法国、意大利、比利时、荷兰和卢森堡联合组成的欧洲钢铁贸易联盟(European Steel Trade Association)。

4. 共同市场

共同市场(common market)是指各成员国之间不仅实现了自由贸易、建立了共同对外关税,而且还实现了服务、资本和劳动力的自由流动。共同市场是比自由贸易区和关税同盟更高一级的经济一体化形式。

---

① 资料来源:中国—东盟自由贸易区[EB/OL]. (2013-10-09)[2024-05-07]. http://www.xinhuanet.com//world/2013-10/09/c_117641113.htm.

共同市场的主要特点是：成员国之间不仅实现了商品的自由流动，还实现了生产要素和服务的自由流动。服务贸易的自由化意味着，成员国之间在相互提供通讯、咨询、运输、信息、金融和其他服务方面实行自由，没有人为的限制；资本的自由流动意味着，成员国的资本可以在共同体内部自由流出和流入；劳动力的自由流动意味着，成员国的公民可以在共同体内的任何国家自由寻找工作。为实现这些自由流动，各成员国之间要实施统一的技术标准、统一的间接税制度，并且协调各成员国之间同一产品的课税率；协调金融市场管理的法规以及成员国学历的相互承认等。

共同市场的建立需要成员国让渡多方面的权利，主要包括进口关税的制定权，非关税壁垒，特别是技术标准的制定权，国内间接税率的调整权，干预资本流动权等。这些权利的让渡表明，一国政府干预经济的权利在削弱，而经济一体化组织干预经济的权利在增强。

欧盟于1992年年底实现了共同市场。

5. 经济联盟

经济联盟（economic union）是指，不但成员国之间废除贸易壁垒，统一对外贸易政策，允许生产要素的自由流动，而且在协调的基础上，各成员国采取统一的经济政策。经济联盟的特点是，成员国之间在形成共同市场的基础上，进一步协调它们之间的财政政策、货币政策和汇率政策。当汇率政策的协调达到这样的程度，以致建立了成员国共同使用的货币，或统一货币时，这种经济联盟又称为经济货币联盟。

经济联盟意味着，各成员国不仅让渡了建立共同市场所需让渡的权利，更重要的是成员国让渡了使用宏观经济政策干预本国经济运行的权利。而且成员国不仅让渡了干预内部经济的财政和货币政策，保持内部平衡的权利，也让渡了干预外部经济的汇率政策，维持外部平衡的权利。这些政策制定权的让渡对共同体内部形成自由的市场经济，发挥"看不见的手"的作用是非常有意义的。然而由于各成员国经济有差别，统一的干预政策也可能难以奏效。

经济联盟的典型例子如比利时、荷兰、卢森堡在第二次世界大战后形成的比、荷、卢经济联盟（现为欧洲联盟的一部分）。

6. 完全经济一体化

完全经济一体化（perfectly economic integration）是指成员国在实现了经济联盟目标的基础上，进一步实现经济制度、政治制度和法律制度等方面的协调，乃至统一的经济一体化形式。

如果说其他四种形态是经济一体化过程的中间阶段的话，那么完全的经济一体化就是经济一体化的最终阶段。

欧共体1991年12月通过《马斯特里赫特条约》，确立了建立政治联盟及经济与货币联盟的目标，通过了建立欧洲中央银行和共同防务政策的决定。如今，欧盟不仅实现了货币经济的一体化，打造了统一的货币——欧元，而且欧盟的政治、外交与防务等各个方面的一体化也在不断推进。作为欧共体的延续，欧盟越来越具有超国家的欧洲联邦特征了。

自由贸易区、关税同盟、共同市场、经济联盟和完全的经济一体化是处在不同层次上的国际经济一体化组织，根据它们让渡国家主权程度的不同，这些一体化经济组织是从低级向高级排列的。但是这里不存在低一级的经济一体化组织向高一级经济一体化组织升级的必然性。经过一段时期的发展是停留在原有的形式上,还是向高一级经济一体化组织过渡,要根据成员国的具体情况决定,即各成员国需要权衡自己的利弊得失。

除了特惠贸易安排,其他五种经济一体化形式的基本特征可以用表8-1来反映。

表8-1 经济一体化形式的基本特征

特 征	自由贸易区	关税同盟	共同市场	经济同盟	完全的经济一体化
商品自由流动	是	是	是	是	是
共同对外关税	否	是	是	是	是
要素自由流动	否	否	是	是	是
协调经济政策	否	否	否	是	是
统一经济政策	否	否	否	否	是

必须指出的是,对经济一体化形式的程度划分并不代表现实中国际经济一体化演变的必然路径。在现实中,一体化的起点不一定是自由贸易区;具体的经济一体化也有可能兼有两种类型的某些特征。总之,正如一体化的追求目的可以是多元化,经济一体化的类型也呈现多样性。

除以上分类外,近年还有学者根据成员国构成的不同,把经济一体化组织分为三类:①发达国家型,或北北型,即由发达国家组建的经济一体化组织,典型的如欧洲联盟;②发展中国家型,或南南型,即由发展中国家组成的经济一体化组织,如东南亚国家联盟;③南北型,即由发达国家和发展中国家共同组建的经济一体化组织,如北美自由贸易协定。这三类组织虽然形式上有相似之处,但目标、运行机制、发展历程等都有明显不同。

三、关税同盟理论

1. 贸易创造效应和贸易转移效应

建立自由贸易区或关税同盟,这种局部的自由贸易对各成员国而言有利有弊。成员国相互取消关税,那么成员国之间的贸易量会增加,这种对世界贸易的有利影响被称作贸易创造效应(Trade Creation Effect)。但这种局部的自由贸易,可能导致成员国从同盟内成本最低的国家进口而不是从世界成本最低的国家进口,从而产生贸易转移效应(Trade Diversion Effect)。

下面用3个国家和一种产品的例子对此进行说明。

假设存在A、B、C三个国家,在这三个国家,钢铁生产的具体情况如下:A国的钢铁生产成本是每吨250元,B国的钢铁生产成本是每吨150元,C国的钢铁生产成本是每吨100元。假定A、B、C三个国家的钢铁产品是同质的,无运输成本,且各国厂商只获得零利润。那么在自由的钢铁国际贸易背景下,由于C国的钢铁生产成本绝对低于其他两个国家,具有绝对的竞争优势,因此,在C国厂商生产能力足够大的情况下,C国厂商将向A、B两国出口钢铁产品。

如果为了保护本国的钢铁产业,A国实施200%的保护性进口关税,则B国的钢铁在 A 国市场的价格将为每吨 450 元[150×(1+200%)]，而 C 国的钢铁在 A 国市场的价格将是每吨 300 元[100×(1+200%)]。在这种情况下，A 国与 B、C 两国之间不会发生国际贸易。A 国的钢铁厂商将在本国的保护性关税下供应本国市场。我们把这种情况称为无差别的贸易保护。

如果 A 国与 B 国建立自由贸易区，或者是关税同盟，或者是其他更高级别的一体化经济组织。同时，维持 A 国对 C 国的保护性关税税率 200% 不变。在这种情况下，由于 A 国与 B 国经济的一体化，B 国的钢铁在 A 国国内市场的价格将是每吨 150 元，即与 B 国国内钢铁产品的成本相等。而 C 国的钢铁在 A 国国内市场的价格仍然是每吨 300 元。于是 A 国将从 B 国进口钢铁产品，即由 B 国的钢铁厂商向 A 国与 B 国建立的一体化经济组织供给钢铁产品。

1）对比经济一体化与自由贸易的情况

在自由贸易的情况下，A 国是从生产成本最低的 C 国进口产品的，即 A 国与 C 国之间发生国际贸易。在 A、B 两国建立一体化经济组织后，A 国对外保护性关税的存在，结果导致 C 国的成本优势丧失，A 国转而从 B 国进口钢铁产品。这种因为区域经济一体化的建立，导致一个相对低效率的成员国（B 国）替代自由贸易下高效率的国家（C 国）向一体化经济组织供给产品的现象，称为区域经济一体化的贸易转移效应。贸易转移效应实际上是区域贸易保护的一种表现。它反映了区域经济一体化与经济全球化、全球自由贸易的冲突性一面。

2）对比经济一体化与无差别贸易保护的情况

在无差别贸易保护的情况下，A 国与 B、C 两国之间都不会发生国际贸易。在 A、B 两国建立一体化经济组织后，A 国将从 B 国进口钢铁产品，即 A 国与 B 国之间发生了国际贸易。这种因为区域经济一体化的建立，导致原来本国生产的产品被同盟内部其他国家更低成本的进口产品替代的现象，称为区域经济一体化的贸易创造效应。

2. 关税同盟的静态效应

关税同盟的静态效应主要是指其贸易创造效应、贸易转移效应及其所带来的福利效应。下面我们进一步对关税同盟的贸易转移效应、贸易创造效应、社会福利效应和贸易条件效应进行图形分析。

1）贸易创造效应

贸易创造效应带来的同盟内部的贸易规模扩大与生产要素重新优化配置，能提高社会的经济福利水平。

设有 A、B、C 三国，三国生产同种产品 X。封闭经济下各国国内产品 X 的价格分别为：P_A、P_B、P_C，$P_A > P_C > P_B$，见图 8-1，曲线 S 为 A 国国内厂商的供给曲线；曲线 D 为 A 国国民的需求曲线，不存在关税同盟且 A

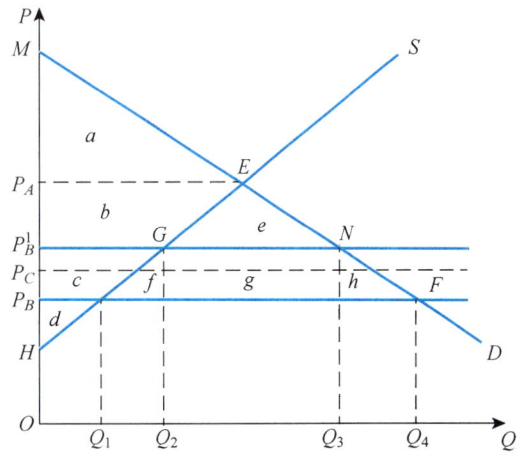

图 8-1　关税同盟的贸易创造效应

国实施关税保护。

设 A 国的单位商品进口关税为 t，且 t 恰好使 P_B 上升为 P_B^1，即单位商品关税 t 满足：$t = P_B^1 - P_B$。由于 $P_A > P_C > P_B$，所以在 A 国征收的单位商品进口关税为 t 时，B 国的厂商仍然具有成本优势，从而 A 国与 B 国发生国际贸易，即 B 国厂商将以价格 P_B^1 向 A 国出口产品 X。P_B^1 即为 A 国国内产品 X 的价格。此时，A 国国内总需求为 Q_3。其中，A 国国内厂商的供给量为 Q_2。$(Q_3 - Q_2)$ 的部分则由 B 国厂商供给，即 $(Q_3 - Q_2)$ 为 B 国对 A 国的出口量。则 A 国的总福利为三角形 $P_B^1 NM$、$HP_B^1 G$ 的面积加上 g。其中，三角形 $P_B^1 NM$ 为 A 国的消费者剩余，三角形 $HP_B^1 G$ 为 A 国的生产者剩余，g 为 A 国政府的进口关税收入。

A、B 组建关税同盟后，A、B 间的贸易实际上回归自由贸易，则 A 国以价格 P_B 从 B 国进口产品 X，A 国国内的价格也为 P_B，即由 B 国的生产商以价格 P_B 供给整个关税同盟 X 产品。此时，A 国国内总需求为 Q_4。其中，A 国国内厂商的供给量为 Q_1。$(Q_4 - Q_1)$ 的部分则由 B 国厂商供给，即 $(Q_4 - Q_1)$ 为 B 国对 A 国的出口量。则 A 国总福利为三角形 $P_B FM$ 的面积加上 d。其中，三角形 $P_B FM$ 为 A 国的消费者剩余，d 为 A 国的生产者剩余。由于 A、B 两国组建关税同盟，B 国的生产商供给 A 国 X 产品时无须缴纳关税，故 A 国政府损失了关税收入。

在组建关税同盟前后，A、B 两国的国际贸易量由 $(Q_3 - Q_2)$ 上升为 $(Q_4 - Q_1)$。$(Q_4 - Q_1) - (Q_3 - Q_2) = (Q_4 - Q_3) + (Q_2 - Q_1)$ 即体现了关税同盟的贸易创造效应。由于关税同盟的贸易创造效应，A 国的净福利也增加了。A 国净福利的增加量为 $(P_B FM + d) - (P_B^1 NM + HP_B^1 G + g) = (f + h)$。

贸易创造效应通常被视为一种正效应。因为 A 国国内商品生产成本高于 A 国从 B 国进口的商品生产成本。关税同盟使 A 国放弃了一部分商品的国内生产，改为由 B 国来生产这部分商品。从世界范围来看，这种生产转换提高了资源配置效率。具体而言，关税同盟的贸易创造效果主要包括如下两点。

第一，降低生产成本，提高生产效率。由于取消关税，成员国由原来生产并消费本国高成本产品，转向购买其他成员国的低成本产品。从同盟整体看，生产从高成本的地方转向低成本的地方，同盟内部的资源得以重新优化配置，提高了要素的利用效率。

第二，可能形成规模经济效应。建立同盟后，一方面，由于市场扩大，生产规模因而扩大，提高了生产专业化水平，并进一步降低生产成本；另一方面，由于市场的扩大，从而可能提高市场的交易效率，降低单位交易费用。

2）贸易转移效应

关税同盟的贸易转移效应导致成员国从同盟内成本最低的国家进口而不是从世界成本最低的国家进口现象，会造成整个社会财富浪费和经济福利水平的下降。对此我们不妨用图 8-2 来说明。

假定：A、B、C 三国，三国生产同种产品 X。在封闭经济下，各国国内产品 X 的价格分别为：P_A、P_B、P_C，$P_A > P_B > P_C$。曲线 S 为 A 国国内厂商的供给曲线；曲线 D 为 A 国国民的需求曲线。

当无关税同盟时，假定 A 国对产品 X 的单位进口关税为 $t = P_C^1 - P_C$，同时也有 $t =$

$P_B^1 - P_B$ 成立,由图 8-2 可知,在 A 国国内,产品 X 的价格将由 C 国厂商的含关税价格 P_C^1 决定,因为 P_C^1 低于 P_B^1, 也低于 P_A。即 A 国将从 C 国进口产品,A 国内市场价格等于 P_C^1。

现在假定 A、B 两国组建关税同盟。此时,$P_B < P_C^1 < P_A$,因此 A 国改从 B 国进口产品,A 国内市场价格也将等于 P_B。从全世界的角度看,A、B 两国组建关税同盟后,使得 A 国不能从外部低成本生产国 C 进口,而使得较高成本的 B 国厂商代替低成本的 C 国厂商,这必然导致生产效率的降低和生产成本的提高。

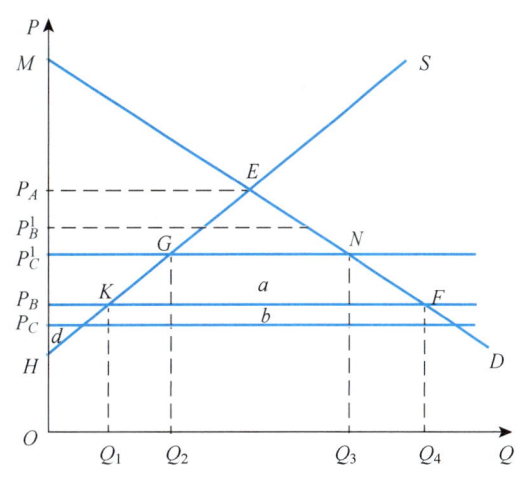

图 8-2 关税同盟的贸易转移效应

关税同盟贸易转移效应的影响因素包括以下几个方面。

第一,原有关税水平越低,关税同盟对非成员国的贸易歧视程度越低,由此产生贸易转移的可能性就越小。

第二,成员国在关税同盟建立之前的贸易往来越密切,贸易转移的余地便越小。

第三,关税同盟的成员国越多,贸易转移的可能性越小。

第四,成员国与非成员国之间的成本差异越大,贸易转移所可能带来的福利损失越大。

3) 社会福利效应

关税同盟的社会福利效应是贸易创造效应与贸易转移效应之和。通常情况下,关税同盟的贸易创造效应大于贸易转移效应,因而一般来讲,关税同盟能提高社会福利。

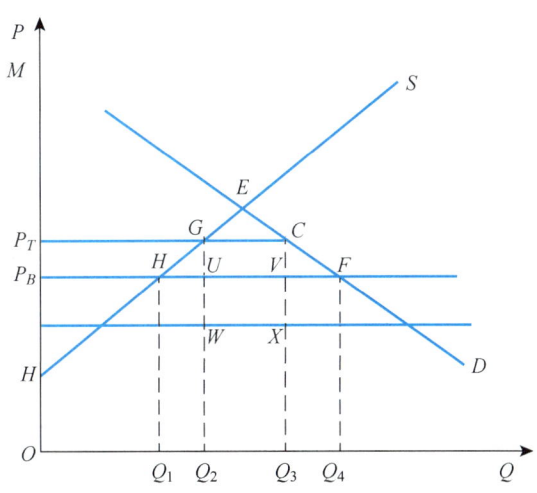

图 8-3 关税同盟的社会福利效应

我们用图 8-3 来说明。建立关税同盟后,A 国的价格从 P_T 下降至 P_B,消费需求增加到 Q_4,获得消费者剩余 $P_T C F P_B$。但 A 国的价格下降导致国内生产供应缩减 Q_1,生产者剩余减少 $P_T G H P_B$。组建同盟后,A 国不能对 B 国的进口商品征收关税,因而关税收入减少 $GCXW$。A 国社会福利净增加或净减少并不确定。因为福利所得的消费者剩余 $P_T C F P_B$ 与福利所失的生产者剩余 $P_T G H P_B$ 及关税收入中的一部分 $GCVU$ 相抵后还剩下消费者剩余 GUH 和 CFV 两个三角形。然后,我们把这两个三角形之和的福利所得与关税收入中 UVXW 福利损失的大小进行比较。如果($GUH+CFV$)的面积大于 $UVXW$ 的面积，A 国的福利净增加；反之，则 A 国的福利净减少。

一国加入关税同盟后的福利在什么情况下是净增加，在什么情况下是净减少呢？主要受这样几种因素的影响：第一，加入同盟后国内价格下降的幅度。如果价格下降幅度足够大，加入同盟后就能获得净增加。第二，国内价格供给和需求弹性。一国国内价格供给和需求弹性越大，该国加入关税同盟后获得的消费者剩余就越多，失去的生产者剩余就越少，从而就越有可能获得社会福利的净增加。第三，加入关税同盟前的关税水平。一国加入关税同盟前的关税水平越高，加入关税同盟后国内价格下降的幅度就越大，因而就越有可能获得福利的净增加。

4）贸易条件效应

贸易条件效应是指建立关税同盟后，导致同盟内国家向同盟外国家进出口商品时贸易条件的变化。一般来说，关税同盟的贸易转移会具有大国效应，即同盟成员国减少从同盟外的进口会导致外部世界市场供应价格下降。这样，同盟成员国的贸易条件就可能得到改善。由于贸易条件改善，同盟成员国的社会福利会因此得到改善。我们用图 8-4 来加以说明。

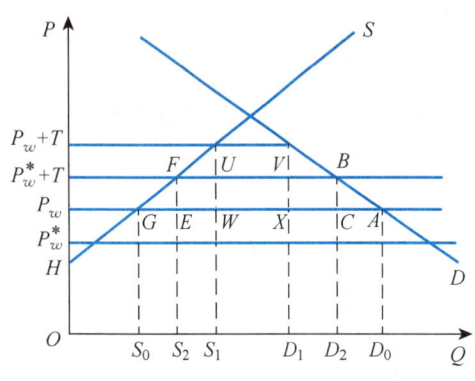

图 8-4 关税同盟的贸易条件效应

D 是关税同盟内部的需求曲线，S 是关税同盟内部的供应曲线。外部世界市场供应价格为 P_w。如果共同对外关税为零，P_w 决定了同盟内供应为 OS_0，需求为 OD_0。该关税同盟从外部世界市场进口 S_0D_0。如果关税同盟的共同对外关税为 T，则同盟内的价格为 P_w+T，同盟内的供应为 OS_1，需求为 OD_1。同盟的进口为 S_1D_1。同盟外部供应者为了阻止出口量的下降，会把出口价格降低至 P_w^*，而同盟内的价格为 P_w^*+T。这意味着同盟外部供应者的出口量可维持在 S_2D_2 水平。这样，关税同盟进口的价格比以前便宜了，即 $P_w^*+T<P_w+T$。假定关税同盟的出口商品价格不变，那么，关税同盟的贸易条件得到了改善。由于贸易条件的变化，关税同盟的社会福利也相应地发生变化。关税同盟的得益部分为（$EFUW+XVBC$）的面积，福利损失部分为（$ABC+EFG$）的面积，如果（$EFUW+XVBC$）的面积大于（$ABC+EFG$）的面积，意味着有净得益；反之，则有净损失。

3. 关税同盟的动态效应

1）规模经济效应

关税同盟建立以后，在排斥第三国产品的同时，为成员国之间产品的相互出口创造了良好的条件。所有成员国的国内市场组成一个统一的区域性市场，这种市场范围的扩大促进了企业生产的发展，使生产者可以通过扩大生产规模，降低成本，享受到规模经济的利益。并且可进一步增强同盟内的企业对外的竞争力，特别是对非成员国同类企业的竞争能力。因此，关税同盟所创造的市场扩大效应引发了企业规模经济的实现。

2) 关税同盟的建立促进了成员国之间企业的竞争

在各成员国组成关税同盟之前，许多部门可能已经形成了国内垄断，几家企业长期占据国内市场，获取超额垄断利润，因而不利于各国的资源配置和技术进步。组成关税同盟以后，由于各国市场相互开放，各国企业面临着来自于其他成员国同类企业的竞争。谁在竞争中取胜，谁就可以享受大市场带来的规模经济的利益，否则就会被淘汰。各企业为在竞争中取得有利地位，必然会纷纷改善生产经营效率，增加研究与开发投入，增强采用新技术的意识，不断降低生产成本，从而在同盟内营造出一种浓烈竞争气氛，提高经济效率，促进技术进步。

3) 关税同盟的建立有助于吸引外部投资

关税同盟的建立意味着对同盟外产品的排斥，同盟外的国家为了抵消这种不利影响，可能会将生产点转移到关税同盟内的一些国家，在消费地直接生产并销售，以便绕过统一的关税和非关税壁垒。这样客观上便产生了一种伴随生产转移而产生的资本流入，吸引了大量的外国直接投资。

另外，关税同盟的建立也会产生某些负面影响，主要有两点：一是促成新的垄断的形成；二是可能会拉大成员国不同地区之间经济发展水平的差距。

四、主要区域经济一体化组织

现代区域经济一体化组织是在第二次世界大战以后逐步发展起来的，并且逐渐成为世界经济中重要的国际现象。

(一) 欧洲国家的区域经济一体化组织：欧盟

1. 欧盟经济一体化进程

第二次世界大战以后，为了避免战祸再度发生，部分西欧国家希望通过区域经济一体化实现欧洲真正的联合。同时，由于苏联的现实威胁以及美国大力支持，西欧在40年代末至50年代初出现了一股联合热。舒曼在1950年5月9日提出了著名的"欧洲煤钢联营计划"，即"舒曼计划"。根据"舒曼计划"，法国、西德、意大利、荷兰、比利时、卢森堡六国于1951年4月18日签订了为期50年的《关于建立欧洲煤钢共同体的条约》，简称"欧洲煤钢联营条约"（或巴黎条约）。1952年各国组成西欧煤钢共同体，它成为了欧共体的前身。西欧煤钢共同体的建立促进了联营各成员国经济的迅速发展，推动了法国与西德的和解，加深了西欧六国的经济政治联系，为20世纪50年代后期成立的欧洲共同市场奠定了基础。

1955年6月1日，参加欧洲煤钢共同体的六国外长在意大利墨西拿举行会议，建议将煤钢共同体的原则推广到其他经济领域，并建立共同市场。1957年3月25日，6国外长在罗马签订了建立欧洲经济共同体与欧洲原子能共同体的两个条约，即《罗马条约》，于1958年1月1日生效。根据《罗马条约》，参与各国决定，从1958年1月1日到1969年12月31日，用12年时间，分三个阶段建成关税同盟，主要任务是在共同体内部取消关税和非关税壁垒，实行自由贸易，对外统一关税并制定一致的贸易政策。1965年4月8日，6国签订了《布鲁塞尔条约》，决定将欧洲煤钢共同体、欧洲原子能共同体和欧洲经济共同体统一起来,统称欧洲共同体。条约于1967年7月1日生效。欧共体总部设在比利时布鲁塞尔。经过近10年的努力,1968年7月1日,条约各国提前实现了完全取消内部关税、调整统一对外关税、建立关税同盟的目标。在经济政策方面,欧共体还建立了共同的农业政策,以支持农产品价格、保障农业收入,实现了大多数农产品自给有余。关税同盟作为一体化的起点,推动了各成员国经济的发展,成了欧共体存在和发展的基础。

根据《罗马条约》,欧共体还需要在服务、资本和人员三方面实现自由流动。1985年,欧共体通过《关于完善内部市场的白皮书》和《欧洲一体化文件》,提出在1992年年底以前,将欧共体建成商品、服务、资本和人员四大要素自由流动的统一大市场。

随着欧洲统一大市场的建成,各成员国对货币合作的要求提上了议事日程。欧共体早在1979年3月就建立了欧洲货币体系,创建了"欧洲货币单位"(European Currency Units,ECU),实现了成员国之间的联合浮动汇率体制,并设立了"欧洲货币基金"。这是欧共体通向货币联盟的重要一步。1991年12月11日,欧共体外长会议在丹麦的马斯特利赫特小城召开,通过了建立"欧洲经济货币联盟"和"欧洲政治联盟"的《欧洲联盟条约》(通称马斯特里赫特条约,简称马约)。该条约将欧共体改名为欧盟。马约于1993年11月1日正式生效,欧共体正式更名为欧盟,欧共体开始向欧盟过渡。这标志着欧共体从经济实体向经济政治实体过渡,标志着欧洲一体化进程迈出了重要一步。

1995年12月举行的马德里首脑会议上,欧盟为其单一货币起了一个名字——"欧元";1998年6月,成立了欧洲中央银行,取代原来的欧洲货币局;1999年1月1日,欧元正式启动。2002年6月30日,欧元和各国货币同样流通的时期结束。2002年7月1日,欧元成为2.9亿欧洲人的统一货币。

1995年,奥地利、瑞典和芬兰加入,使欧盟成员国扩大到15个。2002年11月18日,欧盟15国外长会议决定邀请塞浦路斯、匈牙利、捷克、爱沙尼亚、拉脱维亚、立陶宛、马耳他、波兰、斯洛伐克和斯洛文尼亚10个中东欧国家入盟。2003年4月16日,在希腊首都雅典举行的欧盟首脑会议上,上述10国正式签署入盟协议。2004年5月1日,这10个国家正式成为欧盟的成员国,这是欧盟历史上的第五次扩大,也是规模最大的一次扩大。2007年1月,罗马尼亚和保加利亚两国加入欧盟,2013年7月1日,克罗地亚加入欧盟,欧盟成员国达到28个。2018年6月25日,欧盟9国防长在卢森堡签署了"欧洲干预倡议"意向书,承诺组建一个欧洲联合军事干预部队。2016年英国公投脱离欧盟,英国政府于2017年3月29日宣布启动脱欧程序,2020年1月30日,欧盟正式批准了英国脱欧。2022年,乌克兰、格鲁吉亚、摩尔多瓦先后申请加入欧盟,阿尔巴尼亚、北马其顿、黑山和塞尔维亚、乌克兰和摩尔多瓦已被欧盟列为入盟候选国。到目前为止,欧盟总人口约5亿,GDP约17.09万亿美元(2021年),是世界上GDP总量与中国GDP总量相当(2021年约17.7万亿美元)的、一体化程度最高的区域国家联合体。

2. 欧盟经济一体化成功的原因

(1) 煤钢联营,为一体化选择了正确的突破口。围绕煤钢资源,德、法曾展开过百年争夺。要消除战争隐患,必须从西欧各国共同关心的煤钢工业入手。《建立欧洲煤钢共同体条约》正式构建了以共同市场、共同目标和共同机制为基础的欧洲煤钢共同体。

煤钢共同体的建立,实现了煤钢资源在成员国间的最优配置,解决了德、法长期争夺的煤钢资源的归属问题,使德、法从"对手"变成了"合作者",为欧洲联合奠定了重要的基础。

(2) 实现法、德和解是推动欧洲一体化的关键。1950年5月9日,法国外长舒曼指出:"要使欧洲国家统一起来,必须结束长达百年之久的法德间的冲突。"1963年1月22日法、德两国签订友好合作条约,确立了法、德联盟的思想,把联盟关系用条约形式固定下来,使法、德联盟成为欧洲共同体的核心。

(3) 坚持制度创新,为一体化提供持续动力。欧洲一体化的进程其实就是"制度化的一体化",概括起来,欧盟制度大体由基础条约、条例指令、裁决判例、议事提案、表决规则等部分组成。其中基础条约在欧盟制度建设中最为重要,欧共体/欧盟的机构严格按照基础条约的规定而设置。此外,从欧共体到欧盟,在机构设置、机构运作、政策制定与执行、决策程序等各个方面都是有法可依、有章可循。在这个意义上,欧盟也是个法治的共同体。

(4) 成员国主权部分让渡,欧盟超国家机构不断强化。欧洲一体化的发展过程其实就是成员国主权部分让渡、欧盟超国家机构不断强化的过程。通过签订一系列重要的条约和文件,欧共体/欧盟建立了一整套包括立法、行政和司法机构在内的超国家机构和决策机制,成员国主权被部分让渡给了共同体超国家机构。在处理欧盟法同成员国国内法关系的问题上,原则上坚持欧盟法优先地位的原则。欧洲法院在若干个著名的案例中都是坚持这个原则。成员国进行部分主权让渡,既维护了成员国各自的国家利益,又保证了共同体超国家机构的高速运转。

(5) 推行共同结构政策,帮助落后地区,实现"多赢"和"共赢"。随着一体化的逐渐扩大,成员国的数目越来越多,区域经济发展不平衡的现象日益突出。为解决地区差距问题,欧共体/欧盟推行了共同的结构政策,设立结构基金和凝聚基金,帮助落后地区进行基础设施建设、人力资源开发、扩大生产性投资等。欧盟的扶持对象不是按国别来确定,而是按经济社会发展水平进行分类。结构政策实施以来,已经取得了明显的效果,欧盟国别之间人均收入差距明显缩小,欧盟最不发达的成员国人均国内生产总值明显上升。

3. 欧盟经济一体化进程中面临的主要问题

近年来,欧盟遭遇欧债危机、乌克兰危机、难民危机、恐怖主义泛滥和英国脱欧危机等重大问题,使得欧盟在政治、经济、社会、安全、理念等方面受到全面挑战。部分成员国执政政府出于选举政治和本国利益与实际状况的考虑,对欧盟事务持"各扫自家门前雪,休管他人瓦上霜"的心态,对欧盟成员的责任和义务持有推卸的态度,在这些问题上各执己见,分歧很大,以致欧盟离心倾向日益严重。

如英国和捷克拒不加入"财政契约"计划;匈牙利就是否接受欧盟的难民摊派方案举行全民公投;意大利、法国和西班牙屡屡就赤字占GDP比重超过欧盟规定而要求搞特殊。这些摩擦损害了欧盟与成员国的互信,造成欧盟推动大型计划的乏力和民粹主义政治力量土壤渐厚。2016年6月,英国全民公投脱离欧盟,随后开始启动脱欧程序。2016—2017年欧盟各主要成员国都进入选举年,反移民,反全球化的右翼政党势力不断在增强,芬兰、丹麦等国家极端政党已进入内阁,奥地利极右翼总统候选人在2016年总统选举中差点胜出,法国国民阵线党首勒庞在2017年4月总统大选中已成功晋级第二轮,一旦欧盟成员国有极右翼政党总统候选人当选,可能出现更多成员国进行脱欧公投,欧盟将再次面临解体的风险。

专栏 8-1　欧元与美元分庭抗礼

一、欧元的挑战

欧元(euro)是欧盟中 19 个国家的货币。

在国际货币储备中的占比,欧元一诞生,其在全球储备货币的比重,在 1999 年至 2003 年期间升 7 个百分点后,在 2009 年最高时期,欧元所占比重达到 28%,不过此后一路下跌,到 2017 年第一季度欧元跌至 19.29%,这和欧元兑美元不断贬值的趋势是一致的。而美元占全球储备货币的比重则由 1999 年超过 70% 降至 2017 年第一季度的 64.52%。

货币霸权,也就是某种货币在国际货币流通中的统治地位,一般表现在垄断计价单位、清偿手段、支付手段和保值手段上。美元相对欧元的贬值,损害了它的保值手段,而美元相对于欧元供应量的萎缩,损害的则是它的清偿手段和支付手段。

早在 2004 年 12 月,国际清算银行 27 日公布的统计数字就显示美元已经沦落为世界第二大货币,在那一年的头 9 个月,在全球外汇债券与货币发行中,欧元已取代美元成为发行量最大的币种:截至当年 9 月底,全球债券和货币发行总值为 12.158 万亿美元,其中 5.431 万亿为欧元,4.765 万亿为美元,8 830 亿为英镑,5 010 亿为日元。

到 2008 年上半年,从基础货币看,欧元相对于美元的供应量更是大得惊人。M1(只包括流通中的现金和隔夜存款)的发行量:欧元为 6.072 7 万亿元(美元,下同,5 月 8 日),美元为 1.388 3 万亿元(6 月 8 日),人民币为 2.236 2 万亿(5 月 8 日),日元为 3.641 4 万亿(4 月 8 日),英镑为 1.990 7 万亿(5 月 8 日)。

按照 M1 供应量来排序,世界 5 大货币的排列顺序是:①欧元;②日元;③人民币;④英镑;⑤美元。当然,一种货币的现金流通量和隔夜存款量越小,可能越表明其信用程度高,但是,除了人民币,欧元、日元和英镑也都是信用程度很高的国际货币,美元 M1 供应量沦落到在 5 大货币中垫底,这绝不是与一个货币帝国巨型雕像相称的底座,美元要保住自己的霸权,必须奋起反击。

二、美元对欧元的打压

欧元从诞生的第一天起,欧元就被认为是美元的最大敌人。欧元一出生就遭到了美国的打压。

1999 年 3 月,欧元诞生仅仅不到 3 个月,美国就迫不及待地发动了空袭南联盟的战争,由于战争发生在号称"欧洲火药桶"的巴尔干地区,情绪紧张的国际资本持有者纷纷把钱转到相对安全的美国。1999 年,大约有 7 000 亿美元的国际资本跑到了美国。欧元则挨了一闷棍,欧元兑美元从诞生之初的约 1∶1.2 跌至 2000 年年底的约 1∶0.8,由于欧元的疲软,大量资金出逃美国。

随后，2001年又发生了震惊世界的"9·11"事件。2002年之后，由于"9·11"事件的影响，美联储为刺激经济增长，历史性地将利率降到了约1‰的低位。

此时，欧元的好处逐渐显现出来，欧盟的经济增速也开始提高，欧元日趋坚挺。2007年美元受次贷危机的影响，到2008年夏天左右，欧元兑美元一度逼近1∶1.6的历史最高纪录。

不过，由于欧盟当时也买了许多美国的金融衍生品，损失比美国更大。同时，在美国的阴谋操纵和推波助澜之下，希腊等国的债务危机很快也在2009年浮出水面。虽然欧元区实行统一的货币政策，但是在财政政策领域却是各自为政，导致欧元区国家在经济陷入萧条时难以采取扩张性的财政政策刺激经济增长以摆脱危机。

尽管2008年之后，欧盟的领头羊德国慷慨解囊，为陷入危机的国家提供了大量经济援助，同时德国经济表现也很亮眼，但依然填不满一个又一个无底洞和大窟窿。

美国利用高度发达的国际金融市场将次贷危机的损失转移至其他金融开放的国家，故美国能较快地从危机中恢复过来。2011年以后，美国经济度过危机，趋于稳定增长，美元又进入一波新的升值区间，客观上也造成了欧元兑美元的趋于弱势。

2016年，英国"退欧"又给了欧盟一击，也是对欧元的一次沉重打击。

2008年来，在希腊债务危机、美元升值、英国"退欧"等各种因素的作用下，欧元兑美元震荡下行。由于欧元趋弱，在国际外汇储备中的占比也逐渐萎缩，从2009年峰值时的约28%跌到了2016的20%以下。

由于欧元区不是一个国家，而是由多个国家组成，货币政策虽然统一了，却难以实行统一的财政政策，这一先天不足将极大地制约欧元区国家的经济发展，并严重影响欧元作用的发挥。

(二) 亚洲国家的区域经济一体化组织

亚洲地区启动区域贸易协定（Regional Trade Agreement，RTAs）的动作较迟，但20世纪90年代以来各国加快了区域贸易自由化的进程。亚太经济合作组织、东南亚国家联盟、中国—东盟自由贸易区、南亚区域合作联盟以及各国双边FTA相继涌现。

1. 东南亚国家联盟

东南亚国家联盟（Association of Southeast Asian Nations，ASEAN）简称东盟，东盟最早启动了亚洲区域一体化的进程，它经历了从特惠贸易安排到自由贸易区的发展，再向经济共同体迈进的过程。

1967年8月，马来西亚、菲律宾、新加坡、泰国和印度尼西亚5国签署宣言，宣告了地区性合作联盟——东盟的成立。东盟的宗旨是在经济、社会、文化、科技等领域内促进积极的合作和互助。然而，在最初的9年时间里，东盟在经济方面的合作较少。自1978—1993年，东盟实施了15年时间的特惠贸易安排。

20世纪80年代中期以后,东盟各国认为有必要加强区域经济合作,提高合作层次。1991年10月,欧盟各国提出了从1993年起15年内建成东盟自由贸易区的计划。从1993年起东盟自由贸易区的进程正式启动,随后这一进程不断加速,东盟自由贸易区的成员不断扩大,涵盖的领域逐步深化。文莱、越南、老挝、柬埔寨和缅甸相继加入,形成了包括10个成员国的区域经济一体化组织。东盟自由贸易区也逐步从贸易扩展至服务、投资以及其他经济合作领域。

2003年10月,在第9次东盟领导人会议上,各国同意在2020年建立东盟经济共同体,加速推进自身区域经济一体化。2007年1月,第12届东盟首脑会议通过的《宿务宣言》决定,将东盟共同体建设提前至2015年完成,并正式启动东盟宪章的起草工作,《东盟宪章》于同年11月获得通过,2008年12月正式生效。宪章规定,东盟共同体将由东盟经济共同体、东盟安全共同体和东盟社会文化共同体组成。2012年4月,第20届东盟首脑会议通过了《主席声明》《金边宣言》《金边议程》等一系列重要成果文件,确定了东盟当年的主要任务和重点关注的领域。在同年11月举行的第21届东盟首脑会议上,东盟领导人决定将2015年12月31日设定为建立东盟共同体的最后期限。2015年11月22日东盟领导人在马来西亚首都吉隆坡签署联合宣言,宣布将于2015年12月31日正式成立以政治安全、经济、社会文化为三大支柱的东盟共同体。2015年12月31日,东盟轮值主席国马来西亚外长阿尼法发布声明,东盟共同体于当天正式成立。

2. 区域全面经济伙伴关系

《区域全面经济伙伴关系协定》是2012年由东盟发起,历时八年,于2020年11月15日,由东盟10国及中国、日本、韩国、澳大利亚、新西兰15方成员签署的协定。区域全面经济伙伴关系(Regional Comprehensive Economic Partnership,RCEP)覆盖世界近29%的人口规模、超30%的GDP总量以及28%左右的全球贸易量,成为了全球规模最大的自由贸易区(FTA)。2021年3月22日,商务部国际司负责人表示,中国已经完成了RCEP的核准,成为首个批准协定的国家。4月15日,中国向东盟秘书长正式提交了《区域全面经济伙伴关系协定》核准书。11月2日,RCEP的保管机构东盟秘书处发布通知,宣布文莱、柬埔寨、老挝、新加坡、泰国、越南等6个东盟成员国以及中国、日本、新西兰、澳大利亚等4个非东盟成员国已向东盟秘书长正式提交了核准书,达到了协定生效门槛。2022年1月1日,区域全面经济伙伴关系协定(RCEP)正式生效。

RCEP不仅涉及货物贸易,还涉及服务贸易、投资准入等非关税壁垒的消除,对外资实行准入前国民待遇和负面清单管理制度,对"边境后"领域的制度型开放提出了高水平的要求。

在金融服务规则方面,RCEP允许各成员方在金融自由化的承诺上存在差异,甚至允许中国、韩国、新西兰、新加坡、越南、老挝、泰国、菲律宾等国家目前可以不承诺金融自由化。成员方在做出金融自由化的承诺后,RCEP金融服务规则允许各成员方为维护自身金融稳定和应对金融风险预留监管空间。RCEP金融服务附件首次引入了新的金融服务条款,就金融监督透明度做出了高水平的承诺。RCEP金融服务章节要求各成员方提升金融服务领域的监管透明度,公布其监管法规和措施,为金融服务提供者创造更加公平、开放、稳定的竞争环境。

在投资规则方面,RCEP投资规则对原"东盟10+1自由贸易协定"投资规则进行整合升级,在投资市场准入和投资保护等方面做出了全面、平衡的投资安排。投资市场准入方面,15方均采用负面清单方式对制造业、农业、林业、渔业、采矿业5个非服务业领域投资做出了较高水平的开放承诺,大大提高了政策透明度。在服务类投资市场准入方面,RCEP协议坚持高水平开放,并考虑到各成员的基本国情,对日本、韩国、澳大利亚、新加坡、文莱、马来西亚、印度尼西亚等7个成员采用负面清单方式做出开放承诺;中国等其余8个成员则采用正面清单方式做出开放承诺,并将于协定生效后6年内转化为负面清单。除了投资自由化相关规则外,RCEP投资规则还包括投资保护、投资促进和投资便利化措施。RCEP投资规则对多个"10+1"投资协定的全面整合和提升,有助于创造一个更加稳定、开放、透明和便利的投资环境。

RCEP的签署表明全球化仍然是大势所趋。尽管经济全球化过程中经常面临贸易保护主义威胁,但随着科技的不断进步,生产专业化分工水平不断向广度和深度发展,从而推动经济全球化不断向前发展。RCEP之所以能成功签署,根源在于RCEP各成员在经济利益上的关联。从中国与各成员的贸易和投资关系看,中国现在已成为大多数成员的最大贸易伙伴和最大的投资来源地。

3. 南亚区域合作联盟

1983年8月,孟加拉国、不丹、印度、马尔代夫、尼泊尔、巴基斯坦和斯里兰卡7国外交部长在印度首都新德里举行首次会晤,并通过了《南亚区域合作联盟声明》。1985年12月,7国领导人在孟加拉国首都达卡举行第一届首脑会议,会议发表了《达卡宣言》,制定了《南亚区域合作联盟宪章》,并宣布南亚区域合作联盟(South Asian Association for Regional Cooperation,SAARC)(以下简称南盟)正式成立。

南盟取得的最大合作成果是《南亚特惠贸易安排协定》(SAPTA)的签署和实施(于1995年12月8日起正式实施),其宗旨是在区域内建立自由贸易区。协定签署后,南盟现已完成了两轮贸易谈判,1997年,各成员国共同降低了2 239种商品的关税,减让幅度一般为10%~60%。1997年,南盟第九次首脑会议提议将建立南亚自由贸易区的最后期限定为2001年。

2005年11月12日至13日在孟加拉国首都达卡举行第十三届首脑会议,会议通过了内容广泛的《达卡宣言》,签署了关于避免双重征税等内容的三个协议,同意吸收阿富汗为新成员,接纳中国和日本为观察员。自此,南盟成员国达到8个,总人口约15亿,其中有大约5亿贫困人口,第13届南盟首脑会议宣布2006年至2015年为"南盟减轻贫困10年"。根据协议,各国已经于2006年1月1日取消关税,允许货物和服务自由流通,并建立了一个区域发展银行,以促进各国中央银行的合作。2006年8月,第27届南盟部长理事会会议举行,与会的南盟7国外长在开幕式之前举行的非正式会议上原则上同意给予美国、韩国和欧盟观察员资格。2007年4月,接纳伊朗为观察员。

南盟自1985年12月正式成立以来,至2014年11月,总共举行了十八届首脑会议。南盟在加速经济发展,提高和改善本地区人民的生活福利,促进集体自力更生,推动成员国之间在经济、社会、文化和科技方面的协作,并加强同其他发展中国家以及国际组织和区域性组织的相互合作等领域取得了众多成果。

(三)美洲国家的区域经济一体化组织

1. 美墨加自由贸易协定

《美墨加自由贸易协定》,简称 USMCA,是美国、加拿大和墨西哥达成的三方贸易协议。

1992 年 8 月 12 日,美国、加拿大及墨西哥三国签署了一项三边 FTA——北美自由贸易协定(NAFTA)。1994 年 1 月 1 日,该协定正式生效。协定决定自生效之日起在 15 年内逐步消除贸易壁垒、实施商品和劳务的自由流通。作为世界上最大的自由贸易集团之一,北美自由贸易区拥有 3.6 亿消费者,和总计超过 6 万亿美元国民生产总值。由于自由贸易区没有统一的对外关税,为了防止来自第三国的转口贸易,该协定详细制定了原产地原则,规定产品只有全部价值的 62.5% 是在成员国内生产时,才属于原产地产品,从而享受相关免税待遇。此外,该协定的总则规定,除墨西哥的石油业、加拿大的文化产业以及美国的航空与无线电通信产业外,绝大多数产业部门的投资限制将被取消。对于白领工人的流动将予以放宽,但移民仍将受到限制。协定规定,由执行规定而产生的争议将交付由独立促裁员组成的专门小组解决;如果大量进口损害一国国内的工业,将允许该国重新征收一定的关税。

北美自由贸易区是发达国家(美国、加拿大)与发展中国家(墨西哥、智利)间形成的区域经济一体化组织。这种一体化的区域经济组织兼顾了产业间分工和产业内分工的优点,为两类国家提供了发展贸易的条件,从而使它们能够获得相应的贸易和经济利益。对北美自由贸易区内的三国(美国、加拿大及墨西哥),人们对其净福利效应进行了估算,有代表性的看法是:三个国家都会获得程度不大的净收益。一般认为,从国民收入及工资水平的影响来看,三国中墨西哥被认为是最大的受益国,尤其是考虑到外商投资的加速效应后,这种情况更加明显;就预期收益占初始国民收入或工资的份额而言,加拿大被认为是第二大受益国;以百分比衡量,美国是受福利影响最小的国家。

2016 年,特朗普当选美国总统,在对外贸易方面,以"美国人利益优先"为标准,采取了强硬态度,表示要重新协商北美自由贸易区协定(NAFTA)条款,并声称如果协商失败,美国将退出 NAFTA。特朗普还宣称要推动取消墨西哥的单边减税计划,关闭墨西哥境内的"血汗工厂",以保护美国境内工人的就业机会。2017 年 4 月 24 日,特朗普表示将对加拿大软木材征收反倾销税,平均税率为 20%,最高税率可达 24%。同时,美国还将对加拿大的五家软木材企业单独征收 3%~24% 不等的反倾销税。4 月 25 日,美国商务部长罗斯宣布新关税立即生效,并规定有 90 天的追溯期。除了木材产业,特朗普同时还将矛头对准了加拿大的乳制品产业。

在美国的压力下,美国、墨西哥和加拿大三方经过长达 14 个月的贸易谈判,于 2018 年 9 月 30 日达成了《美墨加贸易协定》(USMCA),以取代自 1994 年以来生效的《北美自由贸易协议》(NAFTA)。2018 年 11 月 30 日,美国、墨西哥、加拿大三国领导人在阿根廷首都布宜诺斯艾利斯签署《美国—墨西哥—加拿大协定》,以替代《北美自由贸易协定》。2019年12月19日,美国国会众议院投票通过了修订后的"美国—墨西哥—加拿大协定"(简称美墨加协定),为这份FTA的最终生效扫清了主要障碍。2020年1月29日,美国总统特朗普签署了修订后的"美国—墨西哥—加拿大协定"(简称美墨加协定)。

2. 南美洲国家联盟

南美洲国家联盟(Union of South American Nations)是根据《库斯科宣言》于2004年12月8日成立的主权国家联盟,截至2008年共有成员国12个,观察员国2个。联盟原名南美洲国家共同体,2007年4月16日改为南美洲国家联盟。联盟将合并已有的两个自由贸易组织——南方共同市场和安第斯山国家共同体——建立起一个覆盖南美洲的自由贸易区,分别于2014年和2019年前取消非敏感商品和敏感商品的关税。南美洲国家联盟由玻利维亚、哥伦比亚、厄瓜多尔、秘鲁4个安第斯共同体成员国和阿根廷、巴西、乌拉圭、巴拉圭和委内瑞拉5个南方共同市场成员国,以及智利、圭亚那和苏里南共12个南美洲国家组成。该组织另有2个观察员国,即巴拿马和墨西哥。

2004年12月,南美洲国家在秘鲁举行第三届首脑会议,会议通过了《库斯科声明》,宣布成立南美洲国家共同体。2005年9月30日,第一届南美洲国家共同体首脑会议在巴西首都巴西利亚举行,12个成员国的总统或代表以及外交部长出席了这次会议。会议通过了《主席声明及优先日程》《行动计划》和《基础设施一体化声明》等文件。会议还就南美洲地区一体化进程中的趋同问题发表一项声明,表示将促进南美洲国家之间经济互补协议的趋同化,并要求地区内的有关一体化组织对此进行研究。

2007年12月南方银行成立,拉美一体化进程又迈出坚实一步。2008年5月23日,南美洲国家联盟特别会议在巴西首都巴西利亚举行,12个成员国的领导人签署了《南美洲国家联盟宪章》简称《宪章》。《宪章》指出,南美洲国家将加强成员国之间的政治对话,重点在经济、金融、社会发展和文化交流等领域开展区域一体化建设。《宪章》规定,南美洲国家联盟的专门机构包括一个由国家元首和政府首脑组成的委员会、外长委员会、代表委员会以及设在厄瓜多尔首都基多的秘书处。《宪章》的签署,标志着南美洲一体化进程取得了一个里程碑式的胜利,也标志着南美洲国家从此将以一个共同的身份出现在国际舞台上。

南美洲国家联盟成立的主要意义有:①《宪章》经过成员国国会通过后,南美洲国家联盟将从此具有国际法人资格,南美洲国家联盟将与欧盟、非盟等地区组织展开对话,谋求地区间合作;②南美洲国家联盟是由拉美国家自己建立的独立于美国的一体化组织,它没有让美国参加,南美联盟将在21世纪提高南美洲人的地位;③南美洲国家将加强联盟内部成员国之间的政治对话,重点在经济、金融、社会和文化等领域开展区域一体化建设。南美洲国家联盟将可能建立一个中央银行,为本地区发行一种统一的货币;④南美洲国家联盟准备成立南美洲防务委员会,这个南美洲防务委员会将采用北大西洋公约组织的模式。

南美洲国家联盟的建立和联盟宪章的通过将进一步推动南美洲和拉美的一体化进程。但是,南美洲一体化的道路是曲折的,南美洲国家由于经济发展水平悬殊较大,综合国力各不相同,以及对外政策特别对美国的政策有很大的差别,南美洲国家联盟要在21世纪内建立类似欧盟那样的一体化组织是困难的。如何加强团结,共同应对联盟内部和外部的种种挑战将是21世纪初联盟所面临的主要任务。

专栏8-2 全面与进步跨太平洋伙伴关系协定(CPTPP)

全面与进步跨太平洋伙伴关系协定(Comprehensive and Progressive Agreement for Trans-Pacific Partnership,CPTPP),是由亚太国家组成的自由贸易区,是美国退出跨太平洋伙伴关系协定(Trans-Pacific Partnership Agreement,TPP)后的新协定名称。

2009年美国加入TPP谈判,旨在打造一个高水平的自贸区。2016年,TPP成员国包括美国、日本、澳大利亚、加拿大、新加坡、文莱、马来西亚、越南、新西兰、智利、墨西哥和秘鲁等12个国家。2017年,特朗普上台后,美国国内反全球化、反自由贸易的情绪高涨,特朗普放弃了奥巴马时期通过的区域和多边机制,宣布退出TPP。在美国退出TPP后,2017年11月11日,启动TPP谈判的11个亚太国家共同发布了联合声明,宣布"已经就新的协议达成了基础性的重要共识",并决定将协议命名为"跨太平洋伙伴关系全面进展协定"。2018年3月8日,参与"全面与进步跨太平洋伙伴关系协定"谈判的11国代表在智利首都圣地亚哥签署了该协定。同年12月30日,CPTPP正式生效。

2020年11月20日晚,中国国家主席习近平在北京以视频方式出席亚太经合组织第二十七次领导人非正式会议并发表重要讲话。习近平主席指出,中方欢迎区域全面经济伙伴关系协定完成签署,将积极考虑加入CPTPP。12月8日,韩国总统文在寅表示,考虑加入CPTPP。2021年2月1日,英国政府提出正式申请加入CPTPP。对此,在2021年6月2日的部长级会议上,CPTPP的11个成员国确认将启动与英国的谈判,如果英国加入一事敲定,它将是除11个创始成员国外,首个加入该组织的国家。2021年9月16日,中国正式提出申请加入CPTPP。2022年11月4日,中国国家主席习近平以视频方式出席第四届中国国际进口博览会开幕式并发表重要讲话。习近平主席强调,中国将深度参与绿色低碳、数字经济等国际合作,积极推进加入CPTPP。

根据联合声明,CPTPP新架构共识将保留原TPP超过95%的项目,包括市场准入、贸易便利化、电子商务和服务贸易等方面,最大区别在于新协定冻结了旧协定中关于知识产权等内容的20项条款。CPTPP从框架上看仍然是迄今为止最高水平的经贸自由机制。CPTPP将加强各成员经济体之间的互利联系,促进亚太地区的贸易、投资和经济增长。

第三节　世界贸易组织与国际贸易体制的演进

一、世界贸易组织发展历程

世界贸易组织(World Trade Organization，WTO)，简称世贸组织，其前身是关税及贸易总协定(1947年10月30日在日内瓦签订，并于1948年1月1日开始临时适用)，1994年4月15日，在摩洛哥的马拉喀什市举行的关贸总协定乌拉圭回合部长会议决定，成立更具全球性的世贸组织，以取代成立于1947年的关贸总协定。世贸组织是全球性的，与国际货币基金组织(IMF)、世界银行(World Bank)并称为世界经济发展的三大支柱。1995年1月1日世贸组织正式开始运作，该组织负责管理世界经济和贸易秩序，总部设在瑞士日内瓦。

与关贸总协定相比，世贸组织涵盖货物贸易、服务贸易以及知识产权贸易，而关贸总协定只适用于商品货物贸易。建立世贸组织的设想是在1944年7月举行的布雷顿森林会议上提出的，当时设想在成立世界银行和国际货币基金组织的同时，成立一个国际性贸易组织，从而使它们成为第二次世界大战后左右世界经济的"货币—金融—贸易"的机构。1947年联合国贸易及就业会议签署《国际贸易组织宪章》(即哈瓦那宪章)同意成立世贸组织。由于《哈瓦那宪章》没有得到美国国会批准，国际贸易组织未能建立，GATT就部分地取代了国际贸易组织的作用。GATT原本只是《国际贸易组织宪章》生效前，作为推行贸易自由化的临时契约。没想到这一临时契约适用到1995年1月1日，才正式被世贸组织所取代。

1947—1993年，GATT主持了8轮多边关税与贸易谈判，第8轮谈判于1986年至1993年12月15日在日内瓦举行，称为"乌拉圭回合"。在"乌拉圭回合"谈判启动后，欧共体和加拿大于1990年分别正式提出成立世贸组织的议案，1994年4月在摩洛哥马拉喀什举行的关贸总协定部长级会议才正式决定成立世贸组织。

2001年12月11日，中国正式加入WTO，标志着中国的对外开放进入了一个全新的阶段。

2015年，塞舌尔、哈萨克斯坦和阿富汗也正式加入WTO，WTO正式成员达到164个。

二、世贸组织的基本原则

1. 非歧视性原则

非歧视性原则(non-discriminatory)又叫无差待遇原则，指在国际贸易中，一缔约国在实行某种限制或禁止措施时不得对其他缔约国实施歧视待遇。

这一原则包括最惠国待遇和国民待遇两个方面。

(1) 最惠国待遇(most-favored-nation treatment，MFN)是指缔约双方在通商、航海、关税、公民法律地位等方面相互给予的不低于现时或将来给予任何第三国的优惠、特权或豁免待遇。

最惠国待遇原则要点：①自动性：立即和无条件；②同一性：受惠标的必须相同；③相互性：既是受惠方又是给惠方，承担义务同时享受权利；④普遍性：适用于全部进出口产品、服务贸易及各个部门和所有种类的知识产权所有者和持有者。

最惠国待遇原则例外：①以关税同盟和自由贸易区等形式出现的区域经济安排，在这些区域内部实行的比最惠国待遇更优惠的优惠，区域外世贸组织成员无权享受；②对发展中成员方实行的特殊和差别待遇，如普遍优惠制；③在边境贸易中对毗邻国家给予更多的贸易便利；④在知识产权领域允许成员方就一般司法协助国际协定中享有的权利等方面保留例外。

（2）国民待遇原则：对其他成员方的产品、服务和服务提供者及知识产权所有者和持有者所提供的待遇，不低于本国同类产品、服务和服务提供者及知识产权所有者和持有者所享有的待遇。

国民待遇原则要点：①适用的对象是产品、服务和服务提供者及知识产权所有者和持有者，但因这些领域具体受惠对象不同，国民待遇条款的适用范围、具体规则和重要性有所不同；②只涉及其他成员方的产品、服务和服务提供者及知识产权所有者和持有者，在进口成员方境内所享有的待遇；③定义中"不低于"一词的含义是指，其他成员方的产品、服务和服务提供者及知识产权所有者和持有者应与进口成员方同类产品、相同服务和服务提供者及知识产权所有者和持有者享有同等待遇，若进口成员方给予前者更高的待遇，并不违反国民待遇原则。

2. 透明度原则

透明度原则（transparency）是指 WTO 成员所实施的与国际贸易有关的法令、条例、司法判决、行政决定等政策法规，都必须公布，使各成员国及贸易商熟悉，同时还应将这些政策法规及其变化及时通知世贸组织。此外，成员方所参加的有关影响国际贸易政策法规的国际协定，也应及时公布和通知 WTO。以防止成员方之间不公平的贸易，从而造成对其他成员方的歧视。

世贸组织成员需公布有效实施的、现行的贸易政策法规如下。

（1）海关法规。即海关对产品的分类、估价方法的规则，海关对进出口货物征收的关税税率和其他费用。

（2）进出口管理的有关法规和行政规章制度。

（3）有关进出口商品征收的国内税、法规和规章。

（4）进出口商品检验、检疫的有关法规和规章。

（5）有关进出口货物及其支付方面的外汇管理和对外汇管理的一般法规和规章。

（6）利用外资的立法及规章制度。

（7）有关知识产权保护的法规和规章。

（8）有关出口加工区、自由贸易区、边境贸易区、经济特区的法规和规章。

（9）有关服务贸易的法规和规章。

（10）有关仲裁的裁决规定。

（11）成员国政府及其机构所签订的有关影响贸易政策的现行双边或多边协定、协议。

（12）其他有关影响贸易行为的国内立法或行政规章。

3. 互惠原则

互惠原则（reciprocity），也叫对等原则，是 WTO 最为重要的原则之一，是指两成员方在国际贸易中相互给予对方贸易上的优惠待遇。它明确了成员方在关税与贸易谈判中必须采取的基本立场和相互之间必须建立一种什么样的贸易关系。

世贸组织的互惠原则主要通过以下几种形式体现：

第一，通过举行多边贸易谈判进行关税或非关税措施的削减，对等地向其他成员开放本国市场，以获得本国产品或服务进入其他成员市场的机会。

第二，当一国或地区申请加入世贸组织时，由于新成员可以享有所有老成员过去已达成的开放市场的优惠待遇，老成员就会一致地要求新成员必须按照世贸组织现行协定、协议的规定缴纳"入门费"——开放申请方商品或服务市场。

第三，互惠贸易是多边贸易谈判及一成员贸易自由化过程中与其他成员实现经贸合作的主要工具。

在世贸组织体制下，贸易自由化改革带来的实际利益由世贸组织机制作保障，而不像单边或双边贸易自由化利益那么不确定。因此，多边贸易自由化要优于单边贸易自由化，尤其像中国这样的发展中的大国。

4. 市场准入原则

市场准入原则（market access）是指一国允许外国的货物、劳务与资本参与国内市场的程度，是国家通过实施各种法律和规章制度对本国市场向外开放程度的一种宏观控制，体现一国的法律精神。此原则允许缔约方根据发展水平，在一定的期限内，有计划，有步骤，分阶段地逐步开放市场，实现最大限度的贸易自由化。

世贸组织市场准入原则倡导最终取消一切贸易壁垒，包括关税和非关税壁垒，虽然关税壁垒仍然是世贸组织所允许的合法的保护手段，但是关税的水平必须是不断下降的。

"乌拉圭回合"之前的市场准入谈判只在货物贸易领域中适用，在"乌拉圭回合"谈判中，发达国家提出将服务业市场准入问题作为谈判的重点，经过 8 年的讨价还价，最后签署了《服务总协定》（GATS），并于世贸组织成立的 1995 年 1 月 1 日正式生效。

5. 促进公平竞争原则

世贸组织不允许缔约国以不公正的贸易手段，进行或扭曲国际贸易竞争，尤其不能采取倾销和补贴的方式在他国销售产品。世贸组织强调，以倾销或补贴方式出口本国产品，给进口方国内工业造成实质性损害或有实质性损害威胁时，该进口方可以根据受损的国内工业的指控，采取反倾销和反补贴措施。同时，世贸组织强调，反对成员滥用反倾销和反补贴措施达到其贸易保护的目的。

WTO 的非歧视原则、透明度原则、互惠原则、市场准入原则等都体现了促进成员国间公平竞争和公平贸易的宗旨。

6. 对发展中国家的优惠待遇原则

对发展中国家的优惠待遇原则，即有关缔约方应向发展中国家，尤其是最不发达国家提供特殊待遇。这些特殊待遇包括向发展中国家提供特殊的差别待遇的条款，发展中国家执行规则遇到困难时提供技术援助，允许发展中国家在适用双边和多边规则时有一个更为宽松的时间间隔，及在程序上有更大的灵活性和对某些规则的例外。

普惠制（generalized system of preference，GSP）就是发达国家对发展中国家优惠待遇的例子。普惠制，全称普遍优惠制，是指工业发达国家对发展中国家或地区出口的半制成品给予普遍的、非歧视的、非互惠的优惠关税，是在最惠国关税基础上进一步减税以至免税的一种特惠关税。

对发展中国家优惠待遇原则是关贸总协定和 WTO 考虑到发展中国家经济发展水平和经济利益而给予的差别和更加优惠的待遇，是对 WTO 非歧视原则的一种例外。

7. 一般禁止数量限制原则

一般禁止数量限制原则是指任何成员方除征收关税外，不得设立或维持配额、进出口许可证或其他措施以限制或禁止其他成员方领土的产品的输出、或向其他成员方领土输出或销售出口产品。在货物贸易方面，世贸组织仅允许进行"关税"保护，而禁止其他非关税壁垒，尤其是以配额和许可证为主要方式的"数量限制"。一般禁止数量限制原则也是透明度原则的体现。

禁止数量限制也有一些重要的例外：①国际收支困难的国家被允许实施数量限制；②发展中国家的"幼稚工业"被允许实施数量限制；③为保护农业、渔业产品市场而实施的限制；④为实施保障措施协定规定的数量限制。

三、国际贸易体制的新变化

从"乌拉圭回合"谈判开始，国际贸易谈判内容的重点开始由货物贸易转向服务贸易，WTO 成立之后，WTO 在协调各国贸易政策、平衡国际贸易关系、减少贸易摩擦、帮助世界各相关经济体在经济和金融危机后复苏等领域发挥了重要的领导作用，其组织原则和规则覆盖了 96% 以上的全球贸易。

2001 年开始，WTO 主导的多哈回合谈判陷入僵局，虽然在 2015 年内罗毕会议，成员国就取消农产品出口补贴达成一揽子协议。但世界主要经济体似乎更倾向于双边或诸边贸易协调机制，BIT、TPP、CPTPP、RCEP、TISA 等机制应运而生，引领国际贸易体制新的发展或"重构"，WTO 有被区域性经济组织边缘化倾向。

1. 双边投资协定

双边投资协定（Bilateral Investment Treaty，BIT）包括双边投资保护协定与双边税收协定，目前人们提到的 BIT 如果不加以特别解释，一般指的都是双边投资保护协定。以往，BIT 有美国、德国和加拿大范本，但新一代 BIT 范本主要指的就是美国政府 2012 年公布的《美国与某国鼓励与相互保护投资条约（2012）》（2012 US Model BIT）。

1）新一代双边投资保护协定的内容与特点

双边投资保护协定已经发展到第四代。第四代 BIT 以美国政府 2012 年公布的双边投资协定为范本。与 2004 年的旧范本相比,2012 年新范本更强调透明度和公共参与,强化了关于劳工与环境的保护,并针对国有企业,即国家主导型经济体(state-led economy)的特殊待遇和自主创新政策带来的扭曲等制订了更加严格的规定。具体变化和特点主要有:①缔约方领土范围进一步明确,包括了领海;②在透明度规定上,要求公布的规章需要对制定规章的目的进行解释,规章公布之前必须开放给公众评论,而且最后的规章应该充分反映和吸收制定者收到的公众评论;③在环境和劳工标准方面,要求东道国在实施环境法和劳工法的时候不应为了吸引资本而减损这些法律的效力;④在第二条第 2 款脚注中,新增了一个关于"被授予政府职权的国有企业及其他人"的解释,这将使国有企业或其他机构在获得政府授权行使政府职权时,均被 BIT 管辖;⑤在技术购买和技术标准制定方面,要求缔约双方不得要求投资方购买特定技术,也不能阻止其购买特定技术,或者基于技术持有人或投资人的国籍采取优惠政策,并要求东道国允许缔约对方的投资者参与政府制定技术标准的工作。

2) 中美、中欧 BIT 谈判

中美 BIT 谈判自 2008 年始,中美 BIT 谈判一是中美在标准制定、逐案审批和安全审查等核心问题上仍然存在分歧,二是中美在负面清单方面胶着博弈。

在中美和中欧 BIT 谈判中,中方同意以"前负模式"作为谈判的基础和框架,这是自加入 WTO 以来我国在涉外经贸谈判中的一个重要突破与创新。由于"前负模式"是 2012 年美国 BIT 范本所包含和倡导的主要规则的一部分,因此可以说新一代 BIT 范本已经对中美和中欧双边投资协定谈判产生了直接影响。中方期望通过谈判和签署具有互利共赢性质的高水平投资协定,确立更高层级的法律框架,从而切实提升中国投资者权益保障水平,促进对外直接投资。

2. TPP、CPTPP 和 RCEP

TPP 是一个国际多边经济谈判组织。其前身是跨太平洋战略经济伙伴关系协定(Trans-Pacific Strategic Economic Partnership Agreement),由亚太经济合作组织成员国中的新西兰、新加坡、智利和文莱四国发起。2009 年 11 月 14 日,奥巴马宣布美国将参与 TPP 谈判,与此同时,秘鲁、越南和澳大利亚也宣布加入谈判,由此实现了 P4 向 P8 的转变,影响随之扩大,2016 年,TPP 成员国达到 12 个,旨在"建立一个面向 21 世纪的、高标准全面的自由贸易协议",其内容之丰富、条款之严格、门槛之高远远超过其他 FTA。然而,2017 年,特朗普上台后,美国国内反全球化、反自由贸易情绪高涨,导致美国正式宣布退出 TPP。

CPTPP 是在美国退出 TPP 后,由启动 TPP 谈判的 11 个亚太国家于 2017 年 11 月 11 日共同发布联合声明,决定将 TPP 协定改名为 CPTPP。2018 年 3 月 8 日,参与 CPTPP 谈判的 11 国代表在智利首都圣地亚哥举行协定签字仪式。12 月 30 日,CPTPP 协定正式生效。CPTPP 新架构共识将保留原 TPP 超过 95% 的项目,CPTPP 与 TPP 在市场准入、贸易便利化、电子商务和服务贸易等方面均无差异,最大区别在于新协定冻结了旧协定中关于知识产权等内容的 20 项条款。CPTPP 从框架上看仍然是迄今为止最高水平的经贸自由机制。

RCEP(Regional Comprehensive Economic Partnership,区域全面经济伙伴关系)

是由东盟十国发起,历时八年,于 2020 年 11 月 15 日由东盟 10 国及中国、日本、韩国、澳大利亚、新西兰 15 方成员签署的协定。该协定以东盟为主导旨在促进成员国间相互开放市场,推动区域经济一体化。RCEP 不仅涉及货物贸易,而且涉及服务贸易、投资准入等非关税壁垒的消除,对外资实行准入前国民待遇和负面清单管理制度,对"边境后"领域的制度型开放提出了高水平要求。由于推动全球自由贸易的 WTO 谈判受阻,面对经济全球化的负面影响,加强区域经济一体化合作成为当前世界经济发展的必然选择。RCEP 的签署表明世界各国愿意相互开放市场,推动经济一体化仍然是全球的发展大势。

3. 国际服务贸易协定

国际服务贸易协定(Trade in Service Agreement,TISA)简称服务贸易协定,是由少数 WTO 会员国组成的次级团体 WTO 服务业真正之友集团(Real Good Friends of Services,RGF)展开的,致力于推动服务贸易自由化的贸易协定。由于 WTO 多哈回合谈判自 2001 年至 2013 年仍无法就服务业市场开放达成具体共识,该次级团体于 2011 年年底起成立,以展开国际服务贸易协定(TISA)谈判。

TISA 谈判的目标在于达成更高标准的服务贸易协议,以弥补 GATS 多边贸易规则的缺陷、扩大市场准入承诺,并最终使 WTO 框架下的 GATS 恢复生机。

TISA 谈判涉及的主要领域包括:①模式四下的自然人移动,尤其增加商务访客、专家和技术人员准入的便利性,包括对公司市场开拓意义重大的内部人员调动;②实现数据跨境自由流动,取消数据必须预先存储于使用国境内服务器的要求;③对其他国家的服务供应商提供承诺的国民待遇,采取有限限制(即负面清单);④约束提供跨境服务的限制,包括许可、居住要求等,约束对通过投资提供服务的机构设立、参与合资企业或经济需求测试等的要求等。此外,国有企业和政府采购领域也会是 TISA 涉及的重要议题。

目前,TISA 采纳了两个提议作为谈判的基础。第一个提议是包括美国在电子商务的提议部分的关于信息和通信技术的综合文本。第二个在 2013 年 11 月的会议上被认可作为谈判基础的提议是来自土耳其关于服务模式四的提议,这一提议得到了包括瑞士和加拿大在内许多国家的支持。TISA 体现的新动向包括:①范围广泛的综合协议,不预先排除任何部门或供应模式,包括金融、快递、传播、电信、电子商务、运输、观光、物联网、数码贸易、移动通信网络、互联网等所有服务业领域;②增加 GATS 外的附加规则,拟将国民待遇由 GATS 中选择性的承诺变为横向普适性的承诺,并包含锁定开放现状和"棘轮条款",自动将新出现的服务部门锁定在自由化范围内;③建立一些新兴领域的管制规则。如国际海运、电信服务、电子商务、计算机相关服务、跨境数据转移、运输和快递。特别是关注网络在服务业的应用趋势,强调制定适当的条款来支持通过"电子渠道"所进行的服务贸易;同时,加强对国有企业的行为规范。

专栏 8-3　美国退出 TPP 不影响 TPP 模式金融服务发展

对于美国退出 TPP,很多人表示这是意料之中的事情,美国主流认为在现行的多边贸易体制当中很多发展中国家从中获得了很多利益,实现了经济贸易的快速发展。而对于美国本身来说,并没有实现加入多边贸易协议当中应有的利益。故而,美国希望通过制定推动新的协议来维护美国的发展利益,不过这是奥巴马政府的想法,特朗普政府对 TPP 并不抱有太多希望,特朗普政府则更多是致力于协调各阶层利益,保障国内中产阶级利益,从国内出发,立足于美国当下,平衡不同社会阶层之间的利益。而且从某种方面来看美国退出 TPP 也表现出对中国经济的顾虑。不论这个问题是否合理,但作为全球最大经济体的美国的确正在"转向",经济全球化进程由此将受到深远影响。但对于美国退出 TPP 也不应该有过于乐观的态度,如何利用好这个契机,发展我国经济,仍然是个严肃的问题。对于金融服务贸易规则发展的主导权把握,美国一向很重视,在《跨太平洋伙伴关系协定》谈判过程在中,曾积极倡导并组织协商谈判。虽然美国宣布正式退出 TPP,但是并不会放弃对全球经济的把握。一旦某个大国发起竞争性自由化进程,其他经济体则会积极跟进,运用同样的道理,按照利益最大化,损失最小化原则,部署自身的贸易区战略。况且经过多个国家协商谈判的结果并不会就此搁浅,虽然其他成员国也在考虑选择其他方案进行替换,但是对 TPP 挽救,其他成员国并未放弃,美国对 TPP 模式中关于金融规制的推动方向也不会停滞下来。更何况在 TPP 作为美国重返亚太的战略工具时,一度导致我国部分周边国家对我国"离心力"上升,使我国在推动区域经济一体化和谋求区域合作主导权的环境复杂化,落于"后手"。故而 TPP 当中金融服务贸易规则代表了金融开放和发展的趋势,美国以 TPP 模式推动金融服务贸易开放的方向仍会持续,所以美国的退出并不会阻碍 TPP 模式的发展趋势,对此,在推进"一带一路"倡议上,发展上海自贸区金融的过程中,TPP 当中的金融服务规则是不容忽略的。

四、国际贸易新规则与 WTO 规则的关系

1. 新规则对 WTO 原有规则的突破

无论是 WTO 机制覆盖的传统领域,如货物贸易、服务贸易、知识产权、争端解决等,还是 WTO 之外的议题,如劳工、环境、竞争等,TPP 等新规则都有所涉及,而且有进一步往前推动的意愿和趋势。从这一角度出发,新规则既可以看做是对 WTO 原有规则的继承和发展,也是对 WTO 原有规则的一种突破和有益补充。

新规则与 WTO 原有规则相比,主要体现在以下几个方面:①市场准入方面,新规则要求货物贸易"无例外"自由化、商业存在允许百分百所有权、负面列表清单管理,这远高于 WTO 规则中普遍存在的例外条款、所有权比例限制和正面列表清单管理;②竞争政策方面,较新的是准入前国民待遇、竞争中立政策;③劳工标准方面,主张执行国际

劳工组织1998年《劳动基本原则与权利宣言》规定的五项基本原则：自由结社、集体谈判权、禁止强制劳动、废除童工、禁止职业歧视；④争端解决方面，高于WTO的卫生与植物检疫标准，以及包含了劳工与环境条款争端解决的具体措施；⑤投资者权利的保护方面，包括国民待遇和最惠国待遇、政府征收条款、资本的自由转移、非业绩要求以及金融服务等特殊条款。

2. 新规则可能进一步边缘化WTO机制

目前多边贸易体制正处于困境中。WTO多哈回合长期陷入"瘫痪"状态，使多边贸易体制的有效性受到质疑。美国和澳大利亚最早决定在WTO框架之外发起TISA谈判时，中国政府就对此明确表达了反对立场，认为"将是世贸组织这个多边系统的丧钟"。美国带头进行区域贸易谈判，并将欧盟、日本等主要经济体纳入其中，这将进一步促成区域贸易协定的盛行，不少国家会更加优先于区域谈判而非多哈回合的谈判，甚至将区域贸易谈判所达成的规则置于WTO既有规则之上，这势必削弱WTO的效力，从而进一步加剧全球贸易体系的碎片化。

本章小结

微课：国际贸易条约与协定

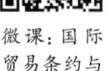

国际贸易条约与协定主要以主权国家为主体缔结，以书面形式表达，受国际法规范的约束。国际贸易条约按照内容不同，可分为通商航海条约、贸易协定、贸易议定书、支付协定、国际商品协定等。

没有正式建立外交关系的国家之间，不能签订政治性条约，但也可签订非官方形式的双边贸易条约与协定。国际贸易条约与协定的内容超越了主权国家的范畴，但国际贸易条约与协定则需要主权国家来执行，所以可能产生国际贸易条约、协定与国内政策的矛盾和冲突。

根据经济联合的紧密程度，区域经济一体化由低到高可分为六种发展形式：特惠贸易安排、自由贸易区、关税同盟、共同市场、经济联盟和完全经济一体化。关税同盟能带来贸易创造效应、贸易转移效应、社会福利效应和贸易条件效应等。代表性的区域经济一体化组织有欧盟、东盟、北美自由贸易区，其中欧盟一体化程度最高，欧盟的发展经历了从自由贸易区到关税同盟，再到共同市场，再到更高水平的经济联盟的发展过程。

世贸组织（WTO）与国际货币基金组织（IMF）、世界银行（World Bank）并称为世界经济发展的三大支柱。世贸组织的基本原则包括非歧视性原则、透明度原则、互惠原则、市场准入原则、促进公平竞争原则、对发展中国家优惠待遇原则、一般禁止数量限制原则，等等。

2001年开始，WTO主导的多哈回合谈判陷入僵局，加上世界主要经济体更倾向于双边或诸边贸易协调机制，BIT、TPP、CPTPP、RCEP、TISA等机制应运而生。这些双边或多边贸易协调机制在市场准入、竞争政策、投资者权利保护等多个方面，在对WTO原有规则的继承和发展的基础上，也对WTO原有规则有所突破和补充，WTO机制有被这些双边或多边贸易协调机制边缘化的趋向。

关键术语

国际贸易条约与协定　区域经济一体化　特惠贸易安排　自由贸易区　关税同盟　共同市场　经济联盟　贸易创造　贸易转移　欧盟　东盟　北美自由贸易区　WTO　非歧视性原则　最惠国待遇原则　非歧视性原则　普遍优惠制　透明度原则　国民待遇原则　市场准入　BIT　TISA

练习题

一、案例分析

1. 根据以下资料，分析在经济全球化大趋势下，特朗普的"美国优先"理念和中国"一带一路"倡议的根本区别是什么？特朗普的一系列退出策略是否表明：经济全球化对美国是不利的，或者说过去的国际贸易环境对美国是不公平的？特朗普的一系列退出，以及重构国际贸易环境，对中国的利弊有哪些？

特朗普上任后第三天就宣布退出TPP协定（《跨太平洋伙伴关系协定》），标志着美国贸易政策开始发生重大转变，意在全世界范围内构建自由的公平的贸易环境，还打算退出NAFTA（北美自由贸易区）、退出WTO，退出《巴黎协定》，要推翻所有被认为是给美国带来负担的国际贸易组织和协定，放弃多边贸易机制，停止一切"不公平贸易活动"向"双边贸易机制"转化，展开一对一的双边贸易谈判，使美国在双边谈判中获得最大的利益。这与特朗普的"美国优先"的理念是完全吻合的。

TPP协定并非是简单的贸易协定，曾被很多专家学者认为是高标准的贸易规则，是以美国为首的对中国经济贸易进行围堵的政治围墙。在奥巴马政府时期，通过TPP从经济上牵制中国，由于考虑到太多的政治因素，美国经济上没得到多少实惠。特朗普放弃奥巴马时期通过的区域和多边机制，退出TPP也是从自身利益考虑的。这对于我国是一个机遇，一方面有利于我国推进"一带一路"倡议，扩大对外开放，参与全球经济治理，探索构建公平的国际新秩序，树立"合作共赢，包容发展"的国际合作新理念，为推动全球贸易自由化提供一种新路径，另一方面有利于我国积极推进RCEP（《区域全面经济伙伴关系协定》）的进程。

2. 根据以下资料，分析中国为什么要在上海设立自贸试验区？上海自贸区与经济特区的根本区别是什么？"二次入世"的含义是什么？

有人说上海自贸区对中国改革的意义可以看成是第二次入世。在上海设立自贸试验区对中国经济改革和发展的意义与入世有什么关系呢？中国的改革，一种模式是，在国内建立特区，如深圳特区、保税区、高科技园区，从内部推动国内改革（这里简称特区模式）。另一种模式是加入国际贸易条约或协定如世贸组织（WTO）、亚太经合组织（APEC）、上海合作组织（SCO），从外部推动国内改革（这里简称WTO模式）。特区模式的一大弱点就是很难向全国推广复制，而WTO模式则主要通过对外开放承诺表推动改革，能较好地回避国内利益集团对改革的阻力。但是由于以美国为首的跨太平洋伙伴关系协议（TPP）和跨大西洋贸易与投资伙伴关系协定（TTIP）将中国排除在外，在全球经济体系中,WTO被美国主导的区域性经济组织边缘化了……中国要突破美国主导的区域性经济组织条款的限制,就要面临"二次入世"。在上海设立自贸试验区,实际上是为"二次入世"创造条件。从这种意义上讲,上海自贸区对中国改革的意义可以看成是"二次入世"。"二次入世"要突破美国设置的各类条款限制,特区模式显然是行不通的。所以在上海设立自贸试验区,一开始就定位于制度创新,强调"可复制、可推广",与特区模式相比,上海自贸区改革模式虽然以地域分割为起点,但目的是要尽快打破地域分割和地域政策差异,在全国推广复制,以加快推进中国全面的改革开放,减少"二次入世"的障碍和"二次入世"对国内经济的冲击。

3. 根据以下材料分析

(1) 什么是"制度型开放"?党的二十大报告为什么要提出"推进制度型开放"?

(2) 2022年RCEP条款对中国生效对推进我国"制度型开放"有何影响?

(3) 如何利用RCEP平台推进我国制度型开放?

2022年1月1日,RCEP正式对中国生效。该协定不仅涉及货物贸易,还包括服务贸易、投资准入等非关税壁垒的消除,对外资实行准入前国民待遇和负面清单管理制度,并对"边境后"领域的制度型开放提出了高水平的要求。我国可以借助RCEP平台,学习高水平的开放规则、标准和制度,逐渐适应并积极参与制定更高水平的国际规则、标准和制度的谈判,从而掌握国际规则制定和全球化的主导权。

当前高水平的全球化规制谈判主要围绕服务贸易的市场准入,我国在RCEP协议中,对服务贸易开放承诺达到了现有FTA的最高水平。在投资负面清单管理、准入前国民待遇、知识产权保护、数据流动和信息存储等数字贸易规则方面,我国的开放标准都高于现有国内标准。因此,履行RCEP开放标准将提升我国制度型开放水平。我国各级政府应全面对标,梳理现有法律法规政策,修订不适应RCEP规则的条款,构建全国统一的、制度化、服务化和市场化的大市场。主要包括:利用网络数字技术,完善跨境电子商务交易体系和服务平台功能,提升海关通关效率,推进贸易便利化;不断扩大服务领域的市场开放,尽快在过渡期推出服务贸易领域的负面清单管理制度;实施竞争中立原则,积极落实《外商投资法》,禁止政府采购歧视差别待遇,保护中小企业权益,加强市场运作和监管的透明度;构建并完善能够全面覆盖知识产权创造、运用、保护、管理和服务完整链条的制度规范体系,建设多元化知识产权纠纷解决机制;此外,建议实行全国统一的防疫标准和防疫政策,确保跨境物流畅通。

二、思考题

1. 国际贸易条约与协定与国内法、国际贸易惯例区别与联系有哪些?
2. 区域经济一体化有哪些主要形式,比较分析它们的主要差别。
3. 以欧盟为例说明国际区域经济一体化组织不断深入发展的主要条件。
4. 总的来讲,发达国家间区域一体化程度较发展中国家一体化程度要高,其主要原因是什么?
5. 试分析国际经济一体化对成员国的利与弊。
6. 在国际贸易中如何体现WTO的基本原则?
7. 国际贸易体制有哪些新变化,WTO可能边缘化的主要原因是什么?

第九章 国际贸易与国际资本流动

◎ 学习目的与要求

本章重点介绍了外国直接投资的概念、国际贸易与国际资本流动的替代与互补关系、跨国公司在国际贸易中的地位及其对国际贸易的影响。

通过学习本章,学生要重点理解并掌握的内容:一是对外直接投资与对外间接投资的根本区别;二是国际贸易与国际资本流动之间的替代与互补关系及其原理;三是跨国公司对国际贸易的影响。

导 读

中国商务部发布的数据显示,2022 年,中国实际使用外资金额为 12 326.8 亿元人民币,按可比口径同比增长 6.3%(折合 1 891.3 亿美元,增长 8%),保持了稳定增长。外资引进结构持续优化。制造业实际使用外资 3 237 亿元人民币,同比增长 46.1%,占全国总额的 26.3%,较 2021 年提升了 7.8 个百分点。高技术产业实际使用外资增长 28.3%,占全国的 36.1%,较 2021 年提升了 7.1 个百分点,其中电子及通信设备制造、科技成果转化服务、信息服务分别增长 56.8%、35% 和 21.3%。主要投资来源地普遍增长。增幅较大的投资来源地包括韩国、德国、英国等,分别增长 64.2%、52.9% 和 40.7%。欧盟、"一带一路"沿线国家以及东盟对华投资分别增长 92.2%、17.2% 和 8.2%。中西部地区引资稳步提升。中部、西部地区实际使用外资分别增长 21.9% 和 14.1%,分别高于全国平均水平 15.6 个和 7.8 个百分点。其中,山西、河南、广西、陕西等省份吸收外资增长 229.6%、119.8%、49.1% 和 33.6%。大型项目带动作用增强。合同外资超过 1 亿美元的大型项目实到外资达到 6 534.7 亿元人民币,增长 15.3%,占全国实际使用外资总额的 53%,为稳定外资提供了重要支撑。

资料来源:中华人民共和国商务部. 2022 年全国实际使用外资稳定增长[EB/OL]. (2023-02-15)[2023-07-28]. http://perth.mofcom.gov.cn/article/jmxw/202302/20230203391044.shtml.

国际资本流动与"三元悖论"

第一节 国际资本流动的类型及其特点

一、国际资本流动的类型

国际资本流动是指资本在国际转移,或者说,资本在不同国家或地区之间作单向、双向或多向流动,包括贷款、援助、输出、输入、投资、债务的增加、债权的取得,利息收支、买方信贷、卖方信贷、外汇买卖、证券发行与流通,等等。一个国家或地区在一定时期内的资本流动状况,集中反映在一国国际收支平衡表的资本和金融账户上。资本在国家或地区间进行生产或金融方面的投资或投机活动,一方面促进了金融资源的合理流动,另一方面也滋生了许多不稳定的因素。

从不同的分类标准看,国际资本流动类型可以有不同的划分。

(一)长期资本流动和短期资本流动

按资本流动的期限长短,国际资本流动可分为长期资本流动和短期资本流动两大类型。

1. 长期资本流动

长期资本流动是指使用期限在 1 年以上或未规定使用期限的资本流动,它包括国际直接投资、国际证券投资和国际贷款三种主要方式。

2. 短期资本流动

短期资本流动是指使用期限在 1 年或 1 年以内的资本流动。它的形式多种多样，十分复杂。除了包括现金和银行活期存款外，均以货币市场各种证券和票据等信用工具的形式进行流通。由于短期资本中的现金和活期存款属于狭义货币范畴，而定期存款、商业票据和国库券等属于近似货币，因此短期资本流动既受各国货币政策的直接影响，也反过来影响各国货币政策、措施的执行。有时还会冲击一国的金融市场，导致金融危机。

长期资本与短期资本的划分，通常有两种方法：一是按照期限的长短划分。通常把借贷期限在 1 年以内的称为短期资本，1 年以上的则称为长期资本。国际货币基金组织很长时间均按期限来划分长短期资本，直到 1995 年国际货币基金组织《国际收支手册》第五版出版。二是依据投资者的目的来划分。早在 20 世纪 30 年代，金德伯格就对国际短期资本流动做了研究。他认为，国际短期资本流动是这样一种国际的流动资本，它的投资者意图是在短期内改变或扭转资本移动的方向。有时，有的投资者对于究竟应该在国外投资多久并不清楚，他们必须根据将来的情况才能决定是否要改变或扭转资本移动的方向。金德伯格认为，这种资本流动也属于短期资本。

（二）资本流入和资本流出

按资本的流动方向划分，国际资本流动可分为资本流入和资本流出。

1. 资本流入

资本流入是指资本从国外流入国内。资本流入是本国对外国的负债增加（外国在本国的资产增加），或本国在外国的资产减少。

资本流入主要有外国的直接投资、证券投资、银行贷款等几种形式。大多数发展中国家都鼓励利用外国对本国的直接投资，而对证券投资相对限制较多。实际上，证券投资和银行贷款具备外国直接投资所不具备的优点。首先，贷款对债务人来讲，在资金使用上具有一定的自主性，比较灵活。因此，与外国直接投资相比，国际银行贷款更可以用于主动调整发展中国家的产业结构，利于资金流向国家急需发展的基础产业。其次，有利于发展中国家区域投资政策的贯彻和实施。由于资本的趋利性，直接投资更容易被经济发达地区相对优越的投资环境所吸引，很少进入不发达地区，从而拉大了发展中国家地区间的差异。通过贷款，债务人可以较自主地将所筹资金投向不发达地区的开发项目中。证券投资的流入有利于发展中国家长期资金的筹集和资本市场的发展。

发展中国家鼓励利用外国直接投资，而对外国证券投资和银行贷款相对限制较多。主要原因是，资本流入是一把双刃剑，它既能促进发展中国家经济发展，也可能给发展中国家的经济发展带来毁灭性的打击。20 世纪 80 年代以来，发展中国家经历了三次规模比较大的金融危机。无论是拉美债务危机、东南亚金融危机，还是美国次贷危机，这些危机前夕，受影响的发展中国家都经历了大规模的资本流入，紧接着是资本的大规模外逃。从风险的角度看，外国直接投资是生产性投资，资本的流动性差，金融危机时期这部分资本流出的风险较小；证券投资在危机时期则容易通过证券市场发生资金流出,银行贷款在危机时期违约风险则较高。

2. 资本流出

资本流出是指资本从国内流到国外。资本流出是本国在国外资产的增加(外国对本国负债的增加),或本国对外国负债的减少。资本流出的动因主要是资金供应者出于本国资本过剩、追求最大利润、分散投资风险以及逃避各种管制,等等。

(三)直接投资和间接投资

根据投资者在投资行为中对所投入的资金的实际运行过程是否具有足够的影响力和控制权,将资本的国际流动划分为外国直接投资和外国间接投资两大类型。

1. 外国直接投资

外国直接投资(Foreign Direct Investment,FDI)指的是包括所有权与控制权的资本流动。根据国际货币基金组织的划分标准,其定义是:"投资人在国外所经营的企业中拥有持续利益的一种投资,其目的在于对该企业的经营管理拥有有效的控制权。"外国直接投资的主要表现形式有:在国外建立自己的全资子公司、分支机构、附属机构、收购兼并当地的公司企业,或者与东道国共同创办合资企业等,或者根据许多西方国家的统计标准,通过购买外国企业的股票而拥有10%及以上的股权,也是对外直接投资的表现。

外国直接投资可分为绿地投资和并购两类模式,绿地投资是指投资者直接到国外进行投资,建立子公司或分支机构;并购是指投资者兼并或收购外国现有企业或公司等,从事生产与经营活动。根据相关研究,对外直接投资早期主要采用绿地投资形式,随着跨国公司的发展,并购会逐渐成为对外直接投资的主要模式。根据联合国贸易和发展会议(UNCTAD)的统计数据,20世纪90年代以来,跨国并购增长迅速,跨国并购占对外直接投资的比重越来越高。1998年全球跨国并购额为4 000亿美元,增长率达74.4%,占对外直接投资的比重为77%,1999年对外直接投资增长率为59%,跨国并购额达到7 200亿美元,增长80%,跨国并购占对外直接投资的比重为70%,2000年跨国并购额突破10 000亿美元大关,高达11 438亿美元,占对外直接投资的比重为96%。根据美国金融数据公司迪罗基(Dealogic)统计,2015年,全球并购交易总额达到4.9万亿美元,较2014年猛增37%,而且超过了2007年的4.6万亿美元,创下全球企业并购新的年度纪录;2016年全球宣布的并购交易规模总计3.7万亿美元,比2015年纪录水平低24%左右。2020年受新冠病毒感染的影响,全球并购交易总额仅为2.98万亿美元,交易数量仅为47 433笔。根据标普2022年3月发布的报告,2021年全球并购交易总额达到4.55万亿美元,并购交易数量为56 686笔,远超2020年。

2. 外国间接投资

外国间接投资(Foreign Indirect Investment,FII)又称外国资产投资(Foreign Portfolio Investment)。外国间接投资是指一个国家的投资者以取得利息或股息、分得红利等资本增值形式为目的,以被投资国的证券为主要对象的投资,其特点是投资者不直接参与资本企业的经营和管理。其形式包括证券投资和国际贷款。

从世界对外直接投资的增长情况看,根据表9-1,1973—2016年,世界对外直接投资增长迅速,年均递增10.8%,远高于世界经济的增长速度。这期间主要有1995—2000年,2003—2007年两个高速增长阶段。然而,对外直接投资波动较大,2000—2003年,世界经济不景气导致对外直接投资呈负增长,2003年后,随着世界经济复苏,对外直接投资再次高速增长,但在2007年次贷危机后又出现负增长。2010年后,随着世界经济逐渐恢复,世界对外直接投资重新增长,但一直未能恢复到2007年的水平。2020年受全球新型冠状病毒感染的影响,世界经济总量和对外直接投资都急剧下降。对外直接投资占GDP的比重也呈较大波动,但总趋势是2007年前持续增长,2007年次贷危机后,对外直接投资总量基本上失去了增长的趋势。

表9-1 世界跨国直接投资情况

时期	总量(万亿美元)			占GDP比重	
	Net Inflow	Net Outflow	Total	Net Inflow	Net Outflow
1973	0.016 98	0.023 95	0.040 9	0.499%	0.648%
1983	0.047 54	0.042 73	0.090 3	0.436%	0.408%
1993	0.211 7	0.254 0	0.466	0.836%	0.98%
2003	0.711	0.727	1.438	1.817%	1.85%
2007	3.096	3.203	6.299	5.27%	5.481%
2008	2.448	2.602	5.05	3.754%	4.043%
2009	1.362	1.282	2.644	2.163%	2.075%
2010	1.863	1.759	3.622	2.739%	2.596%
2011	2.286	2.137	4.423	3.019%	2.85%
2012	2.126	1.783	3.909	2.738%	2.324%
2013	2.089	1.935	4.024	2.556%	2.388%
2014	1.798	1.582	3.38	2.206%	1.917%
2015	2.186	1.866	4.052	2.86%	2.429%
2016	1.757	1.571	3.328	2.668%	2.38%
2017	1.632	1.610	3.242	2.005	1.978
2018	1.448	0.941	2.389	1.676	1.089
2019	1.481	1.124	2.605	1.690	1.282
2020	0.963	0.780	1.743	1.134	0.919
2021	1.582	1.708	3.290	1.646	1.777

资料来源:The World Bank 数据库。

专栏9-1 FDI 和 FII 的区别

(1) FDI 和 FII 的根本区别在于是否获得被投资企业的控制权。FDI 的直接目标就是获得被投资企业的控制权；FII 则与企业生产经营无关（因为无控制权），投资者对企业资产及其经营没有直接的所有权和控制权，其目的只是取得其资本收益或保值。

(2) 从投资形式上，FDI 一般需要双方谈判签订协议进行投资，投资者以各种混业、合资、独资等形式直接进入他国进行生产经营活动，如中国改革开放初期利用外资时的三资企业。FII 一般要通过证券交易进行投资，投资者以购买他国金融证券（如股票、债券、衍生金融工具）等方式进行的对他国的投资行为。但如果某一投资者在证券市场购买某一企业具有表决权的股票超过了一定份额（如超过企业总股份的10%），间接投资可能就转化为直接投资，所以证券市场收购股票的行为也分协议收购和敌意收购。

(3) 从投资时间看，FDI 一般为长期投资，FII 为短期投资。FDI 为长期生产性投资，流动性较小，受东道国投资环境的影响，政治风险较大。FII 则主要受国际利率和汇率差价的影响，具有自发性和流动性较大的特点。在国际资本市场，FII 的自由流动可以调节资本市场的价格，使资本市场达到均衡；但 FII 的短期过度流动也对国际资本市场的价格产生巨大冲击，这也是许多国家欢迎 FDI 而限制 FII 的主要原因。

(4) 从获取收益看，FDI 的收益是利润，尤其是企业的无形资产，如经营管理技术、品牌、专门知识，等等，其收益主要取决于企业经营好坏和东道国的经营环境，其收益相对资本市场短期价格波动来讲要比 FII 的收益更稳定。FII 的收益为资本利得、利息或股息，由于资本市场具有较大的投机性，越是短期投资，其收益越依靠资本市场的短期价格波动，即资本利得，利息或股息收入相对不重要。所以，FII 中的债券投资风险较 FDI 小，FII 中的短期对冲基金投资风险则较 FDI 大。

二、国际资本流动的特点

(一) 国际资本流动的动力与效益分析

传统理论认为，国际资本流动的动力是各国资源禀赋差异导致资源的边际产出或价格差异。在此，我们运用简单的微观经济学工具对此进行说明。

见图 9-1，假设在初始的情况下（即国际间资本移动之前），国家 I 的资本存量用 OA 的长度来表示，国家 II 的资本存量用 $O'A$ 的长度来表示，两国的资本总量 OO' 固定不变。VMP'_k 是国家 I 在不同投资水平上的资本边际产值，VMP''_k 是国家 II 在不同投资水平上的资本边际产值。在完全竞争的假设前提下，资本的边际产值代表了资本的收益或报酬水平，由图中可以看出，国家 I 的资本相对丰富，国家 II 的资本相对短缺,并且国家Ⅰ中资本的收益水平 OC 低于国家Ⅱ中资本的收益水平 OH。由于总产出可以用相应的资本存量规模下边际产值曲线下方区域的面积来表示,因此国家Ⅰ的总产出水平可用 $OFGA$ 的面积表示,其中长方形 $OCGA$ 的面积是国家Ⅰ中资本所有者的收益,面积 CFG 代表的是劳动所有者的收益。类似的推理可知,在国家Ⅱ内,总产出水平可用面积 $IMAO'$ 表示,其中 $O'HMA$ 是资本所有者的收益,面积 IMH 代表劳动所有者的收益。

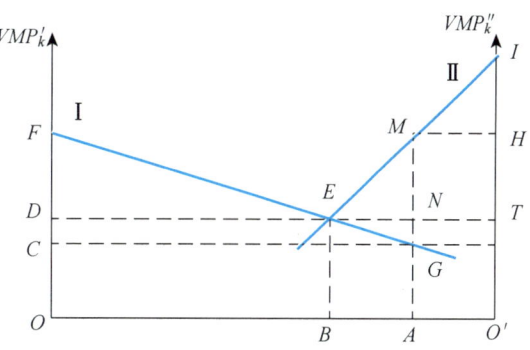

图9-1 资本国际流动的动力与经济效应

由以上分析我们可知,国家Ⅰ中资本的收益水平 OC 低于国家Ⅱ中资本的收益水平 $O'H$,因此在允许资本在国际自由流动的情况下,为了获得较高的收益率,资本将从国家Ⅰ流入国家Ⅱ,直至两国资本的收益水平均等才停止流动。从图中可以看出,AB 数量的资本从国家Ⅰ流入国家Ⅱ后,两国的资本收益水平在 E 点达到均衡,资本在国际间的流动使得国家Ⅰ中的资本边际收益率提高,国内总产出水平变为 $OFEB$,其中面积 $ODEB$ 代表资本所有者国内投资的收益,面积 $ENBA$ 是资本所有者在国外进行投资所获得的收益,面积 DFE 则代表劳动所有者的收益。同理可知,国家Ⅱ中的资本边际收益率下降,国内总产出水平为 $O'IEB$,其中资本所有者的收益为 $O'TEB$,劳动所有者的收益为 EIT。

下面我们来具体分析 AB 数量的资本在国际流动后对投资国(国家Ⅰ)、东道国(国家Ⅱ)以及对世界整体水平的影响。首先,从世界整体水平来看,由于资本的自由流动,资本的配置效率提高带来了世界总产出的净增长,在图中可以用三角形 EMG 的面积来表示世界总产出净增长的部分。其次,对于东道国(国家Ⅱ)来讲,由于有额外的资本进入并运用于生产过程之中,该国的总产出增加了,从面积 $O'IMA$ 变为 $O'IEB$,总产出增加了 $AMEB$ 的面积,并且其中的 $ANEB$ 部分正是由于外来投资所带来的产出增加,NME 部分是东道国总产出的净增长部分。国内资本所有者的总收益由 $O'HMA$ 下降为 $O'TNA$,而劳动所有者的收益则由 IMH 上升为 IET。最后,通过对投资国(国家Ⅰ)的分析可知,投资国的总产出从原来的 $OFGA$ 下降为 $OFEB$,国内资本所有者的收益从 $OCGA$ 上升为 $ODNA$,劳动所有者的收益则由 FCG 下降为 FDE。

从以上的模型分析可知,资本在国际的自由流动可以使要素在国家之间进行重新分配,从资本丰富的国家流入资本欠缺的国家,提高世界的总产出水平。投资国的资本边际收益率提高了但劳动力的边际收益率则下降了,因此投资国的资本所有者会主张资本外流,劳动力所有者则持反对态度。资本流入国则正好与之相反,劳动力所有者支持、资本所有者则反对。

但实际上,资本跨国流动除了逐利之外,风险、流动性等其他因素也是资本跨国流动的重要动力。如资产组合理论强调投资者的信用状况与利率因素一样重要,认为风险因素对国际资本流动也有重大的影响;货币理论则认为,以国际收支状况和调节国内信贷为基础的金融政策决定国际资本流动。

(二) 国际资本流动的新特征

20 世纪 90 年代以来,伴随着世界经济的区域化、一体化发展,国际资本流动的规模更趋扩大,但资本流动的波动性和风险也呈现增加的趋势。发达国家不仅是国际资本的最大提供者,同时也是最大需求者。发展中国家出于发展各自国内经济的需要,纷纷放松资本管制,为资本的大规模流动创造了前提。具体来讲,国际资本流动呈现出以下新的特点,主要表现在以下几个方面。

1. 国际资本流动的规模扩大,风险增加

国际资本流动规模的扩大,一方面表现为金融资本的增长大大快于世界贸易的增长,且不受经济周期的影响;另一方面还表现为在一些经济与贸易并不发达的国家和地区,产生了一大批在国际资本流动中发挥重要作用的离岸金融中心。国际资本流动中,相当一部分已经脱离了实物经济基础。据世贸组织统计,1998 年,国际商品和服务贸易总额分别为 5.5 万亿美元和 1.3 万亿美元,对应于实物和服务贸易的外汇交易仅占全球外汇市场总交易额的 1%～2%。

进入 21 世纪以来,全球资本流动规模出现过两次较大的负增长,但总体上保持稳步增长的态势。全球资本流动规模的第一次负增长是 2001 年,由于受美国网络经济泡沫破灭的影响,全球资本净流动急剧回落,降幅达 16%。第二次负增长主要受美国次贷危机的影响。次贷危机前的 2007 年,全球跨境资本流动达到 12.4 万亿美元峰值,2016 年全球跨境资本流动下降至 4.3 万亿美元,只有 2007 年的三分之一。根据《英国金融时报》(2017 年 08 月 28 日)文章分析,2007 年,全球流动性充裕,原因是解除金融监管,中国等新兴经济体储蓄激增,石油出口国的财富当时看似取之不尽。所有这些资金都必须找到归宿和回报。很大一部分流入了美国房地产市场,吹大了一个在破裂后带来灾难性后果的泡沫。导致跨境资本流动规模下降的最大因素是跨境银行贷款的萎缩,而欧洲的银行要对其中大部分负责。

2. 筹资证券化导致国际资本流动的结构发生变化

20 世纪 70 年代初,银团贷款在国际资本市场的交易中几乎占到 60%～70%。20 世纪 80 年代中期,国际证券融资规模超过了国际银行间的信贷规模,成为国际资本市场的一个转折。20 世纪 90 年代,随着国际资本市场的发展,证券化筹资在中长期资金国际借贷中的角色明显加强。20 世纪末,随着新兴经济体金融自由化程度的加深,国际资本流动规模不断扩大,国际资本流动趋向证券化、衍生化和全球化,促使国际资本流动的结构发生变化,这主要表现为直接投资和证券投资呈现流向相反的现象。在国际直接投资领域,资本的流向是从发达经济体流向新兴经济体,但间接投资却相反,即从新兴经济体流向发达经济体。尤其是进入 21 世纪,证券投资从新兴经济体流向发达经济体的趋势愈加明显。

3. 发展中国家成为国际资本流动和转嫁金融风险的重要场所

20 世纪 90 年代,发展中国家出现了资本项目开放的浪潮。首先,放松管制的范围扩大了,不仅对直接投资和银行信贷更加放松,而且对证券资本流入及资本流出也放松管制。其次,20 世纪 90 年代实施资本项目开放的发展中国家不断增多,其中包括东欧国家和原苏联各加盟共和国。在计划经济体制下,这些国家不仅国际贸易与世界贸易体系相隔离,而且也基本隔绝于世界金融体系。20世纪90年代这些国家经历了由计划经济向市场经济转轨的艰难历程。大多数东欧及波罗的海国家,在其转轨的初始阶段即走向经常账户可兑换,有些国家,如爱沙尼亚和拉脱维亚及立陶宛实际上建立的是完全可兑换货币,没有资本管制。而俄罗斯和其他前苏联国家,由于在苏联解体后维持卢布区的尝试未能成功而遇到了严重的支付问题。从1994年初起,随着新货币的引入,这些国家很快接受了国际货币基金组织协定第8条款,同时也放开对资本流入的限制。那些已经成为经合组织的国家——捷克、匈牙利和波兰——已经采取措施放松资本流动限制,包括对资本流入购买房地产和资本流出进行长期证券投资的限制等。20世纪90年代以来,发生了三次全球性金融危机,分别是1997年东南亚金融危机、2001年美国网络经济泡沫破灭、2008年美国次贷危机等,在每次金融危机中,无论危机的根源是因为发展中国家的问题还是发达国家的问题,遭受损失最大的总是资本项目开放程度较高的发展中国家,所以每次金融危机发生总会导致发展中国家放慢资本项目开放的步伐。

4. 机构投资者已成为国际资本流动的主力

在主要工业化国家,非银行金融机构所持有的金融资产在20世纪90年代中期就已超过其GDP,而在20世纪80年代初,没有一个国家的机构金融资产超过其GDP。据统计,到1999年1月底,纽约证券交易所市价总值达10.5万亿美元,纳斯达克的市价总值达3万亿美元,而同期美国的GDP仅为8万亿美元。

5. 发达国家整体表现为资本净输出,新兴市场国家由资本净输出转为资本净输入

发达国家整体自1999年以来一直是资本净输入,从2012年起转为资本净输出且输出规模逐年扩大。2016年,发达国家整体资本净输出规模同比上升10.6%,达到3 174.95亿美元,其中,欧元区和日本是主要的资本净输出地区,而美国、英国两个世界金融中心为主要资本净输入国家。美国自20世纪90年代以来(1992—2011年)一直是最大的资本净输入国,其资本净输入占全球资本净输出的70%左右。2012年,中国超过美国成为资本输入最多的国家。新兴市场国家2000—2014年一直为资本净输出,2015年首次出现资本净输入,2016年资本净输入规模扩大到788.79亿美元,同比扩大一倍。

6. 全球经济的"失衡点"已经发生转移

在1985年广场协议时期,德国和日本先后是全球最大的盈余经济体。然而,2007年以来,中国成为了全球最大的盈余经济体,2021年中国经常账户顺差为3 157亿美元,而美国的经常账户赤字规模最大。

专栏9-2 中国的对外直接投资情况

国家外汇管理局联合发布的《2021年度中国对外直接投资统计公报》(以下简称《公报》)显示,2021年,中国对外直接投资流量1 788.2亿美元,比上年增长16.3%,连续十年位列全球前三;2021年末,中国对外直接投资存量2.79万亿美元,连续五年排名全球前三。

《公报》显示,近年来中国对外投资大国地位稳固,投资结构不断优化,互利共赢效果显著。

从总量上看,自 2003 年发布年度对外直接投资统计数据以来,中国已连续 10 年位列全球对外直接投资流量前三,2021 年流量是 2002 年的 66 倍,年均增长速度高达 24.7%。党的十八大以来,中国累计对外直接投资达 1.34 万亿美元,连续 6 年占全球份额超过一成,在投资所在国家(地区)累计缴纳各种税金 3 682 亿美元,年均解决超过 200 万个就业岗位。

从结构上看,2021 年,中国对外直接投资涵盖了国民经济的 18 个行业大类,流向租赁和商务服务业、批发和零售业、制造业、金融业、交通运输/仓储和邮政业的投资均超过百亿美元。其中,流向租赁和商务服务业的投资占流量总额的 27.6%,主要分布在中国香港、新加坡、澳大利亚等地;批发和零售业投资占流量总额的 15.7%,流向美国、德国、马来西亚、英国、荷兰等地较多;流向装备制造业的投资为 141.2 亿美元,同比增长 18.7%。

较高的留存收益也成为带动对外直接投资快速增长的动力。《公报》显示,2021 年中国境外企业的经营情况良好,超过七成企业盈利或持平。当年收益再投资(即新增留存收益)993 亿美元,创历史最高值,占同期中国对外直接投资流量的 55.5%。

第二节　国际贸易的发展与国际直接投资

一、国际贸易与国际资本流动的关系

(一) 国际贸易与国际资本流动的相互替代关系

一般说来,商品流动和要素流动都会对要素的边际生产力产生影响,这两种方式对于改变商品和要素的相对价格的作用是趋于均等的。从这一角度出发,商品流动或要素流动存在着替代关系,主要表现为:

(1) 完全的自由贸易或完全的要素流动都会实现全世界生产要素的最优配置。

(2) 在存在贸易限制的条件下,要素的自由流动最终也会实现各国商品价格的均等化,从而消除贸易产生的基础。

(3) 在存在要素流动限制的条件下,贸易的自由化最终也会实现各国要素价格的均等化,从而消除要素跨境流动的基础。

在这个问题上做出过突出贡献的是美国经济学家、1999 年诺贝尔经济学奖获得者罗伯特·蒙代尔(Robert Mundell)。他在 H-O-S(Heckscher-Ohlin-Samuelson)理论前提下严格证明了投资和贸易的相互替代关系。假设两个国家 A 和 B 生产两种商品 X 和 Y;其中 X 为资本密集型商品,而 Y 为劳动密集型商品;两国生产过程中只使

用两种生产要素,资本和劳动;并且两国的生产函数完全相同;A国资本相对丰裕而B国劳动相对丰裕。在这样的前提下,投资和贸易的替代关系可以通过图9-2分析如下。

根据H-O-S模型,在没有贸易壁垒的情况下,两国可以通过商品贸易达到资源的最优配置。其过程是A国向B国出口商品X,并从B国进口商品Y。A国在P_A点处生产,在C_A点处消费,并且实现了生产者产出水平的最大化和消费者效用水平的最大化;同理,B国在P_B点处生产,在C_B点处消费,并且实现了生产者产出水平的最大化和消费者效用水平的最大化。这时,两国的资本无须跨国流动,但两国的资本都实现了最优配置。而且,当贸易条件线$M'M$恰好使两国的贸易三角全等,即当三角形$P_A C_A Q_A$(图9-2a)与三角形$P_B C_B Q_B$(图9-2b)全等时,两国贸易恰好实现均衡。

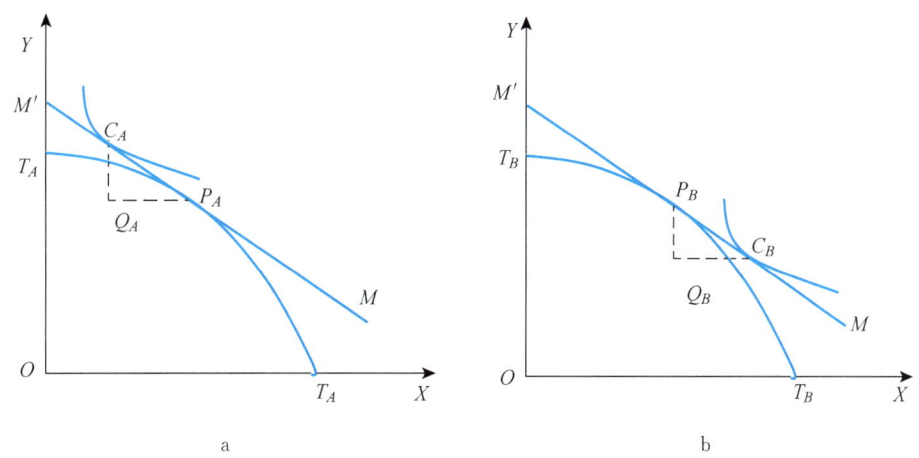

图9-2 两国自由贸易模型

假如这时出现贸易壁垒,资本流动将代替商品流动来实现上述同样的目的。例如,B国对进口商品X征收关税。这会通过国内物价水平的上涨刺激B国生产的增加。由于X是资本密集型商品,所以其产量的增加势必导致资本价格上涨。根据资本流动的基本机制,这会吸引A国的资本流动到B国。假设劳动不发生相反方向的流动,由于资本的流出,A国的生产可能性边界将收缩(图9-3a),而B国的生产可能性边界将扩展(图9-3b)。在原来的相对价格水平下,两国分别达到新的均衡点。

比较资本流动与商品流动下的两种均衡结果,我们发现,由于两国的生产函数相同,当资本从A国流动到B国后,A国产量的减少,恰为B国产量的增量。世界总产量水平不会发生变化,从而世界总福利水平也不发生变化。两种情况并没有实质的区别。由此可见,在严格的H-O-S理论框架下,资本流动和商品流动具有完全的替代性。

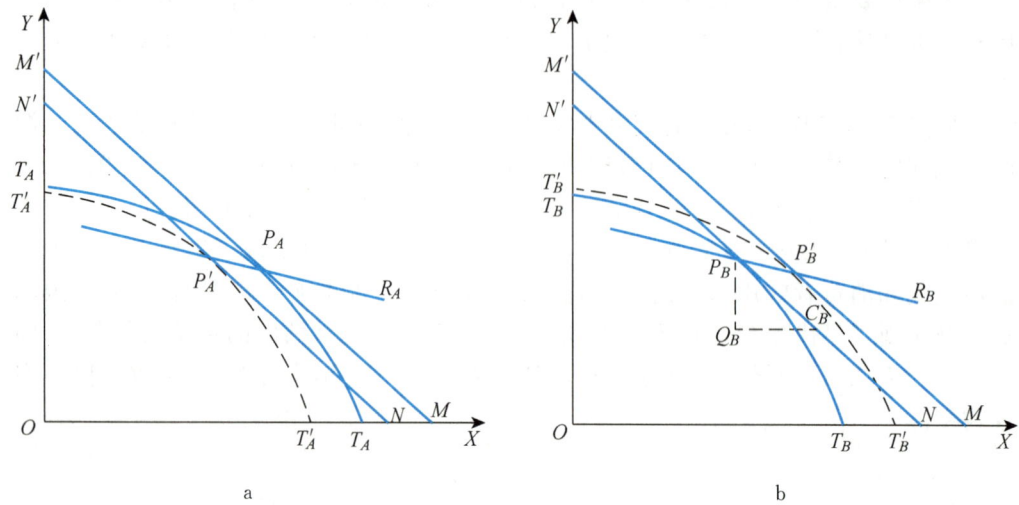

图 9-3　有贸易壁垒的情况

(二) 国际贸易与国际资本流动的互补关系

上述模型中资本流动和商品贸易的替代关系是在严格的 H-O-S 的假设下发生的，其中重要的一条是生产技术条件相同。事实上，如果在存在生产技术差异的情况下，国际贸易与资本流动之间存在着互补的关系。

(1) 由于两个国家在同一行业内的生产技术不同，因此其要素的生产效率也不相同。

(2) 要素不能跨国流动的条件下，要素生产效率的不同导致各个国家要素相对价格的不同。

(3) 在要素流动开放条件下，要素将从收益低的地方流向收益高的地方，而这种流动本身又会强化贸易流动的基础。

(4) 在上述条件下，要素跨国流动的结果使得每个国家出口部门所密集使用的要素的存量都会增大。这反过来会强化 H-O-S 模型中贸易发生机制的基础。

于是，在生产技术条件存在差异的情况下，要素流动和商品流动之间不仅不是相互替代的，而且是互补的，生产要素在国际的流动会促进贸易规模的扩大。

二、国际贸易与国际直接投资增长情况

20 世纪 70 年代之后，全球范围内国际贸易和国际直接投资进入了快速增长时期。1973—2021 年，国际贸易增速达 7.9%，国际直接投资增速达 9.71%，这两者的增速都远高于世界经济的增长速度。然而，国际贸易和国际直接投资增长波动也相对较大，特别是国际直接投资增长非常不稳定，一旦世界经济不景气，国际直接投资就可能呈现负增长。相反，世界经济复苏时期，国际直接投资则会加速增长。国际贸易和国际直接投资的增长波动具有一定的同步性，1973—2021 年，它们的增长率相关系数为 0.619 4。典型的例子是 2008 年次贷危机和 2020 年新型冠状病毒感染爆发时期，国际贸易和国际直接投资同时呈现负增长。世界贸易与国际直接投资增长情况如表 9-2 所示。

表 9-2 世界贸易与国际直接投资增长情况

时期	出口			FDI		
	出口总量	增长率	占GDP比重	FDI流出	增长率	占GDP比重
1963	0.157	9.55%	9.72			
1973	0.58	38.44%	12.76	0.02		0.53
1983	1.846	−2.11%	16.03	0.04		0.37
1993	3.795	0.41%	15.75	0.25	10.53%	1.05
2003	7.591	16.77%	21.10	0.73	10.37%	2.02
2007	14.031	15.66%	24.34	3.20	47.94%	5.56
2008	16.168	15.23%	25.24	2.60	−18.76%	4.06
2009	12.564	−22.29%	21.02	1.28	−50.73%	2.14
2010	15.303	21.80%	23.33	1.76	37.21%	2.68
2011	18.339	19.84%	24.93	2.14	21.49%	2.91
2012	18.511	0.94%	24.81	1.78	−16.57%	2.39
2013	18.959	2.42%	24.55	1.94	8.52%	2.51
2014	19.006	0.25%	24.06	1.58	−18.24%	2.00
2015	16.557	−12.89%	22.82	1.87	17.95%	2.57
2016	16.039	−3.12%	21.23	1.57	−15.81%	2.08
2017	17.743	10.62%	21.80	1.61	2.48%	1.98
2018	19.546	10.16%	22.62	0.94	−41.55%	1.09
2019	19.005	−2.77%	21.68	1.12	19.45%	1.28
2020	17.645	−7.15%	20.78	0.78	−30.60%	0.92
2021	22.284	26.29%	23.19	1.71	118.97%	1.78

资料来源：The World Bank 数据库。

从国家和地区的角度来看，第二次世界大战之后，随着国际分工的加深，发达经济体之间的贸易（主要是同一产业内的贸易）迅速增长，传统的发达经济体与发展中经济体之间的产业间贸易份额下降。发达经济体在国际贸易中所占份额逐渐增加，以至于到了 2016 年，经济合作与发展组织（Organzation for Economic Co-operation and Development, OECD）国家的进口份额已经达到了全球总额的 61.65%。在对外直接投资方面，主要是发达国家和地区向外输出资本，发展中国家和地区则利用发达国家的对外直接投资。2021 年，发达经济体的对外直接投资占了世界总额的 74.33%；在利用外资方面，发展中经济体的利用对外直接投资占了世界总额的 52.87%，已超过了发达经济体所占的比例。

中国作为世界上最大的发展中国家，在 1980 年实施改革开放政策后，国际贸易增长迅速。1980 年中国进出口额为 381.4 亿美元，占全球贸易总额的比例只有 1% 左右。2021 年中国进出口贸易总额已达 6.05 万亿美元，成为全球最大的贸易进出口国家，贸易总额超过了全球总额的 10%。在对外直接投资方面，改革开放初期，中国主要依赖于发达国家和港澳台地区的对外直接投资。但自 2000 年以来，中国的对外直接投资呈现出较快的增长趋势。中国的对外投资具有促进贸易的特点,早期主要与开拓发达国家市场有关。次贷危机后,中国经济进入新常态,对发展中国家制造业领域的投资迅速增长,并带动了中国相关设备和产品的出口。2013年9月,习近平主席在哈萨克斯坦访问期间提出了共同建设"丝绸之路经济带"的倡议,这为中国向发展中国家和地区的直接投资提供了更好的政治制度保证和发展前景。2016年中国对外直接投资份额一度达到了全球总额的13.83%。2020年全球新型冠状病毒感染大流行之后,国际资本对中国市场持乐观态度,中国的对外直接投资流入量有所增加,而对外直接投资流出量则有所减少。2021年,中国的对外直接投资流入量达到了1 809.57亿美元,占全球总额的11.44%,而对外直接投资流出量为1 451.9亿美元,占全球总额的8.5%。2016年各主要国家(地区)对外直接投资和进口情况如表9-3所示。

表9-3 2016年各主要国家(地区)对外直接投资和进口情况

国家(地区)	FDI(百万美元)	比重	国家(地区)	进口(百万美元)	比重
欧盟	526 820.09	33.54%	欧盟	6 633 022.17	32.58%
美国	347 525.00	22.12%	美国	2 251 354.00	11.06%
中国	217 202.94	13.83%	中国	1 950 366.57	9.58%
日本	165 653.88	10.55%	德国	1 330 296.76	6.53%
荷兰	140 229.07	8.93%	英国	785 359.08	3.86%
爱尔兰	102 188.28	6.51%	法国	768 009.98	3.77%
德国	76 260.51	4.86%	中国香港	594 473.64	2.92%
中国香港	71 416.95	4.55%	荷兰	538 964.68	2.65%
加拿大	64 225.3	4.09%	加拿大	510 409.83	2.51%
法国	60 466.12	3.85%	韩国	500 171.96	2.46%
OECD国家	1 197 970.58	76.27%	OECD国家	12 551 632.48	61.65%
世界	1 570 755.44	100%	世界	20 360 404.22	100.00%

专栏9-3 中国对"一带一路"沿线国家直接投资情况

一、中国对"一带一路"沿线国家的投资概况

根据欧盟对全世界企业层面的FDI统计数据,2003—2011年,全球企业对外投资案例105 295个,投资总值为66 862.47亿欧元。中国企业对外投资案例为2 038个,投资总值2 610.7亿美元,其中对"一带一路"沿线53个国家和地区的OFDI总值1 364.07亿美元,年均递增21.06%;对其他非"一带一路"国家和地区的OFDI总值1 246.63亿美元,年均递增10.42%。也就是说,根据欧盟FDI的统计数据,在"一带一路"提出之前,中国对"一带一路"沿线国家和地区的OFDI总值已经超出了中国企业对外直接投资的一半,"一带一路"沿线国家和地区已经成了中国企业的主要投资目的地。

二、中国对外投资的国别差异分析

中国企业投资的53个"一带一路"目的国基本上都是发展中国家,其中,利用中国企业投资总量较多的国家主要为东盟国家、石油输出国家、与中国接壤的邻国以及印度、俄罗斯等大国。中国企业有投资的非"一带一路"国家和地区共有71个,主要也是发展中国家,这些发展中国家利用中国企业投资的总值占了76%,其余发达国家仅占24%。从投资案例数据及投资规模看,对"一带一路"国家的投资案例总数706个,而对非"一带一路"国家投资案例总数达1332个,中国企业对"一带一路"国家的平均投资规模较大(19 321万美元),对非"一带一路"国家的平均投资规模较小(9 209万美元)。而非"一带一路"国家中,对发达国家的投资案例有886个,平均规模只有3 256万美元,而对发展中国家的投资案例为446个,平均规模为21 483万美元,这与中国企业对"一带一路"国家的平均投资规模相似。

三、中国对外投资经营活动差异分析

为什么中国对"一带一路"国家和发展中国家的平均投资规模远远大于对发达国家的平均投资规模呢?通过对样本的观察,发现中国对外投资经营活动的类型与投资规模密切相关。中国对外投资经营活动类型及其数量分析数据表明:中国企业对"一带一路"国家的706个投资案例中,大多从事制造(341个)、提炼(36个)、发电(21个)、建筑(19个)等需要较大规模投资的生产经营活动;其中制造类投资活动占了62.78%的比重,其次是提炼(13.81%)、发电(9.57%)、物流(5.7%)、建筑(3.1%)等基本建设活动;只需要小规模投资的市场开发、售后服务等生产性服务活动,与中国对非"一带一路"国家的投资活动相比较少。而中国企业对非"一带一路"国家的1 332个投资案例中(主要投资对象是发达国家),主要从事市场开发(502个)、商业服务(197个)、总部服务(119个)、研发设计(72个)、物流(50个)等只需要较小规模投资的生产性服务活动较多;中国企业对非"一带一路"国家在制造、建筑、提炼、发电等生产经营活动投资案例相对较少,且对这类需要较大投资规模的生产经营活动投资也主要集中在非"一带一路"的发展中国家。这就造成了中国企业对"一带一路"国家或发展中国家平均投资规模远远大于对发达国家的平均投资规模。这可能表明中国企业对发达国家的投资活动与中国产品出口贸易有关,因为拓展发达国家市场需要进行相应的市场服务类投资活动。

第三节　跨国公司与国际贸易

一、跨国公司的概念与类型

(一) 跨国公司的概念

跨国公司(transnational corporation),又称多国公司(multi-national enterprise)、

国际公司(international firm)、超国家公司(supernational enterprise)和宇宙公司(cosmo-corporation)等。跨国公司是一种复杂的经济组织,其活动涉及不同国家的经济、法律以至文化等多个方面,而且在不同情况下表现出不同的特征,因此,很难对它给出一个严格的为各方都接受的定义。1983年联合国关于跨国公司的定义是,由分设在两个或两个以上国家的实体组成的企业,而不论这些实体的法律形式和活动范围如何,这些企业的业务是通过一个或多个决策中心,根据一定的决策体制经营的,可以具有一贯的政策和共同的战略,企业的各个实体由于所有权或其他的因素,使得其中一个或一个以上的实体能对其他实体的活动施加重要影响,尤其是在分享知识、资源和分担责任方面。简而言之,跨国公司就是指由两个或两个以上国家的经济实体所组成,并从事生产、销售和其他经营活动的国际性大型企业。

大多数的跨国公司都是采取股份有限公司的形式,跨国公司的具体组织包括设在母国的母公司,设在东道国的子公司、分公司以及各种分支机构。其中:母公司(parent company)是跨国公司在母国(home country)登记注册的法人公司,子公司(subsidiary company)则是在东道国(host country)登记注册的法人公司,而分公司(branch company)在法律上、经济上没有独立性,仅仅是总公司的附属机构。母公司通过在各东道国参股和控股活动来实际控制一些子公司,母公司通常要达到子公司50%的股权才能使它们成为母公司的附属公司。子公司受母公司管理和控制,但它们有自己的名称和章程,按照母公司统一的全球战略进行自主经营、独立核算。

(二) 跨国公司的类型

根据不同的角度,跨国公司可以分为不同类型。

1. 横向型、纵向型和混合型

从经营结构上分类,跨国公司可以分为横向型、纵向型和混合型。

(1) 横向型跨国公司,是指跨国公司内部基本上经营同种行业,生产同类产品,母公司和子公司都能够独立地完成产品的全部生产与销售。母公司和众多子公司之间在生产经营上专业化分工程度很低,在工艺技术、原材料供应、产品销售等方面基本上是相同的。这种类型跨国公司的主要优势在于它能内部转让生产中形成的诸如生产技术、市场销售技能和商标等无形资产,有利于增强各自的竞争优势与公司的整体优势,减少交易成本,通过东道国生产与销售,克服东道国的贸易壁垒,巩固和拓展市场,形成强大的规模经济。例如,瑞士的雀巢公司就是典型的横向型跨国公司,它在不同的国家设立子公司,但母公司和子公司都是从事速溶饮料等的生产和经营。属于横向型跨国公司还有可口可乐公司等。

(2) 纵向型跨国公司,是指跨国公司内部实行纵向一体化的专业分工,无论母公司和子公司之间,还是子公司与子公司之间,都不是完全制造同类产品,经营同行业务的,而是生产和经营不同行业的相互关联产品或者生产和经营同行业但不同加工程序和工艺阶段的产品。这种类型的公司专业化分工与协作程度相对较高,每个子公司只负责生产一种或少数几种零部件,但各个生产经营环节紧密相扣,便于进行全球战略,实现标准化、大规模生产,获得规模经济效益。以法国的雪铁龙汽车公司为例,它的子公司分别从事铸模、铸造发动机、减速器、齿轮、机械加工、组装、销售等各工序的业务,从而实现了垂直型的生产经营一体化。属于纵向型跨国公司的还有德国的西门子公司、日本的新日铁公司等。

（3）混合型跨国公司，是指母公司和设在各地的子公司生产不同的产品，经营不同的业务，而且公司内部生产经营的多种产品之间互不关联。混合型跨国公司的产品多样化经营能有效地分散经营风险，也便于跨国公司跨行业的兼并和发展，扩大公司的经营规模。但与此同时，混合型跨国公司业务的复杂性也会给企业的管理带来不利影响。美国的埃克森—美孚集团就是典型的混合型跨国公司，其不仅从事石油开采、精炼和销售，而且还在机器制造业、石油化学工业、旅游业等多个关联性并不大的行业进行生产经营活动。属于混合型跨国公司的还有日本的三菱重工业公司、美国的AT&T公司等。

2. 资源型、制造型和服务型

从经营项目上分类，跨国公司可分为资源型、制造型和服务型。

（1）资源型的跨国公司，即在世界范围内开发和利用资源，以获得母国所急需的各种资源为目的，主要涉及种植业、采矿业、石油业等领域，早期的跨国公司多是运用此种方式进行资本的积累。由皇家荷兰公司和英国壳牌运输贸易公司于1907年联合组成的英荷壳牌石油公司就是典型的资源型跨国公司，主营业务是石油，曾先后在原英属婆罗洲、墨西哥、委内瑞拉、罗马尼亚、埃及、特立尼达和多巴哥和美国等地开辟新油源。

（2）制造型的跨国公司，即主要从事最终产品和中间产品的加工制造业务，包括金属制品、机电产品、化工产品、轻纺产品、电子产品、耐用消费品，等等。这种类型的跨国公司以生产加工为主，一般是对东道国的原材料进行加工后或来料加工后再出口，这种类型的跨国公司在第二次世界大战后得到了飞速的发展，已经成为当代一种重要的公司形式。"要做全球最大的家电生产制造中心"的格兰仕就是典型的制造型跨国公司。

（3）服务型的跨国公司，这类公司近几年来已经成为经济全球化过程中的一个非常活跃的部分。这类公司主要在贸易、金融、运输、通讯、旅游、房地产、保险、广告、管理、咨询、信息等行业和领域内从事经营活动，提供各种服务作为盈利的手段。这类公司包括跨国银行、保险公司、咨询公司、律师事务所以及会计师事务所等。随着服务业的迅猛发展，服务业已逐渐成为当今最大的产业部门，提供服务的跨国公司也成为跨国公司的一种重要形式。著名的管理咨询公司麦肯锡就是典型的服务型跨国公司，它是1926年在美国成立的专门为企业高层管理人员服务的国际性公司。目前，麦肯锡已有遍及38个国家的74个分公司对外提供咨询服务。

3. 民族中心型、多元中心型和全球中心型

按照战略决策分类，跨国公司可以分为民族中心型、多元中心型和全球中心型。

（1）民族中心型跨国公司，即公司所做出的重大决策都是以本民族实际上就是以母国权益为中心来考虑抉择的，即在维护和增进母国权益的前提下，才考虑母公司的利益和发展。而公司的管理决策高度集中于母公司，对子公司采取集权式的管理体制。这种类型的管理体制主要是在跨国公司发展初期出现，它有利于母公司对子公司的统一调整、优化资源的使用，但子公司比较缺乏自主性和积极性，往往不能很好地适应东道国的投资环境。

(2) 多元中心型跨国公司,即公司所做出的重大决策是以遍及海外的众多子公司的权益为中心进行的,母公司对子公司采取分权式管理体制,允许子公司根据自己所在国的具体情况独立地确定经营目标与长期发展战略,以求在当地最有效地利用资源,取得较好的经营成果,争取市场发展的有利机会。这种管理体制相对于民族中心型而言比较灵活,各个子公司有较大决策权,因此积极性和责任感相对较强,有利于适应东道国的投资环境。但缺点在于母公司对子公司的统一决策比较难,不利于资源的优化使用。

(3) 全球中心型跨国公司,以全球化的观点看待经营,即跨国公司在进行重大决策时,都是以公司的全球战略目标和全球利益最大化来考虑的,甚至可以选取那些牺牲母公司或少数子公司利益的策略方案来获取公司全球利益的最大化。母公司拥有重大决策权和管理权,但与此同时,子公司可以在母公司的总体经营战略范围内自行制定符合自身特点的计划和措施,拥有较大的经营自主权。这种类型的企业在充分调动子公司积极性的情况下也很好地维护了公司的整体利益。

4. 按股权结构分类

跨国公司按股权结构类型大致可分为以下四种:

(1) 全部拥有型跨国公司。一般地认为,母公司只要拥有子公司95%以上的股份,不一定要拥有100%的股权,即可认为是全部拥有。

(2) 多数拥有型跨国公司。母公司拥有子公司股权在51%~94%。跨国公司只要掌握了某一公司51%的股票,就取得了对该公司的绝对控股权,因而51%的股权也叫绝对控股。

(3) 平等拥有型跨国公司。母公司拥有子公司50%的股权。

(4) 少数拥有型跨国公司。母公司拥有子公司49%以内的股权,即被看作是少数拥有。少数拥有也可能掌握子公司的控制权,只要在众多股东中处于相对多数股,即为相对控股。所谓相对控股就是根据出资额或者持有的股份所享有的表决权已足以对股东会、股东大会的决议产生重大影响,如果股权比较分散,一般达到30%以上就可控股,在特定情形下甚至20%就能控股。

与上述股权类型相对应,跨国公司在海外子公司的几种股权投资企业形式为:①当股权参与度(跨国公司母公司在其子公司中拥有股权的份额)为100%,即全部拥有时,子公司为独资企业(全资子公司、完全控股);②当股权参与度为0时,子公司为合作企业(非股权控制);③当股权参与度介于0与100%之间时,子公司为合资企业(包含多数占有和少数占有两种情况)。

二、跨国公司内部贸易与转移定价

(一) 跨国公司内部贸易

跨国公司内部贸易是指跨国公司内部的产品、原材料、技术与服务在国际的流动。这主要表现为跨国公司的母公司与国外子公司之间以及国外子公司之间在产品、技术、服务等方面的交易活动。跨国公司内部交易在交易方式和交易动机上,与正常的国际贸易交换大相径庭。公司内部交易的利益原则,即获利动机并不一定是以一次性交易为基础,而往往以综合交易为基础。交易价格不是由国际市场供需关系所决定的,而是由公司内部自定的。从这个意义上讲,跨国公司内部交易是公司内部经营管理的一种形式,是把世界市场通过企业跨国化的组织机构内部化了,可以说公司内部市场是一种理想的真正的国际一体化市场。跨国公司绕过高成本的外部市场在公司内部进行交易,可以实现减少纳税、调拨资金、规避风险、逃避管制、逃避管制以及获得竞争优势、调节利润水平等好处。

随着经济的发展,国内市场的有限性及国际化分工从生产和销售两方面促进了经济的全球化和跨国公司的产生。特别是20世纪90年代以来,伴随着国际分工的进一步深化、贸易投资一体化趋势的加强以及科学技术的不断进步,一个产品的生产被拆分成不同的工序或区段,按照各国要素禀赋特点分布到不同的国家,逐渐形成按工序或区段进行分工的国际经济体系。从而,国际贸易不再是单纯的最终产品贸易,开始出现以产品生产中的工序半成品为贸易主体的贸易形式,更加剧了跨国公司的内部交易,使得跨国公司的内部贸易在世界贸易中的比重显著提升。根据联合国贸发会议发布的数据,20世纪70年代,跨国公司内部贸易仅占世界贸易的20%,2010年全球商品和服务贸易出口总额约为19万亿美元,而由跨国公司所从事的国际贸易出口总额约为15万亿美元,占世界贸易总额的80%左右;其中,约有6.3万亿美元为跨国公司的内部贸易额,占世界贸易出口总额的三分之一左右;跨国公司在全球价值链内从事的国际贸易出口额约为8.5万亿美元,占世界贸易总额约45%。

(二) 转移定价

转移定价(transfer pricing),又称转让定价或划拨定价,它是指跨国公司内部、母公司与子公司、子公司与子公司之间相互约定出口和采购商品、劳务和技术时所规定的价格。这种定价在一定程度上不受市场供求关系法则的影响,它不是独立各方在公开市场上按"独立竞争"原则确定的价格,而是根据跨国公司的全球战略目标和谋求最大限度利润的目的,由总公司上层决策者人为确定的。转移定价有转移低价和转移高价之分。

例如,有一国际集团公司A,分别在两个国家设立了两个子公司B和C,B公司所在国家的所得税率为25%,C公司所在国家的所得税率为10%。公司A于是让B公司将销售价格原本是50元的货物按40元销售给C,这样一来B的收入少了,利润也就少了,所得税自然也就少了。而C公司利润会增加,但因为C公司所得税率低,所以即使利润高一点,缴的所得税也不那么多。从而整个集团公司缴的税就会减少,这样的一种操作就叫转让定价。

跨国公司转移定价的主要目的如下:

(1) 通过转移定价减少整个公司利润所得税。例如,在合营企业里,跨国公司转移利润可以少纳税,或者将利润转出合营企业,避免过多的利益被当地合营者所瓜分。

(2) 通过转移定价减少风险。例如,子公司存在被东道国政府国有化和被没收的政治风险时,通过转移定价转移利润。

(3) 通过转移定价支持子公司争夺市场。例如,当子公司遇到激烈的竞争对手,为了进行市场渗透,或开拓新的市场,以转移低价支持子公司的竞争。

(4) 通过转移定价减少跨国公司与东道国的矛盾冲突。例如,担心子公司过高的利润引起东道国不满时,通过转移定价降低子公司账面利润额。

(5) 通过转移定价绕过贸易壁垒和外汇管理。例如,当子公司进口遇到限定进口商品价值量等限制措施时实行转移低价,当东道国实行外汇定量配给制时利用转移定价转移利润。

(6) 通过转移定价减少竞争。例如,当子公司非常高的利润率有可能吸引更多的新竞争者进入该行业或该市场的,利用转移高价进口原材料。

转移价格虽然有利于跨国公司,但是它会破坏市场价格机制,影响自由竞争,损害东道国的利益,因此东道国都会对跨国公司转移定价行为进行监控管理。

三、跨国公司内部贸易对国际贸易的影响

跨国公司的内部贸易推动了国际贸易的大发展,但在一定程度上打乱了传统的国际贸易格局,对国际贸易的发展存在正面和负面的双重影响。

(一) 跨国公司内部贸易的正面影响

1. 深化和扩大了国际贸易分工

跨国公司内部贸易依据不同国家地区要素的比较优势,通过公司内部网络,在全球范围内对资源进行优化配置,形成公司内部全球化一体化生产网络,使国际分工体系由传统产业间分工深化到产业内部分工,并进一步深化到产品内部分工。即跨国公司把生产加工的不同阶段分设在不同国家,或者由各子公司专门生产整个生产线的某种特定部件,使得生产分工更加精细化,这主要体现在某个国家或某个企业只生产某种产品的一个小部件甚至只是该产品的某一生产工序。无论是垂直型经济分工还是水平型经济分工,还是混合型经济分工,它们都加快了国际生产的专业化与协作化发展,扩大了国际分工在全球的范围,提高了公司的生产效率,使跨国公司可获得更大的规模经济效益。

2. 推动技术贸易在国际贸易中的发展

跨国公司内部技术贸易促进了跨国公司根据不同东道国在人才、科技实力以及科研基础设施上的比较优势,在全球范围内有组织地安排科研机构,推动技术创新,保持跨国公司的竞争力。第二次世界大战以来,跨国公司能够不断发展壮大的重要原因之一便是全球的新技术、新产品、新生产工艺基本都掌握在跨国公司的手里。为了防止公司的技术产品在公司外部交易时,被竞争对手抄袭而给公司带来巨大损失的发生,内部贸易可以让技术贸易发生在公司内部,防止公司的优势和技术扩散出去,从而使跨国公司获得高于技术本身价值的效益,创造巨额利润,增强跨国公司在国际市场的优势和竞争力。跨国公司为了在竞争日益激烈的国际市场中保持技术优势,将不断开发新技术,并让新技术和高技术含量的产品在公司内部流动,从而推动技术贸易在国际贸易中的发展。

3. 优化了国际贸易的商品结构

第二次世界大战之后,随着发展中国家的崛起,1974年4月联合国大会第六届特

别会议通过发展中国家提出的《关于建立新的国际经济秩序的宣言》简称《宣言》和《行动纲领》。《宣言》明确指出："每个国家对自己的自然资源和一切经济活动拥有充分的永久主权。"发展中国家为了维护自然资源主权,迫使跨国公司退出某些初级产品的生产加工部门,转向劳动、资源密集型的制造部门,这使得跨国公司内部贸易的内容发生了改变。而且随着跨国公司生产技术的提高,跨国公司开发出新型材料来代替初级产品的进出口而在公司内部流动,降低了其在国际贸易中的比重,同时增加了制成品和中间产品的比重。跨国公司内部贸易内容的改变及技术的进步减少了初级产品的进出口,增加了科技含量高、附加价值高的制成品和中间产品的生产贸易,从而使得国际贸易商品结构高级化,优化了商品结构。第二次世界大战之后,初级产品在国际贸易中的比重大幅度下降,从1937年的63.3%降至1960年的45%,再到2003年的20.5%。另外,制成品和中间产品在国际贸易中的比重大幅度地上升,从1937年的36.7%升至1960年的55%,再到2003年的79.5%。

(二) 跨国公司内部贸易的负面影响

1. 内部贸易影响自由竞争

跨国公司为了企业利益,通过转移价格进行内部贸易,造成了外部市场扭曲,影响了国际市场价格与供求之间的正常关系。而且,跨国公司内部贸易在一定程度上使传统的国际贸易国别市场界限消失,形成一种相对封闭的市场环境,随意定价,排挤竞争对手,这些都不利于市场公平竞争。例如,当子公司产品面临当地产品竞争时,母公司可以大幅度降低转移价格,从而降低子公司产品的生产成本,加强其竞争能力,以掠夺性价格打垮竞争对手,操纵和垄断当地市场,然后再提高价格。

2. 损害东道国利益

跨国公司通过内部转移价格逃避关税壁垒、逃避资本和外汇管制,以及减少所需上交的税费,这不仅侵占了东道国的利益,而且影响了东道国对外经贸政策的施政效果。此外,有些跨国公司为了母国的利益,将那些高能耗、高污染、高排放的三高项目设立在东道国,尤其是发展中国家,造成了东道国生态破坏及环境污染严重的后果。因此,内部贸易让东道国在制定外贸政策时显得更加左右为难,东道国既希望通过跨国公司带动国内企业的发展,但又不得不面对跨国公司内部贸易的转移价格及自然环境破坏造成的损失。

3. 降低了东道国引进外资的关联效应

很多东道国,特别是发展中国家,大力引进外资的目的之一就是希望通过跨国公司的投资带动上游产业或下游产业的发展。然而跨国公司从全球战略出发,有时宁可高价进口国外关联公司的原材料和半成品,也拒绝使用高质价廉的东道国产原料和半成品,因而降低了跨国公司在东道国直接投资的关联效应。

微课:国际贸易的发展与国际直接投资

国际资本流动是指资本的国际转移。国际资本流动根据期限可分为长期资本流动和短期资本流动,根据资本的流动方向可分为资本流入和资本流出,根据投资者对所投资金的运行过程是否具有足够的影响力和控制权,可分为外国直接投资和外国间接投资。

传统理论认为,国际资本流动的动力在于各国资本禀赋差异导致的资本边际产出或价格差异,资本在国家之间的自由配置,可以提高世界的总产出水平。20世纪90年代以来,国际资本流动的规模扩大,风险增加,发展中国家成为国际资本流动和转嫁金融风险的重要场所,筹资证券化导致国际资本流动的结构发生变化,机构投资者已成为国际资本流动的主力,发达国家整体表现为资本净输出,新兴市场国家由资本净输出转为资本净输入,全球经济的"失衡点"已经发生转移。

国际贸易与国际资本流动具有替代和互补关系。20世纪70年代以后,国际贸易和国际直接投资进入高速增长期,大大高于世界经济的增长,并随世界经济增长的波动而波动。跨国公司是国际贸易和国际资本流动的载体,跨国公司内部贸易推动了国际贸易的大发展,但在一定程度上打乱了传统的国际贸易格局,对国际贸易的发展存在正面和负面的双重影响。

关键术语

国际资本流动　对外直接投资　对外间接投资　绿地投资　并购　跨国公司　母公司　子公司　分公司　横向型跨国公司　纵向型跨国公司　混合型跨国公司　资源型跨国公司　制造型跨国公司　服务型跨国公司　跨国公司内部贸易　转移定价

练习题

一、案例分析

根据材料,分析中国对发达国家投资是贸易促进性还是贸易替代性,为什么? 中国对"一带一路"沿线发展中国家投资是贸易促进性还是贸易替代性,为什么?

中国对外投资经营活动类型及其数量分析数据表明:中国企业对"一带一路"沿线国家的706个投资案例中(主要投资对象是发展中国家),大多从事制造(341个)、提炼(36个)、发电(21个)、建筑(19个)等需要较大规模投资的生产经营活动;其中制造类投资活动占了62.78%的比重,其次是提炼(13.81%)、发电(9.57%)、物流(5.7%)、建筑(3.1%)等基本建设活动;只需要小规模投资的市场开发、售后服务等生产性服务活动,与中国对非"一带一路"国家的投资活动相比较少。而中国企业对非"一带一路"国家的1 332个投资案例中(主要投资对象是发达国家),主要从事市场开发(502个)、商业服务(197个)、总部服务(119个)、研发设计(72个)、物流(50个)等只需要较小规模投资的生产性服务活动较多;中国企业对非"一带一路"国家在制造、建筑、提炼、发电等生产经营活动投资案例相对较少,且对这类需要较大投资规模的生产经营活动投资也主要集中在非"一带一路"的发展中国家。这就造成了中国企业对"一带一路"国家或发展中国家平均投资规模远远大于对发达国家的平均投资规模。这可能表明中国企业对发达国家的投资活动与中国产品出口贸易有关,因为拓展发达国家市场需要进行相应的市场服务类投资活动。

二、思考题

1. 简述国际资本流动的分类标准及资本流动的类型。
2. 外国直接投资和外国间接投资的根本区别是什么？
3. 根据国际资本流动的动因说明国际资本流动的利益。
4. 1990年以来,国际资本流动呈现出哪些新的特点？
5. 国际贸易与国际资本流动在什么情况下存在替代关系,在什么情况下存在互补关系？
6. 跨国公司在国际贸易中的地位和影响主要表现在哪些方面？
7. 怎样理解跨国公司内部贸易的利与弊。

第十章 国际贸易与经济发展

◎ 学习目的与要求

本章首先系统阐述国际贸易与经济发展相互关系,其次对国际贸易战略与发展中国家的经济发展问题进行了探讨,最后介绍中国对外贸易战略的演变与调整。

通过学习本章,学生应理解国际贸易与经济增长之间的相互关系,理解技术进步对国际贸易的影响,理解国际贸易战略的内涵与主要类型;了解不同国际贸易战略的实践效果,了解中国贸易的战略对经济发展的影响。

导　读

我国坚定不移地将扩大内需作为战略基点,加速培育完整的内需体系,有序释放消费潜力,加快升级消费结构,使消费对经济增长的基础性作用不断增强。数据显示,2013—2021年,我国平均消费率为54.2%,比2012年提高了3.1个百分点;最终消费支出对经济增长的贡献率年均值为53.2%,除2020年受新型冠状病毒感染冲击影响外,消费对经济增长的贡献率均在50%以上,是我国经济增长的主要驱动力。

各地区各部门持续发挥投资对优化供给结构的关键性作用,积极扩大有效投资,持续优化投资结构,增强发展内生动力,为积极应对外部环境变化、促进经济高质量发展奠定了坚实基础。2013—2021年,我国平均投资率为43.7%,比2012年回落了2.5个百分点;资本形成总额对经济增长的贡献率年均值为41.5%,比2012年回落了0.6个百分点。尽管投资率略有下降,但投资结构持续优化,发展质量得到进一步提升。

我国坚定不移地扩大高水平对外开放,深化"放管服"改革,加快培育外贸竞争的新优势,持续扩大外贸规模,不断提升质量效益,有效推动国民经济增长,助力构建新的发展格局。2013—2021年,货物和服务净出口对经济增长的贡献率年均值为5.4%,比2012年上升了2.9个百分点。我国货物贸易大国地位不断稳固,质量稳步提升。2021年,我国货物贸易进出口总额首次突破了6万亿美元,规模再次达到新的高度。

第一节　国际贸易与经济发展的相互关系

国际贸易与经济发展的关系主要包括三个方面的内容:一是国际贸易对经济增长的作用;二是经济增长对国际贸易的影响;三是国际贸易与经济结构调整的关系。

一、国际贸易对经济增长的作用

(一) 关于国际贸易对经济增长作用的理论观点

在古典学派的外贸学说中,对以后的理论发展有重大影响的主要是亚当·斯密的"地域分工论""剩余产品出口"理论和大卫·李嘉图的"比较成本说"以及对外贸易是"经济增长的发动机"学说。

1. 亚当·斯密的"地域分工论""剩余产品出口"理论

亚当·斯密在《国富论》中提出了"地域分工理论",他认为,分工的发展是促进生产率长期增长的主要因素,而分工的程度则要受市场范围的约束。对外贸易的发展是市

经济全球化、增长与污染

场范围扩展的显著标志,能够促进分工的深化和生产率的提高,加速经济增长。也只有在自由贸易的条件下,各国才能充分利用先天具备的条件生产劳动成本绝对低的产品,享受到地域分工的利益。亚当·斯密的这些观点包含着国际贸易对经济增长具有促进作用的基本思想。"剩余产品出口"理论假设贸易前一国存在着闲置的资源或过剩的产品。因此,该国由封闭转向贸易之后,其原本剩余的产品或资源就可以用来生产出口品,出口品的生产也就不必再从其他部门转移资源。出口带来的收益或由此而增加的进口也没有机会成本,这将必然促进该国经济的增长。

2. 大卫·李嘉图的"比较成本说"

大卫·李嘉图的"比较成本学说"也包含了对外贸易促进经济增长的思想。他认为,经济增长的基本动力是资本积累。因为土地边际收益率递减最终会使食品等生活必需品的价格上升,进而导致工资的上涨和利润的下降,这样就妨碍了资本积累,阻碍了经济增长。通过贸易,进口的廉价食品和生活必需品就会阻止本国土地收益递减倾向,促进资本积累和经济发展。

3. 对外贸易是"经济增长的发动机"学说

在国际贸易对经济增长作用的相关理论中,对外贸易是"经济增长的发动机"学说是较为著名的。这一命题是 1937 年由罗伯特逊提出的。1959 年,纳克斯对这一学说进行了进一步补充和发展,从而在学术界引起了更为广泛的关注。罗伯特逊、纳克斯及其追随者后来被称为 R-N 学派。

对外贸易是"经济增长的发动机"的学说是根据 19 世纪的历史经验提出的。纳克斯在发展这一学说时,系统地研究了 19 世纪英国与新移民地区的经济发展的原因,认为英国和其他少数西欧国家在经济发展过程中,对进口原料和粮食的巨大需求带动了一些温带新移民地区的经济增长。

对外贸易是"经济增长的发动机"学说主要是从静态和动态两个方面来论述贸易对经济增长的贡献。

1) 贸易的静态利益对经济增长的贡献

R-N 学派认为国际贸易的发生是由于各国间商品比较成本的不同,而这种比较成本的不同是由各国的要素禀赋差异所引起的。因此,各国都将集中生产并出口具有比较成本优势的产品。这样,一方面,各国的资源将发生重新配置,每个国家有比较成本优势的产品产量都将增加。另一方面,通过交换,每个国家都能得到比它自己直接生产的数量更多的产品,使消费水平超过它们各自的生产可能性曲线。这种利益就是贸易的静态利益,每个国家所得到的贸易利益的多寡将取决于贸易比价。

2) 贸易的动态利益及其对经济增长的贡献

贸易的动态利益表现为两个方面,即规模经济利益和传递经济增长的利益。R-N 学派认为,对外贸易会使一国面对的市场范围扩大,从而有利于企业扩大生产规模并获得规模经济的利益。动态利益的另一种表现形式是传递经济增长的利益,认为中心国家经济的迅速成长,可以通过贸易而传递到外围国家去,而且是通过对初级产品迅速增加的需求而将成长传递到那些地方去的。19 世纪的贸易不仅是简单地把一定数量的资源加以最适当配置的手段,更是经济增长的发动机。

3) 贸易带动经济增长的途径

R-N 学派指出，较高的进出口水平可以有效带动经济的增长，这种由贸易到增长的传递途径主要体现在以下几个方面。

第一，较高的出口水平意味着这个国家有了提高其进口水平的手段。由于在进口中包含着资本品的引进，因此贸易可以有效克服国内资源的短缺和经济增长的瓶颈。从历史上各国经济发展的经验来看，一国在经济发展的初期往往最紧缺的生产要素就是资本，而能否进口到资本品对经济的发展也就显得特别重要。

资本货物的进口可以使一国极大地节约生产要素的投入量，充分利用本国的资源发挥比较优势，从国际分工和工业效率的提高中获益。这也是各国经济增长的主要因素。

第二，贸易的增长将引起投资领域的变化并最终促成劳动生产率的提高。在贸易扩大的过程中，各国的资金都将流向国内具有比较优势的领域，在专业化生产的过程中，劳动生产率得到显著提高。

第三，贸易将使一国获得规模经济利益。国际贸易使一国产品面临的市场范围大大扩展。

第四，激烈的国际竞争给各国的生产企业带来巨大的压力。优胜劣汰的法则将迫使企业努力降低生产成本，改进产品质量，从而提高了各国出口企业的生产经营效率，最终促进经济增长。

第五，出口部门的快速发展将会吸引投资，并带动相关产业的发展。

4. 科登的贸易对经济增长率影响的理论

澳大利亚国际经济学家马克思·科登提出了贸易对经济增长率影响的理论。科登认为一国参与国际贸易，将对宏观经济产生如下五个方面的影响。

第一，收入效应。一国参与国际贸易，提高了本国收入水平，贸易的静态利益转化为国民收入总量的增加。

第二，资本积累效应。即由贸易带来的部分收入增加额被用于投资。

第三，替代效应。如果投资品是进口量较大的产品，则贸易的开展会使投资品对消费品的相对价格下降，这将导致投资对消费的比率提高。因为投资成本的下降，人们更多地将收入用于投资，而投资率的提高会带动经济增长率的上升。

第四，收入分配效应。贸易的发生将会使出口部门所使用的生产要素报酬得以提高。

第五，要素加权效应。在生产要素的劳动生产率增长不一致的假定下，产出的增长率就可以用各种生产要素增长率的加权平均数来表示。当出口扩大，并且出口部门使用的是那种增长率较高的生产要素时，出口生产的增长率往往会提高得更快。科登认为，所有上述效应都是累积性的，这意味着贸易对经济增长的促进作用将随着经济的发展逐渐得到强化。

5. 新经济增长理论

20 世纪 80 年代以后，罗默、卢卡斯和斯文森等人开始用新的方法研究影响经济增长的因素，在理论上取得了较大的突破，逐步形成了"新增长理论"。他们将创新活动内生化为有目的的研究和开发投资的结果,认为这一投资活动的显著特征是其不仅能带来更高的利润率,而且会产生溢出效应和外部收益。因此,创新和技术进步是推动生产率增长的核心因素。

国际贸易可以通过"技术外溢"和外部刺激来促进一国的技术变动和经济增长。创新活动与对外贸易之间存在这种密切的联系,是因为对外贸易带来了更为广阔的市场、更为频繁的技术交流和更加激烈的竞争,对创新活动产生了有效的促进。

6. 凯恩斯的对外贸易乘数理论

贸易乘数理论是投资乘数理论的发展。凯恩斯主义者认为:一国的出口和国内投资一样,有增加国民收入的作用;进口则相反,会使国民收入漏出。商品劳务出口从国外获得的货币收入会使出口产业部门收入增加,消费也增加。这又必然会引起与出口产业部门相关的其他产业部门的生产增加,就业增多,收入增加。如此反复下去,收入增加量将为出口增加量的若干倍。进口的作用效果则正好相反。因此只有当贸易顺差时,贸易才能增加一国的就业量,并使国民收入数倍增加。

总体而言,大多数学者认为国际贸易对经济增长是起促进作用的。当然,经济增长是一国内外部因素综合作用的结果,各国的具体状况不同,国际贸易对一国经济发展推动作用的大小也有所不同。

(二) 测算国际贸易对经济增长的贡献

在经济统计中,经常使用贡献率和拉动度两个指标来反映某项经济活动对经济增长的作用程度。比如,我们可以从需求拉动国民经济(GDP)增长的角度,按照支出法中的国内生产总值恒等式,分别计算投资、消费、净出口对经济增长的拉动度。

在衡量外贸对经济增长的作用时,我们可以使用净出口对经济增长的拉动度和贡献率指标。净出口对经济增长的贡献率可以理解为净出口增量在 GDP 增量中所占的份额。

外贸净出口(出口—进口)对经济增长的拉动度计算公式如下:

$$外贸净出口对 GDP 增长的拉动度 = (净出口增量 \div GDP 增量) \times GDP 的增长速度$$
$$= 净出口的贡献率 \times GDP 的增长率$$

上式中:净出口对经济增长的贡献率 = 净出口增量 ÷ GDP 增量。

计算外贸进出口对经济增长的拉动度时,核心是外贸净出口的增量和外贸对经济增长的贡献率。另外,上式计算的外贸对经济增长的拉动作用属于短期分析,而外贸对经济还有更长期、深远的影响,如前文述及的外贸能够促进国内经济结构的调整、技术进步、参与国际竞争等诸多积极作用。

二、经济增长对国际贸易的影响

经济增长主要是通过供给和需求两种途径对国际贸易产生影响。从供给角度来分析是生产要素增长和技术进步,生产要素增长是在一个既定的生产函数中各种生产要素量的增加。技术进步将会产生新的生产函数,即由于科技的进步,生产某种产品时生产要素利用率的提高,使一定的投入可以生产出更多的产品。生产要素增长和技术进步都会促进经济增长,从而影响国际贸易。从需求方面来说是消费水平与消费结构变化。经济增长意味着国民收入增加,消费水平得以提高,对消费量、消费结构产生影响,进而影响国际贸易。

(一) 生产要素增长对国际贸易的影响

首先来分析生产要素增长对经济增长的影响(即对生产的影响),接着再分析生产变化对国际贸易的影响。生产要素增长分为两种情形,一是各种生产要素等比例增长,另一种是各种生产要素增长比例不同。我们先来讨论要素等比例增长的情形。假定各国各种要素的增长率完全相同,则生产出产品的结构并不改变,但产出的数量增加了。这种情况下,国际贸易只是在规模和数量上有所扩大,贸易的商品结构等并无变化。当然,在现实经济生活中,这种极端的事例不太可能发生。下面来考察生产要素非均衡增长和贫困化增长的情况。

1. 生产要素非均衡增长对国际贸易的影响

假设某国只有劳动力和资本两种生产要素,用来生产劳动密集型和资本密集型两种产品,商品价格、生产要素价格和生产技术不变。如果该国劳动力增加了或者资本存量增加了,它的对外贸易状况如何变化?罗勃津斯基定理指出:在两种生产要素、两种商品模型的情况下,在商品和生产要素的价格保持不变的条件下,如果其中一种生产要素的数量增加了,而另一种生产要素的数量保持不变,那么密集使用了前一种生产要素的产品的绝对产量将会增加,而密集使用了后一种生产要素的产品的绝对量将会减少。

根据罗勃津斯基的分析,如果劳动力增加了,劳动密集型产品的绝对量就会增加,资本密集型产品的绝对量就会减少。如果劳动密集型产品是这个国家的相对优势产品即出口产品,资本密集型产品是这个国家的相对劣势产品即进口竞争产品,那么,随着劳动力的增加,该国的出口量和进口量都会增加。如果劳动密集型产品因该国增加出口而引起价格下跌,资本密集型产品因该国增加进口而引起价格上涨,那就会导致贸易条件的恶化。

如果劳动密集型产品是这个国家的进口竞争产品,而资本密集型产品是出口产品,那么随着劳动力的增加,进口竞争产品即进口替代产品的绝对产量就会增加,从而减少进口;出口产品资本密集型产品的产量就会减少,从而缩减了出口量。如果劳动密集型产品因该国减少进口而引起价格下跌,资本密集型产品因该国减少出口而引起价格上涨,那就会导致该国贸易条件的改善。

由此可见,经济增长对国际贸易的影响,主要取决于这种增长是出现在进口竞争行业还是出口行业。此外,该国进出口数量的增减能否影响商品的世界价格也是生产要素增长影响国际贸易关系的重要因素。

2. 生产要素贫困化增长对国际贸易的影响

一国经济增长并不一定带来福利的增长。贫困化增长指的是这样一种情况,如果一国生产要素的增长使出口商品的供给增加很快,生产和贸易的增长导致贸易条件的恶化,也可能出现经济增长后福利水平下降的情况。1956年,印度著名经济学家巴格瓦蒂分析了这种情况。

贫困化增长的根源是增长带来的贸易条件的恶化,大多发生在生产、出口初级产品的发展中大国,其出口量占世界该种初级产品出口量相当大的比重,因而当该国出口产品(通常是初级产品)的供应量急剧增加时,它的国际市场价格趋于下跌,而世界其他国家对于该国这种初级产品的需求弹性很低,不会因为价格的下降大量增加进口,这就将导致世界市场供过于求,价格大幅度下跌。面对持续下跌的国际价格,该国又缺乏结构调整的能力,强烈依赖于这种初级产品的出口来支持经济发展,即使贸易条件极为不利也不敢紧缩出口,甚至为保持一定的进口支付能力而不得不增加出口,最终导致出口量增加、贸易条件持续恶化、国民福利下降的后果。

贫困化增长的实际例证很少,在某些特定行业可能发生。20 世纪 30 年代以前,巴西咖啡生产量很大,在世界市场占有重要份额,为增加收入,巴西大量生产和出口咖啡,结果导致该国贸易条件严重恶化,出口扩大反而使本国福利水平下降。

(二) 技术进步对国际贸易的影响

技术进步意味着投入产出效率的提高,使等量投入生产出更多的产品;也可以说一定量的产出只要更少的投入量。技术进步带来的生产率的提高,相当于技术不变时,要素供给量的增加。技术进步对国际贸易的影响主要取决于技术进步使何种生产要素得到节约使用和总量增长,对此英国经济学家希克斯作了卓有成效的研究。

希克斯假定只有劳动力和资本两种生产要素,用来生产劳动密集型和资本密集型两种产品。他将技术进步分为三种,即中性技术进步、劳动节约型技术进步以及资本节约型技术进步。

(1) 中性技术进步。中性技术进步是指劳动和资本这两种要素的边际生产率同比率的提高。生产每一单位产品时,技术进步使所需要的劳动与资本得到同一比例的节约,即产品中劳动与资本的要素比率不变。

(2) 劳动节约型技术进步。劳动节约型技术进步是指技术进步导致资本的边际生产率比劳动的边际生产率提高得快。在要素价格相对比率不变时,生产中的一部分劳动将被资本所代替,产品中劳动与资本的要素比率降低,劳动/资本比率下降,节约了劳动。劳动节约型技术进步将提高劳动密集型产品的产量。

(3) 资本节约型技术进步。资本节约型技术进步是指技术进步导致劳动的边际生产率比资本的边际生产率提高得快。在要素价格相对比率不变时,生产中的一部分资本将被劳动所代替,产品中劳动与资本的要素比率提高,即劳动/资本比率上升,节约了资本。资本节约型技术进步将提高资本密集型产品的产量。

技术进步的结果若从生产要素存量角度看,这种在生产过程中对生产要素使用量的减少实际上就是意味着生产要素存量增加。也可以这样来理解,技术进步对一国国际贸易影响可用生产要素增长对国际贸易影响的理论来解释。假定生产要素价格与商品价格不变,那么在发生不同类型技术进步时必然会对生产产生不同的影响,必然对该国进出口活动发生影响。

劳动节约型技术进步,将提高劳动密集型产品的产量。如果劳动密集型产品是这个国家的相对优势产品即出口产品,且这个国家能够影响该产品的世界价格,那么国际市场价格会因该国增加出口而下跌,贸易条件趋于恶化;如果劳动密集型产品是这个国家的进口产品,那么国际市场价格会因该国减少进口而下跌,贸易条件趋于改善。

资本节约型技术进步,将提高资本密集型产品的产量。如果资本密集型产品是这个国家的相对优势产品即出口产品,且这个国家能够影响该产品的世界价格,那么国际市场价格会因该国增加出口而下跌,贸易条件趋于恶化;如果资本密集型产品是这个国家的进口产品,那么国际市场价格会因该国减少进口而下跌,贸易条件趋于改善。

中性技术进步会使得劳动密集型、资本密集型产品都增加,对一国贸易条件的影响主要看何种资源密集型产品为出口产品,其对贸易条件的影响可以从上述两种情况加以具体推定。

当然,技术进步对于贸易条件的影响,还要受到该国对不同产品的需求弹性、供给弹性以及外国对不同产品的需求弹性、供给弹性的影响,要综合考虑各方面的影响因素。

(三) 需求对国际贸易的影响

经济增长使国民收入增加,消费量随之扩大,消费层次也得以提高,进而影响国际贸易。当收入增加时,人们对不同商品的购买量并非同比例增加,也就是说,有的商品需求量增加的百分比高于收入增加的百分比,有的商品需求量增加的百分比低于收入增加的百分比,所以各种商品占总需求的比重变化明显。一般来讲,生活必需品(如食品等)占总需求的比重会随着收入的增加而降低;而奢侈品等商品占总需求的比重会随着收入的增加而不断上升。对其研究卓有成效者是德国统计学家恩格尔,恩格尔法则指出,随着人们收入的增加,在消费支出中用于食品支出的比重逐步下降。根据这一分析可以推断,在国际贸易中,随着经济增长和人均收入水平的提高,对初级产品的需求增加较少,需求将会大量转向工业制成品,这样使得制成品出口国享有提高产品相对价格、改善贸易条件的好处,而初级产品出口国从国际贸易中获得的利益将非常有限。

从国际贸易商品结构的演变趋势看,初级产品在国际贸易商品总量中占比持续下降,一般工业制成品比重也有所下降,而高技术含量的制成品比重迅速上升。这就决定了严重依赖初级产品出口的发展中国家在国际贸易中处于十分不利的地位,而掌握核心技术的发达国家从国际经贸交往中获得的利益远远超过发展中国家。

(四) 经济增长对国际贸易差额的影响

在前面部分主要从供给和需求角度分析经济增长对一国进出口的影响,但并未分析它们对贸易差额的影响。下面来简要介绍英国著名经济学家哈罗德提出的三个命题。

命题1:如果Ⅰ国的经济增长率大于Ⅱ国,Ⅰ国就会产生入超倾向。哈罗德认为国民收入增长率 $\Delta Y/Y$ 和进口增长率 $\Delta M/M$ 相等(Y 代表国民收入,M 代表进口),即进口收入弹性 $e=1$。那么命题1可以用公式表示:如果 $\Delta Y_Ⅰ/Y_Ⅰ > \Delta Y_Ⅱ/Y_Ⅱ$,则 $\Delta M_Ⅰ/M_Ⅰ > \Delta M_Ⅱ/M_Ⅱ$,如果初始 $M_Ⅰ=M_Ⅱ$,则 $\Delta M_Ⅰ > \Delta M_Ⅱ$,Ⅰ国就有入超倾向。

命题2:如果Ⅰ国的比较优势产业中人均劳动生产率的增长率大于该国国民收入的增长率,Ⅰ国就会产生出超倾向。仍然假定国民收入增长率 $\Delta Y/Y$ 和进口增长率 $\Delta M/M$ 相等,即进口收入弹性 $e=1$。用 X 表示出口,那么命题2可以用公式表示:如果 $\Delta X_Ⅰ/X_Ⅰ > \Delta Y_Ⅰ/Y_Ⅰ$,则 $\Delta X_Ⅰ/X_Ⅰ > \Delta M_Ⅰ/M_Ⅰ$,Ⅰ国就有出超倾向。

命题3:如果Ⅰ国工资增长率小于人均劳动生产率的增长率,Ⅰ国就会具有出超倾向。工资除以每人平均生产量(即生产率)得到效率工资。Ⅰ国效率工资降低,可能出现如下情况。

（1）出口商品的竞争力增强，出口量扩大。

（2）以前不能出口的商品也能出口了，出口商品的范围将会扩大。

（3）进口商品显得没那么便宜了，进口量将减少，进口商品的范围也会缩小。因此，Ⅰ国贸易出超。

三、国际贸易与经济结构的相互影响

国际贸易对经济结构的影响是通过以下几个方面发生作用的。

第一，国际贸易使得分工进一步深化，专业化生产有所加强，资源重新配置。一般来说，一国的出口部门由于市场范围的扩大，利润增加，出口获得的利润可以进一步投资，导致该部门供给能力的进一步扩大。而进口竞争部门则因国外廉价商品的竞争，有日益衰退的趋势，除非进行技术变革或者政府部门进行保护。

第二，开展国际贸易会使进口竞争部门努力进行技术创新，提高劳动生产率，改善经营管理，在竞争中求生存。当然只有那些在该国具有潜在优势的进口竞争部门才能得以最终生存和发展。

第三，国际贸易是建立新行业的重要手段。新行业能否迅速发展，关键看是否有足够的市场需求。某些新行业的建立和发展单靠国内市场需求可能是不够的，国内市场需求还不足以维持一个行业达到规模经济，这时国际贸易可以通过提供新的需求来支持这一行业的发展。

第四，当国际贸易形势发生变化时，往往要求一国对经济结构加以调整。2008年美国金融危机使全球贸易保护主义愈演愈烈，一些发达国家趁机以环境保护之名行贸易保护之实。其中，最具代表性的保护措施就是"碳关税"，它是指发达国家提出的对高耗能进口产品征收的特别的二氧化碳排放关税。美国众议院2009年6月26日通过的《美国清洁能源安全法案》，授权美国政府今后对因拒绝减排而获得竞争优势的国家的出口产品征收"碳关税"。法国国民议会和参议院也于同年10月和11月先后投票，通过了从2010年起在法国内征收碳税的议案。"碳关税"不仅违反了WTO的基本规则，也违背了《京都议定书》确定的发达国家和发展中国家在气候变化领域"共同而有区别的责任"原则，严重损害发展中国家利益，其实质是发达国家体现经济霸权的一种新形式。中国作为世界最大的出口国，自然成为保护措施惩罚的首要对象。贸易保护主义迫使中国加快经济结构调整的步伐，转变对外经济发展方式。

经济结构对国际贸易也会产生影响，这主要表现在对外贸易的商品结构方面。在国际经贸往来中，发达国家产业层次较高，在出口商品结构中主要以工业制成品中的资本、技术密集型产品为主；而发展中国家产业层次较低，通常出口初级产品和中低技术含量的制成品。此外，经济结构的优化也会使得出口商品结构随着变化。值得注意的是，一些发展中国家的出口商品结构并不能真实反映出国内经济结构的优化程度。例如，现阶段我国的出口商品中高新技术产品占比较大，这主要是跨国公司在全球分布生产环节的结果，我国处于生产链的末端，大量进口的中间产品在我国经过简单加工、装配后形成最终产品再出口。

专栏 10-1　认清机遇和挑战　以更加积极的姿态融入全球价值链

近20年来,经济全球化浪潮所催生的巨大变化之一就是全球价值链的深入发展。这一新的国际分工体系的形成,不仅引发全球供应链、产业链、商品链的深刻变革,对国际贸易、跨国投资乃至全球经贸治理也带来深远影响。2008年国际金融危机爆发以来,世界经济步入深度调整与结构再平衡的"新平庸"状态,以大规模跨国投资驱动、高增长中间品贸易为特征的全球价值链步入深度结构调整期。驱动上一轮全球价值链扩张的制度和技术两大引擎的作用均有所下降,基于全球价值链的国际经贸规则重塑蓄势待发。在国际发展环境和条件发生重大变化的同时,我国经济发展进入新常态。综合来看,我国深度参与全球价值链调整,既是实现从经贸大国向经贸强国转变的内在要求,也是积极参与国际经贸规则重塑的必由之路,将使我国经济发展迎来新的重要机遇。

为我国新一轮以开放促改革提供契机。全球价值链作为经济全球化的高级形态,标志着经济全球化进入资源深度整合时代,对各国扩大开放提出了新要求。一国能否在全球价值链中抢得先机、提升收益,越来越多地取决于知识产权保护、公平竞争环境以及相关管理规制等。深度参与全球价值链合作和政策对话,有助于进一步明晰我国下一步扩大开放的重点领域、方向和路径,推动加快构建开放型经济新体制,释放更大开放红利。

为我国产业向全球价值链高端跃升提供空间。据商务部政策研究室会同有关机构的研究,2010—2012年,我国每1 000美元货物出口的增加值分别为605美元、616美元、621美元,呈稳步提升趋势。相关研究还表明,在出口增加值提升的同时,我国通过原始创新、集成创新、引进消化吸收再创新、第三方外包等方式,整合了国内外技术资源,提升了国内产业技术水平。当前,正在孕育兴起的新一轮科技革命和产业变革与我国加快转变经济发展方式形成历史性交汇。我国如能抓住国际产业分工格局调整这一重大历史机遇,深度参与全球价值链,注重设计、研发、营销、服务等高级生产要素的积累,势必有利于加快培育向价值链两端延伸的国际竞争新优势;与此同时,我国如能通过加快走出去步伐提高跨国公司经营能力、自主构建全球及区域价值链网络,还将有利于加快打造以我为主、深度融合、互利共赢的全球价值链。

为我国推动完善全球经贸治理提供平台。国际金融危机后,全球贸易增长持续低迷。如何从促进全球价值链拓展和深化的角度提出完善全球经贸治理的新路径、新举措,是一个具有重大现实意义的课题。我国作为发展中大国,既有作为全球价值链深度参与者的成功实践,又有日益增强的大国影响力,许多经验对发展中经济体具有启示和借鉴意义。新形势下,我国继续大力深化全球价值链合作,并与"一带一路"倡议和国际产能合作等重大开放举措结合起来,将有利于推动全球经贸治理向更加着眼于发展、开放和包容的方向迈进。

我国既是全球价值链的深度参与者,也是重要的利益攸关方。未来在参与和引领全球价值链进程中,我们有优势、有条件、有机遇,但也有不少需要克服的风险和挑战。比如,在推动产业向全球价值链高端跃升过程中,需要处理好巩固传统优势和培育新优势的关系。应从世界范围的产业联系的视角来推进产业转型升级,探索提出新形势下推进我国外贸转型升级、培育引资新优势、增强企业国际化经营能力的方向路径以及具有可操作性的政策建议。又如,全球价值链的变化重塑带来了国际经贸规则的大变局,但各国的发展基础、比较优势不同,诉求也不尽一致。我国既需要更加积极主动地参与规则制定以维护自身利益,也需要在国际经贸舞台上推行符合发展中国家利益的新一代贸易投资规则,为完善全球经贸治理提供更富建设性的公共产品。

总体来看,在全球价值链的深度结构调整期,我国面临的机遇大于挑战。抓住机遇、应对挑战,以更加积极主动的姿态进一步融入全球价值链,应在构建开放型经济新体制的过程中,实现改革与开放良性互动,利用高水平对外开放推动国内关键领域改革,以改革开放为我国深度参与全球价值链、提升在全球价值链上的地位营造良好条件;还应在参与国际竞争合作中把握主动,在参与全球经贸治理进程中建设性地提出中国方案、中国议题和中国规则。

第二节　国际贸易战略与发展中国家的经济发展

国际贸易战略是一国经济发展战略的具体组成部分,在当今相互依赖的开放性的世界经济环境中,一国经济发展在很大程度上取决于该国国际贸易战略的实施所推动的工业化发展程度。从这个意义上说,国际贸易战略往往就是一国经济发展的基本战略。能否根据变化了的国际贸易环境选择合适的外贸发展战略,是发展中国家外贸发展的首要问题。

一、国际贸易战略的内涵与类型

国际贸易战略又称为国际贸易发展战略,隶属于经济发展战略,是指一国或地区在一定时期内对对外贸易的目标、方向、结构以及相应措施所制定的战略性决策。

西方经济学家在对国际贸易战略进行归类时,提出了贸易奖励制度是否中性的标准。所谓奖励,是指政府为影响资源在各种经济活动之间的配置并影响资源的使用是面向国外市场还是面向国内市场而采取的种种措施。如果总体的贸易奖励制度偏向鼓励内销、歧视外销,就是内向型战略或进口替代战略;如果奖励制度对进口和出口、内销和外销没有歧视,或者各种政策作用的结果发生中和或抵消作用,则为外向型战略。[1]

---

[1] 张相文:《国际贸易学》,武汉大学出版社,2004年,第235页。

在各种归类方法中,影响较大的有:钱纳里的贸易战略分类(内向型、外向型和中间型)、克鲁格的分类(出口促进战略、进口替代战略和温和的进口替代战略)以及世界银行的分类等。

世界银行依据一国或地区为内销生产和为外销生产所给予的实际保护将贸易战略大体上分为外向型和内向型两类。在此基础上,世界银行又根据有效保护率、运用诸如限额和进口许可证等直接控制、采用对出口贸易奖励的办法和汇率定值的程度等四项指标,将贸易战略进一步细分为四种:坚定的外向型战略、一般的外向型战略、一般的内向型战略和坚定的内向型战略。

(1)坚定的外向型战略。表现为中性的贸易政策,对出口的奖励抵消了对出口的抑制,既不过分鼓励出口,也不严格限制进口,或者两种政策发生中和或抵消作用;不采用或很少采用直接控制和许可证办法;保持汇率的相对稳定,进口和出口贸易的实际汇率大体相等。

(2)一般的外向型战略。表现为对本国市场的实际平均保护率较低,在有限范围的商品上使用直接的贸易限制和许可证制度;虽然对出口贸易采取一些奖励措施,但不能抵消对进口的保护;进出口贸易的实际汇率差别不大。

(3)一般的内向型战略。奖励制度总的结构明显偏向为内销生产,对本国市场的平均实际保护率较高,广泛实行对进口的直接控制和许可证办法;对出口给予一定的奖励,但反进口倾向明显。

(4)坚定的内向型战略。奖励制度强烈地鼓励内销生产,对本国市场的实际保护率很高;普遍实行直接的贸易限制和许可证制度;汇率定值高出很多。

需要指出的是,对于贸易战略的各种分类是基于不同的研究目的,采用不同的研究方法得出的结论。但这些分类实际上并无本质区别,发展经济学家通常把发展中国家的贸易战略大致分为进口替代战略和出口导向战略两种类型。

二、发展中国家对外贸易发展战略

第二次世界大战后至今许多发展中国家的经济取得了令人瞩目的成绩,而这些成绩的取得是和各国成功实施的对外贸易战略紧密相连、密不可分的。发展中国家的对外贸易发展战略在各国实现产业升级、工业化和现代化以及经济发展的过程中发挥了重要作用。

(一)进口替代战略

进口替代战略,是20世纪五六十年代被提出并风行于发展中国家的一种外贸战略。提出和实施该战略是为了实现以下目的:削减进口,减少对国外的经济依附;节约外汇,平衡国际收支;发展本国的幼稚工业,实现工业化;发展制造品的生产和出口,改善贸易条件;保护民族工业,扶持本国工业品的生产和出口;增加工业部门劳动就业,改变二元经济结构,等等。可以看出,这些考虑一方面是为了消除发展中国家发展民族经济的障碍;另一方面是为了消除贸易条件不利对发展中国家的影响,为实现工业化和经济发展创造有利条件。这正是第二次世界大战后许多发展中国家寻求经济上的独立和平等发展的目标,是迅速摆脱贫穷落后状况的一条捷径。因此,在第二次世界大战后初期,拉丁美洲一些国家率先实施了进口替代发展战略。随后,亚洲一些国家和地区也开始选择了这一战略,到 20 世纪 60 年代,进口替代战略已成为发展中国家占主导地位的经济发展战略。

进口替代战略一般经历以下两个阶段。

第一阶段:首先建立和发展一般的最终消费品工业(如收音机、自行车、一般家用电器等)。在这一阶段,由于发展中国家缺乏必要的资本、机器设备、原材料、中间产品和技术等,需要从国外进口这些投入,加上缺乏管理经验,生产规模也较小,往往出现产品成本高、质量低、缺少规模效益、外汇使用过度、国际支付困难、产品价格高于同样产品的进口价格等问题。但随着进口替代工业的逐渐成长、成熟,这些问题会逐步得到解决,并趋于能实现进口替代的预定目标。

第二阶段:当进口替代工业发展到一定程度,其产品能基本满足国内市场需要时,进口替代工业就应当升级换代,转向国内需要的资本品、中间产品的生产,建立机器制造、机床生产、石油提炼、炼钢轧钢等工业,在生产中尽可能多地使用国产原料和其他投入,增强自力更生能力。

发展进口替代工业可以采取多种形式,如由国家投资办厂、引进外资以及利用民间资本建厂等。在进口替代工业建立初期,发展中国家的政府通常会采取保护措施对进口替代工业加以扶持。进口替代的保护措施有多种:①实行保护关税,对最终消费品的进口征收高关税,限制其进口,同时对国内生产必需的资本品、中间产品等投入的进口实行低税、减税或免税政策,以降低进口替代品的生产成本;②实行进口限额,限制非必需消费品特别是奢侈品的进口;③实行外汇升值,以减轻必需品进口造成的外汇支付压力;④对进口替代工业在资本、劳动力、技术、价格等方面给予优惠,使它们不被国外产品所排挤。前三项是外部保护措施,后一项是内部保护措施。

进口替代战略在许多发展中国家实行后,取得了一定的成效,主要是有助于民族工业的建立,并推动了工业化的发展。但是,在实践过程中也暴露出以下缺点。

第一,造成外汇短缺,国际收支不平衡,加重了对国外的依赖。发展进口替代工业的初衷是为了减少进口,节约外汇,平衡国际收支,发展民族经济。但是进口替代工业的成长和发展需要进口大量的资本品、中间产品、原材料等,需要大量的外汇。因此,随着进口替代工业的发展,外汇短缺问题愈加严重,国际收支状况趋向恶化。此外,发展中国家如因外汇不足而向外国举债,这样就增加了对外国的依赖。因而,有的发展经济学家认为,进口替代战略与其说是减少进口,不如说是改变进口结构,即从进口最终消费品改变为进口资本品和半成品。

第二,妨碍出口,给经济增长带来不利影响。进口替代的某些保护措施,如外汇升值,虽有利于进口替代产业投入品的进口,却降低了本国产品在国外市场上的竞争能力,以致阻碍了某些传统初级产品的出口,给经济增长带来不利影响,这在发展初期特别明显。

第三,影响经济效益的提高,对国民经济的带动作用不大。进口替代工业在保护措施之下往往成本高,效率低,产品价格缺少竞争力;除非持续不断对它们进行保护,否则这些产业很难长期维持下去;进口替代工业在国内的后向联系很少,而在产品价格居高不下的情况下,国内市场的需求也难以增加,使联系效应更趋于减小,对经济发展的带动作用不大。

第四,不能创造更多的就业机会。发展中国家人口增长快速,就业压力很大,因而应当优先发展劳动密集型产业,但进口替代工业大多使用从国外进口的节约劳动型的机器设备和技术,不利于创造更多的就业机会。

第五,造成了收入分配不均,经济利益外流。进口替代工业的发展使利益比较集中于城市少数工业部门,会引起城乡之间、工农之间、部门之间、劳动者之间的收入分配趋于不均。另外,在发展中国家经营进口替代工业的外国厂商,利用东道国给予的税收和投资优惠,获利颇多。他们把所得的利息、利润、管理费等的绝大部分汇出国外。

因为上述几个问题的出现,不少发展经济学家对进口替代战略抱着怀疑甚至否定的态度。但是,这一战略也确实对许多发展中国家的工业化和民族工业的建立发挥过积极的作用。部分学者认为,虽然进口替代战略有一些弊端,但是,只要注意节约外汇,并尽可能地利用国内资源和人力,这一战略是会奏效的。简单地说,进口替代战略是否行之有效,取决于两个因素,即国际收支状况和本国生产的投入在整个投入中所占的比重。

(二) 出口导向战略

出口导向战略也叫出口鼓励战略或出口替代战略,是一种外向型战略。出口导向战略又可分为依靠初级产品的出口来推动经济增长的"初级产品"出口导向贸易战略和依靠制成品出口来带动经济增长的"次级产品"出口的贸易战略。如果说进口替代战略是发展中国家在发展初期所必须采取的外贸发展战略,那么,一旦进口替代进入成熟阶段,发展中国家就应及时地转向外向型贸易战略,即出口导向外贸战略,而且从实践上看,一些发展中国家在进口替代战略的缺点日益显露之后,也不得不转向寻求外向型的贸易战略。从20世纪70年代起,一些拉丁美洲国家和东南亚一些国家和地区就开始进行这种转变。出口导向战略的实行,主要基于这样一些考虑:①利用本国自然条件优越或劳动力便宜等优势,生产并出口劳动密集型产品,带动经济增长;②扩大出口,增加就业,提高人均收入,促进工业基础的加强,提高技术水平和劳动生产率,使产业结构高级化;③促进加工工业和制成品工业的发展,改变出口产品的结构,改善贸易条件,实现国际收支平衡;④出口鼓励工业的发展,可以克服进口替代战略所产生的一系列问题。

出口导向一般也经历以下两个阶段。

第一阶段:主要发展加工工业,以生产一般消费品为主,如食品、服装、鞋帽、纺织品、洗衣机、收录机、电视机等家用电器,木材加工品,玩具等。这些产品的生产方法比较简单,技术较易掌握,投入要素较易获得,而且国际市场需求较大,需求弹性也不小,比较容易起步。

第二阶段:当第一阶段出口商品生产发展到一定程度,特别是当其中某些产品的市场容量已渐趋饱和或生产与外贸条件已变得不利时,就应当转向以机器设备、机床、电子仪器、机械工具等技术含量较高产品生产为主的出口工业。

出口导向战略的发展可采用外商独资、合资,来料加工,劳务出口(如建筑业),在国外办企业等各种形式。

出口导向战略可以进一步分为两种类型:一种是出口导向与国内生产并举型,即在鼓励出口的同时,还重视与出口有关的工业,使其形成规模经济以满足国内需要;另一种是单纯出口扩大型,即一切以出口鼓励为主。究竟采取哪一类型为好,由各国的具体条件而定,如幅员大小、资源贫富、生产技术条件、人力资源状况、地理位置等。

出口导向战略并非完美无缺,可能会出现下述一些问题。

第一,发展出口导向工业常常受到资源、技术、投资、人力等条件的限制,使这类工业难以建成,或建成后难以产生应有的效率。

第二,产品出口受到国际市场的限制。一方面,从总体上来讲,发展中国家产品的质量优势还不太明显,高科技产品的国际竞争力较弱;另一方面,发达国家往往采取配额限制、反倾销等保护主义措施,妨碍了发展中国家具有价格优势制成品的出口。

第三,一些出口产业得到国家的过度关税保护和价格补贴,以致生产效率较低、成本和价格较高、缺乏国际竞争能力。同时由于补贴过多,给政府财政造成了困难,无力发展其他产业。

第四,过度发展出口部门,会造成国内其他部门的资源和资金匮乏,使经济畸形发展。

第五,出口比重过大会使一个国家的经济过分依赖于国际市场,国内经济易受国际市场波动的影响。

(三) 进口替代战略与出口导向战略的比较

从 20 世纪 50 年代起,在发展经济学理论文献中,进口替代与出口导向孰优孰劣一直是一个争论不休的问题。大体上说,自由贸易鼓吹者都主张外向的出口导向型发展战略,贸易保护倡导者则强调内向的进口替代发展战略。20 世纪 50 年代和 60 年代,进口替代论者居于上风;70 年代以后,出口导向论变成主流,它特别得到西方国家和世界银行经济学家的赞赏。

进口替代与出口导向的基本区别在于:进口替代的主张者相信,发展中国家应当首先用国内产品的生产替代先前对一般消费品的进口,然后用国内产品的生产替代先前对高级消费品的进口。因而,一国政府有必要以高关税和限额的措施限制进口,使国内的幼稚工业得到保护。但是,进口替代主张者的长远目标是双重的:一方面,实现国内工业生产的多样化和平衡发展;另一方面,规模经济效益使生产成本下降,产品价格大幅降低,最初受保护的制成品最终具有出口的能力。出口导向战略的主张者津津乐道于东亚一些国家和地区外向经济的成就,认为自由贸易可以提高效率,促进增长,强调以广大的世界市场替代狭小国内市场的重要意义,尖锐地指出保护措施必将造成价格和成本的扭曲。

实际上,进口替代战略和出口导向战略并不存在着尖锐的对立,许多发展中国家对两种战略都兼而用之,只是在不同阶段对两者各有侧重而已,只有一部分发展中国家始终坚持采用其中一种战略。

从理论的逻辑上看,可以对进口替代和出口导向两种贸易战略发展的时间顺序形成一种认识：发展中国家在发展之初，工业一般都十分落后，为了早日实现工业化，发展中国家首先实行的是进口替代战略，等到工业发展已具备一定基础，工业产品在国际市场上有一定竞争能力的时候，就会从进口替代发展到出口导向。在实践上，许多发展中国家确实也是按照这一顺序逐步转变其对外贸易战略的。从这种意义上说，在许多发展中国家对外贸易战略的选择上，显示了理论的逻辑和历史的逻辑的统一。

从 1997 年秋爆发的东南亚经济危机的教训来看，出口导向战略，特别是东南亚国家和地区奉行的单纯出口扩大型的战略，即一切以鼓励出口为主，生产基本上满足国外需求的策略的实施，引起了诸多不良后果。发展中国家应该立足国内和国外两个市场，特别是一个发展中大国更应注意这个问题。外向型的出口导向阶段不是一个内涵恒常不变的战略阶段，在其初期，必须针对封闭型进口替代的弊端，大力开发国外市场，并由此而取得迅速发展经济的绩效，但当经济发展到一定水平时，就应及时重视开发国内市场。

第三节　中国对外贸易战略的演变与调整

一、改革开放前后对外贸易战略变化

到目前为止，中国对外贸易战略的演变基本上可分为两个阶段：改革开放前的对外贸易战略和改革开放后的贸易战略。对于改革开放前我国的对外贸易战略，国内外学者基本上都持一致观点，即我国实行的是进口替代型对外贸易发展战略。由于我国改革开放前特殊的历史、社会和政策环境，国外有的学者（如美国的拉迪）认为我国的进口替代型贸易战略是一种极端的形式。

在改革开放前这一阶段，我国实行对外贸易的目的是"互通有无、调剂余缺"，我们把自力更生强调到了极点，只有自己不能生产的才进口，而不是根据国际分工的原理，根据比较优势来安排生产和进出口贸易。由于我们过分强调独立自主、自力更生的方针，也由于各种政治运动的冲击，以及国际上的不利条件，在 1978 年以前的 30 年中，我国的贸易发展是比较慢的。从表 10-1 可以看到，在 1952—1970 年，中国的对外贸易额几乎没有什么增加。由于经济的增长，贸易占国内生产总值的比重逐步从接近 10% 下降到 5%。20 世纪 70 年代，随着中美关系的改善及中美贸易的恢复，对外贸易才有较大幅度的增长。但是总的来说，1978 年以前，中国的对外贸易增长并不快，其占国内生产总值的比重也没有超过 10%。在 1952—1978 年，对外贸易额增长了近 5.5 倍，其中出口额增长了约 6.2 倍，进口额增长了 6.0 倍；而改革开放以后，1979—1997 年的贸易总额以人民币计算增长了 59.3 倍，其中出口增长了 71.6 倍，进口增长了 48.6 倍；如以美元计算，贸易总额增长了 11.1 倍，其中出口增长了 14.4 倍，进口增长了 9.1 倍，均比改革开放以前快得多。

表 10-1 1952—1978 年中国的贸易增长情况

年份	GDP(亿元)	贸易总额(亿元)	出口额(亿元)	进口额(亿元)	贸易占 GDP 比重
1952	670.0	64.6	27.1	37.5	9.6%
1957	1 068.0	104.5	54.5	50.0	9.8%
1962	1 149.3	80.9	47.1	33.8	7.0%
1965	1 715.1	118.4	63.1	55.3	6.9%
1970	2 252.7	112.9	56.8	56.1	5.0%
1975	2 997.3	290.4	143.0	147.4	9.7%
1978	3 624.1	355.0	167.6	187.4	9.8%

资料来源：中国统计年鉴 1998，第 55、第 620 页。

改革开放以后到目前，我国并没有正式提出实施何种战略，但研究者大多认为改革开放至今的对外贸易政策与出口导向战略更为接近。因此，普遍一致的观点是，改革开放后中国的对外贸易战略从极端的进口替代型贸易战略逐渐向出口导向型贸易战略转变。在这一阶段，为了鼓励出口，我国先后实行了贸易补贴、减免关税、出口退税等措施，这些措施都极大地推动了中国的对外贸易发展。而实行进口替代贸易战略所依赖的名义高关税大幅度下降，高估的汇率政策也在 1994 年随着汇率并轨而得以部分校正。我国的贸易战略随着改革开放的深入而不断地从进口替代战略转向了出口导向贸易战略。所以，可以认为改革开放后，我国的贸易战略是出口导向的。

二、中国贸易的战略对经济发展的影响

改革开放以后至今，中国的贸易发展战略发生了重大的调整和深刻的变化。这种调整和变化使贸易战略对经济发展起到了相当大的作用，主要表现在如下几个方面。

第一，推动了对外贸易的发展。改革开放以来，虽然中国还有较多的关税和非关税保护措施，但是为了鼓励出口，中国政府也出台了不少优惠政策，包括出口补贴、减免公司所得税、出口退税、优惠贷款等，使得产品的出口大量增加，推动了对外贸易的发展。

第二，保护了国内的产业，缓解了投入方面的约束，有助于国内产业的升级。中国的自由贸易是政府有干预的自由贸易，即一方面保护国内产业，另一方面鼓励出口。它在至少不减少贸易的同时，使国内市场与国际市场有一定的隔离，保护了国内市场，有助于国内产业的升级。同时，出口的发展使中国得到了大量的外汇收入，能够进口各种国内缺乏的投资品，缓解或消除产业升级中的投资约束，使新的产业能够建立并发展起来。

第三，增加了就业机会。改革开放的初期，由于中国在进口关税中采取了鼓励出口的政策(即出口所使用的进口材料、零部件免关税、加工出口产品所进口的机器设备减关税)，使得以来料加工、进料加工为特征的加工贸易迅速发展。由于这种加工贸易主要是用进口的原材料和零部件，经过加工后再出口，因此它更充分地利用了我国劳动力多这一优势，在一定程度上解决了剩余劳动力的出路问题。纺织服装等传统的劳动

密集型产品的大量出口已经成为吸收劳动力就业的主要渠道。

第四,促进了经济的增长。一般说来,贸易增长快的国家往往经济增长也快,而单纯实施贸易保护、抑制贸易增长的国家往往经济增长也慢。一国的出口贸易额是该国国民生产总值的一部分,如果扩大出口利用了原有的剩余资源,那么必然会导致国民生产总值增长。改革开放初期,由于中国长期推行重工业化战略和城乡分割的户籍制度,大量的富裕劳动力处于失业、半失业状况。在出口导向模式引导下,中国大量剩余劳动力投入出口部门,再加上投资的增加,从而使得劳动力资源乃至整个社会资源利用率得以大幅度提高,进而促进了经济的增长。

但是从实践来看,我国贸易战略也暴露出一些问题,主要表现在如下几个方面。

1. 对外贸易依存度较高,外部经济波动的风险较大

从总体上来说,近年来中国的对外贸易呈现出高速增长的势头,其增长速度超过了中国国民经济的增长速度。中国在2009年赶超德国,成为第一大外贸出口国家。对外贸易增长持续高于国民经济增长的结果是国民经济的对外依赖程度不断攀升。外贸依存度在不断提高,既是中国抓住经济全球化机遇、扩大对外开放、不断增强国力的表现,同时也意味着外部环境变化对中国的影响在进一步加深。对外贸易依存度较高带来的风险在不断加大,这主要是因为中国经济对国际市场的过度依赖,由此带来经济运行的风险在加大,面临的挑战也在增多,国民经济增长的稳定性下降。

2. 粗放型的出口增长使资源环境压力不断加大

中国是一个人口多资源少的国家,人均能源可采储量远低于世界人均水平。特别是石油资源严重不足已经成为中国经济发展的严重制约因素。一方面,我国资源、能源、原材料等短缺;另一方面,我国出口商品中高耗能的资源密集型商品仍占相当比重,粗放型的出口增长加剧了我国经济发展与资源环境压力之间的矛盾。在这样的背景之下,粗放型的出口增长越多,消耗的能源和资源就越多,对环境的破坏就越严重。

3. 对外贸易摩擦频发

随着我国出口规模的不断扩大,形式多样的贸易摩擦频繁发生。特别是2008年国际金融危机爆发以来,中国成为国际贸易保护主义措施的首要针对目标,面临空前的贸易保护主义重压。根据中国商务部的统计数据显示,2010—2021年,全球对我国发起的贸易救济案件中,反倾销案件共计759起,占比57.24%,反补贴案件共计159起,占比11.99%,保障措施案件共计204起,占比15.38%,特别保障措施案件共计4起,占比0.30%。

事实上,在全球金融危机下,贸易保护主义对中国的影响也更为深远,尤其是贸易和技术方面的新贸易壁垒对我国出口的影响加大。其影响力从单个产品向整个产业扩散,直至国家政策层面,影响诸多企业的生产经营,更重要的是影响了我国宏观政策的稳定性和可持续性。

4. 出口金额虽然高速增长,但是贸易竞争力仍需不断提升

我国劳动力资源丰富,长期以来凭借低廉的劳动力价格和优惠的土地、税收政策吸引了大量国际直接投资,参与国际分工,进行国际贸易。长期偏重于劳动密集型产品的出口进行自由贸易会带来一些利益,但有可能使发展中国家在国际分工中被锁定到劳动密集型产业的专业分工中,从而丧失了技术进步的机会。由于中国出口部门的高速增长主要是凭借大规模的要素投入来实现的,出口贸易中具有自主知识产权的产品比重偏低,出口的高速增长并没有带来我国国际竞争力的大幅提高。在当前由发达国家跨国公司主导的全球生产网络中,以中国为代表的广大发展中国家对这种分工有更大的依附性,这对致力于自主发展的中国来说是个重大挑战和潜在威胁。

专栏 10-2 量稳质升,货物贸易向高质量发展迈出新步伐

党的十八大以来,以习近平同志为核心的党中央举旗定向、谋篇布局,深刻把握新时代中国和世界发展大势,推进对外开放理论和实践创新,我国对外开放水平达到了前所未有的高度。我国的对外贸易规模稳步增长,结构持续优化,贸易大国地位更加巩固。同时,双向投资协同发展,质量效益逐步提升,国际影响力明显增强。

党的十八大以来,我国外贸总体规模不断扩大,贸易质量稳步提升。面对超出预期的复杂外部环境,我国外贸表现出了强大的韧性和活力,展现出了长期向好发展的雄厚基础。2021年,我国进出口快速增长,国际市场份额进一步提升,充分展示了我国不仅向全球市场提供了丰富的商品,也为各国提供了更广阔的中国市场发展机遇。

一、贸易规模迈上新台阶

2013—2021年,我国货物贸易累计进出口达到262.3万亿元,年均增长5.4%。其中,出口达到144.7万亿元,年均增长5.9%;进口达到117.6万亿元,年均增长4.7%。2013年我国货物进出口首次突破4万亿美元大关,2021年又连续跨越5万亿、6万亿美元两大台阶,达到了历史高点。我国货物进出口占国际市场份额由2012年的10.4%提升至2021年的13.5%,连续五年位居全球货物贸易第一大国。

二、贸易质量效益稳步提升

随着我国货物贸易结构调整和转型升级的推进,一般贸易方式进出口占比不断提升。2013—2021年,我国一般贸易方式累计进出口达到149.8万亿元,占同期累计货物进出口总值的57.1%;加工贸易累计进出口达到72.6万亿元,占同期累计货物进出口总值的27.7%。2021年,我国一般贸易方式进出口达到24.1万亿元,占进出口总额的比重为61.6%,比2012年提高了9.6个百分点;加工贸易进出口达到8.5万亿元,占比21.7%,比2012年下降了13.1个百分点。

我国市场采购、跨境电商等外贸新业态蓬勃发展,并以极快的发展速度、巨大的发展潜力成为带动外贸增长的新动力。全国已设立市场采购贸易方式试点31个,跨境电子商务综合试验区132个,外贸新业态先行先试"试验田"不断扩大。2021年,我国市场采购出口达到9 303.9亿元,跨境电商进出口达到1.98万亿元。

三、贸易经营主体活力不断增强

党的十八大以来,我国企业参与国际市场竞争的积极性进一步提升。截至 2021 年,我国有进出口实绩的外贸企业数量达到 56.7 万家,比 2012 年增长了 1.7 倍。尤其值得注意的是,生产经营更加灵活的民营企业成为推动我国外贸发展的重要"引擎"。2019 年,民营企业进出口额占外贸总值的比重首次超过外资企业,成为我国外贸的主要力量。2021 年,我国民营企业进出口额达 3 万亿美元,比 2012 年增长 1.4 倍,年均增长率达到 10.3%;其占外贸总值的比重为 48.9%,较 2012 年提升 7.3 个百分点。同时,我国外贸企业努力从"中国制造"向"中国智造"转型升级,不断提升创新能力、品牌建设、营销能力,具有自主品牌、自主知识产权、自主营销渠道以及高技术、高附加值、高效益的出口商品占比不断提高。

四、贸易区域发展更协调

党的十八大以来,我国东部地区对外贸易保持稳步增长,而中西部地区对外开放步伐不断加快。按美元计价,2021 年,我国东部地区外贸进出口额达到 4.8 万亿美元,比 2012 年增长 46.9%,年均增长率为 4.4%。同期,我国中西部地区的进出口额达到 1.1 万亿美元,是 2012 年的 2.5 倍,年均增长率高达 10.7%,较同期全国外贸整体平均增速高出 5.6 个百分点。中西部地区的外贸进出口总值占同期全国外贸进出口总值的比重为 17.7%,较 2012 年提升了 6.6 个百分点。

从省份来看,2013—2021 年,东部地区中,浙江是外贸进出口增长最快的省份,年均增速为 8.3%,其次是山东、福建、河北,年均增速分别为 7.1%、7.0%、5.6%。同期,中西部地区中,陕西外贸进出口增速最快,年均增速达到 19.5%,其次是湖南、广西、安徽,年均增速分别为 17.4%、13.4%、11.8%。

五、国际市场布局均衡发展

2013—2021 年,东盟、欧盟和美国始终稳居我国前三大贸易伙伴地位。2021 年,我国对这三大贸易伙伴的进出口额达到 15.9 万亿元,占全国进出口总额的 40.7%,比重与 2012 年基本持平。同时,我国对"一带一路"沿线国家进出口保持快速增长,2013—2021 年,我国与"一带一路"沿线国家的进出口总值从 6.5 万亿元增长至 11.6 万亿元,年均增长率为 7.5%,其占同期我国外贸总值的比重从 25.0% 提升至 29.7%。我国与东盟的双边贸易关系保持着良好的发展态势,继 2019 年超过美国成为我国第二大贸易伙伴后,2020 年超越欧盟成为我国最大的贸易伙伴。

资料来源:中国国家统计局. 高水平开放成效显著 合作共赢展现大国担当——党的十八大以来经济社会发展成就系列报告之十六[EB/OL]. (2022-10-09)[2023-01-09]. http://www.stats.gov.cn/xxgk/jd/sjjd2020/202210/t20221009_1889045.html.

三、中国对外贸易的战略选择

20 世纪 90 年代以来,关于我国应选择什么样的贸易战略问题的讨论一直没有停止过,归纳一下大致有如下几种:①我国应坚持实施进口替代型贸易战略;②我国应实施出口导向型贸易战略；③我国应实行综合型贸易战略或平衡型贸易战略；④我国应实行内撑外开型贸易战略；⑤我国应实行适度保护下的自由贸易战略。

进口替代型和出口导向型贸易战略均有利有弊。从历史实践来看，凡实行进口替代贸易战略的国家要么以失败而告终，要么转向了其他战略。随着内外部环境的改变，我国长期以来过于强调出口增长的出口导向型贸易战略也备受诟病。

由于进口替代型和出口导向型贸易战略都有一些缺陷，所以有些学者提出了中国应实行综合型贸易战略或平衡型贸易战略。该战略的根本考虑是把进口替代战略和出口导向战略各自有效的部分组合起来，在继续大力发展进口替代的同时，积极利用出口替代战略的某些政策，以兼容并蓄，最大限度地促进经济发展。这里有效的组合部分主要包括进口替代战略中的面向国内市场的独立自主的工业化、改进后的政府干预和保护以及出口导向战略中的出口鼓励政策等。反对此战略的人认为正是由于综合型贸易战略试图将进口替代和出口导向两种战略"结合"起来，从而导致了一些新的矛盾和问题，给经济发展带来了不同程度的损害。主要原因是进口替代和出口导向战略是两种完全不同的贸易战略，各自所奉行的贸易政策在作用和方向上基本上是相反的。比如，进口替代战略实行汇率高估政策，而出口导向战略则实行汇率中性和低估政策；进口替代战略要求实行高关税政策，而出口导向战略则要求实行低关税政策。因此，如果把这两种贸易战略结合在一起，必然会发生许多矛盾和摩擦。

有的学者提出了"内撑外开型贸易战略"。简单地说，内撑外开型贸易战略就是以国际比较优势为依据，以国内市场为依托，以适度保护为辅助，全面对外开放的贸易战略。该战略主要由以下三个方面的内容构成。

（1）充分发挥自身的国际比较优势，走开放型的发展道路。当代世界各国经济联系越来越紧密，国际分工和一体化程度越来越高，任何一个国家或地区企图摆脱国际经济联系，走自我封闭、自我循环的发展道路都是不可能的。在这一背景下，发展中大国必须实行开放型贸易战略，积极主动地参与国际分工，走向国际市场，在世界经济的广阔背景下发掘并利用本国的比较优势，建立自己的出口产业和主导产业，以保证本国贸易和经济的长期持续发展。

（2）重视发挥国内市场的作用，以国内市场支撑对外贸易的发展。发展中大国不能以所谓国内市场广阔为由而拒绝实行开放型的贸易战略。但是，国内市场广阔毕竟是发展中大国的重要优势所在，发展中大国在实行开放型贸易战略的过程中，还必须充分发挥国内市场的作用。应该看到，广阔的国内市场对于发展中大国的贸易发展具有重要的支撑作用。

（3）政府适度保护下的自由贸易政策。开放型贸易战略需要实行自由性的贸易政策，但是，自由性贸易政策并非意味着不存在任何贸易保护的自由放任的贸易政策。在现实经济尤其是现代经济中，政府作为重要的宏观经济主体对国民经济活动的影响是不容忽视的，其中自然也包括一国的对外贸易活动。一国在总体上实行自由性贸易政策，并不排斥少量的局部性的贸易保护。而少量的局部性的贸易保护措施也并不能否定该国贸易政策的自由性。需要指出的是，对个别幼稚产业的保护对于发展中大国来说是十分必要的，问题的关键是适度。

四、中国自由贸易试验区的创新实践

自 2013 年开始,为了进一步促进贸易便利化、推进金融体制创新、促进政府职能转变,中国开始设立一系列的自由贸易试验区。目前已经设立的包括中国(上海)自由贸易试验区、中国(广东)自由贸易试验区、中国(天津)自由贸易试验区、中国(福建)自由贸易试验区等。中国的自由贸易试验区与其他国家推行的自贸区战略不同,自贸试验区是在中国内地设立的特殊的政策创新试验区域,它是推进中国建设开放型经济新体系的重要创新区与示范区。

(一) 中国(上海)自由贸易试验区

中国(上海)自由贸易试验区(简称"上海自贸区")是中国政府设立在上海的区域性自由贸易园区,位于浦东境内,属中国自由贸易区范畴。2013 年 9 月 29 日上海自贸区正式挂牌成立,面积 28.78 平方千米,涵盖上海市外高桥保税区、外高桥保税物流园区、洋山保税港区和上海浦东机场综合保税区等 4 个海关特殊监管区域。2014 年 12 月 28 日,全国人大常务委员会授权国务院扩展上海自贸区区域,将面积扩展到 120.72 平方千米。

上海自贸区范围涵盖上海市外高桥保税区、外高桥保税物流园区、洋山保税港区、浦东机场综合保税区、金桥出口加工区、张江高科技园区和陆家嘴金融贸易区七个区域。

上海自贸区一年投资企业累计 2.2 万多家、新设企业近 1.4 万家、境外投资办结 160 个项目、中方对外投资额 38 亿美元、进口通关速度快 41.3%、企业盈利水平增 20%、设自由贸易账户 6 925 个、存款余额 48.9 亿元人民币。

从功能上,上海自贸区除了进行传统意义上的贸易便利化改革、贸易监管模式创新等任务之外,还承载了政府管理职能创新、投资管理制度创新、金融制度创新、法制保障创新等诸多功能。

特别需要强调的是,上海自贸区开创了国内投资管理的负面清单(negative list)模式,并在此基础上拓展到政府权力清单、责任清单的管理模式创新领域。

在国际投资贸易协定领域,对于允许外资进入的行业领域,有两种通行的规定模式,即正面清单和负面清单模式。其中,负面清单管理模式,指的是一个国家在引进外资的过程中,对某些与国民待遇不符的管理措施,以清单形式公开列明,在一些实行对外资最惠国待遇的国家,有关这方面的要求也以清单形式公开列明。这种模式的好处是让外资企业可以对照这个清单实行自检,对其中不符合要求的部分事先进行整改,从而提高外资进入的效率。简单而言,负面清单的外资管理模式即是"法无禁止即可为"。与负面清单相对应的是正面清单(positive list),即列明了企业可以做什么领域的投资。在具体的贸易协定中,不同的国家可能会采取正面清单与负面清单相结合的方式来规定外资可以进入的行业领域。

《中国(上海)自由贸易试验区外商投资准入特别管理措施(负面清单)(2013 年)》以外商投资法律法规、《中国(上海)自由贸易试验区总体方案》《外商投资产业指导目录(2011 年修订)》等为依据,列明上海自贸区内对外商投资项目和设立外商投资企业采取的与国民待遇等不符的准入措施。上海自贸区的设立,使得我国在外商投资负面清单管理模式上进行了大胆尝试,有力地推动了我国政府管理职能、外商投资增长、投资管理制度等多方面的创新与发展。

另外,创新体制的可复制、可推广也是党中央、国务院对自贸试验区建设的基本要求。上海自贸区的试点经验复制推广工作分以下两个步骤。

第一步是在上海自贸区运行一周年之前,有关部门对看得准、效果好的试点事项,陆续在全国或部分地区复制推广,共有27项。其中,涉及投资管理体制改革共13项,包括注册资本认缴制、境外投资项目备案管理制度、企业年报公示制度、经营异常名录制度等;涉及贸易便利化改革共10项,包括"先进区、后报关"、保税展示交易、集中汇总纳税等;涉及金融改革开放举措共4项,包括取消境外融资租赁债权审批、取消对外担保行政审批等。

第二步是在上海自贸区运行一周年后,上海市和国务院有关部门进行了全面的总结评估,在此基础上党中央、国务院统一作出复制推广的部署。

在全国范围内复制推广的改革事项有28项,涉及五个方面:一是投资管理领域,包括税务登记号码网上自动赋码、组织机构代码实时赋码、企业设立实行"单一窗口"等9项;二是贸易便利化领域,包括检验检疫通关无纸化、第三方检验结果采信等;三是金融领域,包括个人其他经常项下人民币结算业务、外商投资企业、外汇资本金意愿结汇等;四是服务业领域,包括允许设立股份制外资投资性公司、允许内外资企业从事游戏游艺设备生产和销售等;五是事中事后监管方面,包括社会信用体系、信息共享和综合执法制度、社会力量参与市场监督制度等。

在全国其他海关特殊监管区域复制推广的改革事项,包括期货保税交割海关监管制度、融资租赁海关监管制度、进口货物预检验等。

此外,国务院结合上海自贸区的试验,积极推动各级政府和有关部门转变观念,提高认识。法无授权不可为、法无禁止皆可为、法定职责必须为的理念逐渐深入人心,权力清单、负面清单、责任清单体系初步建立,对全面深化改革、扩大开放也产生了深远影响。

专栏10-3 自贸试验区硕果累累

党的十八大以来,我国相继部署设立了21个自由贸易试验区,形成了覆盖东西南北中的试点格局,推出了大量的高水平的制度创新成果,并建成了一批世界领先的产业集群,为高质量发展作出了重要贡献。

如今,各自贸试验区大胆探索、勇于突破,充分发挥改革开放试验田的作用,为我国构建更高水平的开放型经济新体制和实现高质量发展奠定了良好基础。

形成一批制度创新成果

自贸试验区建设是以习近平同志为核心的党中央在新时代推进改革开放的重要战略举措。从2013年上海自贸试验区设立开始,我国不断优化自贸试验区布局,"十三五"时期,又新设17个自贸试验区,总数达到21个,并增设上海临港新片区,扩展了浙江自贸试验区的区域范围。2020年6月,《海南自由贸易港建设总体方案》正式发布,海南自由贸易港建设蓬勃展开。

"上海自由贸易试验区是块大试验田,要播下良种,精心耕作,精心管护,期待有好收成,并且把培育良种的经验推广开来。"这是习近平总书记对自贸试验区建设寄予的殷切期望。自贸试验区从要素开放升级到国际贸易投资规则开放,是新时期我国在投资、贸易、金融、外商投资服务和管理等方面不断进行制度创新和扩大开放的高地。

2021年,我国在跨境服务贸易领域发布了第一张负面清单,即海南自由贸易港跨境服务贸易负面清单。这一举措实现了我国跨境服务贸易管理模式的重大突破,为推动跨境服务贸易领域扩大开放迈出了重要一步。

自贸试验区外商投资准入负面清单特别管理措施从最初的190项到"十三五"初期的122项,再到2021年压减至27项,在投资领域扩大开放稳步推进。

现任商务部党组副书记、国际贸易谈判代表兼副部长王受文曾表示,自贸试验区不仅仅为了特定区域的发展,更重要的是为国家试点,创造出好的经验服务国家重大战略。"十三五"时期,自贸试验区探索形成了173项制度创新成果向全国复制推广,累计达到了260项。2021年,又推出了新一批18个最佳实践案例,至此,自贸试验区累计推广了278项制度创新成果。

同时,自贸试验区自身也得到了巨大发展。2021年,21个自贸试验区利用外资增长了19%,比全国高出4.1个百分点。外贸进出口增长了29.5%,比全国高出了8.1个百分点。虽然自贸试验区面积较小,却占据了全国利用外资总额的18.5%和全国进出口总额的17.3%。"自贸试验区为外贸外资基本盘的稳定作出了贡献。"王受文表示。

差别化探索持续深化

这些年来,我国各地自贸试验区围绕自身战略定位和区位优势,持续深化差别化探索,加大压力测试,有力地推动了自贸试验区的深化改革创新。

在东部地区,各自贸试验区加速集聚优质要素资源,带动新产业、新模式发展。在中西部地区,各自贸试验区着力打造内陆对外开放门户,通过内陆畅通对外开放通道,服务"一带一路"建设。沿边地区则找准与周边国家和地区的互补优势,探索跨境贸易、跨境物流、双向投资,服务"一带一路"倡议。

商务部研究院国际市场研究所副所长白明表示,随着改革开放的持续深化,自贸试验区将承担起各地改革发展"先行军"的重任。各自贸试验区根据当地产业基础和发展方向等因素,探索差异化发展路径,打造各地开放优势,有利于在全国形成更多可复制推广的经验。

北京自贸试验区围绕京津冀协同发展的需要,建设了京津冀国家技术创新中心,打造了京津冀联动的全球化协同创新服务模式。

湖南自贸试验区则立足于中部崛起战略,着力打造联通长江经济带和粤港澳大湾区的国际投资贸易走廊,发展湘港澳直通物流链,打造郴州国际内陆港和粤港澳大湾区保税货物中西部集散第一站。

安徽自贸试验区积极服务"一带一路"建设,在"一带一路"沿线国家布局投资项目,通过核心技术和成套生物设备输出,带动国际产能合作。

海南自贸港建设虽然起步较晚,但追赶的步伐不停。几年来,我国着重加快了自贸港政策制度体系的构建,出台实施了放宽市场准入特别措施、外商投资准入负面清单、跨境服务贸易负面清单、两个15%所得税等早期收获政策,同时编制并出台了《中华人民共和国海南自由贸易港法》;稳步推进了极简行政审批改革、行政管理体制改革、人才发展体制机制改革等领域的改革,着力推动制度集成创新等措施。"海南全面深化改革开放不断取得积极进展,目前已经进入了海南自由贸易港建设的重要阶段,高水平开放的成效逐步显现。"海南省开放型经济研究院学术委员会主任、国务院发展研究中心对外经济研究部原部长赵晋平表示。

政策制度框架基本构建

伴随着我国自贸试验区建设的不断推进,自贸试验区被赋予了更大的改革自主权。目前,21个自贸试验区共有28个建设方案,总计推出了3 400多项改革试点任务。这些改革任务涉及贸易自由化便利化、投资自由化便利化、金融服务实体经济、政府职能转变等方面,初步构建了自贸试验区政策制度的基本框架。

同时,为了支持自贸试验区的发展,国家出台了一系列含金量较高的专项政策文件,以解决自贸试验区建设中遇到的一些专业问题,拓展自贸试验区探索的深度和广度。

2018年,《国务院关于支持自由贸易试验区深化改革创新若干措施的通知》出台,共推出了53项改革措施,加大了赋权力度。

2019年,《国务院关于在自由贸易试验区开展"证照分离"改革全覆盖试点的通知》出台。

2020年,《国务院关于支持中国(浙江)自由贸易试验区油气全产业链开放发展若干措施的批复》印发。

2021年,《关于推进自由贸易试验区贸易投资便利化改革创新的若干措施》出台。

这些政策文件在进一步加大自贸试验区改革创新力度的同时,助力加快构建以国内大循环为主体、国内国际双循环相互促进的新发展格局。这些措施的实施也推动了各自贸试验区外向型经济、外向型产业的高质量发展。

例如,浙江自贸试验区推进长三角一体化发展,积极参与组建长三角自贸试验区联盟,实现了浙沪跨港区供油,并助推海事服务一体化。同时,发布了中国舟山低硫燃料油保税船供报价,推动期现联动合作构建一体化油气交易市场。

2021年,福建自贸试验区的产业发展平台持续壮大,新增企业约1.19万户。厦门集成电路产业持续优化集成电路平台公共服务,深入推进保税研发试点,2021年完成对外付汇2 700万美元,同比增长2.9倍。

当前,自贸试验区改革创新再次启航。我国应继续深入推进高水平制度型开放,赋予自由贸易试验区更大的改革自主权,加强改革创新系统集成,统筹开放和安全,及时总结经验并复制推广,努力构建具有国际影响力和竞争力的自由贸易园区。

资料来源:冯其予.自贸试验区硕果累累[N].经济日报,2022-5-2(5).

在上海自贸区建设的基础上,2015年2月,全国人大常委会授权国务院在广东、天津、福建设立自由贸易试验区,并对上海自贸区进行扩区调整。

(二) 中国(广东)自由贸易试验区

中国(广东)自由贸易试验区实施范围116.2平方千米,涵盖三个片区:广州南沙新区片区60平方千米(含广州南沙保税港区7.06平方千米),深圳前海蛇口片区28.2平方千米(含深圳前海湾保税港区3.71平方千米),珠海横琴新区片区28平方千米。

中国(广东)自由贸易试验区的战略定位是依托港澳、服务内地、面向世界,将自贸试验区建设成为全国新一轮改革开放先行地、21世纪海上丝绸之路重要枢纽和粤港澳深度合作示范区。

中国(广东)自由贸易试验区的发展目标是经过三至五年的改革试验,营造国际化、市场化、法治化营商环境,构建开放型经济新体制,实现粤港澳经济深度合作,形成国际经济合作竞争新优势,力争建成符合国际高标准的法制环境规范、投资贸易便利、辐射带动功能突出、监管安全高效的自由贸易园区。

(三) 中国(天津)自由贸易试验区

中国(天津)自由贸易试验区(以下简称天津自贸试验区)是中国中央政府在天津直辖市设立的区域性自由贸易园区。它是中国大陆北方第一个自由贸易区,也是继上海自贸区之后,中央政府设立的第二批自由贸易试验区之一。

天津自贸试验区的战略定位是,以制度创新为核心任务,以可复制可推广为基本要求,努力成为京津冀协同发展高水平对外开放平台、中国改革开放先行区和制度创新试验田、面向世界的高水平自由贸易园区。总体目标是,经过三至五年的改革探索,将天津自贸试验区建设成为贸易自由、投资便利、高端产业集聚、金融服务完善、法制环境规范、监管高效便捷、辐射带动效应明显的国际一流自由贸易园区,在京津冀协同发展和中国经济转型发展中发挥示范引领作用。

(四) 中国(福建)自由贸易试验区

中国(福建)自由贸易试验区范围总面积118.04平方千米,包括平潭、厦门、福州3个片区。其中平潭片区43平方千米、厦门片区43.78平方千米、福州片区31.26平方千米。

其中,平潭片区重点建设两岸共同家园和国际旅游岛,在投资贸易和资金人员往来方面实施更加自由便利的措施。厦门片区重点发展两岸新兴产业和现代服务业合作示范区、东南国际航运中心、两岸区域性金融服务中心和两岸贸易中心。福州片区重点建设先进制造业基地、21世纪海上丝绸之路沿线国家和地区交流合作的重要平台、两岸服务贸易与金融创新合作示范区。

海关特殊监管区域重点探索以贸易便利化为主要内容的制度创新，开展国际贸易、保税加工和保税物流等业务。非海关特殊监管区域重点探索投资制度改革，推动金融制度创新，积极发展现代服务业和高端制造业。

2017年4月，我国在辽宁、浙江、河南、湖北、重庆、四川、陕西等省市再设立7个新的自贸试验区。参照上海等现有自贸试验区，新的自贸试验区主要依托发展基础较好的国家级新区、园区设立，每个都包含3个片区，面积在120平方千米内。7省市结合自身特点，提出在自贸试验区探索推进国资国企改革、以油品为核心的大宗商品投资便利化和贸易自由化、构建多式联运国际物流体系、创新现代农业交流合作机制、创建人文交流新模式等特色试点任务，与上海等现有自贸试验区形成对比试验、互补试验，在更广领域、更大范围形成各具特色、各有侧重的试点格局。

2017年3月30日，中国国务院发布《全面深化中国（上海）自由贸易试验区改革开放方案》，提出到2020年，率先建立同国际投资和贸易通行规则相衔接的制度体系，把自贸试验区建设成为投资贸易自由、规则开放透明、监管公平高效、营商环境便利的国际高标准自由贸易园区，健全各类市场主体平等准入和有序竞争的投资管理体系、促进贸易转型升级和通关便利的贸易监管服务体系、深化金融开放创新和有效防控风险的金融服务体系、符合市场经济规则和治理能力现代化要求的政府管理体系，率先形成法治化、国际化、便利化的营商环境和公平、统一、高效的市场环境。强化自贸试验区改革同上海市改革的联动，各项改革试点任务具备条件的在浦东新区范围内全面实施，或在上海市推广试验。

随着自贸试验区建设步伐不断加快，自贸试验区的设立也在逐步扩大。2018年10月16日，国务院批复同意设立中国（海南）自由贸易试验区。2019年8月2日，国务院批复同意设立中国（山东）自由贸易试验区、中国（江苏）自由贸易试验区、中国（广西）自由贸易试验区、中国（河北）自由贸易试验区、中国（云南）自由贸易试验区、中国（黑龙江）自由贸易试验区。2020年6月1日，中共中央、国务院印发了《海南自由贸易港建设总体方案》。2020年9月，继续增设3个自贸试验区，包括中国（北京）自由贸易试验区、中国（湖南）自由贸易试验区、中国（安徽）自由贸易试验区。

自由贸易试验区战略是我国在新一轮改革开放政策的指引下，为激发外贸活力，继续释放开放红利，在贸易便利化、政府管理职能创新、外商投资管理制度等领域进行的创新实践。其重要意义不仅在于能够进一步提升我国在外贸领域的竞争力，还能够通过外资外贸领域的创新实验带动政府管理体制改革，获取更大的制度红利。

经过一系列的扩容的增加，目前，我国拥有21个自贸试验区。这些试验区充分利用各自的区位优势，不断推进制度性开放，不断发挥创新示范引领作用。截至2021年，已有278项制度创新成果被成功复制推广至全国，进出口总额占全国比例达到17.3%，吸收外资占比为全国的18.5%。自2018年启动以来，海南自贸港建设已经推出120多项制度创新成果。2021年，我国颁布了《海南自由贸易港跨境服务贸易特别管理措施（负面清单）（2021年版）》，这是我国跨境服务贸易领域的首张负面清单，代表着该领域最高对外开放水平。

五、"一带一路"倡议

2013年,中国领导人提出的共建"一带一路"重大倡议得到国际社会广泛关注。"一带一路"是"丝绸之路经济带"和"21世纪海上丝绸之路"的简称。2015年3月,中国国家发改委、外交部、商务部经国务院授权,发布了"一带一路"纲领性文件《推动共建丝绸之路经济带和21世纪海上丝绸之路的愿景与行动》,全面阐述了中国"一带一路"倡议的共建原则、框架思路、合作重点与合作机制等内容,中国"一带一路"建设思路及框架逐渐明确。

"一带一路"倡议是我国在世界经济格局不断变化调整、全球经济融合度不断提升的背景下,以传统贸易联系构建新时期的经贸合作纽带,着眼于互利共赢与共同发展,为促进世界繁荣与和平而推出的一项重大发展战略。

在《推动共建丝绸之路经济带和21世纪海上丝绸之路的愿景与行动》这一纲领性文件中,明确指出"一带一路"建设是一项系统工程,要坚持共商、共建、共享原则,积极推进沿线国家发展战略的相互对接。共建"一带一路"旨在促进经济要素有序自由流动、资源高效配置和市场深度融合,推动沿线各国实现经济政策协调,开展更大范围、更高水平、更深层次的区域合作,共同打造开放、包容、均衡、普惠的区域经济合作架构。沿线各国资源禀赋各异,经济互补性较强,彼此合作潜力和空间很大,合作过程中以政策沟通、设施联通、贸易畅通、资金融通、民心相通为主要内容。

"一带一路"贯穿亚欧非大陆,一头是活跃的东亚经济圈,一头是发达的欧洲经济圈,中间广大腹地国家经济发展潜力巨大。丝绸之路经济带重点畅通中国经中亚、俄罗斯至欧洲(波罗的海);中国经中亚、西亚至波斯湾、地中海;中国至东南亚、南亚、印度洋。21世纪海上丝绸之路重点方向是从中国沿海港口过南海到印度洋,延伸至欧洲;从中国沿海港口过南海到南太平洋。

专栏10-4 "一带一路"建设成果丰硕 推动全面对外开放格局形成

2013年,习近平主席在出访哈萨克斯坦和印度尼西亚时先后提出共建"丝绸之路经济带"和"21世纪海上丝绸之路"的重大倡议,旨在传承丝绸之路精神,携手打造开放合作平台,为各国共同发展和繁荣提供新动力。"一带一路"倡议实施以来,在以习近平同志为核心的党中央坚强领导下,我国统筹谋划推动高质量发展、构建新发展格局和共建"一带一路",坚持共商共建共享原则,把基础设施"硬联通"作为重要方向,把规则标准"软联通"作为重要支撑,把同共建国家人民"心联通"作为重要基础,推动共建"一带一路"高质量发展,取得实打实、沉甸甸的成果。

一、深化政策沟通,广泛国际共识不断凝聚

政策沟通是共建"一带一路"的行动先导与重要保障。倡议提出以来,我国与有关国家和国际组织充分沟通协调,形成了共建"一带一路"的广泛国际合作共识。

(一) 战略合作对接持续扩容

"一带一路"倡议得到越来越多国家和国际组织的积极响应,成为当今世界深受欢迎的国际公共产品和国际合作平台。截至2021年年末,我国已与145个国家、32个国际组织签署200余份共建"一带一路"合作文件,涵盖投资、贸易、金融、科技、社会、人文、民生等领域。同时,我国积极履行国际责任,在共建"一带一路"框架下,深化同各方发展规划和政策的对接。在全球层面,"一带一路"倡议同联合国2030年可持续发展议程有效对接,形成了促进全球共同发展的政策合力。在区域层面,"一带一路"倡议与《东盟互联互通总体规划》、非盟《2063年议程》、欧盟"欧亚互联互通战略"等区域发展规划或合作倡议有效对接,达成促进互联互通、支持区域经济一体化进程的共识。

(二) 高峰论坛沟通卓有成效

经过夯基垒台、立梁架柱,共建"一带一路"各种体制机制建设逐渐成形。在共商共建共享原则下,我国着力打造共商国际化平台与载体,"一带一路"国际合作高峰论坛成为"一带一路"框架下最高规格的国际合作平台。2017年和2019年,我国先后成功主办两届"一带一路"国际合作高峰论坛。首届高峰论坛期间,29位国家元首、政府首脑等领导人出席,来自140多个国家、80多个国际组织的1600多名代表参会,形成5大类279项具体务实成果。目前,这些成果已经全部按计划进度落实完成,其中部分成果转入常态化工作,将持续予以推进。第二届高峰论坛吸引更多国家和国际组织参与,取得更丰硕成果,并提出构建全球互联互通伙伴关系,开启高质量共建"一带一路"新征程。

二、加强设施联通,互通互联水平不断提升

基础设施是互联互通的基石,是"一带一路"建设的优先领域。8年来,在各方共同努力下,"六廊六路多国多港"的互联互通架构已基本形成,一大批互利共赢项目成功落地。

(一) 经济走廊建设取得明显进展

六大经济走廊是"一带一路"的战略支柱和区域经济合作网络的重要框架,包括中蒙俄、新亚欧大陆桥、中国—中亚—西亚、中国—中南半岛、中巴和孟中印缅经济走廊。8年多来,六大经济走廊建设亮点纷呈,为建立和加强各国互联互通伙伴关系、畅通亚欧大市场发挥了重要作用。新亚欧大陆桥、中蒙俄、中国—中亚—西亚经济走廊经过亚欧大陆中东部地区,不仅将充满经济活力的东亚经济圈与发达的欧洲经济圈联系在一起,更畅通了连接波斯湾、地中海和波罗的海的合作通道。中国—中南半岛、中巴和孟中印缅经济走廊经过亚洲东南部这一全球人口最稠密地区,连接沿线主要城市和人口、产业集聚区。中巴经济走廊是共建"一带一路"的旗舰项目,建设起步早进展快,第一阶段的22个优先项目已基本完成。根据巴基斯坦计划委员会不完全统计,中巴经济走廊第一阶段早期收获项目已创造约3.8万个工作岗位,其75%以上为当地就业,能源项目吸纳1.6万名巴方工人和工程师就业,交通基础设施建设创造约1.3万个工作岗位。自2021年起,中巴经济

走廊顺利进入第二阶段的建设,双方合作的项目寻求多领域、多方向布局。

(二) 基础设施项目有序落地实施

聚焦"六廊六路多国多港"主要架构,一批标志性项目取得实质性进展。铁路方面,中老铁路全线开通运营,雅万高铁、中泰铁路建造稳步推进。公路方面,中巴经济走廊"两大"公路①顺利完工并移交通车,中俄黑河大桥建设竣工。航空方面,国际民航运输航线网络不断拓展,截至2021年末,我国与100个国家签订双边政府间航空运输协定,与其中54个国家保持定期客货运通航,与东盟、欧盟签订区域性航空运输协定。

作为我国与"一带一路"沿线国家互通互惠互联的有效载体,中欧班列连通中欧物流的作用进一步凸显。截至2022年1月底,中欧班列累计开行突破5万列,运送货物超455万标箱,货值达2 400亿美元,通达欧洲23个国家180个城市,为推动"一带一路"高质量发展作出了积极贡献。尤其是2016年统一品牌以来,通过陆续实施霍尔果斯、阿拉山口、二连浩特、满洲里等口岸站扩能改造工程,启动郑州、重庆、成都、西安、乌鲁木齐等5个城市枢纽节点的中欧班列集结中心示范工程建设,中欧班列的口岸和通道运输能力得到有效提升。2016年至2021年,中欧班列年开行数量由1 702列增长到15 183列;运输货物品类扩大到汽车配件及整车、化工、机电、粮食等5万余种;年运输货值由80亿美元提升至749亿美元,在中欧贸易总额中的占比从1.5%提高到8%。

三、提升贸易畅通,经贸投资合作不断拓展

贸易畅通是共建"一带一路"的着力点,是推动各国经济持续发展的重要力量。8年多来,我国与"一带一路"沿线国家之间的贸易自由化和便利化水平稳步提升,贸易方式不断创新,贸易畅通迈上新台阶。

(一) 国际贸易保持快速增长

"一带一路"倡议提出以来,我国与"一带一路"沿线国家贸易往来日益密切,已成为25个沿线国家最大的贸易伙伴。辐射"一带一路"的自由贸易区网络加快建设,我国与13个沿线国家签署7个自贸协定,与欧盟、新加坡等31个经济体签署了"经认证的经营者(AEO)"互认协议。2013—2021年,中国与"一带一路"沿线国家进出口总值由6.5万亿元增长至11.6万亿元,年均增长7.5%,高于同期整体货物贸易年均增速;占同期我国外贸总值的比重由25%提升至29.7%。

此外,"丝路电商"成为拓展经贸合作的新亮点和新引擎。截至2020年末,我国已与16个国家签署"数字丝绸之路"合作谅解备忘录,与22个国家建立"丝路电商"双边合作机制,共同开展政策沟通、规划对接、产业促进、地方合作、能力建设等多层次多领域的合作,着力培育贸易投资新增长点。

(二) 双向投资实现互惠共赢

在合作机制的扎实推进下,双向投资及合作总体保持稳定增长。2013—2021年,

---

① 指卡拉奇至拉合尔高速公路(苏库尔至木尔坦段)和喀喇昆仑公路升级改造二期(哈维连至塔科特段)。

我国对沿线国家直接投资累计1 613亿美元,年均增长5.4%,"一带一路"沿线国家已成为我国企业对外投资的首选地;沿线国家在华投资设立企业3.2万家,实际累计投资712亿美元;我国在沿线国家承包工程新签合同额累计约1.1万亿美元,完成营业额7 286亿美元,涵盖交通、电力等多个领域。

(三) 合作园区建设蓬勃发展

与"一带一路"沿线国家的境外合作工业园区项目稳步推进,成为经贸合作的重要载体。一大批园区凭借自身优势迅速发展,如中白工业园、泰中罗勇工业园、中国印尼综合产业园区青山园区、中柬西哈努克港经济特区、中国埃及泰达苏伊士经贸合作区、中国埃塞俄比亚东方工业园等,在承接中外企业合作、解决当地民众就业、带动东道国经济发展等方面发挥了积极作用。数据显示[①]截至2021年末,境外经贸合作区分布在46个国家,累计投资507亿美元,上缴东道国税费66亿美元,为当地创造39.2万个就业岗位。

四、扩大资金融通,金融体系建设不断完善

资金融通是共建"一带一路"的重要支撑和保障。我国积极与沿线国家开展金融合作,推动建立多层次的金融服务体系,为"一带一路"建设提供多元化的金融支持和服务。

(一) 金融机构协同能力逐步增强

目前,包括我国在内的29个国家财政部门共同核准了《"一带一路"融资指导原则》,其宗旨是发挥好政府和市场两种力量,推动沿线国家、国际组织、金融机构、投资者共同参与,建设长期、稳定、可持续、风险可控的多元化融资体系。我国与国际货币基金组织建立联合能力建设中心,为共建"一带一路"国家优化宏观经济金融框架提供智力支持;与世界银行、亚洲基础设施投资银行、亚洲开发银行等共同成立多边开发融资合作中心,推动国际金融机构及相关发展伙伴基础设施互联互通。

(二) 多边金融合作支撑作用显现

在各方共同努力下,亚洲基础设施投资银行[②]、丝路基金等多边金融合作机构相继成立,为"一带一路"建设和双多边互联互通提供投融资支持。截至2021年10月,亚投行的成员数量由启动运营时的57个增至104个,成员数量仅次于世界银行,覆盖亚洲、欧洲、非洲、北美洲、南美洲、大洋洲六大洲。截至2021年末,亚投行已批准158个项目,累计投资总额达319.7亿美元。新型冠状病毒感染暴发以来,亚投行成立专项应急基金,用于支持成员国的紧急公共卫生资金需求,惠及越南、格鲁吉亚、巴基斯坦、土耳其、哈萨克斯坦等19个国家,应急基金额度由初始的100亿美元追加至130亿美元。截至2020年末,丝路基金签约以股权投资为主的

---

① 数据来源为商务部。
② 简称亚投行。

各类项目49个,这些项目覆盖了"一带一路"沿线多个国家。其中,70%的签约资金被用于电力电站开发、基础设施建设、港口航运、高端制造业等大型国际合作项目。

五、促进民心相通,人文交流往来不断深入

民心相通是共建"一带一路"的根基和关键。近年来,各国在文化、教育、旅游、科技创新和抗疫等方面的合作上开展形式多样的民心相通项目,"一带一路"民意基础不断巩固。

(一) 文化交流互动日益密切

"一带一路"为国际人才培养与合作创造条件。倡议提出后,我国制定了《推进共建"一带一路"教育行动》,重点从国际国内两个方面,强化务实合作,加大推进力度,促进民心相通,不断为"一带一路"建设厚植民意根基。截至2019年末,我国已与24个"一带一路"沿线国家签署高等教育学历学位互认协议,共计60所高校在23个沿线国家开展境外办学,16所高校与沿线国家高校建立了17个教育部国际合作联合实验室。同时,以"一带一路"为主题的文化活动明显增多,品牌化趋势明显,不断推动中外文化交流继续向全方位、深层次发展。

(二) 科技创新合作亮点纷呈

自2017年共建"一带一路"科技创新行动计划启动以来,我国与共建"一带一路"国家在科技人文交流、共建联合实验室、科技园区合作、技术转移等方面开展合作,共同迎接新一轮科技革命和产业变革,推动创新之路建设。截至2021年末,我国与84个共建国家建立科技合作关系,支持联合研究项目1 118项,累计投入29.9亿元,在农业、新能源、卫生健康等领域启动建设53家联合实验室。

(三) 民生援助项目稳步推进

依托共建"一带一路"平台,我国大力援助沿线国家治穷减贫,提供各种专业技能培训,涵盖减贫、农业等多个领域。根据世界银行预测,共建"一带一路"有望使相关国家760万人摆脱极端贫困、3 200万人摆脱中度贫困。新型冠状病毒感染冲击下,我国在统筹疫情防控和经济发展方面取得的成绩获得国际社会公认,与31个合作伙伴共同发起"一带一路"疫苗合作伙伴关系倡议,积极开展抗疫援助,引领抗疫国际合作。2020年,我国向150个国家和13个国际组织提供防护服、口罩、呼吸机等大批防疫物资,向34个国家派遣37个医疗专家组。截至2021年末,我国已累计向120多个国家和国际组织提供超过20亿剂新冠疫苗,其中很大一部分面向"一带一路"沿线国家。经过携手抗击疫情,"一带一路"国际合作内涵不断丰富,共建"一带一路"国家间的情谊日益加深。

当今世界百年未有之大变局加速演变,新一轮科技革命和产业变革带来的激烈竞争前所未有,气候变化、疫情防控等全球性问题对人类社会影响深远。共建"一带一路"国际环境日趋复杂,但仍面临重要机遇。我们要保持战略定力,抓住战略机遇,坚定不移推动共建"一带一路"高质量发展,把"一带一路"建设成为和平之路、繁荣之路、开放之路、绿色之路、创新之路、文明之路,为推动构建开放型世界经济、人类命运共同体作出新的更大贡献。

资料来源:中国国家统计局."一带一路"建设成果丰硕 推动全面对外开放格局形成:党的十八大以来经济社会发展成就系列报告之十七[EB/OL].(2022-10-09)[2023-01-08]. http://www.stats.gov.cn/xxgk/jd/sjjd2020/202210/t20221009_1889044.html.

国际贸易战略与发展中国家的经济发展

本章小结

本章着重分析了国际贸易与经济发展之间的相互关系,回顾了关于国际贸易对经济增长作用的理论观点,并从供给与需求两方面分析了经济增长对国际贸易产生的影响。国际贸易能够通过分工的深化、进口竞争部门的技术创新、建立新行业等途径对经济结构产生影响作用。本章还探讨了进口替代与出口导向战略各自的优缺点。从理论逻辑上看,进口替代和出口导向战略可能在一个国家的发展进程中存在着一定的时序关系。本章最后梳理了中国对外贸易战略的演变与调整过程,分析了中国自由贸易试验区的创新实践以及"一带一路"倡议的重要意义。

关键术语

国际贸易战略　进口替代战略　出口导向战略　净出口对经济增长的贡献率　负面清单　自贸试验区

练习题

一、案例分析

根据以下资料,结合本章所学知识分析如何正确认识外贸对经济增长的作用。

2022年中国进出口规模再创历史新高,达到了42万亿元人民币,突破40万亿元大关。以美元计,达到了6.3万亿美元,这是在2021年超高基数之上实现的新突破,连续6年保持货物贸易第一大国地位。

从国内看,外贸为推动经济运行总体回升作出了重要贡献,全年货物与服务净出口对GDP的增长贡献率达到了17.1%,拉动GDP增长0.5个百分点。全年有进出口实绩的外贸企业59.8万家,比2021年增加3.1万家,有力促进我国稳岗就业。从国际看,在全球经贸环境动荡的大背景下,中国采取了有力措施,稳定生产,稳定出口,保障了全球产业链供应链畅通运转。同时,我们积极扩大进口,全年进口规模高达2.7万亿美元,为全球经贸发展作出了中国贡献。

资料来源:中华人民共和国中央人民政府.国务院新闻办发布会介绍2022年商务工作及运行情况[EB/OL].(2023-02-03)[2024-04-30]. https://www.gov.cn/xinwen/2023/02/03/content_5739888.htm.

二、思考题

1. 试评述对外贸易是经济增长的发动机学说。
2. 试分析生产要素增长对国际贸易的影响。
3. 试分析技术进步对国际贸易的影响。
4. 哈罗德命题的内容是什么?
5. 国际贸易对经济结构的影响是通过哪几个方面发生作用的?
6. 进口替代战略的弊端是什么?
7. 发展中国家实施出口导向外贸战略,主要基于何种考虑?
8. 我国现行贸易战略存在的问题主要表现在哪几个方面?
9. 中国设立自由贸易试验区的主要目的是什么?

参 考 文 献

[1] 李权. 国际贸易[M]. 2版. 北京:北京大学出版社,2014.
[2] 余智. 国际贸易基础理论与研究前沿[M]. 上海:格致出版社,上海人民出版社,2015.
[3] 吴国新,杨勖. 国际贸易理论与政策[M]. 北京:清华大学出版社,2016.
[4] 许斌. 国际贸易[M]. 北京:北京大学出版社,2009.
[5] 石士钧. 国际贸易学[M]. 上海:上海人民出版社,2010.
[6] 保罗·R.克鲁格曼. 国际经济学[M]. 8版. 北京:中国人民大学出版社,2011.
[7] 多米尼克·萨尔瓦多. 国际经济学[M]. 10版. 北京:清华大学出版社,2014.
[8] 海闻. 国际贸易[M]. 上海:上海人民出版社,2003.
[9] 克鲁格曼. 战略性贸易政策与新国际经济学[M]. 北京:中国人民大学出版社,2000(11).
[10] 胡昭玲. 战略性贸易政策的理论与实证研究[M]. 天津:南开大学出版社,2002(10).
[11] 克鲁格曼,茅瑞斯,奥伯斯法尔得,等. 国际贸易[M]. 10版. 北京:中国人民大学出版社,2016.
[12] 罗伯特·C.芬斯特拉,艾伦·M.泰勒. 国际贸易[M]. 北京:中国人民大学出版社,2011.
[13] 李荣林,张岩贵. 我国对外贸易与经济增长转型的理论与实证研究[M]. 北京:中国经济出版社,2001.
[14] 约瀚·伊特韦尔,皮特·纽曼,默里·米尔盖特,等. 新帕尔格雷夫经济学大辞典[M]. 北京:经济科学出版社,1996.
[15] 熊彼特. 从马克思到凯恩斯十大经济学家[M]. 宁嘉风,译. 上海:商务印书馆,2013.
[16] 王虎. 产业内贸易:结构、分类及差异性研究[M]. 上海:上海社会科学院出版社,2013.
[17] 赵大平. 中国企业对"一带一路"国家的OFDI活动及其影响[M]//邹统钎,梁昊光. 中国"一带一路"投资与安全研究报告2016—2017. 北京:社会科学文献出版社,2017.
[18] 赵大平. 国际经济学[M]. 上海:立信会计出版社,2015.
[19] 陈雪江. 特朗普新政对中美经贸关系的影响[J]. 现代营销,2017(7).
[20] 刘爱东,夏菲. 国际反倾销经济效应研究综述[J]. 经济问题探索,2012(5).
[21] 徐元康. 我国高铁产业的战略性贸易政策分析[J]. 宁夏社会科学,2016(2):95-99.
[22] 吕庆华,储敏. 基于产品生命周期视角对"里昂惕夫之谜"的解释[J]. 经济问题,2005(12).
[23] 罗福凯. 论要素资本:由一则故事引发的思考[J]. 财经理论与实践,2009,30(1):3-8.
[24] 王雷科,王念. 贸易保护政策政治经济学综述[J]. 合作经济与科技,2008(4):6-7.
[25] 吴稼祥. 欧元与美元争霸:人民币的机会[J]. 改革内参观察版,2008(32).
[26] 董彭滔,王东明. 亚太经济合作组织与业务可持续计划推广[J]. 中国减灾,2014(6).
[27] 张宁萍. TPP模式金融规制对上海自贸区金融发展的影响探究[J]. 中国市场,2017(23).
[28] 李春顶. 新新贸易理论文献综述[J]. 世界经济文汇,2010(01):102-117.
[29] 张幼文. 我国开放发展具有鲜明时代特征[N]. 人民日报,2016-12-15(7).
[30] 伍山林. 大国崛起的经济思想基础:从美国建国初期三份国事报告看汉密尔顿的贡献[N]. 文汇报,2016-06-17.
[31] 余淼杰. 克鲁格曼的神话[N]. 南方周末,2008-10-16.

[32] 黄春兰,张红梅,叶华. 杭集:"牙刷之都"的集群崛起之路[N]. 中国企业报,2013-04-09.
[33] 沈丹阳. 认清机遇和挑战 以更加积极的姿态融入全球价值链[N]. 人民日报,2016-03-27.
[34] 高虎城. 深化经贸合作 共创新的辉煌[N]. 人民日报,2014-07-02.
[35] 王希. 如何稳住深度下滑的加工贸易:海关总署副署长回应外贸热点问题[EB/OL]. (2016-10-21)[2017-06-28]. http://www.gov.cn/xinwen/2016/10/21/content_5122641.htm.
[36] 王贺军. 商务部贸易救济调查局局长王贺军就美国对华非晶织物等三起反倾销反补贴调查终裁发表谈话[EB/OL]. (2017-01-20)[2017-11-11]. http://www.mofcom.gov.cn/article/ae/ag/201701/20170102505216.shtml.
[37] 张培. 直接损失大幅降低有效带动转型升级:2016年度国外技术性贸易措施对我国出口企业影响的问卷调查报告[EB/OL]. (2017-09-26)[2017-12-26]. http://www.aqsiq.gov.cn/zjxw/dfzjxw/dfftpxw/201709/t20170926_498536.htm.
[38] 王璇,谢后卫. 企业集团加工贸易监管改革释放红利 助推产业链供应链循环畅通[EB/OL]. (2022-11-29)[2023-01-08]. http://www.customs.gov.cn/customs/xwfb34/302425/4705588/index.html.
[39] 盛斌,高疆. 超越传统贸易:数字贸易的内涵、特征与影响[J]. 国外社会科学,2020(4):18-32.
[40] 成政珉,WHITE O,华强森,等. 全球流动:世界互联互通的纽带[R]. [S.l.]:麦肯锡研究院,2023(1).
[41] 陈恩静. 中国钢铁出口遭受贸易保护主义的特点、影响及应对[J]. 中国经贸导刊(中),2020,983(10):26-28.
[42] 王玉芬. 从重商主义到马克思——剩余价值发现的历史进程[M]. 北京:北京大学出版社,2002.
[43] 盛宏清. 汉密尔顿三大报告的思想财富[N/OL]. (2006-09-11)[2024-03-25]. https://zjrb.zjol.com.cn/html/2006/09/11/content_163405.htm.
[44] 覃成林,李超. 幼稚产业保护与"李斯特陷阱":一个文献述评[J]. 国外社会科学,2013,295(1):90-98.
[45] 余淼杰. 国际贸易学:理论、政策与实证[M]. 2版. 北京:北京大学出版社,2021.
[46] 王直,魏尚进,祝坤福. 总贸易核算法:官方贸易统计与全球价值链的度量[J]. 中国社会科学,2015,237(9):108-127,205-206.
[47] 岳圣淞. 第五次国际产业转移中的中国与东南亚:比较优势与政策选择[J]. 东南亚研究,2021,253(4):124-149,54-155.
[48] 吴峰宇. 义乌外贸进出口去年超4700亿元[N/OL]. (2023-02-04)[2024-03-25]. http://szb1.ywcity.cn/content/202302/04/content_312362.html.
[49] 刘跃军. 从外部规模经济视角解读义乌模式[J]. 商业时代,2006(33):89-90.
[50] 范丽敏. 应对"337调查"中企有胆有识有理有据[N]. 中国贸易报,2022-12-15(6).
[51] 中华人民共和国海关总署. 政策解读:海关总署关于不再对输欧盟成员国、英国、加拿大、土耳其、乌克兰和列支敦士登等国家货物签发普惠制原产地证书的公告[EB/OL]. (2021-10-27)[2024-03-25]. http://jiangmen.customs.gov.cn/customs/302249/302270/302272/3970056/index.html.
[52] 中国贸易救济信息网. 欧盟对华电动自行车作出双反再调查终裁[EB/OL]. 潘晓君,译. (2023-03-21)[2024-03-25]. http://cacs.mofcom.gov.cn/article/ajycs/ckys/202303/176077.html.
[53] 中华人民共和国商务部,中华人民共和国海关总署. 商务部 海关总署公告2023年第23号 关于对镓、锗相关物项实施出口管制的公告[EB/OL]. (2023-07-03)[2024-03-25]. http://www.mofcom.gov.cn/article/zcfb/zczxzc/202307/20230703419666.shtml.

[54] 中华人民共和国海关总署. 国外技贸措施对我国出口企业影响依然较大[EB/OL].(2020-09-27)[2024-03-25]. http://www.customs.gov.cn/customs/xwfb34/302425/3302131/index.html.

[55] 中国贸易救济信息网. 泰国对华铝挤压产品作出反倾销终裁[EB/OL].(2023-06-21)[2023-07-28]. http://chinawto.mofcom.gov.cn/article/dh/janghua/202306/20230603417846.shtml.

[56] 中国贸易救济信息网. 美国对金属硅发起第五次反倾销日落复审调查[EB/OL].(2023-05-12)[2023-07-28]. http://chinawto.mofcom.gov.cn/article/dh/janghua/202305/20230503409713.shtml.

[57] 刘萌. RCEP正式生效实施一年半 预计为我国产品在RCEP进口成员国减免关税1.5亿美元[N]. 证券日报,2023-06-30.

[58] 赵萍. 欧盟高筑绿色贸易壁垒[N]. 中国贸易报,2016-11-29.

[59] 中华人民共和国商务部. 2022年全国实际使用外资稳定增长[EB/OL].(2023-02-15)[2023-07-28]. http://perth.mofcom.gov.cn/article/jmxw/202302/20230203391044.shtml.

[60] 中国国家统计局. 高水平开放成效显著 合作共赢展现大国担当:党的十八大以来经济社会发展成就系列报告之十六[EB/OL].(2022-10-09)[2023-01-09]. http://www.stats.gov.cn/xxgk/jd/sjjd2020/202210/t20221009_1889045.html.

[61] 冯其予. 自贸试验区硕果累累[N]. 经济日报,2022-05-02(5).

[62] 中国国家统计局. "一带一路"建设成果丰硕 推动全面对外开放格局形成:党的十八大以来经济社会发展成就系列报告之十七[EB/OL].(2022-10-09)[2023-01-08]. http://www.stats.gov.cn/xxgk/jd/sjjd2020/202210/t20221009_1889044.html.

[63] 刘洪愧. 关注数字贸易重要价值与作用[N]. 经济日报,2022-07-22(10).

[64] 林毅夫,付才辉. 比较优势与竞争优势:新结构经济学的视角[J]. 经济研究,2022(5):23-33.

[65] 何兴容,蒋和胜. 市场分割、多锥形均衡与相对要素价格均等化:基于中国省际间面板数据的理论拓展与实证检验[J]. 求索,2010(2):1-4.

[66] 江南. 对机电产品贸易救济调查更隐蔽多样[N]. 中国贸易报,2023-01-31(A6).

[67] 中华人民共和国商务部. 商务部公告2023年第24号 关于对原产于日本和美国的进口光纤预制棒所适用的反倾销措施发起期终复审调查的公告[EB/OL].(2023-07-10)[2023-09-15]. http://trb.mofcom.gov.cn/article/cs/202307/20230703420832.shtml.

[68] 中华人民共和国商务部. 巴西对华钢绞线作出第一次反倾销日落复审肯定性终裁[EB/OL].(2023-07-04)[2023-09-15]. http://chinawto.mofcom.gov.cn/article/dh/janghua/202307/20230703419933.shtml.

[69] 刘芳. 耗时3年 国内LED企业首次胜诉美国"337调查"[N]. 中国青年报,2021-08-17(5).

[70] 张晓涛. 当前国际投资协定发展趋势及中国应对[J]. 人民论坛·学术前沿,2017(3):69-75.

[71] 周小苑. "亚投行"是填空白不是打擂台[N/OL].(2014-10-27)[2023-07-16]. http://paper.people.com.cn/rmrbhwb/html/2014-10/27/content_1492012.htm.

[72] 任泽平,马家进,石玲玲,等. 20世纪80年代拉美债务危机是如何发生的[J]. 国际融资,2020(10):38-41.

[73] 克鲁格曼,奥伯斯法尔德. 国际经济学:理论与政策(上册 国际贸易部分)[M]. 黄卫平,译. 8版. 北京:中国人民大学出版社,2010:256-268.

[74] 中华人民共和国国家统计局. 综合实力大幅跃升 国际影响力显著增强:党的十八大以来经济社会发展成就系列报告之十三[EB/OL].(2022-09-30)[2023-01-09]. http://www.stats.gov.cn/xxgk/jd/sjjd2020/202209/t20220930_1888887.html.

[75] Melitz M J. The Impact of Trade on Intraindustry Reallocations and Aggregate Industry Productivity [J]. Econometrica, 2003, 71(6): 1695-1725.

[76] Yeaple S R. A Simple Model of Firm Heterogeneity, International Trade and Wages[J]. Journal of International Economics, 2005, 65 (1): 1-20.

[77] Helpman E, Melitz M J, Yeaple S R. Exports vs FDI with Heterogeneous Fires[J]. American Economic Review, 2004, Vol. 94(1): 300-316.

[78] Bernard A B, Redding S, Schot P K. Comparative Advantage and Heterogeneous Firms[J]. Review of Economic Studies, 2007, 74: 31-66.

[79] Antràs P, Garicano L, Rossi-Hansberg E. Offshoring in a Knowledge Economy[J]. Quarterly Journal of Economics, 2006, Vol. 121(1): 31-77.

[80] Aaditya M, Pierre S. Regionalism in Services Trad[M]. //Chapter 6 edited by Aadity M., Robert M. & Gianni Z. A handbook of international trade in services. New York: Oxford University Press, 2008, 229.

[81] Paul R, Krugman, Maurice Obstfeld, Marc J. Melitz. International Economics: Theory and Policy(International Trade), Ninth Edition[M]. 北京: 清华大学出版社, 影印版英文教材, 2016.

[82] Wang Z, Wei S J, Yu X, et al. Characterizing Global Value Chains: Production Length and Upstreamness[J]. NBER Working Papers, 2017.

[83] Wang Z, Wei S J, Yu X, et al. Measures of Participation in Global Value Chains and Global Business Cycles[J]. NBER Working Papers, 2017.